A RELIGIÃO DO FUTURO

COLEÇÃO NOSSO HOMEM, NOSSO TEMPO

ROBERTO MANGABEIRA UNGER
A RELIGIÃO DO FUTURO

Tradução de Paulo Geiger

Título original: *The Religion of the Future*
Copyright © 2024, Roberto Mangabeira Unger
Tradução para a língua portuguesa © 2024, Casa dos Mundos / LeYa Brasil, Paulo Geiger

Todos os direitos reservados e protegidos pela Lei 9.610, de 19.02.1998.
É proibida a reprodução total ou parcial sem a expressa anuência da editora.

Editora executiva Izabel Aleixo
Produção editorial Ana Bittencourt, Carolina Vaz e Rowena Esteves
Preparação Clara Diament
Revisão Carolina Leocadio e Victor Almeida
Indexação Treze Cultural
Projeto gráfico de miolo e de capa Thiago Lacaz
Capa Kelson Spalato
Diagramação Alfredo Loureiro

Dados Internacionais de Catalogação na Publicação (CIP)
Angélica Ilacqua CRB-8/7057

Unger, Roberto Mangabeira
    A religião do futuro / Roberto Mangabeira Unger; tradução de Paulo Geiger. – São Paulo: LeYa Brasil, 2024.
    552 p. (Nosso homem, nosso tempo)

ISBN 978-65-5643-316-5
Título original: The religion of the future

1. Ciências sociais 2. Religião 3. Sociedade I. Título II. Geiger, Paulo

23-3936   CDD 300

Índices para catálogo sistemático:
1. Ciências sociais

LeYa Brasil é um selo editorial da empresa Casa dos Mundos.

Todos os direitos reservados à
CASA DOS MUNDOS PRODUÇÃO EDITORIAL E GAMES LTDA.
Rua Frei Caneca, 91 | Sala 11 – Consolação
01307-001 – São Paulo – SP
www.leyabrasil.com.br

SUMÁRIO

Capítulo 1 – Além do pensamento sem autoengano: a vida sem ilusão 9

Mortalidade   9
Falta de fundamentação   14
Insaciabilidade   28
Apequenamento   35
Religião e as falhas na vida humana   48
O elemento comum na revolução religiosa do passado   53
O que é, ou foi, a religião   63

Capítulo 2 – Superação do mundo   79

Ideia central, presença histórica e visão metafísica   79
Incitamentos à superação do mundo   90
Serenidade e benevolência   93
Crítica: traição ao passado   96
Crítica: a escola da experiência   99
Crítica: traição ao futuro   103

Capítulo 3 – Humanização do mundo   111

Ideia central, presença histórica e visão metafísica   112
Criando significado num mundo sem significado   118
Nossa situação e nossa tarefa   120
O enobrecimento de nossas relações uns com os outros   126
Crítica: traição ao passado   130
Crítica: a escola da experiência   137
Crítica: traição ao futuro   141

Capítulo 4 – Lutando com o mundo   147

Ideia central, falada em voz sagrada e em voz profana   147
Visão metafísica   152
Concepção do eu   164
Apenas um regime   172
Espírito e estrutura   193
O eu e os outros   202
Ortodoxias gêmeas suprimidas   213
Crítica: força e fraqueza da luta com o mundo   215
Crítica: alienação da vida no presente   221

Capítulo 5 – Revolução religiosa agora: ocasiões e instrumentos   231

Razões para uma revolução religiosa   231
A posição singular da luta com o mundo   235
Resolvendo a ambivalência das religiões mais cultas em relação à transformação do mundo   239
Radicalizando a significância da luta com o mundo para nossas ideias e instituições   244
Alcançando uma vida maior, sem prometeanismo   249
Reconhecendo os defeitos na existência humana   253
Ocasiões e fontes de uma revolução religiosa   259

Uma revolução religiosa em que sentido 274
A prática da revolução religiosa 277
Uma trágica contradição na história da religião 284
Filosofia e religião 290
Direção e indireções da religião do futuro 295
Cristianismo como religião do futuro? 297

Capítulo 6 – Liberdade profunda: a política da religião do futuro 333

Teologia política sem Deus 333
Concepção de sociedade livre 336
Quatro princípios 344
O princípio da apostasia 348
O princípio da pluralidade 353
O princípio da liberdade profunda 360
O princípio de uma cooperação mais elevada 371

Capítulo 7 – Tornando-se mais humano ao se tornar mais divino: a condução da vida na religião do futuro 391

O aprimoramento da vida 391
Método e visão 395
A derrubada: da autossubversão à autotransformação 407
Virtudes como autotransformação 419
Virtudes de conexão 423
Virtudes de purificação 432
Virtudes de divinização 437
O decurso da vida: descentramento 443
O decurso da vida: queda 450
O decurso da vida: mutilação 454
O decurso da vida: mumificação 463
A recompensa 500

Contracorrentes   502
A vida em si mesma   506

Uma nota sobre as três orientações e a ideia da Era Axial   509
Índice onomástico   523
Índice remissivo   527

CAPÍTULO 1
ALÉM DO PENSAMENTO SEM AUTOENGANO: A VIDA SEM ILUSÃO

MORTALIDADE

Em nossa existência, tudo aponta para além de si mesmo. Contudo, temos de morrer. Não podemos nos agarrar ao terreno da existência. Nossos desejos são insaciáveis; nossas vidas não conseguem expressar adequadamente nossas naturezas; nossas circunstâncias nos submetem regularmente ao menosprezo.

A religião tem sido vista tanto como tentativa de interpretar o sentido dessas falhas irreparáveis da condição humana quanto como modo de lidar com elas. Ela nos diz que tudo, em última análise, está correto.

No entanto, tudo não está correto. Um retorno à consciência religiosa da humanidade partiria de uma abordagem a essas falhas que abandonasse o impulso de negá-las. Com isso, a religião cessaria de nos consolar desses fatos assustadores e nossa esperança sobreviveria, modificada.

A vida é o bem maior. Com ela vêm abundância, espontaneidade e surpresa: a capacidade de ver mais, realizar mais e fazer mais do que todos os regimes sociais e conceituais pelos quais transitamos são capazes de admitir. Em face de toda restrição, a experiência da vida é uma experiência de fecundidade e plenitude sem limites predeterminados.

Excedemos incomensuravelmente os mundos social e cultural que construímos e habitamos. Há dentro de nós – como indivíduos ou coletivamente

– mais do que existe ou jamais existirá nesses mundos. Há sempre mais daquilo que temos motivos para valorizar e poder para produzir, do que pode conter qualquer uma dessas ordens de vida, ou todas elas juntas.

O princípio aplicado à organização da sociedade e da cultura aplica-se também ao pensamento e ao discurso. Nenhum método, nenhum sistema de procedimentos de inferência e modos de argumentar, nenhum aparato de raciocínio em qualquer disciplina, ou em todas elas combinadas, pode fazer jus a nossas aptidões para entendimento. Sempre podemos descobrir mais do que nossas práticas estabelecidas de investigação, prospectivamente, são capazes de permitir. A visão excede o método. O método se ajusta, de modo retroativo, para se adequar à visão.

Somos ilimitados, ou infinitos, no que diz respeito às configurações práticas e discursivas de nossa atividade. Já estas são limitadas, ou finitas, no que diz respeito a nós. O que é excedente em nós em relação a elas é o que, no vocabulário teológico tradicional, chamamos de espírito.

Todo mundo irá morrer. A resposta da natureza à nossa experimentação de fecundidade, de amplitude, de alcance além de circunstância e contexto, é decretar nossa morte. A irreversibilidade desse aniquilamento, em contraste com a presença vibrante que o precedeu, é o primeiro e fundamental motivo de a morte ser terrível. O bem mais elevado, que precede todos os outros e os torna possíveis, é o bem que será o mais definitivamente destruído.

Nosso caminho em direção à morte está cercado, por todos os lados, de sinais que simbolizam o desperdício da vida. Como nos lembra Schopenhauer, em qualquer dado momento em nosso planeta, inumeráveis criaturas vivas destroem-se reciprocamente para, no melhor dos casos, viver um pouco mais. Somos incapazes de distinguir, tanto quanto gostaríamos, nossa situação da situação dessas outras criaturas. Cientistas ensinam que a morte faz parte da continuidade da vida. Contudo, o que é necessário para a espécie é fatal para o indivíduo.

A hora da morte vem, às vezes, com agitação e sofrimento, às vezes, com resignação ou até mesmo durante o sono. De experiências de quase morte, algumas pessoas relatam que viram uma forte luz. No entanto, não há uma forte luz, além da que está na mente de alguns desses moribundos. De acordo com certas conjecturas, eles vislumbram essa luz porque o cérebro está carente de oxigênio, ou porque, quando a vida se esvai, há um estímulo do lobo temporal, como se o corpo, à beira da morte, nos pregasse uma peça final.

Independentemente de a morte encontrar resistência ou aceitação, sua sequência segue um curso regular. O corpo se torna cadáver. Primeiro fica rígido, depois intumescido. Logo vai apodrecer, cheirar mal, e começar a ser devorado por vermes e bactérias, a menos que seja imediatamente cremado. Depois de ser reverenciado, torna-se objeto de repulsa.

Assim termina a vida, num estranho sacrifício. Cada um de nós é levado a esse altar. Desta vez, nenhum anjo deterá a mão de Abraão. De que adianta esse sacrifício, e a qual fé ele serve? É um incidente num culto cujos segredos e propósitos permanecem para sempre fora de nosso alcance.

É ainda mais terrível saber que aqueles a quem mais amamos serão levados a esse mesmo altar, e oferecidos no mesmo sacrifício, às vezes, diante de nossos olhos. Na morte deles, vemos o que só podemos imaginar para nós mesmos: a confirmação de que estamos todos condenados à aniquilação, enquanto o amor demonstra ser impotente para sustentar uma vida que o próprio amor pode ter propiciado.

A terribilidade da morte fica clara também a partir de outro ponto de vista: a perspectiva da consciência e de seu relacionamento com o mundo. A experiência da vida é uma experiência da consciência. O que marca a consciência é o fato de ela apresentar um mundo completo: não apenas como eu vejo, sinto e penso sobre mim mesmo, mas um mundo inteiro centrado em mim, que se estende para além do meu corpo. Para a consciência, tudo que existe, que existiu ou que existirá só existe porque interpreta um papel nesse teatro mental. Mais além do perímetro do palco da consciência não existe mundo, e não existe ser.

A continuidade da consciência, incorporada num organismo humano individual, é o que entendemos como o eu. A experiência da individualidade do eu é a experiência da consciência associada ao destino do corpo e à persistência do tempo, até que o corpo entre em falência e se dissolva. Não há seres humanos para os quais o mundo não se manifeste dessa maneira, estendendo-se, com o tempo, para fora e para trás e para a frente da consciência e do eu corporificado.

Aprendemos que essa visão do mundo é uma ilusão. Corrigimos a ilusão, ou buscamos uma compensação para ela, mas apenas teoricamente; isto é, fazemos isso dizendo a nós mesmos que o mundo não é, na verdade, do jeito como vamos continuar a vivenciá-lo.

A morte não apenas acaba com a consciência do eu; ela também demonstra, de forma definitiva e incontroversa, que a representação do mundo como extensão para fora do espaço e do tempo do eu era falsa desde o início. A pessoa morta não vai estar presente para a demonstração de seu erro, mas os sobreviventes vão compreender o que aconteceu. Cada um deles saberá o que o espera.

Com o fim da consciência, não é apenas o eu consciente que desaparece para sempre; é o mundo inteiro que perece tal como existia para a consciência. No instante da morte, os eventos e os protagonistas que o preenchiam desaparecem subitamente, a menos que seu desaparecimento tenha sido pressagiado pela ruína da mente.

Uma pessoa pode se gabar de ter marcado sua experiência no mundo com palavras duradouras. Sabemos, no entanto, que esses registros carregam apenas relação distante com o fluir e a riqueza da vida consciente; no melhor dos casos, eles fazem uma seleção da vida consciente, ou a usam, traduzindo-a numa linguagem que dificilmente se parece com a realidade. O mundo do eu consciente não pode se abrigar numa página; ele continua aprisionado no corpo que morre, que o suga para dentro da sepultura e para o nada.

Nenhuma vida após a morte, do tipo que é prometido pelas religiões de salvação, é capaz de consolar-nos por nossa mortalidade, ou se for, não deveria. Uma vida após a morte não seria suficiente para nos devolver nossos corpos; teríamos de receber de volta o tempo do mundo histórico: a lide e a conexão com outras pessoas num tempo que é irreversível e decisivo. Sermos restaurados a nossos corpos e recebermos a juventude eterna sem sermos reinstalados no tempo da história seria sofrer a tortura de um eterno tédio. Por esse motivo, representações de um paraíso da vida eterna nas religiões de salvação continuam sendo inconvincentes e até mesmo repulsivas. Elas nos oferecem um manto de imortalidade sem nos conceder aquilo que faz a vida ser irresistível.

O eu corporificado é a pessoa que despertou para o mundo num ímpeto de imediatismo visionário, e logo descobriu que não era o centro daquele mundo, mas, ao contrário, uma criatura dependente e até mesmo infeliz, e então deu-se conta de que estava condenada à morte.

Juntamente com sua relação de aniquilamento com o bem que é a vida e com a experiência da consciência, o pavor da morte assume outro aspecto. Essa terceira face dos terrores e males da morte tem a ver não com a destruição da consciência e da vida, quando ocorre, mas sim com seus efeitos na vida consciente enquanto cada um de nós a está vivendo.

Podemos compreender melhor esse efeito na forma de um dilema. Um dos caminhos do dilema é o que acontece quando encaramos a morte. O outro é o que acontece quando deixamos de encará-la.

Encarar a morte de forma direta e persistente, sem a ajuda das teologias e filosofias lenientes que abundam na história da religião e da metafísica, é olhar diretamente para o Sol que, com razão nos garantiu Pascal, não pode ser observado por muito tempo sem perigo. É viver com medo do incompreensível e terrível fim que nos aguarda.

No entanto, forçar o esquecimento de que morreremos – nos afastarmos da ideia da morte, ou ao menos irmos tão longe quanto possível – é arriscar perder o mais poderoso antídoto para uma vida de rotina, convenção, conformismo e submissão; é viver uma vida de sonâmbulo, o que vale dizer, uma vida que não possuímos totalmente e que apresenta apenas uma forma reduzida dos atributos da vida: excesso, espontaneidade e surpresa. É a perspectiva da morte que empresta à vida seu formato decisivo e irreversível, e faz o tempo, nosso tempo, ser pleno de peso e consequência. Espicaçados pela consciência da morte, tão estreitamente conectados ao sentimento da vida, somos capazes de conceber uma existência de empenho e resistência aos automatismos, aos hábitos, às infindáveis pequenas rendições que nos roubam, a prestações, a substância da vida.

Confrontar esse dilema nos dá motivo para termos esperança. Se fôssemos capazes de despertar para a vida e agarrar suas qualidades e possibilidades, poderíamos ser tomados por um sentimento paralisante, da mesma maneira como se mantivéssemos constantemente a morte em nossa linha de visão. Como cada um de nós foi arrebatado do nada antes de ser devolvido a ele (ou promovido, segundo algumas das religiões históricas, à perpétua provação de uma eternidade fora do tempo e sem acontecimentos) é um enigma da mesma ordem da charada da mortalidade. É também uma fortuna tão grande que pode ser difícil considerá-la com firmeza, tão difícil quanto encarar nosso descenso em direção à morte. Além disso, a vida vista a partir do que é, ou do que pode vir a ser, seria como um sol a nos cegar numa exultação que, paradoxalmente, inibiria nossa capacidade de colher seus benefícios.

Assim, temos de correr para a frente e para trás entre esses sóis em nosso firmamento – o pressentimento da morte e a consciência da vida – e evitar sermos transfixados por um deles. Se tivermos sorte, nessa distância média e incerta, podemos criar apegos e projetos que incrementam o sentimento da vida. Contudo, mesmo quando tentamos a sorte, a morte nos alcança e põe fim a nosso experimento.

FALTA DE FUNDAMENTAÇÃO

Somos incapazes de captar e compreender a fundamentação do ser, a base suprema de nossa existência no mundo e da existência do mundo propriamente. Não temos como olhar para o início e para o fim do tempo. Em nosso raciocínio, uma pressuposição leva à outra, e uma causa, à outra causa. Nunca alcançamos o fundo; nunca chegamos ao desfecho.

A crua experiência dessa ausência de fundamentação é nossa perplexidade ante o fato de que existimos, de que o mundo existe, e de que o mundo e nossa situação nele são da maneira que são, e não de outra maneira. Essa maneira de ser parece não ter relação – a não ser relação de indiferença – com

Além do pensamento sem autoengano: a vida sem ilusão

nossas preocupações. Realmente, quanto à preocupação que se sobrepõe a todas as outras – o apego à vida –, a natureza não é simplesmente indiferente; ela é implacável. Ela condenou cada um de nós à destruição.

Naquilo que somos capazes de compreender quanto ao funcionamento da natureza – quando não nos permitimos ser iludidos por covardia, autoenganação, pensamento otimista e culto do poder –, não há nada que nos encoraje na busca de nossos amores e devoções, ou mesmo nos proveja de uma base sobre a qual compreender seu lugar e valor na história e na estrutura do universo. Assim, na crucial experiência da falta de fundamentação, a perplexidade é acompanhada pela consciência da incompreensibilidade, e da pura estranheza, do mundo no qual nos encontramos.

Considere dois aspectos distintos dessa experiência: a falta de fundamentação especulativa e a falta de fundamentação existencial. Esta última é tida como falha inerradicável da condição humana. Sua significância, no entanto, só se torna clara quando vista contra o pano de fundo da primeira.

A falta de fundamentação especulativa conversa com os limites daquilo que podemos ter a esperança de descobrir quanto ao universo e quanto a nosso lugar em sua história. A falta de fundamentação existencial tem a ver com os limites de nossa capacidade de superar as desorientadoras implicações de um fato inescapável: nós desempenhamos um papel – um papel minúsculo, marginal – numa história que não escrevemos, nem poderíamos escrever. Podemos editar essa história marginalmente, mas não somos capazes de reescrevê-la. Na verdade, mal conseguimos compreendê-la; só a observamos em fragmentos. Em consequência, nossas decisões quanto ao que fazer com nossas breves vidas podem não ter qualquer base fora de nós mesmos. Nós somos, nesse sentido, sem fundamentação.

A característica mais proeminente no mundo é ele ser o que é, e não outra coisa. Os projetos mais ambiciosos para a compreensão do mundo são os que buscam explicar por que ele tem de ser como é e não poderia ser de outra maneira, e, até mesmo, por que qualquer coisa existe, em vez de nada existir. Se essas tentativas tivessem qualquer mérito ou perspectiva de sucesso, nossa visão especulativa do mundo poderia fornecer uma resposta a nossa falta de fundamentação existencial. Elas não têm.

Suponha, por exemplo, que estamos buscando listar certas características que fariam com que um mundo fosse mais provável do que outro, dando a esse esforço o aspecto de um cálculo de probabilidade. Poderíamos, por exemplo, imaginar que um universo pleno, com grande riqueza de manifestações, seja mais provável do que um universo mais exíguo. Esta é uma especulação vã.

O universo que observamos é, até onde sabemos e até onde poderemos saber, o único existente, embora possa ter tido predecessores. A ideia de multiplicidade de outros universos não é evocada por qualquer observação, nem poderia ser, pois esses outros universos não teriam comunhão causal com o nosso. Eles destinam-se, meramente, a preencher uma lacuna em certas teorias científicas (como na teoria das cordas, na contemporânea física de partículas) que admitem muitos possíveis universos e, portanto, acham conveniente imaginar que todos sejam reais. Com apenas um único universo real, sem outra base que não as limitações e predileções da mente humana para distinguir universos possíveis dos impossíveis, não temos condições para uma estimativa de probabilidades bem-formada.

Reconhecemos a falta de fundamentação especulativa ao encarar o interminável e contestável caráter das pressuposições sobre as quais se baseiam todos os conhecimentos e crenças. Toda a alegação concernente ao mundo se baseia em suposições, e cada camada de suposições se apoia em mais camadas de suposições. Não podemos, justificadamente, interromper essas camadas de suposições apelando para uma autoevidência – por exemplo, para um status autoevidente dos axiomas da geometria euclidiana. Nosso senso de autoevidência permanece parasitário em nosso aparato perceptivo, que evoluiu em nossos organismos corporificados para servir a objetivos limitados e práticos.

Nossas afirmações mais abrangentes a respeito do mundo têm um irredutível resíduo pragmático. Se, apelando para autoevidência, não somos capazes de levar a cadeia de nossas pressuposições a um fim, podemos, não obstante, justificar as formas condicionais de compreensão com que somos deixados ao invocar as previsões e iniciativas que elas informam, motivadas por determinados interesses. O cerne da falta de fundamentação especulativa é a existência de intratáveis limites para nosso conhecimento natural no mundo natural. Equipada com tecnologia, a ciência amplia esses limites, mas não os elimina. Com a ajuda dela, continuamos a enxergar o mundo do ponto de vista de nossas mentes corporificadas.

A falha no argumento ontológico para a existência de Deus na história da filosofia e da teologia ocidentais é uma expressão particular de um problema mais amplo.* Nada no caráter e no conteúdo do que descobrimos quanto à natureza altera a facticidade do mundo: o mundo simplesmente acontece de certa forma, e não de outra. Se existe apenas um único universo, seu atributo mais importante é que ele é – simplesmente ocorre de ser – aquilo que é e não outra coisa.

Quando nos afastamos das ficções de uma imaginação metafísica determinada a ultrapassar os limites da compreensão, usualmente a serviço de um esforço para nos reconfortar e nos reconciliar com nosso destino, nos deparamos com o empreendimento dominante da ciência moderna desde Galileu e Newton até hoje em dia: discernir as leis imutáveis que governam a natureza, e que se espera serem escritas na linguagem matemática. A compreensão unificada dessas leis fixaria então os limites exteriores de nossa compreensão da natureza. Existem, no entanto, duas graves limitações a essa abordagem às características mais gerais da realidade.

A primeira limitação é que seus métodos são adequados para a exploração de partes da natureza, e não da natureza como um todo. O que se poderia chamar de paradigma newtoniano de investigação científica estuda partes da realidade, regiões do universo. Em cada uma dessas regiões, ele distingue condições iniciais que foram estipuladas, demarcando um espaço de

---

* O argumento ontológico para a existência de Deus pretende demonstrar que Deus tem de existir, porque Sua existência é inerente à ideia que se faz Dele. É o ser perfeito ou absoluto. A existência é, segundo algumas versões desse argumento, um atributo da perfeição.

configuração dentro do qual os fenômenos mudam segundo leis que podem ser expressas como equações matemáticas. O que é condição inicial num determinado momento pode se tornar, noutro, fenômeno explicável. O cientista observador fica fora do espaço de configuração, na posição atemporal de Deus.

Quando aplicada ao universo como um todo, essa abordagem falha. Mas é exatamente do conhecimento sobre o universo como um todo (e não de partes destacadas do espaço-tempo) que precisamos para superar ou circunscrever a falta de fundamentação especulativa. Quando o assunto em questão é cosmológico, e não local, não se pode manter a distinção entre condições iniciais e fenômenos explicáveis num espaço de configuração. O observador não poderá mais se imaginar fora das fronteiras da configuração; não há lugar onde ficar fora do universo. Ele não é capaz de observar ou preparar cópias dos estados de coisas que está investigando; só existe um universo, ou ao menos um único universo observável.

A segunda limitação da prática dominante na ciência natural como modelo de investigação cosmológica é que ela adota uma visão historicamente provinciana de como a natureza funciona. Ela descreve o universo já relativamente estabelecido e esfriado. Nesse universo, os componentes da natureza, como descritos pelo modelo padrão da física de partículas, são imutáveis e, para todas as finalidades práticas, eternos. Os estados de coisas podem ser claramente distinguidos das leis que os governam. Podemos pensar nas leis da natureza como sendo as justificativas indispensáveis para todas as nossas explicações causais, e nas conexões causais como sendo instâncias particulares do funcionamento dessas leis imutáveis. Assim, a abrangência do que é possível está nitidamente desenhada: as maneiras pelas quais, e à medida que, algumas coisas podem se tornar outras.

O que a ciência já descobriu, no entanto, sugere que a natureza não apareceu, e não aparece, sempre dessa forma. Ela tem outra ardente e instável variante, na qual se apresentou na história mais primeva do universo, e pode vir a se apresentar novamente. Nessa variante, o que pensamos serem os componentes elementares e eternos da natureza ainda não existiam, ou ainda não estavam claramente organizados como estão agora, como estrutura diferenciada. As leis da natureza podem não ter sido distinguíveis dos estados de coisas que elas governavam. Realmente, conexões ou sucessões causais podem não ter assumido uma forma compatível com a lei natural. A suscetibilidade dos fenômenos a uma transformação pode ter sido muito maior do que quando, subsequentemente, eles se tornaram o universo relativamente estabelecido e esfriado que a ciência fundada por Galileu e Newton tinha como certo.

Quando deixamos de lado uma aprazível metafísica, com sua disposição para reivindicar mais do que podemos fazer de conta que sabemos, quando reconhecemos a incompletude dessa tradição científica como base do pensar sobre o universo, e não obstante temos em conta as revolucionárias descobertas empíricas da ciência no século XX, alcançamos um modo de ver que reafirma nossa falta de fundamentação especulativa, em vez de superá-la. De acordo com essa visão, tudo muda, mais cedo ou mais tarde – os tipos de coisas que existem, assim como as regularidades que os conectam. A mudança muda. A sucessão causal, em vez de ser simplesmente constructo da mente, é característica primitiva da natureza. Às vezes, ela exibe uma regularidade de lei (nas relativamente estabelecidas, esfriadas variações da natureza), e às vezes deixa de exibi-la.

O que existe, então, no limite de nossa compreensão não é um universo que não poderia ser outra coisa além do que é, ou uma estrutura de leis eternas. O que existe é impermanência, que também podemos chamar de tempo, o qual Anaximandro descreveu cerca de 2.500 anos atrás, no início tanto da ciência quanto da filosofia ocidentais: "Todas as coisas originam-se umas das outras, e desaparecem uma dentro da outra, de acordo com a necessidade [...] sob o domínio do tempo". Nada, nessa visão, justifica nossa falta de fundamentação especulativa. Ao contrário, tudo converge para tornar esse significado mais preciso e mais agudo.

O mundo tem uma história, que se estende para a frente e para trás no tempo, até mesmo além do universo atual. Nenhum sistema definitivo de leis seria capaz de nos contar qual foi, será ou tem de ser essa história; as regularidades da natureza são produtos dessa história, até mesmo mais do que são sua fonte.

Quando compreendermos essa história de forma muito melhor do que a compreendemos agora, ainda estaremos limitados a desempenhar um papel minúsculo nela. Ela permanece alheia a nossas preocupações. Sua mensagem continua a ser a de que nada é para sempre, e que tudo se transforma noutra coisa.

E quanto a nós? Esta é a pergunta que reside no cerne do problema da falta de fundamentação existencial. Uma resposta a nossa falta de fundamentação existencial daria sentido a nossa situação no mundo, de modo a nos orientar na maneira de conduzir a vida e organizar a sociedade. Primeiro, devemos buscar fora de nós uma base para a orientação da existência segundo nossa compreensão geral do mundo e de nosso lugar nele. Se tal compreensão não nos der uma pista, somos levados de volta a nós mesmos, a nossas experiências biográfica e histórica e a nossa compreensão de nós mesmos. A questão passa a ser então se a própria falta de fundamentação fora de nós mesmos pode ser transformada numa incitação e numa justificativa para a autofundamentação.

Somente se todas essas tentativas falharem é que encararemos nossa falta de fundamentação existencial. Em toda instância, uma resposta à ameaça da falta de fundamentação existencial tem de levar em conta o aspecto mais assustador de nossa situação: o fato de que morreremos. Se essa resposta não for capaz de demonstrar como vamos alcançar uma vida eterna, ela tem de sugerir, pelo menos, o início de uma abordagem de como devemos viver, tendo em vista nossa mortalidade, nossa manifesta natureza humana, ou a natureza humana que podemos suscitar, nossas necessidades e nossos desejos fundamentais, e os intratáveis limites do que podemos esperar descobrir quanto ao mundo e quanto a nosso lugar dentro dele.

O problema da falta de fundamentação existencial pode, simplesmente, ser redefinido: toda tentativa de fundamentar uma orientação para a existência numa compreensão do mundo tende a fracassar. Dizer que fracassará

Além do pensamento sem autoengano: a vida sem ilusão

para sempre seria fazer declaração injustificada sobre o futuro do entendimento e da iniciativa humanos. O que temos para nos instruir é a história de nossos esforços em lidar com a ameaça da falta de fundamentação existencial, no espaço em que a filosofia passa a ser religião.

Considere três famílias de esforços para lidar com essa ameaça. São as três principais opções espirituais, dominantes nos últimos dois milênios, que examino nos próximos três capítulos deste livro: superar o mundo, lutar com o mundo e humanizar o mundo. As consequências dessa pesquisa podem ser resumidas sucintamente. Quanto melhores forem as novas, menos razão há para acreditar nelas. Quanto mais críveis as novas, menos satisfatórias serão como resposta às perplexidades e ansiedades que motivam a experiência da falta de fundamentação existencial.

Parece que há uma escala móvel adversa, que se opõe a nosso desejo de ver as coisas como elas são em nossa busca por estímulo, bem como por orientação. Além do mais, mesmo as posições mais críveis nessa escala móvel, as que menos nos exigem assentir ao inacreditável, são insatisfatórias; se não abusam de nossa credulidade, menosprezam nosso poder de resistência e de autotransformação.

As novas mais encorajadoras, e as menos críveis, são as de que temos um amigo cuidando do universo. Essas são as novas que nos trazem os monoteísmos semíticos: judaísmo, cristianismo e islamismo. Nosso amigo fez o mundo e nos fez. Isso a partir da abundância de seu amor criativo e propiciador de vida. Somos formados em sua imagem. Não satisfeito com a ideia de nos criar e depois cruzar os braços, ele tem um plano para nossa salvação. Na implementação desse plano, ele pode até mesmo, segundo uma versão dessa narrativa, ter-se encarnado num homem, cerca de dois mil anos atrás. Ele nos convida a uma vida eterna e a uma participação em seu ser, e exige que mudemos os modos como vivemos e como tratamos uns aos outros. Uma comunidade de fiéis sustentará e disseminará as boas-novas.

Essa mensagem não é desprovida de seus terrores. Nossa liberdade espiritual gera o risco de fracassarmos em dar atenção à mensagem e em seguir seu caminho. Podemos ser descartados e alienados dele. Assim como nossa própria salvação, essa separação pode se tornar irreversível e eterna. Não obstante, a visão de que temos um amigo que cuida do universo constitui as melhores novas que poderíamos esperar receber, considerando nossa morte iminente e nossa aparente falta de fundamentação. Ele é a fundamentação do ser, particularmente de nosso ser. Nele, temos a esperança de superar a morte.

O problema é que a crença nessa narrativa pode ser difícil de ser alcançada ou de se sustentar. Se ela não é, simplesmente, aquiescência às convenções de uma família ou de uma cultura, deve ser o resultado de se ter passado por certas experiências. Embora essas experiências violem nossas crenças mais comuns sobre o funcionamento da natureza, elas podem se impor a nós com força convincente, se não irresistível. Contudo, afora a questão de se deveríamos nos permitir sermos assim assoberbados (em vista de nossa tendência de confundir pensamento sem autoengano com entendimento), podemos simplesmente, apesar de todos os esforços, não nos submeter a essas experiências. Tendo sido submetidos, podemos nos desvincular delas.

Mais especificamente, o recebimento das boas-novas nos exige deixar de descrer numa história de redenção da morte e da falta de fundamentação, história que nos apresenta três conjuntos de dificuldades. Que podemos chamar de escândalos da razão. O primeiro escândalo é que temos de aceitar uma súbita e radical interrupção no funcionamento regular da natureza, como algo diferenciado da transformação de tudo noutra coisa, e da mudança da mudança. O segundo escândalo é que determinados indivíduos e eventos têm um papel privilegiado a desempenhar numa narrativa de salvação para toda a humanidade: apenas aquela trama específica transmite a mensagem universal. O terceiro escândalo é que não podemos nos permitir ser desmoralizados pelas formidáveis objeções que podem ser levantadas contra cada uma das principais candidatas a uma ideia de Deus, a partir do próprio ponto de vista do sistema de crenças no qual essa ideia desempenha certo papel: Deus como pessoa, Deus como ser impessoal e Deus nem como pessoa nem como ser – uma negação inominável. Quando não estamos sob o autoinduzido domínio de uma convenção social ou de um entusiasmo religioso, podemos concluir que as boas-novas são boas demais para serem verdade.

Além do pensamento sem autoengano: a vida sem ilusão

Uma segunda família de respostas a nossa falta de fundamentação existencial, da qual os exemplos mais importantes são os ensinamentos de Buda e a filosofia dos vedas, enfatiza a impermanência de todos os tipos de seres – os tipos naturais, como às vezes são chamados – por meio dos quais a natureza se apresenta momentaneamente, e, portanto, também a impermanência de todas as relações regulares entre esses tipos de seres. Sob os mutantes disfarces da natureza, ela discerne o ser imutável e unificado. Essa impermanência radical sugere não só que toda distinção entre fenômenos, inclusive a distinção entre eus, é ilusória, mas que o próprio tempo é apenas "a imagem em movimento da eternidade".

De acordo com essa visão, nossa única fundamentação confiável é uma que nos permita nos desvencilhar, mediante discernimento e esforço, dos turbilhões do mundo dos fenômenos e aumentar nossa participação na única e subjacente realidade: a realidade do ser. Esse é o caminho também para uma compaixão inclusiva, que enxergue além das rasas e efêmeras divisões entre nós e no mundo.

No que concerne a nossa existência corporal, a morte confirma a verdade da impermanência. Ela sinaliza nosso retorno ao terreno do ser, do qual nunca realmente saímos. Assim, as respostas à morte e à falta de fundamentação têm a mesma origem e funcionam na mesma direção.

Aqui temos novas que não são tão boas quanto aquelas sobre nosso amigo, o criador e mestre do universo, e seu plano para nos resgatar da morte e da falta de fundamentação. Isso tem uma leve semelhança com o resultado do debate sobre falta de fundamentação especulativa, a ideia profetizada por Anaximandro: "Todas as coisas originam-se umas das outras, e desaparecem uma dentro da outra, de acordo com a necessidade [...] sob o domínio do tempo". Uma importante diferença pode estar na rejeição da realidade do tempo, embora, nessa tradição de pensamento, frequentemente essa rejeição não esteja invariavelmente associada à desvalorização da distinção entre fenômenos e da distinção entre eus. Se o tempo é uma ilusão, assim também é a história, e nossos envolvimentos terrenos passam a ser ou caminhos sem objetivos ou objetivos sem caminhos.

A religião do futuro

Para aceitar essa maneira de lidar com nossa falta de fundamentação existencial, teríamos de começar negando ou desvalorizando a realidade do mundo manifesto e do tempo. Uma coisa é afirmar a tese da impermanência. Outra é minimizar a realidade do impermanente enquanto ele existir. É nesse aspecto que as novas são inacreditáveis.

Então, teríamos de cogitar nossa fusão num ser oculto e unificado como substituto para nossa existência corporal e individual. Em troca do eu uno, nos é oferecida a mente una constitutiva do mundo. Quem aceitaria tal troca se pudesse evitá-la? É quanto a esse aspecto que as novas são desanimadoras.

As desvantagens dessa troca são agravadas pelas consequências práticas de seguir o caminho demarcado pelo enfoque da realidade que o informa. Apesar da base que ele oferece para a afirmação de uma abrangente afinidade com outras pessoas, e de fato com toda a realidade, e a despeito do chamado a uma ação compassiva que ele possa inspirar, sua proposta fundamental é que ponhamos o mundo fenomenal e temporal em seu devido lugar. Temos de desconsiderar sua autoridade e realidade, para melhor alcançar uma comunhão com o ser uno.

Ao aceitarmos essa recomendação, estamos pondo o antídoto teórico à experiência da falta de fundamentação em desacordo com o mais confiável antídoto prático de que dispomos. Pois se o sentido de um caráter onírico da existência tem algum remédio eficaz, a cura está em nossos envolvimentos e afetos, e não numa autoajuda por meio da metafísica. Nada pode nos reconciliar melhor com a vida do que mais vida. Faz parte do caráter peculiar dessa abordagem ao mundo, no entanto, lançar dúvida quanto à (derradeira) realidade e autoridade do mundo fenomenal e temporal, o mundo da história e dos distintos agentes humanos no qual prosperam esses envolvimentos e afetos.

Uma terceira abordagem a nossa falta de fundamentação existencial, ilustrada pelos ensinamentos de Confúcio (como também por muitos ramos do humanismo secular ocidental), começa num ponto de partida totalmente diferente. Ela aceita a falta de fundamentação especulativa, mas não aceita que ela acarrete nossa falta de fundamentação existencial. Essa abordagem propõe que nos fundamentemos construindo uma cultura e uma sociedade que carreguem a marca de nossas preocupações e fortaleçam nossos melhores eus.

Segundo essa visão, o grande espetáculo da natureza é sem sentido. Podemos esperar ter domínio sobre uma pequena parte dele e fazer com que sirva a nossos interesses. No entanto, não podemos construir uma ponte sobre o abismo que separa a vasta indiferença do cosmos dos requisitos da humanidade. Tudo que podemos fazer é criar uma ordem significante dentro de um cosmos que, sem isso, é desprovido de significação.

Nossa melhor oportunidade para estabelecer essa ordem é aprimorar quem somos e o modo como lidamos uns com os outros. Podemos fazer isso mediante a dialética entre regras, papéis e rituais da sociedade e o gradual fortalecimento de nossos poderes de empatia imaginativa: nossa capacidade de compreender a experiência de outras pessoas e atender a suas necessidades. Ao cumprirmos nossas obrigações uns com os outros, como definidas, principalmente, pelos papéis que desempenhamos na sociedade, podemos assegurar a estrutura humanizada que a natureza nos nega.

Os melhores dentre nós, aqueles nos quais o poder de imaginar a experiência dos outros mais se desenvolveu, e cuja disposição para atender as próprias necessidades é mais pronunciada, não precisarão mais de regras, rituais ou papéis que os orientem a conduzir a vida.

Essa visão comete dois erros que comprometem a perspectiva de se livrar do problema da falta de fundamentação existencial: um erro relativo à sociedade e à história, e um erro relativo ao eu. O erro relativo à sociedade e à história é o de creditar a determinado regime social o poder de acomodar todas as experiências que temos motivos para valorizar, ou de lhe creditar o poder de representar a configuração mais abalizada para o cumprimento de nossas obrigações uns com os outros. Como nenhum regime social pode ser incontestável, nenhum é capaz de pretender prover uma fundamentação para a vida humana que possa compensar a fundamentação que a natureza nos nega.

O erro quanto ao eu é depreciar uma verdade acerca da humanidade que se revela na terceira falha irreparável na condição humana (que comentarei mais adiante): nossa insaciabilidade. Exigimos um do outro, bem como dos mundos social e cultural que construímos e habitamos, mais do que eles são capazes de oferecer. O avanço de nossos interesses materiais e morais mais fundamentais exige, regularmente, que desafiemos e revisemos qualquer plano estabelecido de vida social. A fonte última desse poder de resistência e de desafio é o fato de que existe em nós, individual e coletivamente, mais do que existe, ou jamais possa existir, nesses regimes. Dependemos de outros para compor um eu, mas temos medo de que essa dependência seja subjugação – a composição e a decomposição do eu têm origens semelhantes.

O que se segue de nossa relação conflituosa com as estruturas da vida social, assim como de nossa relação ambivalente um com o outro, é que o aperfeiçoamento da sociedade não pode equivaler à autofundamentação da humanidade. E não vai equivaler, a menos que nos enganemos ou compactuemos com nossa própria escravização, amenizando a angústia da falta de fundamentação existencial.

A conclusão provisória é que nenhuma das maneiras pelas quais as principais civilizações na história tentaram evitar que a falta de fundamentação especulativa se tornasse falta de fundamentação existencial teve sucesso. No entanto, elas são defeituosas como teoria somente porque são também defeituosas na prática. Suas consequências práticas revelam suas deficiências teóricas.

A combinação de nossa mortalidade com nossa falta de fundamentação empresta à vida humana seu caráter urgente e enigmático. Lutamos, no breve tempo de que dispomos, em meio a uma escuridão impenetrável. Uma pequena área é iluminada: nossas civilizações, nossas ciências, nossas obras, nossos amores. Mostramo-nos incapazes de definir o lugar dessa área iluminada dentro de um espaço maior destituído de luz, e temos de seguir para nossa morte sem estarmos iluminados.

Há uma relação desigual entre nossa falta de fundamentação e nossa mortalidade. A segunda é um defeito na condição humana mais fundamental do que é a primeira. Se usufruíssemos de uma vida eterna e perenemente rejuvenescida e corporificada no tempo histórico, nossa incapacidade para

Além do pensamento sem autoengano: a vida sem ilusão

discernir a fundamentação de nossa existência poderia não parecer tão assustadora. Sempre poderíamos esperar progredir mais tarde na descoberta da fundamentação de nossa existência. Seríamos sempre trazidos de volta às preocupações que surgem no momento seguinte da existência. Nossa falta de fundamentação poderia ser aquilo que parece ser para alguns filósofos: uma curiosidade teórica. Seria, nos termos do argumento precedente, correspondente a uma falta de fundamentação meramente especulativa, e não a uma falta de fundamentação existencial. Conquanto ainda desconcertante, perderia grande parte de seu terror.

No entanto, se entendêssemos qual é a fundamentação existencial, nosso entendimento poderia ou não amenizar o medo da morte. Se amenizaria ou não, dependeria de nossas conclusões. Há entendimentos que poderiam acalmar nossos temores: por exemplo, aqueles que nos garantem que um amigo está encarregado de cuidar do universo, que ele nos deu a vida e que nos entregará à morte apenas para nos dotar de uma vida ainda mais elevada; mas há também entendimentos que nos convidam a mergulhar progressivamente na autoformação e no autoaperfeiçoamento de um ser impessoal. Temos muitos motivos para querer desesperadamente que uma dessas visões seja verdadeira.

Questão central na história da religião é se ela continuará a ser o suficiente em desempenhar o papel de nos dar o consolo que desejamos. Uma questão subsequente concerne àquilo que temos o direito de esperar, se não pudermos ter certeza das expectativas que essas crenças consoladoras guardam para nós. Essas duas questões constituem importantes preocupações na argumentação deste livro.

Temos de morrer sem captar os motivos de nossa existência, a não ser esses fragmentos de necessidade e casualidade que a investigação científica nos sugere. Não parece que o crescimento do conhecimento científico venha a alterar, ou seja capaz de alterar, essa circunstância. Se existe um ou muitos universos, se o universo é eterno ou limitado no tempo, se houve um começo no tempo ou se começou junto com o tempo, isso constituiria simplesmente diferentes maneiras de expressar um enigma que continuaríamos sendo incapazes de resolver.

INSACIABILIDADE

Nossos desejos são insaciáveis. Queremos obter do que é limitado o ilimitado. É inevitável que fracassemos. Nossa insaciabilidade é a terceira falha irreparável na vida humana.

Ela está enraizada em nossa constituição natural. Os desejos humanos são indeterminados. Eles não exibem a qualidade direcionada e roteirizada do desejo entre outros animais. Como no vício ou na obsessão, mesmo quando os desejos se fixam em objetos específicos, fazemos com que esses objetos sejam sucedâneos de anseios com os quais eles têm uma relação frouxa ou arbitrária. Forçamos o limitado a servir como substituto do ilimitado. Esse descompasso, que se revela mais fortemente em nosso comportamento obsessivo e vicioso, é transportado para toda nossa experiência de querer e de buscar.

O recuo ou a vaguidão de determinação biológica na configuração de nossos desejos abre espaço para a atuação de quatro forças que, juntas, tornam nossos desejos insaciáveis.

Uma primeira raiz da insaciabilidade é a implementação da dialética de corporificação e transcendência na vida do desejo. Sofremos quando o desejo não é satisfeito, e, quando é satisfeito, ficamos por breve tempo aliviados da dor. Nossos desejos, no entanto, são ilimitados tanto no número quanto no alcance. O momento de insatisfação é logo seguido por outros desejos não atendidos. A satisfação fica sendo interlúdio momentâneo numa experiência de privação e anseio que não tem fim.

Como seria diferente? Não há nenhum conjunto de desejos estreitamente direcionados que defina nossa natureza. Portanto, nenhuma satisfação particular pode nos deixar duradouramente apaziguados. O problema com os desejos e as satisfações particulares é que eles são particulares e que nós, em certo sentido (o de que excedemos a todos os regimes sociais e conceituais em que estamos envolvidos), não somos.

Uma segunda raiz da insaciabilidade é a construção social do desejo. A nossos desejos falta um conteúdo predeterminado. Em grande medida, nós obtemos esse conteúdo uns dos outros; nossos desejos representam um sequestro do eu feito pela sociedade. Esse confisco do desejo por outras pessoas faz com que seu conteúdo pareça vazio, como se permanecesse sempre na periferia do eu, como se nunca penetrasse no núcleo interior e vazio da personalidade. Estamos sempre prontos a trocar uma invasão do eu feita pela sociedade por outra invasão.

Uma terceira raiz da insaciabilidade é a proeminência, entre nossos desejos, daqueles que por própria natureza nunca podem ser satisfeitos pela maioria das pessoas na maior parte do tempo. Queremos, uns dos outros, aceitação, reconhecimento e admiração, assim como coisas e poder. Particularmente, queremos uns dos outros o que toda criança quer de todo progenitor: a garantia de que existe para ela um lugar incondicional no mundo. Nenhuma garantia dessas é suficiente, porque toda garantia é tanto ambígua quanto revogável. Mesmo que pudéssemos acumular bastante dos escassos recursos materiais, nunca teremos bastante dos ainda mais escassos recursos imateriais. O que é dado a alguém é retirado de outrem, de modo que nos encontramos sempre em situação de eterna insatisfação. Somente o amor, livremente oferecido, mas facilmente destruído, poderia nos livrar por um momento desse infindável anseio.

Uma quarta raiz da insaciabilidade do desejo é que buscamos, na satisfação de nossos desejos, não só nos livrarmos dos sofrimentos e das privações aos quais eles se referem, mas também suprir uma resposta à morte e à falta de fundamentação. Uma pessoa pode ter como meta ficar rica porque não pode se tornar imortal ou porque não é capaz de encontrar nenhuma fundamentação mais confiável para sua existência. Essa incessante metonímia, essa troca do que seria definitivo pelo que é confortável, está destinada a desapontá-la.

Existe um elemento comum nessas fontes de insaciabilidade. Não podemos acessar o absoluto, o incondicional, o ilimitado. Portanto, tentamos conseguir isso a partir do que é limitado. Somos incapazes de convencer a nós mesmos de que, apesar de nossa mortalidade e nossa falta de fundamentação, tudo está perfeitamente bem. Assim, usamos os recursos materiais ou imateriais que formos capazes de adquirir para compensar as imperfeições fundamentais na vida, que somos impotentes para reparar. Nunca conseguiremos obter, uns dos outros, suficiente aceitação. Portanto, cada um de nós continua a buscar mais sinais da garantia de que existe para si um lugar incondicional no mundo. Não podemos restringir nossos esforços a um conjunto limitado de objetos e objetivos. Por isso, caminhamos numa esteira feita de desejo, satisfação, tédio e um novo desejo, e obtemos uns dos outros as pistas que nunca seremos suficientemente capazes de dar a nós mesmos.

O resultado é uma exposição a uma angústia que flutua solta, e que muita religião, filosofia e arte tiveram como objetivo amainar. O pensamento especulativo e a prática religiosa, convocados para a causa da autoajuda, frequentemente serviram como dispositivos mediante os quais lançamos feitiço sobre nós mesmos para melhor nos livrarmos dos sofrimentos da insaciabilidade. Desses dispositivos reunimos as histórias do cosmos e de nossas vidas dentro dele, que fazem com que o feitiço pareça acolher as mais profundas verdades sobre o mundo.

No centro da experiência da insaciabilidade jaz a vacuidade dos desejos humanos: sua indeterminação em comparação aos desejos de outros animais. Essa negatividade influencia até mesmo os impulsos – por alimento e por sexo – que mais claramente nos ligam ao resto do mundo animal, mas que, no ser humano, têm qualidade não fixa, inclusiva e itinerante.

A vacuidade do desejo aparece sob dois aspectos principais: ela é mimética (para usar o termo de René Girard) e é projetada (para usar o termo de Karl Rahner). A discussão precedente já sugeriu como cada uma dessas feições do desejo desempenha um papel na genealogia do desejo insaciável. Juntas, elas ajudam a esclarecer a natureza de nossa insaciabilidade.

Por nossos desejos serem vazios, a lacuna será preenchida por outras pessoas. Em grande medida, desejamos aquilo que desejam os que nos cercam. Os desejos deles nos contaminam; eles tomam o controle sobre nós. Essa tomada estabelece base tanto para competição quanto para cooperação, segundo o conteúdo daquilo que é desejado e o âmbito das alternativas sociais disponíveis para sua busca.

Além do pensamento sem autoengano: a vida sem ilusão

Se não conseguíssemos resistir ao caráter imitativo do desejo, mesmo ao nos rendermos a ele, não seríamos os indivíduos moldados pelo contexto, mas transcendentes ao contexto que somos. Não seríamos os seres cujas relações uns com os outros são toldadas por inescapável ambivalência porque buscam conexão sem subjugação, e que compreendem, embora obscuramente, que "imitação é suicídio". Não existe formação do eu sem conexão em todo domínio de nossa existência, e não há conexão, em qualquer âmbito de experiência, sem o risco da perda do eu. "Aceite-me, mas liberte-me", é o que todo ser humano diz a outro.

Essa relação conflituosa, tanto com os outros quanto com os contextos organizados da vida e do pensamento, ocorre no meio de uma luta pela realização de nossos desejos, desejos que descobrimos não serem realmente nossos. Eles vêm a nós principalmente por influência de outros. A menos que consigamos, de algum modo, criticar os desejos que tomamos emprestado, mudá-los e torná-los nossos, nossa ambivalência em relação a outras pessoas e nossa resistência em relação ao contexto são impotentes para nos libertar e nos empoderar. Portanto, não é apenas em reação a outras pessoas que somos ambivalentes; é também em relação a nossos próprios desejos, porque eles são e não são nossos ao mesmo tempo. Essa confusão faz parte da experiência da insaciabilidade e outorga a ela sua torturada e desesperada qualidade.

Acredita-se amplamente que essas complicações são o resultado de um conjunto de desenvolvimentos na sociedade e na cultura historicamente específico, associado à predominância de ideais democráticos, liberais e românticos em algumas sociedades durante os últimos séculos. A verdade, no entanto, está mais próxima da ideia contrária: é o poder das experiências fundamentais do eu, que nenhum regime de sociedade ou cultura é capaz de superar ou suprimir totalmente, que explica as irresistíveis seduções dessas formas de vida e de consciência. A voz profética na política e na cultura cairia em ouvidos moucos se não encontrasse um aliado nos mais interiores recessos do eu.

O desejo é projetado, assim como é mimético. Ele é projetado num sentido duplo. Por um lado, sempre anseia por algo que está além do objeto imediato e manifesto. Esse algo além compartilha a qualidade do ilimitado, do incondicional, do absoluto, do infinito. Assim, o desejo é projetado no sentido de que se projeta à frente, além de seu horizonte visível. Por outro lado, esse algo além permanece remoto e obscuro. Nós o abordamos, quase sempre, por caminhos indiretos, tomando-o erroneamente por algo tangível e acessível, o objeto próximo e visível de nosso anseio. Assim, o desejo é projetado no sentido de que projetamos o absoluto oculto num objeto manifesto, contingente e muito específico.

Na obsessão e no vício, a ligação desproporcional e até mesmo caprichosa entre o horizonte oculto do ilimitado e seu reles substituto torna-se extrema e paradoxal. Ela é, no entanto, apenas o caso limite de uma característica pervasiva da vida do desejo. No tédio, experimentamos diretamente o fracasso dos objetos específicos do desejo, e dos hábitos e rotinas que cercam a busca por eles e que mantêm vivo nosso interesse acionando nossas capacidades. Recorrentemente, em toda parte a fenomenologia do desejo carrega a marca de nossa insaciabilidade e revela sua conexão com nossos poderes de transcendência, com nosso anseio pelo infinito.

A qualidade do desejo como projetado demonstra, também, como nossa insaciabilidade se relaciona com nossa mortalidade e nossa falta de fundamentação. A brevidade da vida empresta urgência às buscas do desejo: nosso tempo vai acabar enquanto continuamos a buscar, um após outro, objetos indignos dessa procura, cada um deles um sucedâneo do inatingível horizonte daquilo que poderia nos satisfazer. Os terrores da morte crescem na imaginação enquanto se gasta a vida nessa caçada equivocada.

Nossa incerteza quanto à fundamentação de nossa existência (ou então o fracasso de todas as propostas disponíveis para fundamentá-la) nos deixa sem roteiro a ser seguido, a partir das especificidades tangíveis e imperfeitas que podemos alcançar, para o absoluto intangível e indiscriminado que buscamos silenciosamente.

Sem uma ideia formada de se – e em quais condições – poderíamos superar nossa insaciabilidade, não a compreenderemos. Ao descrever a insaciabilidade como uma falha irreparável na condição humana, digo que não podemos

Além do pensamento sem autoengano: a vida sem ilusão

escapar dela, ao menos não sem prejuízo aos atributos que nos fazem humanos, e que podem nos fazer mais humanos ao mais divinos.

Considere a sugestão de que, em certas sociedades e culturas, homens e mulheres deixem de experimentar o desejo como algo insaciável. A insaciabilidade, então, seria uma característica local, e não universal, da experiência humana. Os que estudam os povos originários do ponto de vista das ideias que têm sido dominantes na antropologia moderna frequentemente os representam como marcados por uma teologia da imanência e um pragmatismo da suficiência.

A teologia da imanência, em contraste com as crenças espirituais, dominantes desde as revoluções religiosas do primeiro milênio a.C., coloca o sagrado ou divino diretamente inserido ao mundo natural, bem como no mundo social. Isso não provê uma base para que uma divindade pessoal ou impessoal transcenda o que é manifesto no mundo no qual nos encontramos. Se nossa insaciabilidade tem pressuposições teológicas ou cosmológicas, essas pressuposições são negadas por tal visão do mundo.

O pragmatismo da suficiência forma homens e mulheres que trabalham apenas para manter uma certa e costumeira forma de vida. Depois de atingido isso, param de trabalhar. Não se permitem ser levados por impulso para implacáveis esforços e acumulação. O caráter dessa experiência de vida em sociedade os protege – assim prossegue o argumento – da provação que é a insaciabilidade.

A questão pode então ser apresentada com clareza: seríamos seres que se tornam insaciáveis apenas quando saímos da teologia da imanência e do pragmatismo da suficiência? É verdade que há uma história do desejo, assim como há uma história das ideias que informam o desejo. Essa história, no entanto, não é sem objetivo ou aleatória. Não converge num fim único. Não obstante, ela tem direções. Suas direções não devem ser confundidas com as balanças da justiça divina. Contudo, elas revelam, com o correr do tempo, quem somos e o que podemos nos tornar.

As restrições impostas pela teologia da imanência e pelo pragmatismo da suficiência inibem o desenvolvimento de nossos poderes: não só de nossos poderes de produção como também de nossos poderes de invenção e inovação. Elas nos impedem de ir além nos limites das práticas, instituições e premissas relativas à associação humana que mantêm todos os nossos interesses e ideais como reféns. As restrições exigem que tratemos certa estrutura de vida e de pensamento – a já estabelecida – como nosso lugar definitivo e determinante no mundo. No entanto, não podemos fazer isso sem a pretensão de sermos mais parecidos com outros animais do que com deuses.

A falsidade dessa pretensão está prefigurada no irreprimível elemento de incerteza quanto qual é o regime de vida e de pensamento estabelecido, e quanto a como esse regime será compreendido e mantido quando as circunstâncias mudarem e surgirem conflitos. Nenhuma sociedade real pode se confirmar totalmente com tal roteiro. Nenhum indivíduo real pode se tornar o intérprete passivo das falas que o roteiro atribui a quem desempenha cada papel social. Se ele não desafiar o roteiro, irá, mesmo assim, reescrevê-lo secretamente. A falsidade da pretensão será depois confirmada pela irreversibilidade de todo abandono dessa suposta Arcádia. Uma vez experimentado as vantagens, assim como os problemas, de sua disrupção, nenhum indivíduo poderá jamais voltar a esse Éden

As mudanças revolucionárias que são associadas à rejeição tanto da teologia da imanência quanto do pragmatismo da suficiência despertaram, e continuarão a inflamar, toda a humanidade. Sua influência, apesar de todas as calamidades e reversões, mostrar-se-á uma força que é irresistível e providencial não só porque nos empodera como também nos revela a nós mesmos.

Se as variações da sociedade e da cultura não são capazes de nos salvar de nossas insaciabilidades, poderiam algumas de nossas iniciativas como indivíduos nos blindar contra elas? Será que não podemos ter no amor e no trabalho experiências que nos absorvam inteiramente, modifiquem ou mesmo suspendam nosso senso da passagem do tempo, sem nos privar de nossa consciência, e interrompam o ciclo do desejo não correspondido?

Na verdade, podemos, se tivermos sorte e formos sábios, mas apenas por um momento. O trabalho chegará ao fim, e não representará mais para seu criador o que representou nos espasmos da criação. O amor, sempre contaminado de ambivalência, só vai parar de vacilar se parar de viver. O trabalho e o amor serão tidos como o envolvimento particular e a conexão particular que realmente são, e continuaremos a buscar, absurda e inescapavelmente, algo que não seja apenas mais uma coisa particular. Nossas suspensões de um desejo insaciável serão momentâneas; nossa insaciabilidade permanecerá como a duradoura corrente subterrânea de nossa experiência, à espera do alívio suscitado por suas remissões.

Na medida em que somos destinados a morrer, a existência é urgente e assustadora. Na medida em que nos falta fundamentação, ela é vertiginosa e onírica. Na medida em que somos insaciáveis, ela é inquieta a atormentada.

APEQUENAMENTO

"A verdadeira tristeza da humanidade consiste nisso – não que a mente do homem falhe; mas que o decurso e as exigências da ação e da vida tão raramente correspondam à dignidade e à intensidade dos desejos humanos; e daí que o que é lento ao se esvair é muito facilmente posto de lado e maltratado." Assim escreveu o poeta Wordsworth, descrevendo aquilo que podemos ser tentados a tomar erroneamente como uma quarta falha irreparável na condição humana.

Nenhuma característica de nossa humanidade é mais importante do que nosso poder de ir além dos regimes particulares da sociedade e do pensamento nos quais participamos. Podemos sempre fazer, sentir, pensar ou criar mais do que eles abençoam, permitem, ou do que têm noção. A fecundidade e a amplitude da experiência ultrapassam todas as limitações formativas que a ela são impostas.

Pelas mesmas razões e no mesmo sentido, nenhuma regra social, em qualquer sociedade, pode fazer justiça a qualquer ser humano individual. Nenhum esquema de organização social pode acomodar todas as atividades que temos razões para valorizar, ou todos os poderes que temos motivo para exercer e desenvolver. Esse excedente em relação às determinadas circunstâncias da existência deveria suscitar na mente a ideia de nossa grandeza, ou de nosso compartilhamento dos atributos que algumas das religiões do mundo atribuíram a Deus.

Contudo, a experiência comum da vida, embora pontuada por momentos de alegria, que podem ser sustentados e prolongados por envolvimentos e afetos, é de obstrução e humilhação. A persistente desproporção entre nossos poderes que transcendem contextos e os objetos aos quais dedicamos nossas devoções ameaça fazer da existência um martírio de apequenamento. "Em toda casa, no coração de cada donzela, e de cada menino, na alma do santo nas alturas, encontra-se esse abismo – entre a maior promessa de um poder ideal e a reles experiência." "Assim, todo homem", escreveu Emerson, "é um imperador desertado por seus Estados, relegado a delatar e acusar sozinho."

Os extremos da privação econômica e da opressão social que a maior parte da humanidade tem sido condenada, na maior parte da história, fazem com que esse martírio pareça ser ainda mais amargo e inescapável. Se, no entanto, olharmos para além da superfície da vida, veremos que nem mesmo os privilegiados, os poderosos, os bem-dotados e os afortunados estão livres dos fardos do apequenamento. Pois eles resultam, em âmbito universal, dos recorrentes incidentes que configuram a vida humana. Mesmo uma pessoa cujas circunstâncias e cuja fortuna a tenham blindado da privação e da opressão terá de enfrentar essas provas, em três ondas sucessivas no decurso de sua existência.

Primeiro, terá de se livrar da percepção de que é o eterno centro do mundo. Ela precisa compreender não só que é apenas uma entre incontáveis muitas, como também que logo será nada. Mesmo se permitir ser persuadida de que ganhará vida eterna, não pode recair na ilusão de que está no centro.

Em segundo lugar, terá de se resignar a assumir um determinado curso na vida, se é que, de fato, esse curso não lhe foi imposto pelas coações da sociedade. Se resistir a se comprometer com esse curso, a pessoa não se torna universal; torna-se meramente estéril e doente. No entanto, a consequência da particularidade de um curso na vida é que se abre uma brecha entre quem finalmente somos e sabemos que somos, e o modo pelo qual temos de viver. O indivíduo, obscuramente, tem a si mesmo como sendo mais, muito mais

Além do pensamento sem autoengano: a vida sem ilusão

do que revela sua existência extrovertida. Guiado pelas religiões do mundo e, hoje, pelos credos democráticos e românticos, ele pode até mesmo sentir que tem direito e escalar as alturas de experiência e visão, porque tem insondáveis profundezas. Contudo, isso que ele, afinal, sabe que é não é capaz de expressar no decurso de sua ação no mundo. O resultado é que a existência se torna um martírio de autodistorção e autossupressão. Não é apenas a tragédia de Hamlet; é a dor de todo homem.

Ao ficar mais velho, o indivíduo se deparará com os fardos do apequenamento pela terceira vez, e se acomoda na existência que abraçou ou que lhe foi imposta. Forma-se em torno dele uma carapaça de rotina, de obrigações, de rendições silenciosas, de soluções pela metade e de uma consciência diminuída. Ele se entrega a uma versão enrijecida do eu: o caráter. Começa a morrer pequenas mortes, muitas vezes. Ele falha em morrer apenas uma vez – que é o que desejaria se fosse capaz de reconhecer completamente o valor da vida. Essa terceira onda revela o que é de fato o apequenamento do indivíduo: morte a prestações.

É crucial para uma visão moral e política, e, portanto, para qualquer religião, que ela assinale corretamente o ponto de divisão entre as circunstâncias inalteráveis da existência e as disposições alteráveis da sociedade. Apresentar modos defeituosos e revisáveis de organização social como inescapáveis é a forma característica de superstição quanto à sociedade e à história: a ilusão da falsa necessidade. A consequência dessa ilusão é que ela ajuda a entrincheirar uma ordenação particular da sociedade contra o desafio e a transformação. É deixar nossos ideais e interesses reféns de instituições e práticas que os representam em determinado momento, e com isso, inibir nossos esforços para reconsiderar o significado deles. Um exemplo contemporâneo desse fetichismo institucional é a injustificada identificação das ideias abstratas sobre economia de mercado ou democracia representativa com um modo particular, um caminho específico, de organizar mercados e democracias.

Negar as características inevitáveis da existência – mortalidade, falta de fundamentação e insaciabilidade – é cometer um não menos atroz insulto a nós mesmos. Se deixarmos de encará-las, cessamos de despertar do sonambulismo da transigência, do conformismo e do eu petrificado par uma vida maior. Lançamos mão de dispositivos e estratagemas que nos dividem e escravizam sob o pretexto de nos empoderar.

Nossa suscetibilidade ao apequenamento é uma característica persistente e pervasiva de nossa experiência. No entanto, ela não é, como é a mortalidade, a falta de fundamentação e a insaciabilidade, uma falha irreparável na condição humana. Ela permite que haja um âmbito para uma resposta, tanto individual quanto coletiva, tanto no tempo biográfico quanto no tempo histórico. Consequentemente, a suscetibilidade não deve ser confundida com uma quarta falha irreparável na condição humana.

Aquilo que podemos e devemos fazer quanto a nossa suscetibilidade ao apequenamento, como indivíduos e como sociedades, é crucial para o decorrer da vida e para o avanço da humanidade. Nossa luta contra a ameaça do apequenamento pode facilmente ser malconduzida. Um desses casos busca evitar ou superar o apequenamento, nos apresentando uma falsa esperança de escapar à mortalidade, à falta de fundamentação ou à insaciabilidade. Outra má condução aceita um estabelecido, ou proposto, sistema particular de sociedade ou de pensamento como o modelo definitivo para nosso triunfo sobre o apequenamento. A desorientação mais importante de todas é deixar de ver como o modo de conduzir a vida pode nos preservar dos males do apequenamento, enquanto não formos avassalados pelas fragilidades do corpo e as crueldades da sociedade. Ela considera o apequenamento não mais evitável do que a morte.

O que temos de fazer quanto a nossa suscetibilidade ao apequenamento tem sido sempre um tema na consciência religiosa da humanidade. No entanto, durante os mais de 2.500 anos que testemunharam o surgimento, a disseminação e a influência das atuais religiões do mundo, esse tema permaneceu mormente subterrâneo. Uma das alegações deste livro é que agora ele deve se tornar uma preocupação central e orientadora.

O antídoto genérico para o apequenamento é o empoderamento, coletivo ou individual. Há importantes formas falsas de empoderamento individual e

Além do pensamento sem autoengano: a vida sem ilusão

coletivo: uma espécie de cada, que agora exercem influência predominante. Elas não são falsas no sentido de que não incrementam o poder da espécie ou do indivíduo. São falsas no sentido de que não são capazes de cumprir suas promessas, a despeito de sua contribuição a nosso empoderamento; não corrigem nossa suscetibilidade ao apequenamento, que tem de ser enfrentada por cada homem e cada mulher no decorrer da vida. Chamo o principal falso remédio coletivo a esse mal de romance da ascensão da humanidade, e o principal falso remédio individual de prometeanismo.

O romance da ascensão da humanidade e o prometeanismo falham como respostas aos perigos do apequenamento, ou respondem a eles a um custo intolerável para o aprimoramento da vida. Não obstante, eles assemelham-se a outra direção de resposta que indica o caminho pelo qual podemos esperar obter um triunfo sobre o apequenamento. O desenvolvimento dessas melhores contrapartidas aos erros do prometeanismo e do romance da ascensão da humanidade é um dos principais objetivos deste livro.

Eis aqui uma interpretação do romance de nossa ascensão. A humanidade surge. Seu surgimento não é inevitável, pelo menos não nas versões mais circunspectas e realistas do romance da ascensão, mas é possível. (Auguste Comte e Karl Marx, dois filósofos desse romance, não foram tão circunspectos.) Nós, a raça humana, a espécie, fomos longe na busca por diminuir nosso desamparo ante a natureza. Quando dependíamos completamente dela, costumávamos cultuá-la. Agora, construímos grandes civilizações. Concebemos, por meio da ciência e da tecnologia, instrumentos com os quais estender nossos poderes e prolongar nossas vidas. Criamos oportunidades para que muito mais pessoas tivessem muito mais tempo para explorar os segredos do universo assim como o funcionamento da sociedade e da mente. Todas essas conquistas são apenas o começo. O lema do romance da ascensão da humanidade é: você ainda não viu nada.

Costumávamos acreditar numa harmonia, numa convergência pré-ordenada, entre as condições institucionais de nosso progresso material e de nosso progresso moral – o desenvolvimento de nossos poderes de produção e inovação e o desenredamento das possibilidades de cooperação dos rígidos esquemas de divisão social e de hierarquia que pesaram sobre eles em todas as civilizações históricas. Já não encaramos mais essa convergência como certa. No entanto, acreditamos que exista uma área para uma possível superposição, uma zona de potencial interseção entre os arranjos e as disposições que podem ajudar a nos tornar mais livres.

Um dia, se aprendermos a conter nossos ódios e nossas guerras, vamos sair de nosso canto do universo. Estabeleceremos uma presença longe de nosso lar terrestre. Nossos poderes assumirão medidas e formas que para nós serão inimagináveis. Apesar de não alcançarmos uma vida eterna, viveremos não só por mais tempo como muito melhor. Nossos sucessores olharão para trás, para nós, e se perguntarão como a raça humana pôde ter sido tão frágil, tão impotente, e tão confinada.

Nós, seus precários antecessores, podemos olhar para a frente e compartilhar a visão e as alegrias dessa ascensão. Temos o direito de esperar que todo o bem que fazemos uns aos outros e a nós mesmos perdurará, como parte da aventura do gênero humano.

O romance da ascensão dá a nossas experiências de apequenamento uma resposta que é inadequada de duas diferentes maneiras. Em primeira instância, porque o indivíduo se coloca no papel de instrumento da espécie, como se fôssemos formigas e não seres humanos – a menos que consiga compartilhar dessa ascensão durante sua vida. Permitimos que o tempo biográfico desapareça dentro do tempo histórico, ou faça com que figure apenas como um período de servidão, mesmo quando nosso contrato é voluntário. Ficamos, assim, alienados do bem supremo, na verdade, o único bem que alguma vez possuímos realmente: a vida no presente.

Santo Agostinho disse que todas as épocas são equidistantes da eternidade. O que dizer ao indivíduo que, num esquema como o de Comte ou de Marx, nasceu muito antes da consumação da história? Que as misérias da sociedade escravagista ou da exploração capitalista foram necessárias para a emancipação de uma humanidade ainda por nascer? O teórico social positivista, ou o filósofo da história, que acredita ter revelado o roteiro oculto da necessidade histórica, pode não professar qualquer interesse em tal ansiedade. No

Além do pensamento sem autoengano: a vida sem ilusão

entanto, o indivíduo que recorre à ascensão da humanidade como resposta às agruras do apequenamento pode se perguntar como o futuro empoderamento da espécie vai compensar a sujeição atual. Se ele compreendeu que a história não tem esse roteiro e que, embora a futura ascensão da raça seja possível, ela não é nem inevitável em sua ocorrência nem pré-ordenada em seu conteúdo, a insatisfação dele será ainda maior.

O romance da ascensão da humanidade é inadequado, na segunda instância, como solução para o problema de nossa suscetibilidade ao apequenamento porque sua verdadeira e oculta atração vem de outro terreno, preponderantemente não reconhecido. Sob o disfarce de ser uma resposta ao apequenamento, ele, na verdade, é uma resposta à morte. Se não somos capazes de acreditar na metafísica (que neste livro eu chamo de superação do mundo), segundo a qual a existência distinta do eu, e na verdade de todo o mundo fenomenal e temporal, é menos real do que o ser unificado e atemporal do qual tudo emana e ao qual tudo retorna, podemos mesmo assim nos persuadirmos a aceitar uma versão mais amena dessa doutrina.

Segundo essa versão, somos de fato os indivíduos reais que parecemos ser, vivendo num mundo histórico que também é real. Teremos de aceitar a morte e a dissolução do corpo ao qual a consciência continua ligada. Mesmo assim sobreviveremos na corrida da humanidade emergente.

Contudo, eu, o indivíduo, não sobreviverei. As futuras glórias da raça humana não irão me fazer exultar, nem suas futuras absurdidades e selvagerias me abaterão. Cada um de nós, na verdade, pode trabalhar, por amor ou ambição, por aqueles que estão para nascer. Somente um tolo, empenhado em se consolar não importando o preço em autoenganação, veria em nosso sacrifício um resgate da morte.

Quando o espectro dessa imortalidade de segunda mão desaparece, o romance da ascensão da humanidade perde muito de seu brilho. Perde não apenas como uma compensação pela morte, mas como uma cura do apequenamento. O que fazemos tem de nos tornar maiores nesse momento, mesmo ao preço de encurtar abruptamente a vida na qual essa grandeza se manifesta. Toda grandeza verdadeira pode ser sacrificial. No entanto, como beneficiários do sacrifício, os que ainda viverão não usufruem de prioridade em relação aos que já vivem.

Como uma resposta aos riscos do apequenamento, e não como uma visão do futuro capaz de inspirar e informar ação no presente, o romance da ascensão da humanidade tem de fracassar. Nesse papel, ele desempenha a parte de uma ilusão que é relacionada com uma verdade moral e política. A verdade à qual ele é relacionado é que diminuímos nossa suscetibilidade ao apequenamento agora começando a reorganizar a sociedade neste momento.

Podemos implementar em âmbito universal uma educação que reconheça em toda criança um profeta com língua presa, e na escola a voz do futuro, e isso faculta à mente pensar além e contra o contexto estabelecido de pensamento e de vida, bem como se movimentar dentro dele. Podemos desenvolver uma política democrática que faça com que a estrutura da sociedade de fato fique aberta para desafios e reconstrução, enfraquecendo a dependência de mudança numa crise, e o poder dos mortos sobre os vivos. Podemos fazer da democratização radical do acesso aos recursos e às oportunidades de produção a pedra de toque da reorganização institucional da economia de mercado, e impedir que o mercado continue preso a uma única versão de si mesmo. Podemos criar políticas e disposições favoráveis à supressão gradual do trabalho assalariado economicamente dependente como forma predominante do trabalho livre, em benefício da combinação de cooperação e autoemprego. Podemos organizar a relação entre trabalhadores e máquinas de modo que elas sejam usadas para economizar nosso tempo para atividades que ainda não aprendemos como reproduzi-las e, consequentemente, como expressá-las em fórmulas. Podemos reconfigurar a ordem política e econômica mundial de modo que deixe de fazer com que os bens públicos globais de segurança política e abertura econômica dependam da submissão a uma convergência forçada a instituições e práticas hostis aos experimentos necessários para que se siga, por muitos caminhos diferentes, em tal direção.

O objetivo que orienta e unifica todas essas iniciativas é a reforma cumulativa das instituições e práticas da sociedade a serviço daquele que sempre

Além do pensamento sem autoengano: a vida sem ilusão

foi o ideal supremo dos progressistas e esquerdistas: não igualdade, seja de resultados ou de oportunidades, mas grandeza – a grandeza do homem e da mulher comuns, a descoberta da luz no mundo sombrio do lugar-comum, que é a fé que define a democracia. A esse casamento do esforço por elevar as vidas comuns de pessoas comuns com o método de experimentação institucional e reconstrução eu dou o nome de liberdade profunda.

A liberdade profunda, e não o romance da ascensão da humanidade, é a resposta coletiva ao problema do apequenamento. Como temos o poder de seguir em direção à liberdade profunda, não devemos tomar erroneamente nossa suscetibilidade ao apequenamento como sendo uma deficiência irreparável na existência humana, juntamente com nossa mortalidade, nossa falta de fundamentação e nossa insaciabilidade.

A liberdade profunda oferece um antídoto legítimo e eficaz contra o apequenamento. Mas é também um antídoto incompleto. Tem o presente, assim como o futuro, como seu terreno. Constrói na penumbra do possível que lhe é adjacente, e exige pagamentos adiantados por seus sonhos. Contudo, como toda construção social, ela se vale de muitas mentes e de muitas vontades. Ela evolui em tempo histórico, não biográfico. Não está ao alcance do indivíduo, não importa quão poderoso seja comandá-la. Não pode ser substituto de uma mudança na maneira de conduzir a vida: uma mudança no coração, uma mudança na consciência, uma mudança na orientação da existência.

O que chamo de prometeanismo é a mais influente resposta individual ao mal do apequenamento. Em seu cerne está a ideia de que o indivíduo é capaz de se elevar além do plano da existência comum no qual a massa de homens e mulheres se permitem ser diminuídos. Ele faz isso se tornando o radical original que incipientemente já é, e transformando sua vida numa obra de arte. Dizer que o indivíduo transforma sua vida numa obra de arte equivale a afirmar que ele a eleva a um nível de poder e de radiância em que ela se torna uma fonte de valores e não um exercício contínuo de conformidade com valores que lhe são impostos pelas convenções e preconcepções da sociedade.

A religião do futuro

Quanto ao romance da ascensão da humanidade, o texto reage ao apequenamento, mas o subtexto trata da mortalidade. O prometeanismo rufa seus tambores diante da morte. Ao exultar em seus poderes, acima de tudo em seu poder de se atribuir uma forma e se tornar um criador de valor, o indivíduo deixa de alcançar a condição de imortal; permanece condenado ao aniquilamento do corpo e da consciência. Não obstante, ele pode ter a esperança de conquistar a segunda melhor coisa, depois da imortalidade; ele vive – entre homens e mulheres que permanecem abaixo, num degrau inferior na escada da ascensão existencial – como se fosse um deus imortal. O sinal mais claro dessa eleição – na verdade, uma autoeleição ou uma autocoroação – é uma mudança na experiência do tempo. É nossa absorção em atividades que, sem negar nossa mortalidade e finitude, suspende para nós a opressiva passagem do tempo. Assim, temos um gostinho de eternidade sem abandonar nossos corpos mortais.

Chamo essa ideia de prometeanismo, valendo-me de uma licença poética, porque ao chamá-la assim estou cometendo uma injustiça com Prometeu. Ele roubou o fogo do céu para dá-lo à humanidade. Esses prometeanos roubam o fogo para dá-lo a eles mesmos.

É uma posição que foi evocada por Nietzsche mais do que por qualquer outro pensador. Rousseau e Emerson também abordaram, mas nunca se aprofundaram a isso. Atualmente os professores de filosofia gostam de nomear esse conceito como perfeccionismo moral, só para contrastar com o que Henri Bergson chamou de moralidade de aspiração com moralidade de obrigação. A eles escapam tanto seus achados quanto suas ilusões. Seus inimigos revelados não são as atrofiadas éticas do dever e sim o conformismo e o apequenamento. Seu inimigo oculto é a morte.

De acordo com isso, o defeito evidente do prometeanismo é a negação das afirmações de solidariedade na formação do eu. Nenhum homem faz a si mesmo. Somos feitos pela graça de outros, mediante conexões em cada domínio da existência. Uma vez que toda conexão nos ameaça com as perdas de liberdade e de distinção, mesmo que possa nos dar, ou desenvolver, o eu que nós temos, nossas lides com outros são carregadas de uma inevitável ambivalência, o outro lado do caráter mimético do desejo.

Além do pensamento sem autoengano: a vida sem ilusão

A ideia de que o triunfo do indivíduo sobre o apequenamento tem de ocorrer contra o pano de fundo da distinção entre o pequeno número daqueles que se tornam artífices das próprias vidas e criadores de valor e uma desafortunada massa que mergulha novamente na conformidade e na escravização é uma ideia que entrelaça os vencedores e os perdedores, tanto os poderosos quanto os impotentes, numa ansiosa vigilância para sustentar ou solapar as disposições desse domínio.

A natureza específica e as consequências da negação de nossa dependência dos outros ficam claras quando comparamos o prometeanismo com seu precursor na história da sensibilidade moral, a ética heroica, prestigiada e até mesmo predominante – na forma mais crua de um *ethos* de valor marcial e de autoafirmação – em muitas das sociedades nas quais surgiram as atuais religiões do mundo. O herói se imagina enobrecido por uma missão de valor indiscutível, que frequentemente exige o cometimento de atos violentos proibidos nos confinamentos de uma vida social normal. O tema foi retomado, na visão romântica, pelo artista da sociedade burguesa, que subverte os ideais e as atitudes que dão suporte ao regime social estabelecido.

O herói se ufana de que seu preeminente valor resulta diretamente desses atos e não da aprovação de seus companheiros não heroicos. Ao acreditar nisso, está enganado. A missão heroica é projetada por eles e em benefício deles. Seu desejo de ter a aprovação e a admiração deles é incrementado e não amenizado pelo caráter extremo de suas ações.

Os prometeanos imaginam que podem resolver esse problema na ética heroica tornando-se os inventores do próprio eu, assim como dos próprios valores e missões. Ao pensar e agir assim, no entanto, eles não tomam conhecimento da incapacidade do indivíduo de fazer ou resgatar a si mesmo, e da contradição entre as condições que habilitam a autoafirmação. Tampouco levam em consideração o caráter vazio e mimético do desejo, bem como as limitações de qualquer tentativa de superá-lo.

O maior e fundamental engano do prometeanismo, no entanto, é seu programa oculto: o de sobrepujar – mediante o poder e o culto ao poder, mediante o levante do eu forte contra o rebanho fraco – as falhas irreparáveis de nossa existência, sendo a morte o primeiro deles.

A cura da insaciabilidade, segundo os prometeanos, é direcionar o desejo para dentro, para nós mesmos. Somente o eu infinito, elevando-se acima da circunstância, é capaz de extinguir nosso desejo pelo absoluto, que o crente buscou equivocadamente no amor de um Deus que era apenas a projeção alienada de seu próprio eu. Com essa projeção, o crente deixa escravizado aquilo que o prometeano se propõe a desacorrentar.

O remédio para a falta de fundamentação é se fundamentar mediante sucessivos atos de criação de uma forma de vida cujo projeto nenhum homem precisa recorrer a seus companheiros. A partir dessa autofundamentação, resultarão formas, valores e práticas depurados da conformidade ao regime social. Como esse autocriador irá saber o que criar? Irá descobrir a si mesmo por meio da não conformidade com a sociedade e a resistência a sua época. Tendo descoberto a si mesmo, ele se tornará, nesse mesmo esforço, ele mesmo.

O antídoto à morte, a preocupação mais importante do prometeanismo, é um surto de criação. Os objetos da criação são os elementos dessa forma de vida dirigida ao interior e autofundamentada. O objetivo é agir como se fôssemos não as infelizes e inconsoláveis criaturas que parecemos ser. É uma aceleração e um empoderamento em face de uma dissolução iminente. É preencher a existência com atividades que fazem o tempo parar.

O prometeanismo fracassa, acima de tudo, porque mente para nós quanto à condição humana. Assim como as religiões que ele despreza, isso é uma historinha para dormir, e um esforço para incitar a vontade, em seu confronto com as circunstâncias que a vontade não é capaz de alterar.

O autoengano tem um preço. O custo é solapar o bem da vida que ele aparenta prezar. Faz isso desacreditando envolvimentos e afetos contextuais dos quais dependem a aceleração e elevação da vida. Faz isso também tratando a verdade – a verdade quanto a nossa situação no mundo – como subsidiária do poder. Como as fábulas às quais o prometeanismo recorre representam equivocadamente nossa existência, elas não podem nos orientar no aprimoramento da vida.

Além do pensamento sem autoengano: a vida sem ilusão

São as falhas irreparáveis na existência que ajudam a dar a nossas vidas forma e potencial. São seus terrores que nos despertam da sonolência da conformidade e nos levam a um encontro com o tempo. Ao nos afastarmos delas, cometemos o erro de supor que podemos nos tornar mais divinos ao nos tornarmos menos humanos.

Assim como o romance da ascensão da humanidade, o prometeanismo é uma falsidade que parece verdade, um beco sem saída facilmente confundido com um caminho. A falsidade é o culto ao poder, a subordinação da solidariedade à autoconfiança, e o fracasso em reconhecer e aceitar as falhas irreparáveis na condição humana. A verdade é que o aprimoramento da vida é nosso interesse maior. No encalço desse interesse, temos de buscar morrer apenas uma vez. O que esse propósito implica para o modo como vivemos e no qual lidamos com nós mesmos e uns com os outros, e para a relação desse modo de vida com a reorganização da sociedade, tudo isso está entre os principais tópicos deste livro. O compromisso de morrer apenas uma vez inspira uma certa maneira de escapar do apequenamento. Também encaminha uma resposta a cada um dos incidentes no decurso da vida que ameaçam fazer-nos aceitar o apequenamento como um corolário da finitude: nossa primeva expulsão do centro do mundo, nosso confinamento a uma trajetória e uma posição social específicas, e nosso enquadramento e morte lenta dentro de um caixão formado por nosso caráter e nossas rendições. O aprimoramento da vida é um tópico central para o que chamo aqui de religião do futuro.

O enfoque à existência que resulta desse argumento não nega a relação que há entre a moral e a política. A visão que informa essa ideia só pode ser decretada na medida em que seguimos na direção do ideal da liberdade profunda e abraçamos as mudanças institucionais que esse ideal exige. O programa político da liberdade profunda tem consequências para a reconstrução da sociedade no presente, não somente no futuro remoto. Não obstante, é uma tarefa coletiva que avança ou fracassa no tempo histórico, não no tempo biográfico no qual temos de viver e morrer como indivíduos. Quanto menos avançarmos na transformação da sociedade, maior será o peso que terá de ser carregado pela autotransformação.

* * *

A religião do futuro

A distinção vital a ser traçada entre as insuperáveis limitações da mortalidade, da falta de fundamentação e da insaciabilidade e a corrigível deficiência que é nossa suscetibilidade ao apequenamento ajuda a esclarecer meus objetivos neste livro.

Meu argumento tem dois temas centrais. Quando mais refletimos sobre eles, melhor os entendemos como sendo aspectos de uma mesma concepção.

O primeiro tema é a relação entre a nossa aceitação da morte, da falta de fundamentação e da insaciabilidade e a nossa rejeição ao apequenamento, para cada um de nós e para todo o gênero humano, tanto como uma tarefa individual e coletiva quanto como um empreendimento moral e político.

O segundo tema é a natureza e a direção que tomará uma religião do futuro. A religião do futuro (se é que, pelos motivos que invocarei mais adiante, poderemos chamá-la de religião) deverá ser criada mediante uma série de inovações, diferentes em método e em conteúdo daquelas que geraram as atuais religiões do mundo, que, por sua vez, são produtos de revoluções religiosas que se espalharam pelo mundo durante um período de mil anos, muito tempo atrás. É também uma religião sobre o futuro. Tem a ver com o fato de o presente já carregar em si o futuro. Ela nos clama a viver para o futuro como uma maneira de viver no presente, como seres não confinados pelas circunstâncias de nossa existência.

A declaração e a decretação de tal orientação para a vida nos oferecem a melhor esperança de superar o apequenamento sem nos enganarmos quanto à morte, a falta de fundamentação e a insaciabilidade. Os dois temas do livro são dois lados de uma mesma realidade.

RELIGIÃO E AS FALHAS NA VIDA HUMANA

No que concerne às falhas na circunstância básica da existência, tudo nunca estará perfeitamente bem. Um modo simples de compreender o que a religião foi no passado e o que pode se tornar no futuro é marcar sua posição em relação a esse fato.

Imagine três momentos. No primeiro momento, as falhas irreparáveis da nossa existência sequer apareceram ainda. As pessoas estão preocupadas

Além do pensamento sem autoengano: a vida sem ilusão

principalmente em confrontar sua dependência da natureza, que a todo momento ameaça esmagá-las. A questão aqui é afastar a ameaça e contar uma história sobre o mundo que nos instrua na execução dessa tarefa. Os assustadores fundamentos da nossa existência parecem pressionar menos do que a necessidade de fazer alguma coisa quanto ao desequilíbrio entre o poder que a natureza exerce sobre nós e o nosso poder de nos proteger da natureza e usá-la em nosso benefício.

Num segundo momento, quando em alguma medida nos libertarmos de uma completa dependência da natureza e fomos mais além no desenvolvimento de altas culturas que oferecem relatos de nosso lugar no cosmos, as falhas básicas em nossa existência vêm ocupar o centro de nossa consciência. Abraçamos crenças que põem essas falhas num contexto mais amplo: um contexto que lhes dá significado e mostra que são menos aterrorizantes do que parecem ser. Asseguramos a nós mesmos que vamos encontrar uma ajuda decisiva contra os terrores e as realidades da morte e da falta de fundamentação, que seremos libertados do tormento de um desejo vão, e que acharemos um modo de viver, agora e de agora em diante, que possa fazer com que nossa existência condicionada à circunstância fique de acordo com nossa identidade que transcende a circunstância.

Seria perverso reduzir as orientações religiosas que surgiram na história do mundo a esses sortilégios contra o medo que as falhas irreparáveis na condição humana despertam em nós. Todavia, se não considerarmos esse elemento nas orientações, será difícil compreender o que elas disseram e realizaram e o que não disseram e não realizaram.

Nessa linha de crença e experiência religiosa, desvalorizamos a realidade do mundo manifesto de mudança e distinção, afirmamos a unicidade da mente e da natureza, buscamos nos submergir num ser real e oculto, descartar a morte como se ela fosse impotente para atingir nossa ligação essencial com esse ser uno e não mortal, e nos nutrimos com a serenidade e o fraterno sentimento universal que essa visão de mundo pode ajudar a inspirar.

Numa outra direção da fé, recuamos do abismo da falta de fundamentação e da mortalidade, de uma vida diminuída e de um desejo atormentado para um mundo social de relações sociais humanizadas, focados no que devemos uns aos outros em virtude dos papéis que desempenhamos. Renegamos a metafísica em favor da solidariedade, internalizamos em cada um de nós uma ética de abnegado serviço. A criação social de significado num mundo sem significado torna-se nosso lema.

Em ainda outro modo de consciência, passamos a pensar que um amigo divino é o senhor do universo que ele mesmo criou; que ele interveio e intervirá na história em nosso benefício; e que essa intervenção já nos redimiu, e continuará a nos salvar, do que seriam, sem isso, brechas intransponíveis em nossa existência.

Uma religião que não nos assegurasse que tudo está bem iria diferir do que as religiões têm sido, até agora, na história. Corresponderia a um terceiro momento na história de nossa experiência espiritual. As principais orientações espirituais ao mundo, preponderantes durante os últimos 2.500 anos, nos asseguram que, apesar das aparências, tudo ficará bem. Seremos capazes de reparar as falhas de nossa existência – nossa mortalidade, nossa falta de fundamentação, nossa insaciabilidade e nossa suscetibilidade ao apequenamento –, ou, pelo menos, de expurgá-las de seus terrores. Pode parecer que, sem uma fé como essa, a vida, a nossa vida, permaneceria sendo um enigma e um tormento, e só cessaria de ser um tormento na medida em que conseguíssemos esquecer o enigma. Nada poderia atenuar os sofrimentos causados por essas feridas a não ser nossa absorção, na vida, em nossas conexões e nossos envolvimentos.

Pode parecer que o ponto principal da religião é evitar que isso aconteça. Na religião encontraríamos um resgate com base numa visão, um motivo para ter esperança, alcançado mediante um apelo a realidades que contrabalancem e se sobreponham à força desses males.

O problema é que os antídotos fornecidos pelas religiões históricas podem ser todos fantasiosos: pensamento sem autoengano disfarçado como visão do mundo e de nosso lugar dentro dele, consolação em vez da verdade. A religião do futuro deve ser tal que dispense a consolação. Não obstante, deve oferecer uma resposta ao caráter defeituoso de nossa existência: não apenas um conjunto de ideias, mas uma orientação para a vida do indivíduo

Além do pensamento sem autoengano: a vida sem ilusão

e para a história da sociedade. Deve nos mostrar quais são as esperanças a que temos direito uma vez tendo perdido as crenças naquelas que uma vez encontramos reconforto. A disposição para reconhecer nossa situação tal como ela é sinalizaria uma mudança na história da religião.

Um critério simples para o avanço na história da religião é que a religião do futuro cesse de ter como máxima a tentativa de fazer com que as falhas irreparáveis da nossa existência pareçam ser menos reais e menos assustadoras do que de fato são. Demarcar o caminho de uma evolução religiosa definida por esse padrão é um dos objetivos deste livro.

O critério no progresso das crenças religiosas é, contudo, vago demais para se traçar uma trajetória definida a partir dele. Ele precisa ser suplementado por uma visão das revoluções religiosas que ocorreram no passado e da revolução religiosa que pode e deve ocorrer no futuro. Tratarei com mais detalhes da natureza do contraste entre as revoluções religiosas do passado e as do futuro mais adiante neste livro, porém algo será mencionado já agora, para esclarecer melhor a intenção de meu argumento.

As três respostas às falhas em nossa existência que mencionei – chame-as de superação do mundo, humanização do mundo e luta com o mundo – tomaram forma no período de mil anos que se estendeu de algum momento antes da segunda metade do primeiro milênio antes de Cristo até algum tempo após a primeira metade do primeiro milênio depois de Cristo.* As

---

* Veja a nota no fim deste livro sobre a ideia de Karl Jaspers quanto a uma Era Axial e os escritos que tomaram essa ideia como ponto de partida. A nota contrapõe as pressuposições e alegações históricas, bem como as intenções filosóficas, da visão aqui desenvolvida àquelas que foram apresentadas sob a bandeira da teoria da Era Axial. Por enquanto, basta dizer que nada no argumento das partes iniciais deste livro, concernente às religiões e filosofias representativas das três maiores orientações de vida dominantes nos últimos dois mil anos, deve ser lido no contexto da tese da Era Axial. Meus objetivos e minhas suposições não só são diferentes daqueles que inspiraram amplamente essa literatura; mas também estão, em muitos aspectos, em conflito direto com eles.

orientações religiosas e morais que dominaram a vida das grandes civilizações assumiram naquela época suas identidades.

Assim foram as revoluções religiosas do passado. Elas fizeram surgir religiões que eu chamarei de as religiões do mundo, as religiões de transcendência ou as religiões mais cultas. São religiões do mundo porque a voz delas, conquanto mais alta em algumas civilizações do que noutras, tem sido ouvida em toda civilização durante muitos séculos. São religiões de transcendência porque são todas marcadas por uma dialética entre a transcendência do divino em relação ao mundo e a imanência do divino no mundo. São religiões mais cultas porque, do ponto de vista da argumentação filosófica e teológica deste livro, representam uma ruptura para uma forma de entendimento e poder negada ao paganismo ou ao cosmoteísmo – a identificação do divino com o cosmos –, contra os quais elas se rebelaram. Quando me refiro às invenções e inovações que produziram as três abordagens à existência que estudarei em seguida – as alternativas espirituais dominantes disponíveis ao gênero humano durante os últimos dois milênios e meio – eu as a chamarei, para abreviar, de revoluções religiosas, ou revolução, do passado.

Minha argumentação é filosófica e teológica; não é uma tese no estudo histórico-comparativo da religião. Na medida em que é filosófica, ela não se equivale à filosofia da religião em qualquer sentido familiar, porque o discurso com o qual ela se expressa é em si mesmo religioso, no amplo sentido do conceito de religião que proporei adiante neste capítulo. Na medida em que é teológica, é uma espécie de antiteologia, porque considera todas as nossas ideias de Deus – como pessoa, como ser, ou como não pessoa e não ser – incoerentes e sem serventia. Ela cita as revoluções religiosas do passado, mas apenas com o propósito de esclarecer melhor o caminho de uma revolução religiosa no futuro. Refere-se às religiões do mundo, mas somente na medida em que elas exemplificam as três principais orientações para a vida que eu considero e critico.

A religião do futuro tem de romper com essas orientações. Acima de tudo, tem de se rebelar contra a fundamentação que elas compartilham. Caso encontre mais inspiração numa delas do que nas outras, tem de aprender com a crítica daquilo que ela repudia.

Além do pensamento sem autoengano: a vida sem ilusão

Toda religião que expressa a busca da transcendência abraça elementos contraditórios. Ela sempre se achará estreitamente relacionada a um dos principais enfoques à existência que discuto nas partes iniciais deste livro. Se estivesse relacionada de maneira equitativa a vários deles, isso transmitiria uma mensagem confusa. Se rejeitasse as premissas que são compartilhadas por esses três enfoques, representaria algo diferente do que as religiões têm sido de fato. Contudo, cada uma das religiões mais cultas sempre levou em conta aspectos dos enfoques que rejeita. Além disso, nenhuma das orientações para a vida que formam a temática dos próximos três capítulos deste livro fala com uma voz única, a voz de uma só religião. Cada uma se tornou uma opção espiritual duradoura, à disposição de todo homem ou toda mulher, a qualquer momento e em qualquer lugar. Cada uma tem falado por intermédio do aparato de diferentes doutrinas, declaradas em vocabulários distintos.

Nas páginas seguintes, eu exploro a arquitetura interna dessas principais opções espirituais – superação do mundo, humanização do mundo e luta com o mundo. Faço isso com a intenção de ir além delas, não com o objetivo de fazer alegações quanto às distintas doutrinas e histórias singulares das religiões específicas que as expressaram. Aqui, as alusões históricas permanecem como auxiliares de uma argumentação filosófica e teológica. A argumentação preocupa-se principalmente com a escolha de uma direção. Eu chamo essa direção de religião do futuro.

O ELEMENTO COMUM NA REVOLUÇÃO RELIGIOSA DO PASSADO

As religiões e filosofias que se tornaram portadoras das três orientações para a vida que exploro em seguida, apesar das imensas diferenças entre elas, compartilharam algo significativo. O que poderia ser comum ao budismo primevo (como uma instância de superação do mundo), o confucianismo primevo (como um exemplo de humanização do mundo) e as religiões de salvação do Oriente Próximo: judaísmo, cristianismo, islamismo (como as primeiras e mais poderosas expressões de luta com o mundo)?

A religião do futuro

Elas não só representam o lugar do homem no mundo de maneiras radicalmente diferentes, como indicam respostas diferentes às falhas em nossa condição. Tão diferentes são essas respostas que pode parecer, com certa razão, estarem esvaziando as principais possibilidades, nossas possibilidades, não das maneiras de representar o mundo, mas das maneiras de lidar com ele. Contudo, cinco impulsos compartilhados e conectados entre si se sobrepõem a essas diferenças reais. Todos os cinco são marcados por ambiguidade – no fundo, uma mesma ambiguidade que se apresenta em cinco diferentes aspectos. Sua resolução ajuda a definir a agenda de uma revolução religiosa do futuro.

Um primeiro elemento comum das três principais orientações religiosas – superação do mundo, humanização do mundo e luta com o mundo – é a rejeição do cosmoteísmo: a identificação do divino com o mundo. O divino foi separado do mundo e depois colocado em comparação com ele. Com essa rejeição, começou uma dialética de transcendência e imanência que desde então sempre foi elemento central na história religiosa da humanidade.

Para a superação do mundo, o divino é o ser unitário subjacente, do qual os fenômenos carregados de tempo e todos os eus individuais são expressões menos reais. Essa realidade, como eles a têm, eles a desfrutam por empréstimo do único e real ser, e a possuem apenas na maior ou menor medida em que participam desse ser.

Para a humanização do mundo, o divino transcendente é personalidade e a ligação invisível entre pessoas. Essa força sagrada pode se tornar imanente, em maior ou menor medida, nos papéis, rituais e disposições da vida social. Ao estabelecermos regimes sociais e culturais que organizam nossas relações recíprocas em conformidade com uma concepção de nossa humanidade, criamos significado num mundo que, sem isso seria sem significado.

Para a luta com o mundo, como originalmente exemplificado pelos monoteísmos semíticos, o divino é o Deus transcendente, concebido primeiramente na categoria de personalidade. Esse Deus busca a nós, suas criaturas. Ele faz Seu trabalho salvador em nossa história imperfeita. As transações entre Deus e o gênero humano, concebidas no modelo das interações entre indivíduos, são os meios pelos quais nós ascendemos a uma vida mais elevada, esmagando, um a um, todos os ídolos – inclusive as formas estabelecidas de sociedade e de cultura – que nos desviem de nossa ascensão.

Existe uma ambiguidade básica na rejeição ao cosmoteísmo. Essa ambiguidade alcança, em suas variações, todos os outros aspectos das revoluções religiosas do passado. A questão é se a separação entre o mundo e o divino é meramente uma mudança de visão ou também um projeto de transformação. Será suficiente mudar a consciência, ou temos de mudar o mundo, se quisermos estabelecer, em lugar do cosmoteísmo, a dialética da transcendência e da imanência?

Um segundo atributo compartilhado por essas orientações espirituais revolucionárias é sua insistência em responder ao problema do niilismo, despertado pela consciência das falhas em nossa existência, particularmente por nossa mortalidade e nossa falta de fundamentação. Nesse contexto, por niilismo entendo a suspeita de que nossas vidas e o próprio mundo podem não ter significado: que talvez não tenham um significado que possa ser traduzido no idioma das preocupações humanas. A combinação de mortalidade e falta de fundamentação ameaça reduzir a existência a uma alucinação.

A necessidade de lidar com o niilismo ajuda a explicar por que cada uma dessas direções espirituais tem ancorada um imperativo de vida, numa representação metafísica do mundo. Certamente, apenas uma das três orientações – a superação do mundo (exemplificada pelas religiões dos vedas e pelo budismo) – pode ficar confortável com a metafísica, por apelar, como realmente faz, para a concepção de uma realidade oculta, subjacente. As outras duas, obrigatoriamente, terão problemas com a metafísica. A humanização do mundo (da qual o confucianismo clássico representa o exemplo mais importante) é uma metafísica antimetafísica, que deposita sua esperança no poder da sociedade e da cultura de assegurar significado a um cosmos que sem isso não tem significado. A luta com o mundo (da qual as religiões de salvação semitas representam as expressões mais radicais e influentes) não é capaz de prontamente fazer as pazes com a metafísica (apesar do antigo e ainda inacabado flerte com a filosofia grega) porque afirma a superioridade do pessoal sobre o impessoal, e considera que o Deus transcendente e suas lides com o gênero humano estão sob a égide da categoria da personalidade. Onde o pessoal tem prioridade sobre o impessoal, e a história sobre o ser atemporal, a representação metafísica fica em desvantagem. Somente uma metafísica do pessoal e do histórico, se pudesse ser formulada, serviria.

Não obstante, tanto a humanização do mundo quanto a luta com o mundo tentam, na metafísica e além dela, nos prover de um relato de nosso lugar no mundo que não só forneça uma orientação para a vida, mas que derrote a ameaça do niilismo. Sob o conceito de superação do mundo desvalorizamos a experiência superficial, ou ilusória, da identidade individual e da distinção entre fenômenos e fazemos contato com o único verdadeiro ser. Essa comunhão nos fornece a fundamentação que faltava, e até rouba a morte de suas garras. Sob a ideia de humanização do mundo, asseguramos um significado para a vida humana, informando as práticas e as disposições da sociedade com nosso poder de imaginar a experiência de outras pessoas. Essa empatia imaginativa torna possível a integridade de um mundo humano autossuficiente num universo que é indiferente a nossas preocupações. Sob a ideia da luta com o mundo, seja em sua forma sacra ou secular, entramos num caminho de ascensão, com a promessa de aumentar nossa parte nos atributos que conferimos a Deus. Cada uma dessas três reações à ameaça do niilismo depara com dificuldades características, como mostrarei depois.

De um modo ou de outro, essas mensagens antiniilistas transmitem a mensagem de que tudo está fundamentalmente bem com o mundo, ou que no fim, ficará. Mas para que tudo esteja bem basta aceitar a realidade da maneira certa, com compreensão e atitude corretas, ou temos de mudar o mundo – e a nós mesmos inseridos neles – cumulativamente e numa direção específica? Será que a luta contra o niilismo é uma discussão, como a que um metafísico talvez tenha com um cético, ou é uma campanha de resistência, como a que um general poderia conduzir contra um inimigo dotado de forças imensamente superiores?

Um terceiro elemento comum das religiões mais cultas que resulta das revoluções do passado é o impulso para afirmar a superficialidade das diferenças dentro da humanidade em contraste com nossa unidade fundamental: as diferenças de casta, classe, raça, nação, gênero, função e cultura. A questão aqui não é negar a essas diferenças qualquer medida de realidade, nem negar que tenham uma consequência moral e social. É reconhecer que são pálidas em comparação com nossa unidade fundamental. A base dessa unidade não reside somente em nossa constituição física, mas também, e principalmente, em nossa difícil situação, configurada em nossa mortalidade, nossa falta de fundamentação, nossa insaciabilidade e nossa dificuldade em superar a desproporção entre quem somos e como temos de viver. Toda divisão na humanidade tem de aprofundar e desenvolver a unidade do gênero humano para ser justificada. De outra maneira, ela suscitar suspeita e merece ser derrubada. Até ser derrubada, deve ser desconsiderada em nossas escolhas e concepções mais importantes.

A maioria das religiões importantes do mundo foi concebida e disseminada em sociedades marcadas por uma forte segmentação hierárquica. Preeminentes nessas sociedades eram os Estados agrários-burocráticos que representaram, até a atual era de revolução no mundo, as mais importantes entidades políticas mundiais. Na espécie indo-europeia dessa segmentação há três graus hierárquicos importantes na ordem social: os que orientam e pregam – os sacerdotes e os filósofos; os que governam e combatem – os governantes e os guerreiros; e os que trabalham, produzem e comerciam – todos os outros. A essa divisão hierárquica na ordenação da sociedade correspondia uma divisão hierárquica na ordenação da alma – as faculdades racionais que nos põem em comunhão com a ordem e a realidade supremas, contempladas sob o aspecto seja do cosmoteísmo, seja de sua rejeição, os impulsos orientados para uma ação que inspiram vitalidade e os desejos carnais que nos puxam para fontes particulares de satisfação. Essas duas hierarquias de ordenação, a da sociedade e a da alma, se suportam reciprocamente.

Parte da revolução religiosa consistiu em negar a realidade derradeira e a autoridade de tal ordenação de graus hierárquicos na humanidade. Como resultado, qualquer divisão hierárquica paralela na alma ficou sem sustentação na organização sacrossanta da sociedade. Por isso, ficou mais aberta a desafio e a revisão. A possibilidade surgiu de uma inversão de valores, pela qual as faculdades supostamente mais baixas puderam desempenhar um papel subversivo e profético na construção do eu, mesmo que apenas roubando da pessoa algumas de suas defesas contra outras pessoas.

Mais uma vez, há uma ambiguidade. Deverá a unidade do gênero humano ser afirmada somente como uma crença, ou assegurada mediante uma reorganização da sociedade? O estoico – para tomar uma forma de crença só frouxamente relacionada com as conectadas revoluções religiosas do passado – poderia afirmar, com toda a sinceridade, a semelhança fundamental entre senhor e escravo sem desafiar a instituição do escravagismo. Para ele, pode ter sido suficiente demonstrar ao outro – escravo ou senhor – uma empatia resultante do reconhecimento de sua similaridade fundamental.

No entanto, para o devoto de qualquer uma das orientações modeladas pelas revoluções espirituais que deram origem às atuais religiões, inevitavelmente, surgiu o questionamento se essa unidade poderia simplesmente ser afirmada como uma tese, ou precisaria ser conduzida como um programa. Como tese, iria requerer mudança de atitude: um modo diferente de atuar dentro dos papéis e das disposições estabelecidos, em vez de ser um caminho para remodelação. Como programa, exigiria a reconstrução radical das disposições sociais estabelecidas.

Um quarto elemento compartilhado, que une as inovações espirituais que produziram as religiões do mundo e os enfoques à existência que elas exemplificam, é o ataque à autoridade e à ascendência de uma ética prevalente: a ética da virtude heroica, do culto ao poder, do triunfo do forte sobre o fraco, de vitória em toda disputa mundana, da reafirmação reivindicativa do lugar de alguém em relação aos outros, de glorioso reconhecimento, renome, e honra, de másculo orgulho. Em cada uma das civilizações e cada um dos Estados em que surgiram essas orientações religiosas, essa ética heroica e marcial estava associada a uma classe ou casta particular – os governantes ou combatentes. A conexão era especialmente forte na estrutura dos impérios agrário-burocráticos que formaram o cenário mais importante para a emergência das religiões históricas do mundo.

Além do pensamento sem autoengano: a vida sem ilusão

Além de ser o *ethos* característico de uma casta ou um grupo com status de guerreiros ou governantes, essa visão moral também era associada a homens jovens. "Desrespeite-me e eu o matarei" era seu refrão. Essa luta por reconhecimento pode ser facilmente traduzida para uma concepção prescritiva: uma visão daquilo que faz a vida ser mais valiosa e para um relato do modo pelo qual os interesses morais da casta governante se ligavam aos interesses práticos da sociedade.

As religiões e moralidades modeladas pelas inovações espirituais eram unânimes na rejeição a esse *ethos*. Quando não o denunciavam como sendo um mal, se recusavam a lhes reconhecer a primazia que seus adeptos tinham reivindicado em seu nome. Elas reconheciam, com maior ou menor clareza, a contradição psicológica e moral que jazia no cerne da ética marcial e heroica. Os que aspiravam a ser as próprias criações, em nome do ideal de autopossessão e autoconstrução, acabaram se mostrando os mais dependentes da aprovação dos outros. Os fins aos quais devotavam seus esforços heroicos eram supridos, adventiciamente, do exterior. Esses fins constituem as preocupações convencionais de uma sociedade ou cultura particulares. Em vez de romper ligações, eles conectam.

Nas religiões mais cultas sempre existiu uma estreita ligação entre o repúdio à ética heroico-marcial e a afirmação da unidade do gênero humano. Por um lado, divisões e hierarquias estabelecidas nos grandes Estados da história mundial estavam sob a guarda da casta de guerreiros e de governantes, por outro, o *ethos* da bravura e da vingança era patentemente conectado aos ideais e interesses de uma restrita parte da humanidade: os governantes sobre os governados, dos combatentes sobre os trabalhadores, dos homens sobre as mulheres ou dos fortes sobre os fracos.

Os revolucionários religiosos se propuseram a substituir o orgulho heroico e uma vingativa autoafirmação por uma ética sacrificial de auto-oferenda, de amor desinteressado: o *agape* da Septuaginta, o *jen* dos *Analectos*, o autoabandono e a renúncia às palavras de Buda. Mas os impulsos eróticos e sacrificiais que fizeram parte do pano de fundo das atitudes e ideias das quais emergiram essas revoluções análogas foram transformados. O elemento erótico passou pelo que o vocabulário de uma era posterior chamaria de sublimação: transmudou-se de físico para espiritual. O sacrifício deixou de ser focado num animal ou numa vítima humana no qual a coletividade poderia descarregar seu medo, sua ansiedade e sua ira. No cristianismo, o fardo seria assumido pelo próprio Deus encarnado e, em cada uma dessas revoluções religiosas conectadas, transformado num ideal de autossacrifício como preço e sinal de simpatia não mais ligada por sangue, ou mesmo proximidade.

Seria obtuso colapsar ideias tão distantes em conteúdo visionário e em implicações morais quanto o *agape* cristão e o *jen* confuciano. Não obstante, os elementos comuns eram robustos e tênues ao mesmo tempo: surgiram de uma descoberta transformadora na conexão entre a primazia moral do amor sacrificial, ou do sentimento de fraternidade, e a visionária antecipação da unidade do gênero humano, afirmado contra as rasas e transitórias divisões na humanidade.

O resultado foi uma inversão radical de valores: mais do que uma rejeição da ética da classe/casta de governantes e guerreiros, foi uma reviravolta que a deixou de cabeça para baixo. O fato de que essa inversão possa ter sido contaminada, como alegaria Nietzsche, pelo ressentimento dos fracos com os fortes não anulou uma de suas promessas centrais: transformar o autossacrifício em autoempoderamento, e fazer dele parte de uma resposta à falhas irreparáveis em nossa existência.

Nessa mudança, como em todas as outras, houve uma ambiguidade. Estaria esse amor destinado a ser uma benevolência incorpórea entregue do alto e de longe, pelo iluminado ou redimido, para o não iluminado ou não redimido, com sacrifício, mas sem um risco interior? Ou seria um amor que requereria do amante que ele se proteja e aceite uma vulnerabilidade exacerbada? A primeira hipótese poderia estar representando a continuação do impulso do poder na ética de bravura e vingança, numa forma ainda mais potente e ainda mais distorcida, como via Nietzsche: a prática do altruísmo confirmando a superioridade da intenção benevolente sem jamais colocar o agente num perigo íntimo, ou reconhecer a necessidade de um suposto beneficiário de seu autossacrifício. Se, no entanto, se tratasse do segundo caso,

Além do pensamento sem autoengano: a vida sem ilusão

isso iria requerer de quem ama muito mais do que altruísmo: a imaginação de outra pessoa, a não proteção do eu e o reconhecimento de sua necessidade do outro, a aceitação do risco da rejeição ou do fracasso.

Pode não ser imediatamente aparente o modo como essa ambiguidade relacionada com as ambiguidades que afetam o outro tinha características comuns com as revoluções religiosas, mas ela tinha. Como substituta da ética da honra e da bravura, a benevolência concedida de longe e do alto representou uma virada de cabeça para baixo e não uma reinvenção. Enquanto persistia o desejo pelo poder sob o disfarce dessa inversão, pouca transformação radical do eu era exigida. Os antigos impulsos tomaram nova forma, quando o fraco transformou sua fraqueza em vantagem em relação ao forte. Contudo, a substituição desse cauteloso altruísmo por um amor arriscado entre iguais foi um projeto totalmente diferente. Requeria uma transformação radical do eu. Ao fazer isso, despertou a questão das mudanças, nas disposições da sociedade e da cultura, que pudessem ajudar a fortalecer as condições para essa autotransformação.

Uma quinta característica comum a essas revoluções religiosas reside na relação ambígua com o mundo real do poder e dos Estados na história. Cada uma dessas orientações para a vida exemplificada nas religiões que têm origem nessas insurreições espirituais foi uma moeda de duas faces.

Uma face dava ao indivíduo acesso a uma procissão triunfal: uma cultura ou uma coletividade sob a tutela de uma civilização e de um Estado, dos quais ela formava uma doutrina-guia, ou até mesmo estabelecida. Ao usar a moeda, o indivíduo estava se juntando aos vencedores, mesmo se a doutrina fosse tal que conclamasse a exaltar os perdedores. A participação numa comunidade de crença, apoiada por um poder mundano e credenciada por uma autoridade cultural, estabelecia união entre os crentes que transcendia parentesco e posição social.

A outra face autorizava o indivíduo a escapar do pesadelo da história e da selvageria da sociedade para um reino de experiência interior no qual vigoravam outros padrões. Até mesmo a humanização do mundo (como no confucianismo), com o valor central que ela atribuía à lógica moral de nosso engajamento na sociedade, oferecia o refúgio individual do veredicto da história: uma vida interior que seria à prova das seduções do poder e dos demônios do malogro mundanos.

A moeda de duas faces, de admissão e de fuga, é essencial para entender o imenso efeito exercido pelos enfoques espirituais que surgiram das revoluções religiosas. Compreender essas religiões no espírito dessa moeda de duas faces significa, no entanto, diminuir a significância transformadora de seu ensinamento. Para cada questão havia outra opção: descartar a moeda de duas faces, a de admissão e a de fuga, em favor de uma progressiva tentativa de mudar tanto o eu quanto a sociedade e de ampliar nossa parte nos atributos da divindade. Ela é ao mesmo tempo a forma mais geral e mais explícita da mesma ambiguidade que afeta todas as outras características compartilhadas dessas orientações espirituais, as mais influentes na história da humanidade.

Podemos entender melhor o caráter específico das revoluções religiosas desse longo período histórico como a combinação de mudanças de atitude com uma série de narrativas e visões de mundo. As visões de mundo e as narrativas ficaram completamente diferentes. Numa direção, elas desvalorizaram o mundo fenomenal de tempo e distinção, e declararam a realidade mais elevada de uma realidade unificada e atemporal. Noutra, ofereceram progresso em direção a um mundo social humanizado capaz de sobrepor à ausência de significado do cosmos na criação humana de significado, numa rede de papéis sociais. Numa terceira direção, elas descreveram o curso de uma intervenção divina decisiva e salvadora na história humana.

Diferentes em quase todos os aspectos, essas concepções concordavam em oferecer a seus adeptos um consolo para as falhas irreparáveis da nossa circunstância. De um modo ou de outro, elas apresentavam uma visão do mundo e de nosso lugar dentro dele que extirpava dessas falhas muito de seu horror. Faziam isso, porém, com a seguinte diferença: as duas orientações que exigiam do fiel a maior mudança em seu modo de vida – que chamei de superação do mundo e luta com o mundo (exemplificadas, respectivamente, pelo budismo primevo e pelos monoteísmos semíticos) – fizeram as reivindicações mais radicais e mais discrepantes em relação a nossa experiência comum desses fatos atormentadores. Num caso, elas negavam a realidade derradeira do mundo fenomenal de mudança e distinção, que é o cenário de nosso sofrimento. Noutro, representavam a história humana como envolta numa narrativa de criação, intervenção e redenção divinas.

Em contraste, a visão que demandava relativamente menos no redirecionamento da maneira de conduzir a vida, e consequentemente menos na ruptura abrupta com a ética mundana estabelecida – a criação humanizante de significado num mundo sem significado, desenvolvida mediante elaborado relato do que devemos um ao outro em virtude dos papéis sociais que desempenhamos –, não exigia negação tão rígida de nossa condição aparente. Não há nada nessa resposta humanizadora que nos justifique descartar a realidade da morte, da falta de fundamentação, do desejo vazio e insaciável, da desproporção entre a grandeza de nossas naturezas e a pequenez de nossas circunstâncias. Em vez desse descarte, ela nos oferece uma moratória, mediante um passo atrás num mundo que nós mesmos criamos.

É como se existisse uma correspondência secreta entre o quão radicalmente somos impelidos a mudarmos nossas vidas e se deveriam nos prometer, em troca, libertação da morte, da falta de fundamentação e da insaciabilidade. A vontade transformadora recebe estímulo e orientação de uma visão de mundo que nos assegura que, no que concerne ao que é mais aterrador e incompreensível em nossa existência, tudo será, ou poderá ser, para o bem.

O QUE É, OU FOI, A RELIGIÃO

Ao tratar das principais orientações espirituais que emergiram no decorrer dos últimos dois milênios e meio e ao apresentar uma ideia do que pode e deve sucedê-las, estou usando o contestado conceito de religião.

Atualmente, nós no Ocidente estamos acostumados a definir religião tendo em mente principalmente as religiões de salvação do Oriente Próximo: judaísmo, cristianismo e islamismo. Essa visão organiza o conceito de religião em torno da ideia de um Deus transcendente e intervencionista, e da verdade por Ele revelada à humanidade. Isso desconsidera as objeções que levaram alguns estudiosos de duas dessas religiões – judaísmo e islamismo – a rejeitar totalmente o termo religião.

Também exclui duas das três maiores orientações que representaram, durante cerca de dois mil anos, as principais alternativas espirituais disponíveis para a humanidade. Não inclui a superação do mundo, na medida em que esta abordagem à existência rejeita, como demonstra o exemplo do budismo, a noção de uma deidade pessoal, e não aplica a humanização do mundo, na medida em que, como sugere o exemplo do confucianismo, esta resposta a nossa circunstância põe uma espiritualização e moralização de relações sociais deste mundo no lugar de uma parceria entre a vontade humana e a graça divina.

Eu chamo esses três enfoques da existência que aqui exploro, bem como os movimentos espirituais e intelectuais que os representaram e desenvolveram, de as religiões do mundo, as religiões de transcendência ou as religiões mais cultas. Trato os monoteísmos semíticos ou as religiões de salvação como sendo a forma mais influente de um desses enfoques: a luta com o mundo. Esse uso requer elucidação e defesa do controverso conceito de religião.

Em estudos de religião contemporâneos, a ideia de religião está sob uma nuvem de suspeita. Numa mudança característica da situação dos pensamentos social e histórico atuais, essa ideia é criticada como construção histórica e, como tal, é relativamente recente. A construção é frequentemente tida como modelada no cristianismo protestante e sob a influência das crenças protestantes no que tange à efetiva e desejável relação da fé cristã com o resto da vida social. Essas crenças ganharam influência primeiramente no início da era moderna na Europa. A palavra religião alcançou ampla circulação como meio de designar tanto as comunidades de fé quanto seus credos somente nos séculos XVIII e XIX, sob influência protestante. Os usos iniciais da palavra e de seus cognatos foram mais restritos e mais seletivos; sua principal conotação era a prática ritual.

Além do pensamento sem autoengano: a vida sem ilusão

O movimento para repudiar o termo religião revela uma confusão característica. Essa confusão não deveria barrar o uso do conceito de religião, enquanto nos seja claro o significado que optamos dar a ele e os usos nos quais tencionamos empregá-lo. As vantagens do conceito de religião em relação a qualquer categoria rival, no que concerne a seu uso numa discussão como a que conduzo neste livro, são palpáveis e decisivas.

Nenhuma prática humana é imutável em sua essência. Se nossas práticas são históricas e mutáveis, e abertas a revisão, acréscimo e subtração, não pode haver uma essência de religião, mais do que pode haver uma essência de lei, de arte ou de ciência. Religião não é o nome de um verbete numa enciclopédia de atividades humanas. Não existe tal enciclopédia. A experiência da qual ela faz parte pode ser dividida de diferentes maneiras. Suas comunidades e continuidades são as de uma história: uma história de reorientações e estabilizações.

Se práticas carecem de essências, as palavras que empregamos para designá-las são ainda mais mutáveis em seu significado. Praticamente não existe palavra para rotular nossas crenças estabelecidas que não sofreram sucessivas mudanças de significado ou que não tenham tido origens suspeitas para aqueles que mais tarde se apropriaram delas para uso modificado. O que importa é a clareza de propósito por parte dos que mudam o significado, e não a fidelidade às presunções dos mortos.

Toda revolução nas crenças e nas atividades que hoje chamamos de religiosas está ligada ao ato de mudar nossa ideia quanto ao que é religião. Se o mesmo princípio se aplica à prática da ciência natural – limitado pelo alcance de nosso equipamento científico, pela disciplina de sua expressão matemática e pela pressão exercida pela agenda de problemas científicos que herdou –, ele tem de se aplicar com afinco às práticas que chamamos de religião, que atuam sem nenhuma dessas limitações.

Quando éramos aterrorizados pela natureza e buscávamos aplacar os deuses que representavam as forças naturais e que não estavam inequivocamente no lado de nenhum bem ou realidade supremos no mundo, e quando buscávamos nesses deuses apenas a proteção de nosso bem-estar mundano, nosso culto aos poderes invisíveis significava algo diferente do que seria mais tarde chamado de religião. O escopo e a natureza do que hoje chamamos de religião mudaram quando começamos a considerar as implicações de nossa mortalidade, falta de fundamentação e insaciabilidade; vislumbramos uma esfera de realidade ou valor acima ou dentro de nós; e buscamos aumentar a parte que compartilhamos na vida dessa ordem mais elevada. Com isso, transformando, mais do que meramente protegendo, a nós mesmos. Esse conjunto emergente de práticas e crenças não compartilha uma essência comum com o primeiro conjunto. O que compartilhamos com ele é história enraizada na circunstância, nas lutas e nas descobertas do gênero humano.

Para o propósito de minha argumentação, o conceito de religião tem três vantagens em relação a qualquer manifesto rival. A primeira vantagem diz respeito ao presente; a segunda, ao passado; a terceira, ao futuro.

A vantagem relacionada ao presente é de que a ideia de religião vem carregada de história, que é também a nossa história, com duas conotações que são centrais na perspectiva intelectual a partir da qual proponho engajar o passado e o futuro de orientações que abrangem a existência. A primeira conotação é a da necessidade de se posicionar, de comprometer nossas vidas numa ou noutra direção, mesmo que nossos fundamentos para assumir uma posição possam parecer inadequados para persuadir alguém que não tenha compartilhado da mesma experiência que nos fez chegar a essa crença. Nesse domínio, não podemos parar, como fazemos na ciência, nas fronteiras do conhecimento que defendemos com argumentos e evidências prontamente disponíveis e amplamente aceitos. Temos de nos posicionar, implicitamente, se não explicitamente, não importando quais sejam as limitações de nosso entendimento. Uma pessoa que professe a ideia de não se posicionar acabará sendo vista, no decorrer de sua existência, como tendo de fato tomado uma posição.

A segunda conotação do conceito de religião é que a visão em nome da qual nós nos posicionamos não pode ser confinada em nenhum departamento da existência. Ela tem implicações para cada aspecto da condução da vida e da organização da sociedade. Aquele que se opõe ao conceito de religião

Além do pensamento sem autoengano: a vida sem ilusão

(por exemplo, em sua aplicação ao islamismo ou ao judaísmo) com base na separação de uma esfera religiosa da existência da não religiosa está enganado. O fio condutor da crença e da ação em todas as orientações para a existência aqui exploradas vai contra toda separação desse tipo.

A privatização da religião, especialmente em parte da história do cristianismo protestante, é, a partir deste ponto de vista, uma exceção à tendência que tem sido dominante em todas as abordagens à existência na maior parte de sua história: a demanda por tocar e transformar, à luz de sua mensagem, toda faceta da ação humana. Mesmo no protestantismo, um contraste entre uma parte religiosa e uma não religiosa da experiência tem sido algo anômalo. Isso caracterizou muito da espiritualidade e da teologia protestantes nos séculos XVIII e XIX, e ganhou uma sobrevida nos Estados Unidos, em razão das doutrinas políticas e constitucionais predominantes, referentes ao lugar da religião numa sociedade pluralista. No entanto, foi estranho a Lutero, bem como a Calvino. Muito da mais influente teologia protestante dos últimos cem anos tem sido em revolta contra esse viés, característico do período intermediário na história do protestantismo.

A visão de que uma separação entre o religioso e o não religioso está comumente associada, pelo menos no contexto cristão, à ideia de uma Igreja está, da mesma forma, equivocada. Para um cristão, a Igreja é primordialmente a comunidade dos fiéis, sustentada pela presença do espírito divino e engajada na transformação de todo aspecto da vida humana. Só num nível secundário ela é uma organização. A validade e o significado da doutrina da sucessão apostólica têm sido motivo de divisão entre os cristãos quase que desde o início do cristianismo.

Também é importante não confundir o contraste entre o religioso e o secular com a distinção entre as ordens da graça e da natureza, que ganhou força na teologia nominalista cristã dos séculos XIV e XV e que desde então assedia o cristianismo. Mais adiante neste livro, ao explorar a direção que tomará a religião no futuro, uso as palavras opostas "sagrado" e "profano" para marcar um contraste diferente dos contrastes entre religioso e secular bem como entre graça e natureza. Sagrado e profano distinguem uma visão

A religião do futuro

que estabelece nossa ascensão a uma vida mais elevada como envolta numa narrativa de transações entre um Deus transcendente e Suas criaturas humanas a partir de uma visão que dispensa qualquer história assim.

Qualquer distinção entre uma esfera de vida e devoção privadas em que penetraram a fé religiosa e um resto de existência no qual a fé não tem onde se agarrar nega um impulso que define as religiões de transcendência: não só as que cultuam um Deus criador – judaísmo, cristianismo e islamismo –, mas também o budismo e o confucianismo e, na verdade, todas as orientações espirituais que romperam com o cosmoteísmo. Essa distinção é o significado operacional da secularização. O que basicamente entendemos como secularização não significa que as pessoas tenham cessado de acreditar em alguma versão da dialética entre transcendência e imanência, e sim que elas veem qualquer que seja a crença que professam como inaplicável a uma grande parte da existência. Tal distinção entre o domínio da religião e o âmbito de um resíduo secular – este, de fato, a maior parte da vida cotidiana e da ordem social – empobrece a experiência religiosa. Dizer que a categoria da religião pressupõe ou implica essa divisão entre a parte da vida na qual a religião se interessa e a parte à qual permanece indiferente é ver a religião da perspectiva de seus inimigos e tomar as religiões do mundo como sendo instrumentos na mão deles.

Não há um bom motivo para aquiescer a tal reviravolta. A ideia de que o termo religião tenha sido irremediavelmente comprometido pelas crenças protestantes que o usaram amplamente nos séculos XVIII e XIX representa uma abdicação de nossa liberdade de expressar o que ele significa para nós. Essa abdicação sacrifica algo profundo e duradouro (as características compartilhadas das orientações para a existência que prevaleceram durante os últimos dois milênios e meio) em prol de algo local e efêmero (a privatização da religião no período mediano do protestantismo). Por que Kant, Schleiermacher e Madison determinariam de suas sepulturas como usamos nossas palavras?

Expungido dessa confusão, o conceito historicamente contingente de religião, mesmo se o empregarmos para designar apenas a viva realidade e a história descontínua do judaísmo, cristianismo e islamismo, já sugeriria

Além do pensamento sem autoengano: a vida sem ilusão

a aparentemente paradoxal soma de duas conotações: um compromisso que extrapola seus fundamentos e uma visão que vai além de suas razões, e demanda penetrar o todo da existência e da sociedade. Provavelmente, nenhum conceito que extraiamos de um livro ou concebamos no estudo seria capaz de exibir uma combinação tão surpreendente e improvável, vital para minha investigação e para minha proposta.

A vantagem do conceito de religião em relação ao passado é que ele oferece um espaço imaginativo pronto para o uso no qual é possível comparar as orientações abrangentes e práticas principais para a existência durante os últimos 2.500 anos. Eu alego que, como questão de fato histórico, três enfoques da vida atraíram, mais do que todos os outros, a atenção da humanidade durante esse longo período histórico. Cada um desses enfoques tem uma ordem conceitual interna: uma moral e uma lógica metafísica. As instâncias históricas da crença e da prática que serviram de exemplo dessas orientações para a existência têm características comuns e não triviais de forma e de substância, apesar das imensas diferenças de substância e também de forma que as distinguem. Numa seção anterior eu explorei a extensão em que elas compartilham um programa para a sociedade e para o eu. Nesta seção, discuto o grau pelo qual todas elas podem ser entendidas como instâncias de uma prática similar. Chamo essa prática pelo nome convencional de religião, modificando a ideia convencional de religião sob a dupla luz de uma tese sobre o passado e uma intenção que diz respeito ao futuro.

A vantagem da ideia de religião em relação ao futuro é a mais significativa na argumentação deste livro. Considerando que uma construção histórica sobre as realidades históricas, como a do conceito de religião, carece de uma referência fixa ou de uma essência estável, não deveria ser surpresa que ela tenha um horizonte pragmático. O significado que lhe atribuímos depende do que nos propomos fazer com as atividades e as crenças que em determinado momento usamos para descrevê-la. O que essa forma de experiência tem sido até agora importa, principalmente em virtude de sua influência sobre aquilo que ela pode e deve se tornar: sobre o que deveríamos fazer com ela, e no que a transformaríamos.

A religião do futuro

Eu vejo o passado e o presente do que chamo de religião à luz de uma ideia quanto a seu futuro: o conceito de religião tem de ser amplo o bastante para acomodar a transformação pela qual eu clamo e argumento, assim como as mais importantes abordagens à vida que marcaram a história da humanidade nos últimos 2.500 anos. O conceito tem de abrir espaço para toda a gama de revoluções religiosas que resultaram nas três posições aqui consideradas. Tem de incluir as duas dessas três posições que dispensam a concepção de um Deus transcendente, trancado num abraço com a humanidade que Ele criou e que Ele salvou, ou salvará, mediante Seu envolvimento com a história humana. Tem também, no entanto, de haver espaço para a revolução religiosa que é necessária em seguida.

Pode parecer improvável que um conceito de religião possa ser inclusivo o bastante para desempenhar esses múltiplos papéis e, ainda assim, excluir áreas vizinhas de crença e ação o suficiente para evitar o descenso para o vazio. No entanto, que ele pode ser adequadamente inclusivo e exclusivo, dessa maneira e para esses fins, é exatamente o que alego em seguida. A justificativa para isso só pode estar no exercício da argumentação.

O que essa ideia de religião exclui é, principalmente, a filosofia e, por extensão, a arte e a política. As três orientações que exploro, e a que proponho para sucedê-las, não são simples filosofias ou visões de mundo, do modo como esses conceitos convencionais geralmente têm sido usados. Não são meras filosofias ou visões do mundo, nem mesmo quando não apelam para a ideia de um Deus transcendente e redentor que revela à humanidade, por intermédio de Seus profetas, o caminho para a salvação. A vontade de assumir uma posição no comprometimento com a existência numa direção particular, apesar da aparente ausência de fundamentos adequados sobre os quais fazer isso, e depois insistir que a totalidade da vida individual e da experiência social seja penetrada pela visão que informa esse compromisso, põe a religião à parte.

Segundo esses padrões orientados para o presente, passado e futuro, o ato de considerar como religião um conjunto de crenças estabelecidas ou práticas informadas por crenças tem de ter três características.

Além do pensamento sem autoengano: a vida sem ilusão

Uma primeira característica da religião é responder às falhas irreparáveis da nossa existência: nossa movimentação em direção à morte, nossa incapacidade para pôr nossa existência num contexto definitivo de compreensão e de significado, e a vacuidade e insaciabilidade de nossos desejos, aos quais somos erradamente tentados a acrescentar (erradamente porque podemos reparar isso) a desproporção entre a força de nossas circunstâncias e o alcance de nossa natureza. Se a resposta oferecida pela religião a essas falhas é uma resposta que as expurga de seu ferrão ou, ao contrário, as reconhece inflexivelmente, é uma questão que permanece em aberto na história inacabada da religião.

As crenças compreendidas numa religião podem representar uma resposta mais ou menos oblíqua a esses terrores e sofrimentos. No entanto, ela nunca pode ser tão indireta que não possa ser compreendida pelo crente como realmente respondendo a esses sofrimentos e terrores, de modo a envolver a vontade assim como a imaginação.

Contudo, a religião quase nunca isolou esses problemas do resto da experiência nem os abordou em isolamento. Uma visão religiosa tem consequências em todo aspecto da existência: nenhuma parte da vida individual ou social é tão prosaica ou tão técnica, nenhuma tão mundana ou irreflexiva que não possa ser influenciada e penetrada por uma orientação religiosa.

Se em meio a nossos assuntos comuns paramos de pensar sobre a intensidade da vida e a certeza da morte, da vida e da morte inexplicadas num universo cujos contornos definitivos, cuja origem e cujo futuro somos incapazes de atinar, o tempo todo atormentados e incitados por nossos desejos e nossa consciência de um poder do qual não somos capazes de dispor adequadamente antes de nosso declínio e aniquilamento, podemos então experimentar nossa existência como sendo uma alucinação. Afastamo-nos apavorados do delírio para voltar a nossos assuntos, para as devoções de nossos apegos e envolvimentos. Esperamos que eles nos absorvam e nos resgatem.

Religião não é a instância de conhecer a natureza delirante de nossa consciência nem de se afastar do delírio para voltar a nossos assuntos cotidianos. É a posição cognitiva e volitiva que adotamos a respeito da circunstância na qual parecemos estar instados a escolher entre essas duas atitudes. Não é de admirar que seu desenvolvimento tenha ocorrido sob a sombra da tentação de consolar.

O ato de consolar assumiu, caracteristicamente, uma forma dupla, de acordo com a dupla natureza da religião – como crença e como prática. Como crença, ela tem sido um modo de representar nossa situação, que interpreta a situação como sendo menos aterradora do que parece ser. Como prática, a religião tem sido um conjunto de atividades coletivas e de hábitos individuais que nos capacita a lançar um encantamento sobre nós mesmos para aquietar não apenas nossos vazios e instáveis desejos, mas também nossa ansiedade quanto a nossa mortalidade e nossa falta de fundamentação. Uma história sobre como tudo pode estar ou vir a estar bem torna-se parte de um reparo que fazemos em nós mesmos.

O trabalho de consolar, no entanto, tem consequências para a substância de nossa visão de mundo e para o direcionamento de nossa atividade dentro dele. O trabalho pode ser compatível com um nível de esclarecimento e emancipação, mas incompatível com o nível seguinte: compatível com a ampliação da visão e com a libertação do preconceito conquistadas nas revoluções religiosas que fizeram surgir as três abordagens à vida aqui consideradas, mas incompatível com a revolução futura da qual podemos estar precisando agora.

Nada na história da religião é mais difícil de superar do que o impulso para nos reconfortar quanto às irreparáveis falhas da vida. A dificuldade é agravada pela necessidade de nos apoiarmos em ideias que são, pela própria natureza de nossa falta de fundamentação, contestáveis e fragmentárias. É como se, por estranho paradoxo, só pudéssemos pôr fim ao pensamento sem autoengano por uma prática de pensamento que alcançasse além daquilo que podemos esperar compreender.

Uma segunda característica da religião é que ela relaciona uma orientação para a vida com uma visão de nosso lugar no mundo. A conexão entre orientação e visão provê uma espécie de resposta aos incorrigíveis defeitos em nossa circunstância. A resposta reconhece as deficiências como mais ou

Além do pensamento sem autoengano: a vida sem ilusão

menos reais, e mais ou menos suscetíveis a correção ou reação. Ela interpreta suas implicações para a condução da vida.

A visão adquire poder para orientar porque considera o que é mais perturbador em nossa existência: o fato de que temos de morrer, embora sintamos que não deveríamos; de parecermos ser incapazes, à luz do entendimento, de situar nossas vidas num contexto confiável de significado; de que sempre ficamos à mercê de desejos que são vazios e ilimitados e que nos perseguem até nosso derradeiro fim; e de que pouco ou nada do que podemos fazer com nossas vidas parece ser adequado a nossos poderes que transcendem contextos. A posição que assumimos em relação a esses problemas adquire uma autoridade prescritiva. Ela usufrui dessa força devido a sua importância intrínseca e porque o modo pelo qual lidamos com eles tem consequências para todos os outros aspectos de nossa experiência.

A distinção entre o que é e o que deve ser, entre descrição (ou explicação) e prescrição, se aplica no que concerne a visões sobre parte de nossa experiência. No entanto, ela cessa de ser factível e legítima quando temos de lidar se não com a totalidade de nossa experiência, ao menos com seus contornos gerais, com os limites que lhe outorgam sua desconcertante e misteriosa forma.

Todo relato das falhas irreparáveis em nossa experiência terá um horizonte pragmático. Não podemos inferir de tal relato um cânone de regras e padrões pelos quais nos conduzirmos. No entanto, irá orientar nossas vidas para algumas direções e nos afastar de outras. Ele nos parecerá estar investido do poder de um imperativo existencial.

Inversamente, qualquer imperativo como esse irá pressupor ou implicar um modo de lidar com as principais falhas de nossa existência. Nossa visão de como viver, posta em prática, irá revelar, melhor do que as doutrinas que professamos, como compreender nossa situação no mundo e o que achamos de seus defeitos. Somente quando mudamos o foco de uma situação completa para uma parte de nossa experiência, somente quando começamos a considerar problemas separada e distintamente e a analisar argumentos isolados, é que a distinção entre o que é e o que deve ser começa novamente a fazer sentido.

A religião do futuro

Uma analogia ajuda a esclarecer o problema. Na tradição da física inaugurada pela mecânica newtoniana, nenhuma distinção tem mais peso na estrutura de uma explicação do que a diferença entre as condições iniciais de um conjunto de fenômenos a serem explicados e as leis do movimento que governam o funcionamento da mudança desses fenômenos num certo espaço de configuração. As leis não vão determinar as condições iniciais. Essas condições podem, não obstante, ser explicadas por outras leis. Do ponto de vista das leis relevantes, as condições iniciais são dados factícios e estipulados.

No entanto, quando tentamos generalizar esse estilo de explicação de uma parte dos fenômenos para estendê-lo a todo o universo – da mecânica à cosmologia –, a distinção entre condições iniciais e explicações à guisa de leis não se sustenta. Não há um lugar externo, um ponto de vista a partir do qual possamos estipular as condições iniciais como ponto de partida para a operação das leis.

O que, no tocante ao estilo explanatório, é bom para a parte não é bom para o todo. É exatamente esse tipo de colapso proveniente da generalização que ocorre quando tentamos impor a distinção entre o que é e o que deve ser nas crenças estabelecidas que lidam com nossa existência como um todo e com suas mais básicas deficiências. Chamamos essas crenças abrangentes e orientadas para ação de religião.

Uma terceira característica da religião é que o imperativo da vida, arraigado numa visão do mundo, responsivo aos incuráveis defeitos de nossa existência, nos exige comprometê-la numa certa direção. Exige que comprometamos nossas vidas sem ter, pelos padrões prevalentes do discurso racional, o que poderia ser uma base adequada sobre a qual assumir esses compromissos. Nem a evidência dos sentidos, nem a aplicação de nosso raciocínio, dentro de qualquer disciplina ou método estabelecidos, ou fora de todos os métodos e disciplinas específicos, pode ser suficiente para prover essa base.

Nossas faculdades, nossos métodos, nosso acesso sensorial ao mundo, tudo isso diz respeito a aspectos e fragmentos de nossa experiência. Eles seguem e ampliam o âmbito de nossas ações. Não importa quão extenso possa se tornar o assunto, seu escopo ou sua aplicação, eles nunca perdem seu caráter fragmentário e restrito. Em religião, no entanto, temos de nos posicionar quanto às características que limitam e configuram nossas experiências como um todo. Para essa tarefa, nosso equipamento é, por natureza e origem, inadequado. Não obstante, a necessidade de fazer aquilo que sempre estaremos despreparados para realizar é inescapável.

Se a posição a ser adotada fosse apenas cognitiva, poderíamos ser capazes de não assumir nenhuma posição. No entanto, ela não é meramente cognitiva; isso diz respeito a nossa necessidade de assumir uma atitude, implícita e não elaborada, caso não explícita e totalmente formada, em relação aos mais perturbadores e desconcertantes aspectos de nossa condição. Queiramos ou não, assumiremos uma atitude estando totalmente conscientes ou não das ideias que a informam. Ao chegarmos a essa atitude, contudo, estamos condenados a um sobrealcance cognitivo: temos de apostar o curso de nossas vidas em suposições cujos fundamentos não fazem justiça à gravidade de suas implicações e ao escopo de suas reivindicações.

Essa característica paradoxal de nossa situação – nossa necessidade de recrutar as mais frágeis ideias para dar suporte às mais importantes decisões – é a meia-verdade na exposição de Pascal sobre a fé em Deus como uma aposta: uma aposta que paga fabulosamente bem se der certo, mas que se der errado nos deixa numa situação não pior do que aquela em que ficaríamos mesmo sem isso, destinados à morte na escuridão de um mundo sem Deus. A verdade nessa narrativa é que temos de tomar uma posição – uma posição fatídica – sem ter os fundamentos dos quais precisaríamos mesmo para decisões de muito menos risco. A falsidade aqui é a sugestão de que o espírito no qual tomamos essa postura poderia ou deveria imitar o cálculo do apostador. Não se trata de um benefício ou de um custo particular (embora o foco dos jansenistas em salvação e danação pudesse fazer com que assim parecesse); trata-se do significado ou da falta de significado de nossas vidas, como observadas externamente, da perspectiva dos limites que as definem, para o que acontece dentro de nossa existência, para o modo como vivemos.

A religião do futuro

Esse inescapável sobrealcance cognitivo, que nos é imposto por nossa circunstância, é o que o vocabulário dos monoteísmos semíticos chama de fé. Para se adequar ao propósito iminente, uma concepção de fé não pode depender dos dogmas distintivos de cada religião. Tem de reconhecer os dois lados da fé: arriscar e confiar.

O lado arriscado da fé é a consequência do inevitável sobrealcance: a postura sem fundamentos que sempre bastaria para justificá-la à luz dos critérios que aplicamos a nossas decisões de escopo mais limitado. Contudo, esse sobrealcance também é profecia, na verdade, profecia que se autorrealiza. A visão que resulta num imperativo, sobre uma base que é sempre dúbia, nos incita a agir, individualmente e coletivamente. Por meio de nossas ações, nós mudamos o mundo à luz da visão; daí, o aspecto de autorrealização da profecia.

No entanto, não mudamos o mundo à nossa vontade; apenas o trazemos um pouco mais perto da mensagem profética e de seu imperativo para uma transformação do mundo. O mundo resiste à profecia. Essa resistência testa a verdade da fé. É um teste sempre ambíguo, mas assim mesmo um teste.

O lado de confiança da fé tem a ver com as consequências dessa exorbitância cognitiva em nossas relações com outras pessoas, inclusive nossas negociações com Deus, quando O representamos no modo pessoal de ser. Devido ao fato de que as ações empreendidas à luz de ideias religiosas dizem respeito a questões de extrema significância, mas ao mesmo tempo despojadas de fundamentos adequados para a crença, elas equivalem a uma aventura. Nessa aventura, ficamos relativamente mais vulneráveis do que outras pessoas; num ou noutro sentido, somos forçados a erguer nossos escudos. Colocarmo-nos nas mãos de outras pessoas por conta de nossas crenças, ou nas mãos de Deus quando nossas relações com Ele são representadas em analogia com nossas relações com outras pessoas, e fazer isso de um modo que pareça descuidado, segundo os padrões de nossos cálculos mundanos, é uma das marcas da fé.

Os lados arriscado e de confiança da fé são inseparáveis. O elemento de confiança demonstra que o risco nunca se refere apenas a uma conjectura, mesmo que relevante, concernente a nosso lugar no mundo; ele revela seu significado nas implicações que tem em nossas conexões com outras pessoas. O elemento de risco demonstra que o que fizermos dessas conexões permanece enredado em nosso entendimento dos limites de nossa existência e de nosso discernimento.

Ver a religião como um modo de experiência definido por essas três características é compreender por que padecemos de uma perpétua tentação de tratar muitas outras formas de prática e de pensamento – filosofia, arte e política – como sucedâneos da religião. No entanto, é também perceber por que estas formas são incapazes de desempenhar papel substituto sem violência para com elas e para conosco.

A filosofia pode lidar com a penumbra do que está além de nosso conhecimento adquirido. Ela pode lutar com as insolúveis contradições que surgem quanto tentamos ultrapassar os limites do bom senso e da compreensão. Não obstante, quando a filosofia abandona ou dilui a exigência de uma justificativa fundamentada, ela perde a direção e também a força.

A arte pode conjurar as falhas em nossa condição e prometer uma felicidade que jaz além delas, mediante alguma resolução que podemos alcançar nesse exato momento, apesar das falhas. Quando tenta reproduzir a conexão entre uma visão de mundo e um imperativo da existência que reside no cerne da religião, ela degenera em didatismo. Com isso, a arte degrada então seu poder transformador.

A política, representada e conduzida numa voz visionária, pode associar a reordenação da sociedade a uma visão de ascensão da humanidade. A despeito do alcance potencial de nossas crenças e aspirações políticas, nenhum programa de melhora social é capaz de suportar todo o peso de nossas ansiedades finais quanto a nós mesmos. Se levado a isso, o resultado provável será a mistificação a serviço da opressão.

A religião não tem uma essência imutável, assim como a filosofia, a arte e a política. Como estas, ela é uma construção histórica e parte da autoformação da humanidade. Contudo, por a termos construído, e ela a nós, não pode ser substituída sem perigo nem ilusão por essas outras formas de experiência. Temos de contar com a religião, e decidir o que fazer com ela – no que transformá-la, agora.

CAPÍTULO 2
SUPERAÇÃO DO MUNDO

IDEIA CENTRAL, PRESENÇA HISTÓRICA E VISÃO METAFÍSICA

A visão de mundo abraçada por esta primeira direção na história religiosa da humanidade é uma visão que sempre foi excepcional na filosofia ocidental desde a época dos gregos. No entanto, foi predominante também em muitas outras civilizações. Esta é a posição para a qual, fora do Ocidente moderno, a filosofia e a religião mais frequentemente retornaram. (O foco no ser impessoal que está no cerne desta ideia da realidade enfraquece a distinção entre religião e filosofia.)

O vedanta e os upanixades da Índia antiga, o budismo primevo e o daoismo original representam as instâncias mais claras desse caminho religioso e filosófico. Nessas tradições há grande quantidade de elaborações metafísicas: por exemplo, a doutrina de vacuidade de Nāgārjuna (*śūnyatā*) no contexto da escola Madhyamaka no budismo indiano. Ela descreve aspectos das doutrinas de Parmênides, Platão, dos estoicos e dos neoplatonistas, especialmente Plotino. No pensamento ocidental moderno, o ensinamento de Schopenhauer é sua expressão mais perfeita, tanto como metafísica quanto como filosofia prática. Contudo, podemos encontrá-la numa roupagem diferente, no monismo de Spinoza e no relacionismo de Leibniz: o elemento comum decisivo é a negação da realidade do tempo e, assim, também, das distinções entre os fenômenos encharcados de tempo, aparentemente mutáveis, que confundimos, erroneamente, com o real.

A superação do mundo reverbera nas contracorrentes místicas do judaísmo, cristianismo e islamismo. No misticismo judaico, cristão e muçulmano, a abertura para um Deus pessoal corre o risco de ser sacrificada em prol de uma visão de um ser impessoal, unificado e universal. Essa visão, por sua vez, inspira ética de altruísta benevolência e busca por indiferença ao sofrimento e por mudança. Ela faz isso, contudo, com base na desvalorização da realidade do tempo e das distinções entre os seres, inclusive a distinção entre eus. Não é de admirar que essas ideias místicas tenham regularmente ficado sob suspeição de heresia em cada um dos monoteísmos semíticos.

A ideia metafísica que esse enfoque da existência informa é a afirmação de um ser universal que fica além do mundo manifesto de tempo, distinção e individualidade. Nossa experiência é a da realidade do tempo no mundo real e único. É uma experiência de mundo no qual há uma estrutura duradoura de diferentes tipos de coisas e onde a mente individual está incorporada num organismo individual. A filosofia e a teologia da superação do mundo nos contam, no entanto, que tempo, distinção e individualidade são irreais, ou que são menos reais do que parecem ser.

Na história do pensamento, essa visão adquiriu formas radicais e restritas. As versões radicais dessa visão (como as que temos, por exemplo, nos vedas ou em Schopenhauer) negam o tempo, a distinção e a individualidade, todos juntos. Elas proclamam o caráter ilusório de cada um desses aspectos de nossa experiência. No entanto, mesmo esses ensinamentos radicais reconhecem que tem de haver algum elemento limitado de verdade nas experiências ilusórias – verdade suficiente para explicar por que o mundo se apresenta sob o disfarce de uma estrutura diferenciada de tipos distintos de ser.

De acordo com essa forma radical da metafísica da superação do mundo, um ser unificado e atemporal torna-se manifesto numa multiplicidade de distintas modalidades naturais – tipos de ser. Alguns desses tipos de ser possuem vida e vontade sencientes. Eles se encontram abrigados num corpo

Superação do mundo

particular, com um destino particular, suscetível às enfermidades e aos riscos que a corporificação implica, e condenados a morrer. Podem ser tentados a formar uma ideia da própria distinção e realidade, ideia que a verdade sobre o mundo não sustenta. Na verdade, eles estão passando expressões daquilo que de fato é real: o ser uno, atemporal que fica por trás da tela da experiência limitada pelo tempo e dividida.

Mas por que o ser unitário e atemporal se tornou manifesto numa experiência limitada pelo tempo e dividida? Não temos como saber. Nenhuma afirmação filosófica dessa visão de mundo (nem mesmo a de Schopenhauer) ofereceu um relato desenvolvido de por que ou como um ser subjacente vem a ser expresso em fenômenos que geram essas ilusões. Por que existe não apenas um mundo, mas um mundo que se mostra – ao menos para nós – sob um aspecto que contradiz sua realidade derradeira?

Dentro dos limites de tal visão de mundo, essa pergunta pode não ter resposta. Não ousamos atribuir ao ser unificado as intenções de uma pessoa. Estamos separados dessa realidade derradeira pelo abismo da corporificação e por todas as ilusões que o acompanham. Para a metafísica da superação do mundo, nossa mais confiável conexão com o ser uno e a mente una é a experiência da consciência, que se entende pairar acima das divisões que são impostas nessa realidade derradeira pela encarnação da mente universal em corpos individuais. Nada na experiência da consciência explica por que a mente universal deveria se apresentar compartimentada na forma de mentes individuais. Nada nos sistemas metafísicos associados à superação do mundo pode ser motivo pelo qual as supostamente ilusórias experiências de tempo, distinção e eu individual deveriam fazer parte do processo pelo qual a verdade sobre o ser unificado e atemporal é afirmada. A prevalência dessas ilusões em nossa experiência parece representar desvio supérfluo e misterioso.

Essa versão radical da metafísica da superação do mundo se sustenta em duas bases: uma, cognitiva; a outra, prática. Esta última pode ser mais forte e mais atraente que a primeira.

A religião do futuro

A base cognitiva dessa doutrina metafísica radical é um chamado que se reivindica ser sentido num mundo no qual todas as distinções são impermanentes. O problema é que essa impermanência não é o oposto de ser ou de realidade. As distinções entre seres no mundo podem ser reais, embora sejam impermanentes, caso o tempo seja real. Então temos de formar um relato de como coisas se transformam noutras coisas no decurso do tempo. Prover esse relato é o próprio objetivo da ciência.

Porém, se o tempo não é real, como alegam comumente as declarações filosóficas radicais da superação do mundo, não podemos oferecer nenhum relato de transformação. A transformação pressupõe tempo. As distinções entre coisas ou seres têm, portanto, de ser ilusórias. Além disso, a presença dessa ilusão em nossa experiência tem de ser explicada.

O ponto forte dessa versão radical da metafísica da realidade do mundo é sua noção da impermanência de todos os tipos de ser. Seu ponto fraco é a negação da realidade do tempo. A impermanência com tempo afirmado significa algo muito diferente de impermanência com tempo negado, e tem implicações muito diferentes para a condução da vida e a significância da história. Esses contrastes ficam mais claramente em foco quando os consideramos em relação às descobertas e controvérsias da cosmologia contemporânea.*

No que foi descoberto sobre o universo e sua evolução, pela ciência, muita coisa sugere a impermanência das distinções estruturais que observamos na natureza. Nas ciências da vida e da terra estamos familiarizados com o

---

* Lee Smolin e eu desenvolvemos essas ideias no livro *The Singular Universe and the Reality of Time* [*A singularidade do universo e a realidade do tempo*], 2014. Se as alegações desse ensaio na filosofia natural foram bem fundamentadas, nada, em toda a argumentação desse volume ou no programa filosófico que ele compartilha com meu livro *The Self Awakened* [*O despertar do eu*], contradiz o que a ciência tem para nos ensinar sobre como a natureza funciona – não, pelo menos, se aprendermos a interpretar as descobertas da ciência sem os antolhos de um injustificado preconceito metafísico.

princípio da mutabilidade dos tipos: não há na história da terra e da vida na terra uma tipologia permanente dos tipos naturais, estejam os tipos de seres vivos ou sem vida. Tudo nessa tipologia é histórico; ela contém mudança, embora descontinuamente ao longo do tempo.

Os tipos de seres mudam. Assim como o caráter das maneiras pelas quais um tipo natural difere de outro. Uma rocha ígnea não difere de uma rocha sedimentar da mesma maneira, ou no mesmo sentido, que uma espécie de animal difere de outra.

A mutabilidade de tipos está, por sua vez, conectada ao princípio de histerese ou dependência da trajetória. A história de tipos mutáveis é o produto concomitante de muitas sequências de mudança frouxamente conectadas que não podem, persuasivamente, ser reduzidas a outra ou inferidas de explicação de ordem mais elevada. Por exemplo, na evolução darwiniana, seria a relação entre as distintas influências da seleção natural, as limitações estruturais e as oportunidades criadas por repertório estabelecido de tipos de corpo, e a movimentação histórica e a separação de massas de terra estudadas nas placas tectônicas.

O significado maior dos princípios da dependência de trajetória e da mutabilidade dos tipos fica claro à luz de um terceiro princípio da história natural: a coevolução dos fenômenos e das leis da natureza que os governam. Só recorrendo a puro dogma, sem consequência para a prática da explicação científica, é que podemos, por exemplo, supor que as regularidades que governam a vida preexistiram a seu surgimento.

Atualmente, temos motivo para acreditar que esses princípios, em vez de estarem restritos aos fenômenos tratados pela ciência da terra e da vida, aplicam-se ao universo como um todo. A descoberta mais importante da cosmologia do século XX é que o universo tem uma história. A melhor interpretação dessa história é que houve uma época em que os componentes rudimentares da natureza, como hoje descritos pela física de partículas, ainda não existiam.

Na história mais primeva do universo atual, a natureza talvez não tenha se apresentado como estrutura diferenciada. Pode não ter havido um claro contraste entre os estados de coisas e as leis da natureza que os governavam.

A religião do futuro

A suscetibilidade à mudança e o âmbito do possível adjacente podem ter sido maiores do que aquilo em que a suscetibilidade e o seu âmbito se tornaram subsequentemente no universo esfriado estudado pela física inaugurada por Galileu e Newton. É somente graças a um anacronismo equivalente a uma falácia cosmológica que supomos que a natureza não use disfarces a não ser aqueles que ela exibe no universo como nós o observamos hoje, muito depois de seu ardente começo.

Esse raciocínio pode sugerir, primeiramente, que a forma intransigente da metafísica da superação do mundo, em vez de ser uma fantasia filosófica, encontra sustentação nas revelações da ciência. As formas específicas de ser são evanescentes; essa metafísica ensina que somente o ser eu é que permanece. No entanto, assim que introduzimos em nosso pensamento a ideia da realidade inclusiva do tempo, descobrimos que essa aparente afinidade entre o curso da ciência moderna e a metafísica radical da superação do mundo começa a desaparecer.

Não é apenas a tipologia de tipos naturais que muda no decurso da história do universo como um todo, bem como no decurso da história da terra e da vida. A mudança também muda. Os modos pelos quais as coisas são transformadas em outras são sujeitos a transformação. Essa suscetibilidade a uma mudança instável e descontínua, inclusive à mudança da mudança, é o que chamamos de tempo. E se o tempo não é apenas real, mas também inclusivo, nada pode ficar além de seu alcance, nem mesmo as leis, as simetrias e as supostas constantes da natureza. Elas, também, têm de ter uma história e ser, em princípio, mutáveis. A mutabilidade delas é consistente com a estabilidade que exibem no universo esfriado, com sua bem diferenciada e duradoura estrutura.

As ideias prevalentes na física e na cosmologia tomam direção diferente. Elas ou são propositalmente ambíguas quanto à realidade do tempo ou a negam totalmente. Ao rejeitar a ideia de um pano de fundo fixo de espaço e tempo contra o qual ocorrem os eventos da natureza, elas, não obstante, reafirmam a noção de uma estrutura imutável de leis, simetrias ou constantes da natureza.

Superação do mundo

Não pode haver tal estrutura imutável, se o tempo é inclusivamente real e tudo está sujeito a suas devastações, se ele é a única realidade que não surge. No entanto, se existe essa estrutura imutável, então também existe uma base na natureza para uma estrutura diferenciada permanente, ou uma tipologia de tipos naturais, se não nos fenômenos derivados e emergentes estudados pela história natural, então nos componentes mais fundamentais da natureza que são explorados pela física.

A metafísica radical da superação do mundo afirma o caráter efêmero de todas as distinções entre tipos de ser e, ao mesmo tempo, nega a realidade do tempo. Sua semelhança com a visão científica que descrevi é, portanto, meramente aparente. Nessa visão, toda estrutura é mutável exatamente porque o tempo é inclusivamente real. Além disso, a concepção metafísica que informa esse enfoque à existência tem de explicar como e por que nós temos em conta as ilusões que ela rejeita. Ao fazer isso, não pode recorrer a nossa experiência, que está completamente penetrada e configurada por essas ilusões.

A superação do mundo desperta a contradição que assinalei anteriormente, entre os antídotos teóricos e práticos à ameaça do niilismo, ao se apoiar nessa concepção. Sua resposta teórica ao temor de que nossas vidas e o próprio mundo podem não ter sentido é pôr de lado as crenças, os afetos e os envolvimentos que nos impedem de reconhecer nossa participação no ser atemporal e universal. Pô-los de lado, no entanto, enfraquece o único antídoto prático à ameaça do niilismo, que é a própria vida, com todos os seus envolvimentos e afetos. A pretexto de incrementar nossa participação consciente nesse ser, isso nos dissuade das complicações que dão a uma vida efetiva sua completude. Alcançamos essa invulnerabilidade correndo o risco de adquiri-la mediante desmoralização e debilitação do único tipo de experiência que somos realmente capazes de vivenciar.

Se o tempo é real, as distinções entre coisas são históricas e, portanto, transitórias, mas não são ilusórias. São reais enquanto existirem. Podemos apenas compreendê-las como produtos de uma história de transformação.

A importância dessa diferença entre visão que nega a realidade final da distinção e do tempo e visão que afirma a realidade inclusiva do tempo,

A religião do futuro

enquanto insiste no caráter histórico da transformação, fica clara quando consideramos suas consequências para uma ação no mundo. Uma concepção que insiste no caráter ilusório da distinção entre fenômenos, de um eu individual e do tempo, solapa a vontade a partir de duas direções. Primeiramente, atacando o assentamento da vontade no eu e, em segundo lugar, desconsiderando a realidade dos objetos habituais da vontade. Esses objetos assumem a realidade e a significância das distinções e mudanças que a metafísica radical da superação do mundo nega. Se existem, afinal, um ser uno e uma mente una, não há nada que esse ser uno e essa mente una possam querer exceto serem eles mesmos.

A superação do mundo torna-se, assim, uma superação da vontade: o desenvolvimento de uma atitude para com o mundo que é, na medida do possível, destituída de vontade. Podemos chamar essa orientação para a existência de superação da vontade, em vez de superação do mundo. A desconsideração do tempo, da distinção e do eu individual e a supressão da vontade são, assim, os dois pontos fixos e centrais dessa concepção metafísica. A campanha contra a vontade, por sua vez, serve como ponta que conecta essa visão metafísica com os ideais de serenidade mediante invulnerabilidade e de uma destacada benevolência universal que são característicos desse enfoque à vida.

Em contraste, uma visão que reconheça o caráter contingente e mutável de todos os tipos de ser e afirme a realidade inclusiva do tempo assegura a vontade tanto de uma base quanto de um objeto. Sua base é o eu real, individual. Seu objeto é um mundo de distinções que não é menos digno de atenção por ser efêmero. Para essa visão, a história não é um sombrio pano de fundo para nosso engajamento com um ser atemporal e unificado. Ela é o cenário no qual tudo que temos motivo para valorizar é criado ou destruído.

O extremismo metafísico da visão que nega a realidade do tempo, da diferença e do eu individual sempre teve fundamento prático bem como cognitivo. Sob o disfarce da metafísica, ele oferece autoajuda. Promete uma rota para a felicidade ainda mais veementemente do que oferece um caminho para a realidade. Essa promessa assume uma forma minimalista e uma forma maximalista.

Superação do mundo

A forma minimalista de autoajuda é a esperança de se ficar invulnerável, ou menos vulnerável, aos sofrimentos resultantes de nosso enredamento com o mundo. Ao não creditar mais as distinções e mudanças do mundo à realidade, nós também cessamos de lhes dar valor. Reduzimos seu poder sobre nós. Nossa relação com um mundo a cujas distinções atribuímos realidade e valor é um relacionamento dominado pela vontade. Uma vontade em desacordo com um mundo que ela não é capaz de dominar é a fonte de todo o nosso sofrimento. Para fugir do sofrimento temos de nos sobrepor à vontade. A melhor maneira de nos sobrepormos à vontade é negar seu objeto: o mundo ilusório de mudança e distinção. Nesse modo minimalista, a promessa de felicidade é uma promessa de invulnerabilidade, de uma vulnerabilidade reduzida.

A forma maximalista de autoajuda é a esperança de estabelecer contato com a única verdadeira realidade e fonte de valor: o ser oculto, unificado e atemporal. Se há um ser uno e uma mente una, então nossa melhor esperança de felicidade reside em derrubar os obstáculos à nossa experiência de absorção nesse ser uno e nessa mente una. Com base nisso, podemos vivenciar nossa afinidade com todas as outras manifestações do Uno, e expressar essa afinidade num sentimento de inclusivo companheirismo.

A visão metafísica da superação do mundo tem aparecido mais frequentemente numa versão qualificada do que tem sido citada na linguagem da opinião intransigente que acabei de mencionar. A marca dessa versão qualificada é a ideia de hierarquia de graus de realidade ou de formas de ser. No Ocidente, sua primeira e mais convincente expressão foi a filosofia medial e final de Platão: particularmente a doutrina de formas. Ela teve outra expressão na visão neoplatônica do mundo fenomenal como o último estágio numa série de emanações do Uno.

Considere a versão qualificada dessa metafísica libertada das distintivas preocupações e categorias da filosofia de Platão ou de Plotino. Os fenômenos individuais que nela encontramos são instâncias de tipos de ser. Esses tipos são por sua vez formados segundo o modelo de arquétipos invisíveis, os quais talvez só possam ser representados na linguagem matemática ou de uma evitação metafísica de toda referência a particularidades. O que é mais presente em nossa existência é menos real do que o que é menos presente. Nosso não examinado senso de realidade é um delírio suscitado por nossa corporificação e pelas consequentes limitações de nosso aparato perceptivo.

A teoria pode, no entanto, nos libertar do fardo da corporificação e apresentar o lado certo do mundo. Mais uma vez, no entanto, nossos motivos práticos para adotar essa visão sempre vão parecer mais persuasivos do que nossos motivos teóricos. A correta compreensão da hierarquia do ser e da realidade deveria permitir que a razão prevaleça sobre impulsos orientados para a ação, e estes, por sua vez, prevaleçam sobre os apetites carnais. Ela pode nos dar ferramentas para conter nossa insaciabilidade sobrepondo-nos à perspectiva da vontade, entrelaçada com o mundo obscuro da aparência. Ela se propõe a nos ajudar a adquirir serenidade diante da morte, a qual, segundo esta linha de raciocínio, só aniquila a realidade menor que é o efêmero eu individual. Ela mantém em aberto a promessa de uma comunhão com o que é mais real e mais valioso: o ser e a mente universais dos quais compartilhamos.

Tanto na versão radical quanto na versão qualificada da metafísica da superação do mundo, as relações entre a negação do tempo e a negação da distinção e da individualidade desempenham um papel central. O mundo de indivíduos e de coisas individuais é também o mundo no qual cada um desses indivíduos continua sujeito às devastações do tempo. É um mundo no qual nossos envolvimentos e nossas conexões funcionam como os mais importantes relógios nos quais medimos a passagem de nossas vidas.

Tempo e distinção estão internamente relacionados na experiência. Se partes diferentes do mundo, ou estados de coisas, não mudassem para se tornarem diferentes, não haveria tempo. Por um lado, a realidade do tempo pressupõe um mundo formado por elementos distintos que não vão mudando em marcha compacta e sincronizada.

Por outro lado, se o tempo não existisse, não poderia haver interação causal entre partes do mundo. Só poderia haver uma grade ou uma variedade (como termo da matemática, representada, por exemplo, na filosofia de

Superação do mundo

Leibniz) atemporais. Diferentes tipos de ser poderiam continuar a se distinguir uns dos outros nesse tal mundo, como as interseções de uma grade. Não obstante, o sentido no qual coisas se distinguem umas das outras e são idênticas a si mesmas seria muito diferente do que é no mundo que habitamos atualmente. Suas naturezas seriam ocultas, ao menos para nós.

Entendemos estado de coisas percebendo no que ele pode se tornar num certo âmbito de circunstâncias: a compreensão do que é atualmente efetivo é inseparável da imaginação do possível – do possível adjacente, do que pode acontecer em seguida ou do que podemos fazer acontecer em seguida. Assim, se o tempo não existisse, seríamos incapazes de compreender a grade só contemplando como funcionam suas diferentes partes. Em certo sentido, tudo que poderíamos fazer é olhar para ela, nem mesmo a vendo, se o ato de vê-la conota alguma medida de compreensão.

A íntima relação entre tempo e distinção é demonstrada mais além em nossa capacidade de pôr os dois de lado em nosso raciocínio matemático e lógico. Esse raciocínio ocorre no tempo (se é que o tempo é de fato real). Podemos usar nossas descobertas ou invenções matemáticas e lógicas para representar eventos situados no tempo. Newton e Leibniz desenvolveram o cálculo, por exemplo, com esse exato propósito.

Contudo, a relação entre proposições lógicas e matemáticas não é em si mesma situada no tempo. A conclusão é simultânea a sua premissa, mas tem de haver um efeito depois de sua causa. Na matemática e na lógica exploramos um simulacro do mundo, do qual a diferença de tempo e fenômenos (as distinções entre tipos de ser) foi sugada. Consideramos o mundo sob o aspecto de pacotes de relações, não relacionados com as particularidades situadas no tempo que experimentamos.

Somos capazes de reconhecer prontamente as vantagens evolucionárias que esse poder nos faculta. Graças a seu exercício, expandimos amplamente nosso repertório de maneiras de compreender e de representar como partes do mundo podem interagir com outras partes. Fazemos isso, no entanto, ao preço de deixar entrar na cidadela interior da mente um cavalo de Troia construído para se opor ao reconhecimento da distinção e do tempo.

A religião do futuro

Não é de admirar que as versões qualificadas da metafísica da superação do mundo – as versões que representam os fenômenos como menos reais que seus arquétipos ocultos – tenham sido frequentemente expressas na linguagem da matemática. Há um sentido no qual nosso raciocínio matemático e lógico nos oferece um antegosto da superação do mundo. Os adeptos da superação do mundo tratam esse antegosto como uma revelação da natureza de nossa realidade derradeira. Nós que resistimos a essa metafísica e ao projeto moral que ela ajuda a inspirar podemos preferir compreender a matemática e a lógica como investigações de um sucedâneo simplificado do único mundo real, um sucedâneo reduzido às características mais gerais da realidade e, por isso, despojado da diferença individual e do tempo.

INCITAMENTOS À SUPERAÇÃO DO MUNDO

A direção na experiência religiosa da humanidade – que estou chamando de superação do mundo – é, como as outras duas direções para as quais me voltarei em seguida, mais do que um longo momento na história religiosa do gênero humano. Vista como modo de consciência e não como doutrina sistemática, ela não está confinada a tradições filosóficas ou teológicas particulares. Apresenta-se sob diferentes disfarces como um modo de pensar e de sentir que será para sempre persuasivo. Duas forças, cada uma profundamente arraigada em nossa experiência, renovam perenemente sua vida.

A primeira força é nossa experiência mental e de acesso a outras mentes. Visto a partir de certa perspectiva, tudo que alguma vez tivemos acesso direto é hoje um estado mental, no presente aumentado que permite uma experiência de passagem daquilo que foi para aquilo que está começando a ser. Nossos estados mentais passados e futuros, que estamos acostumados a considerar como sendo expressões de nossos eus corporificados e contínuos, são fabricações ou representações da mente capturadas no presente aumentado.

Em cada um desses momentos, nossa visão do que houve antes e do que vai haver depois muda. A ideia de que nossos estados mentais passados e futuros merecem ser considerados experiência mental do mesmo eu, como os fotogramas que formam um filme em movimento, é uma crença convencional que pode ser suportada por ampla gama de justificações teóricas. Não é uma experiência imediata e indubitável.

Sob outra perspectiva, apesar do estado oculto de outras pessoas, de seus temores e anseios, suas impressões e percepções, sentimos regularmente que temos algum acesso a outras mentes – aos estados mentais atuais das pessoas que estão a nossa volta e aos estados mentais passados que estão gravados ou são lembrados. Todas as nossas tratativas faladas ou silenciosas com elas pressupõem esse acesso. Toda a nossa conduta é um teste perpétuo da correção de nossas conjecturas sobre elas.

Nenhuma nação está tão distante no tempo histórico ou em distanciamento cultural que não possamos penetrar em algo de sua sensibilidade e de sua consciência. Nossa aptidão para imaginar experiência estranha se alimenta da compreensão de nós mesmos, aumentada por uma educação que nos dá acesso à vida subjetiva da humanidade em tempos e lugares distantes de nossos. A alteridade da experiência mental de outras pessoas pode parecer apenas relativa caso a unidade e a continuidade de nossa experiência mental estiverem sendo questionadas.

O caráter desconcertante de nossa relação com nossa vida consciente, bem como a de outras pessoas, sugeriu a muita gente, no decurso da história do pensamento e do sentimento, que existe apenas uma mente ou que a mente é una. A unicidade da mente seria a verdadeira base de nosso poder de imaginar o que nos é estranho. Seria o material que nos aparece fragmentado no momento presente – o simultâneo desaparecimento do que acabou de ser e o aparecimento do que virá a ser – que é a única experiência que jamais temos no mundo. Ela é distribuída em diferentes estados mentais como a luz é apenas refratada em raios. E, no entanto, é sempre a mesma coisa, como a própria luz.

Esse ser ou essa mente unificados são a realidade derradeira; tudo mais é irreal ou menos real. O lugar de sua revelação é o presente, o agora; o passado e o futuro são constructos mentais e não experiências mentais. As exigências de nossa corporificação é que nos levam a eles. Uma vez que começamos a duvidar da confiabilidade desses constructos, começamos a duvidar de que o tempo é aquilo que habitualmente pensávamos que fosse. Começamos a tomar como pedra angular de nossa visão do mundo a atual mentalidade, que não é apenas a forma mais confiável de experiência, mas, em termos estritos, a única forma.

A segunda força que inspira o esforço de superar o mundo é uma característica paradoxal de nossa experiência. Temos de encarar os defeitos inerradicáveis de nossa circunstância: o pavor da morte, a vertigem da falta de fundamentação e a estafante rotina do desejo e da frustração, agravados por nossa suscetibilidade ao insulto do apequenamento. Desses defeitos, muitos de nós conseguem suprimir temporariamente nossa consciência dos dois primeiros e nos resignar quanto ao quarto, diminuindo nossas expectativas em relação à vida. Do terceiro, no entanto – a relativa vacuidade de nossos desejos, nossa tendência a preenchê-los sob a pressão das ideias e dos comportamentos daqueles que nos cercam, nosso esforço por demandar o ilimitado do que é limitado, a implacável ida da privação para a frustração ou para a saciação, e em qualquer desses casos para o desapontamento e o tédio –, desse martírio, nunca podemos escapar.

O mundo nos seduz a todo instante. A possessão da vida é a passagem por meio da qual nos movemos em direção a suas irresistíveis glórias. Se não conseguirmos nos desviar da radiância do ser, de sua unidade e diversidade para assuntos imediatos, ela ameaça nos deslumbrar, cegar e paralisar.

As expressões doutrinárias da superação do mundo oferecem relato da origem e do significado desse caráter contraditório de nossa experiência. A sensibilidade e a consciência expressas e incrementadas por essas doutrinas prometem alívio dessa brecha dentro de nós. Elas se propõem a nos mostrar como podemos ver e viver de tal modo que os encantos do mundo prevaleçam sobre as falhas da existência. A busca por invulnerabilidade à mudança e ao sofrimento, assim como pela benevolência vinda de cima, provê rota prática pela qual alcançar esse objetivo.

Dessa forma, é preconceito equivocado associar a superação do mundo ao pessimismo filosófico, como é associado na filosofia de Schopenhauer, único desenvolvimento minucioso desse ponto de vista que tivemos no Ocidente. Assim como as duas outras principais orientações na história da religião no mundo, a superação do mundo conecta entendimento com esperança e salvação. A pergunta a ser feita a seguir é se a salvação e a esperança estão sendo procuradas no lugar certo.

SERENIDADE E BENEVOLÊNCIA

Essas ideias e esses incitamentos inspiram visão de como viver. Nessa visão, os dois comprometimentos centrais são com a serenidade e a benevolência. Elas estão estreitamente conectadas.

Alcançamos a serenidade superando a vontade, a qual, situada no eu corporificado, busca as atrações e os prêmios de um reino de sombras. Cultivamos uma reserva interior a partir das comoções desse domínio sombrio, uma reserva fundada em nosso reconhecimento da verdade – do ser Uno ou dos arquétipos da realidade – que jaz atrás do véu do tempo, da distinção e do eu individual. Descontamos a significância das subidas e descidas da fortuna mundana. Nessa medida, tornamo-nos invulneráveis; a invulnerabilidade e a serenidade representam dois aspectos desse mesmo ideal de existência. Experimentamos, atualmente, nossa participação na realidade oculta do Uno ou nas realidades ocultas dos modelos do ser.

A compreensão correta do mundo pode ser condição necessária para nosso desapego. Contudo, ela é geralmente considerada pelos devotos e pelos filósofos da superação do mundo como insuficiente. A compreensão correta tem de ser suplementada pelas disciplinas que, à luz desse entendimento, fazem a vontade se voltar contra si mesma. Uma dessas disciplinas é a de intensa concentração, filtrando todos os elementos irrelevantes na consciência e voltando a consciência para si mesma, até que chegue a vivenciar a si mesma como pedaço ou expressão da mente universal. Outra disciplina é o cultivo, por intermédio da arte e do pensamento especulativo, de visão contemplativa da realidade, não contaminada e não distraída por interesses da vontade corporificada e individual. Ainda uma terceira disciplina é a da ação sacrificial, que não só reconheça nossa afinidade universal com todos os outros seres, mas pratique a renúncia a nossos interesses que são voltados para nós mesmos e parciais.

O efeito pretendido por essas disciplinas não é nos impedir de agir. É permitir que ajamos como cidadãos conscientes de uma ordem mais elevada da realidade. A serenidade que elas buscam é, portanto, compatível com a intervenção corajosa, e até mesmo heroica, na sociedade. Os riscos e custos dessa intervenção, em vez de pôr em perigo o ideal da serenidade, revelam sua natureza. A serenidade resulta da autopossessão. O eu que é assim possuído, no entanto, não é o que desperta para se encontrar amarrado a um organismo que está morrendo. É o que reconhece sua participação numa ordem de realidade e de valor que está além do desfile de diferença e mudança fenomenal. Somos mais prontamente capazes de confrontar nossa renúncia ao epifenomenal porque chegamos ao ponto de ver nossa experiência à luz do real, que é também o atemporal.

Juntamente com esse ideal de serenidade e autopossessão, uma benevolência desinteressada de si mesma e universal constitui a segunda parte do imperativo existencial que resulta da superação do mundo e da vontade. É a forma específica assumida, nessa abordagem à vida, pelo sentimento de inclusivo companheirismo que todas as religiões mais cultas e históricas buscam implementar em lugar de uma ética de orgulhosa autoafirmação.

O tom que a distingue é uma atenção sacrificial às necessidades dos outros, marcada pela distância e pelo desapego. Essa benevolência é mais elevada e mais pura quando não comprometida por qualquer interesse erótico ou por qualquer proximidade de sangue, comunidade ou interesse comum. É mais bem experimentada e oferecida por uma pessoa que já tenha triunfado sobre as ilusões da vontade. Embora possa incorrer em grandes custos e riscos, inclusive a morte, ela não implica problema interior. Não pode ser afligida por ser rejeitada. Ao contrário, é marcada por uma alegria que assinala nossa descoberta de que somos não simplesmente os eus individualizados, as mentes parciais e os organismos morrentes que parecemos ser. Ela é tanto facultada pela serenidade quanto produtora de serenidade.

Uma benevolência dessa natureza não pressupõe igualdade entre quem ama (se é que podemos chamar uma benevolência desinteressada de amor) e quem é amado. Por um lado, seres humanos diferentes atingem graus diferentes no avanço para a superação do mundo e da vontade. Apenas os que avançam mais na direção desse objetivo são capazes de maior generosidade. Por outro lado, quem ama não precisa de nada de quem é amado, nem mesmo de amor desinteressado em troca. Quanto menos sua benevolência é retribuída, mais perfeita ela é.

A base metafísica desse ideal de benevolência é o mesmo que o fundamento metafísico do ideal da serenidade. É o reconhecimento da falsidade ou superficialidade de todas as divisões no cosmos bem como no gênero humano. A superação do mundo infere, de sua tese mais genérica sobre o definitivamente real, a negação da desvalorização das barreiras dentro da humanidade – tema compartilhado pelas religiões de transcendência. A consequência prática para o ideal da benevolência é que nossa boa vontade sacrificial deveria se dirigir não apenas a outros seres humanos e criaturas não humanas sencientes, mas também, até mesmo, a todas as criaturas pegas nas fainas de ilusórias distinção e mudança.

Da combinação da radical ou qualificada metafísica da superação do mundo com o imperativo duplo da serenidade e da benevolência resulta uma resposta à morte, à falta de fundamentação, à insaciabilidade e ao apequenamento.

Aqueles que superam o mundo e a vontade negam a morte, afirmando que a vida do eu individual era, para começar, fenômeno ilusório ou derivativo. Nas versões radicais da metafísica da superação do mundo, a dissolução do corpo derruba a barreira que sustentava a ilusão de nossa alienação do ser uno e atemporal. Nas versões qualificadas, com sua hierarquia de gradações do ser da realidade, a morte representa um incidente num itinerário (por exemplo, o da transmigração da alma para ser corporificada noutros organismos individuais) que tem como objetivo nossa reunião com o ser uno e atemporal.

Os que superam o mundo negam a falta de fundamentação, movendo-se em direção ao que consideram ser a fundamentação existencial, oculto de nós pelos fantasmas de nossa falaciosa experiência do tempo, da distinção e do eu individual. A comunhão com essa fundamentação é a fonte definitiva do entendimento e da felicidade. É a única garantia confiável da serenidade que deveríamos buscar e da benevolência que deveríamos praticar.

Os que superam o mundo negam a insaciabilidade tratando de nos ensinar qual é a única maneira pela qual podemos nos livrar de um desejo insaciável: afastarmo-nos da fonte do desejo em nosso inquieto e corporificado eu. Ao negar tanto a presença quanto o alvo do desejo, e ao descartar ou depreciar o impermanente, escapamos ao martírio da insaciabilidade. Nossa fuga começa na compreensão correta do mundo e na perseguição, com base nessa compreensão, dos ideais da serenidade e da benevolência.

Os que superam o mundo negam a inescapabilidade ao apequenamento afirmando nossa conexão com a fonte de toda realidade e todo valor: o ser uno e atemporal, oculto sob o disfarce de fenômenos transientes e ilusórios. Os fenômenos que nos separam do que é real e valioso podem também, se os compreendermos corretamente e agirmos de acordo com esse entendimento, tornar-se a ponte para a verdade oculta de nosso ser. Ao atravessar essa ponte, podemos experimentar a divindade.

CRÍTICA: TRAIÇÃO AO PASSADO

Minha crítica à superação do mundo passa de um ponto de vista interno quanto a essa maneira de pensar e agir para perspectiva externa a ela. Primeiro questiono se essa direção na consciência religiosa da humanidade habilitou seus adeptos a fazer justiça às preocupações compartilhadas pela revoluções religiosas do passado. Em seguida, discuto a estabilidade psicológica desse conjunto de crenças estabelecidas: as probabilidades de sucesso ao adaptar seu programa àquilo que parecemos ser e àquilo em que podemos nos tornar. Finalmente, assumo as aspirações às quais essa forma de consciência é quase totalmente cega e as julgo a partir de um ponto de vista prévio quanto à religião do futuro.

As formas de crença e de conduta características dessa orientação religiosa respondem às preocupações comuns e fundamentais das revoluções religiosas do passado – mais notavelmente, a derrubada das barreiras dentro da humanidade e a supressão da ética do forte e de seu domínio sobre os fracos. No entanto, embora elas levem em consideração esses objetivos e mantenham a tentadora perspectiva de satisfazê-los, na realidade não podem atingi-los. A razão fundamental para essa inadequação é simples: não podemos mudar o mundo ou a nós mesmos ficando parados e aguardando. Só podemos fazer isso agindo.

A superação do mundo não está confinada a um horizonte de ação; ela tem servido regularmente como a base para sentimento inclusivo de companheirismo e iniciativa compassiva. No entanto, não é capaz de inspirar e informar um programa sustentado de transformação da ordem social sem desmentir sua mensagem central. Ela tem de tratar a história como um pesadelo do qual queremos despertar e não como uma etapa de nossa salvação.

A negação ou relegação da realidade do mundo histórico tem como consequência prática a acomodação com a ordem social existente no mundo. Uma classe sacerdotal ou filosófica desempenha nessa ordem um papel elevado porém limitado. Ela conecta essa realidade mundana das condições estabelecidas com o que se supõe ser um reino de valor e realidade mais elevados. As práticas desses povos indo-europeus atribuem a sacerdotes e filósofos lugar junto a, não contra, os governantes e guerreiros. Algumas versões dessas crenças no budismo hinayana e especialmente no budismo lamaísta têm sido francamente teocráticas, exigindo transformar a autoridade espiritual num poder mundano, mas só para melhor subordinar o supostamente sombrio reino da experiência histórica a uma fonte de verdade que está além do tempo. Nunca tiveram motivo para ver a reconstrução da sociedade como o lugar onde deve começar o trabalho de salvação.

O exercício ocasional do poder teocrático nessa tradição confirmou, e não contradisse, a alegação de que lhe falta, em virtude de sua mensagem central, qualquer programa para a reforma da vida social que não seja a subordinação da atividade econômica ao encantatório prenúncio e materialização da realidade mais elevada e oculta. Nenhum refazimento passo a passo da realidade terrena poderia preparar a sociedade, sob tal disposição, para um reino do espírito que não seja o de uma incessante reverência, expressa na oração. Essa reverência sinaliza, supostamente, a rendição do mundo epifenomenal ao Uno real.

É verdade que Platão contemplou o governo da sociedade por filósofos informados por uma metafísica que representa os reinos fenomenal e histórico como sombras dos arquétipos do verdadeiro ser. No entanto, esse governo governava somente num livro, nunca na realidade do poder. Nada no livro explicava como ou por que essa reversão de poder teria lugar. O que permanece, em vez disso, é um experimento de pensamento, um exercício de pensamento sem autoengano, destinado a saltar sobre o abismo existente entre as parábolas admonitórias dos sonhadores filosóficos e a dura realidade de mundo sem mudança.

Assim como a religião dos que superam o mundo é incapaz de efetivamente dar suporte à destruição das barreiras que existem na humanidade, porque seu quietismo reduz a significação terrena de sua mensagem, pelo mesmo motivo, ela é incapaz de prover um substituto eficaz para a senhoril ética de honra e de domínio. A condição extramundo dos sacerdotes acaba na aceitação de fato de uma divisão de trabalho entre os que renunciam ao mundo e os que governam o mundo. A César o que é de César: quase tudo. Para o outro mundo, um testemunho, neste mundo, que comumente não ameaça nenhum interesse terreno deste mundo, e sim vive ao lado dele em submisso ou ansioso retiro.

Se, no entanto, o foco da ética que deve substituir a autoridade e a honra mudar da reverência e da renúncia para a generosidade e o sentimento de companheirismo, mesmo se oferecido das alturas, sem os perigos do amor pessoal, começam a surgir os fundamentos para embate com o mundo. (Eles surgem mais notavelmente na evolução do budismo mahayana, nas formas do hinduísmo devocional, ou bhakti, e nas contracorrentes místicas dos monoteísmos semíticos, que os trouxeram para mais perto da religião da superação do mundo.) Então, a base moral para divisão de trabalho entre os governantes-guerreiros e os sacerdotes-filósofos começa a desmoronar, e uma visão capaz de falar a toda a humanidade começa a tomar forma.

O problema é que o esforço para promulgar essa visão – mediante uma reconfiguração das relações sociais inspirada no ideal de simpatia que abrange o mundo inteiro – é impulsionado para direções contraditórias pela realidade derradeira que o informa. Esse aspecto afirma a profunda unidade da humanidade sofredora e, de fato, de todas as criaturas vivas. Ao contestar as firmes fronteiras do eu, ele fornece base para ação benevolente na individualidade universal. Contudo, ao negar ou ao diminuir a significação do que continua tanto no tempo histórico de sociedades quanto no tempo biográfico de indivíduos, ele está minando as razões e obscurecendo as sinalizações para uma ação transformadora. Ele está levando a humanidade ao limiar da luta com o mundo e deixa lá homens e mulheres, com emoção, mas sem um programa.

CRÍTICA: A ESCOLA DA EXPERIÊNCIA

Tendo tratado da superação do mundo à luz dos objetivos compartilhados das revoluções religiosas que resultaram nas principais orientações para a existência aqui discutidas, considere agora esta abordagem à existência pelo padrão de sua realidade e estabilidade psicológicas: sua conexão com nossas disposições mais profundamente estabelecidas. Vista dessa perspectiva, a falha está em sua guerra contra a vida, a vida como realmente é, manifesta no indivíduo vivente e no organismo mortal.

A negação da realidade do eu individual é uma negação da morte. É também uma antecipação da morte, como se pudéssemos destituir a morte de seus terrores ao prefigurar já agora a dissolução do eu na mente universal. A morte é negada por uma série de profecias conectadas, que se autorrealizam, e que irão nos livrar dos cuidados e das distrações da mortalidade e nos pôr em comunhão com uma realidade que a decadência de nossos corpos mortais não é capaz de corromper.

A vida, no entanto, reage lutando. Não podemos nos proteger dessa maneira contra a morte sem diminuir ou desvalorizar nossas lides com o mundo e com as pessoas a nossa volta, o que vale dizer, sem a supressão da vida. É como se o modo de reparar as falhas irreparáveis de nossa existência fosse termos menos existência. Nós nos transportamos para fora dos turbilhões de nossa existência alienada, para uma experiência universal – sem as perigosas fronteiras – de corporização e tempo, na qual parecemos estar enclausurados.

No terreno da ação prática, a consequência, no limite, é um progressivo desengajamento. Se nosso esforço por nos livrarmos dos perigos subjugantes e despersonalizantes de uma conexão íntima permanecer em desacordo com nosso reconhecimento da necessidade de nos afirmarmos e nos desenvolvermos por meio de conexão, então a solução para essa contradição nas exigências de uma existência pessoal é aumentar nossa distância em relação aos dois lados dessa polaridade. Ainda devemos ser capazes de reconhecer afinidade com as criaturas que são nossas companheiras, mas devemos fazer isso à distância, a distância da benevolência oferecida de uma posição superior, com o duplo privilégio de um lugar mais elevado e uma exposição limitada, sem o perigo de rejeição ou desapontamento. Vamos abrir mão da tentativa de formar conexões que diminuam o conflito entre o valor e o perigo do apego aos outros. Não veremos no amor pessoal entre iguais, e nas disposições sociais que disseminam sua influência para partes mais amplas de nossa experiência, a instância suprema de tal reconciliação.

A necessidade de nos engajarmos em determinada sociedade e cultura em benefício da autoconstrução e da fidelidade a nossas crenças ameaça resultar em nossa rendição às ideias e aos padrões de outras pessoas. A recusa a nos rendermos nos leva ao isolamento que nos nega meios para uma ação produtiva no mundo. A solução que a superação do mundo oferece para essa segunda contradição entre as exigências de um eu forte na sociedade é recuar para uma cidadela interior.

Nos termos dessa solução, renunciamos ao esforço de mudar permanentemente a relação entre estrutura limitadora do espírito e espírito desafiador de estrutura, criando sociedades que nos facultem nos engajarmos mais e nos rendermos menos. Perdemos a esperança na possibilidade de desenvolver instituições e práticas que enfraqueçam o contraste entre os movimentos que fazemos dentro de uma estrutura de disposições e suposições comuns e os movimentos extraordinários mediante os quais mudamos essa estrutura.

Superação do mundo

Em vez disso, depositamos nossa esperança noutro domínio de valor e de realidade, domínio no qual o poder mundano pouco conta. Da ordem social, na qual nos recusamos a depositar nossa esperança, exigimos principalmente que não barre nosso acesso a uma realidade e um valor mais elevados e não inflija uma crueldade desnecessária a nossos camaradas sofredores, que conosco aguardam sua liberação da percebida circunstância do eu corporizado, exposto ao sofrimento e à morte.

A vida é a soma cumulativa de nossos envolvimentos e nossas conexões. Quanto mais nos blindamos contra mudança e contra ilusão, menos teremos contra o que nos blindar. O feitiço que lançamos em nós mesmos para assegurar serenidade mediante indiferença vai funcionar algumas vezes. No entanto, só vai funcionar à custa de desvanecente vitalidade. Ele lida com a morte antecipando-a de forma contida e reconfortante.

Às vezes o feitiço vai deixar de funcionar. A vida corporificada dentro de nós, no eu individual e no organismo que está morrendo, não na mente universal e imortal, se reafirma. Experimentamos o tédio: o peso de uma capacidade não utilizada, a intimação de uma vida não desenvolvida. Vemos o feitiço degenerar em irritabilidade, sob o princípio do vício: a fixação em fórmulas particulares ou rotinas das quais, em vão, tentamos obter serenidade definitiva. Essa é a fútil tentativa que acompanha toda existência, mas aparece aqui, de forma concentrada, como esforço por fazer que o limitado produza o ilimitado.

Os seguidores da superação do mundo negarão que estão travando uma guerra contra a vida. Alegarão, de acordo com a visão deles, que seu caminho para a salvação nos habilita a sair da esteira do desejo insaciável e frustrado e nos permite viver no presente, abertos para o mundo e para as pessoas a nossa volta. Se cada momento e cada experiência devem ser valorizados como passos para o que poderia ou deveria lhes suceder, então não devemos jamais viver para o agora. Devemos prorrogar a possessão mais completa da vida. Nosso ansioso esforço nos fará menos receptivos às pessoas bem como aos fenômenos a nosso alcance. Teremos negado a nós mesmos a autopossessão que é a condição para o incremento da vitalidade.

A religião do futuro

No entanto, não podemos estar completamente vivos sem nos engajarmos com o mundo. Não podemos nos engajar com o mundo sem pelejar com ele, tanto na imaginação quanto na prática. Não podemos travar essa luta com convicção a menos que tenhamos motivo para levar nossa experiência fenomenal e histórica a sério em vez de descartar da realidade suas fontes e seus objetos.

A superação do mundo conflita com essas exigências em dois pontos decisivos. Conflita com elas, primeiramente, em sua visão: a negação da realidade derradeira do tempo e, portanto, da história bem como da distinção fenomenal e individual. Em segundo lugar, ela as contradiz em sua proposta de como deveríamos viver nossas vidas nos instando a uma busca por serenidade mediante invulnerabilidade. Essa busca nos afasta dos envolvimentos necessários para o aprimoramento da vida. Ela promete serenidade, mas entrega antegosto da morte.

A necessidade de engajamento transformador com o mundo como exigência de vitalidade não está confinada à atividade prática. Ela surge no trabalho da imaginação. Esse trabalho se baseia em dois movimentos recorrentes. O primeiro movimento – o único reconhecido por Kant – é o distanciamento. O fenômeno tem de ser evocado em sua ausência; uma imagem é a memória da percepção. O segundo movimento é a transformação; compreender um fenômeno ou estado de coisas é captar no que ele pode se transformar sob certas condições ou em virtude de determinadas intervenções. A descoberta do que pode acontecer em seguida é relacionada internamente com a descoberta do existente; este último se aprofunda na proporção do avanço do primeiro.

Em todos esses aspectos, a imaginação acompanha e ultrapassa nossas atividades práticas. Em seu cenário evolucionário, ela serve aos propósitos de um organismo consciente que tem de resolver problemas em circunstâncias particulares, equipado com um aparato perceptual limitado, e lutar com incerteza, contingência e restrição. Assim, em suas origens e usos evolucionários, ela já está a serviço da vida e do poder.

Contudo, a imaginação rapidamente vai além do serviço imediato de resolver problemas práticos. Ela desenvolve nosso entendimento do que está à luz de nosso discernimento para o entendimento do que pode vir a ser. Seu foco é menos no horizonte fantasmagórico das últimas possibilidades, que somos impotentes para discernir, do que o conteúdo do que é proximamente possível – do que pode acontecer ou que podemos fazer acontecer. O princípio que comanda a imaginação é sua afinidade com a ação, fundamentada em seu elemento compartilhado: mudança estabelecida ou antecipada. A abertura à transformação, em tempo biográfico e histórico e num mundo no qual as diferenças entre fenômenos são tanto reais quanto sujeitas a mudança, é parte do que entendemos como vida.

A religião da superação do mundo é hostil, tanto como visão quanto como projeto, ao aprimoramento da vida. Ao nos tentar a usar um escudo com brasão contra os sofrimentos induzidos por nossa mortalidade, nossa falta de fundamentação, nossa insaciabilidade e nossa dificuldade em viver como seres que transcendem seus contextos, ela, de fato, não é capaz de nos fazer ser mais receptivos às pessoas e aos fenômenos que nos rodeiam. Não é capaz de fazer isso porque nos nega os meios e as ocasiões para imaginá-los. Não fortalece o sentimento de vida dentro de nós porque prefere a serenidade à vitalidade.

CRÍTICA: TRAIÇÃO AO FUTURO

A religião da superação do mundo nunca foi capaz de levar a cabo o elemento compartilhado com o programa da revolução religiosa do passado. Além disso, nunca pôde se reconciliar com as persistentes disposições e aspirações da humanidade, exceto mediante deliberado esvanecimento de consciência e vitalidade, empreendido na fútil busca por adquirir serenidade por intermédio de invulnerabilidade. Semelhantemente, não pode servir como ponto de partida para futura revolução nos assuntos religiosos do gênero humano que for animada pelo objetivo de elevar a humanidade, de incrementar seus poderes, de intensificar sua experiência, de oferecer-lhe uma participação mais ampla nos atributos da divindade, de atuar sobre o princípio de que podemos nos tornar melhores servidores uns dos outros se nos tornarmos melhores senhores das estruturas da sociedade e do pensamento ao qual habitualmente sujeitamos nossa humanidade.

A religião do futuro

No núcleo do programa dessa futura revolução religiosa reside um problema que é diretamente apresentado pela terceira das três orientações religiosas históricas do mundo – a luta com o mundo – mas que é estranha à superação do mundo, assim como o é à humanização do mundo. Ao apresentar esse problema, posso ser, com justiça, acusado de julgar uma dessas três tradições pelos padrões de outra. E estou fazendo isso. Não professo qualquer neutralidade entre elas. Reivindico para uma delas autoridade que as outras duas nunca adquiriram, e nunca poderão ter a esperança de adquirir, aos olhos da humanidade: a autoridade que resulta de ter ajudado a informar e inspirar os projetos revolucionários que sacudiram o mundo nos dois últimos séculos. Esses projetos recaem em dois tipos principais: os programas seculares de emancipação (democracia, liberalismo e socialismo) e a cultura romântica popular de âmbito mundial.

Mais adiante volto à questão do sentido no qual temos motivo para defender e reinventar esses projetos. O que, no entanto, nem mesmo aqueles que não concordam com ela serão capazes de negar é que essas mensagens revolucionárias gêmeas exerceram na história recente do gênero humano influência sem paralelo em seu alcance. O poder dessa mensagem deriva de sua promessa de elevar, já agora, a vida humana para tantos e continuar a fazer isso no futuro. Em seu discurso, a humanidade comum identificou um oferecimento – de reconhecimento e também de empoderamento – que ela não pode recusar.

Parte importante dessa oferta aciona a perspectiva de aprimorar e transformar, pelo modo como as conectamos, duas variedades de autoafirmação individual e coletiva. Uma variedade tem a ver com nossa relação com nossos camaradas seres humanos. Outra variedade refere-se a nossa relação com os cenários organizados, institucionais e conceituais, de nossa vida e de nosso pensamento.

Há um problema quanto a nossa relação – prática, emocional e cognitiva – com outras pessoas: nós tanto precisamos delas quanto temos medo delas. É somente mediante encontro e conexão que desenvolvemos e sustentamos um eu individual. Não obstante, toda ligação social ameaça nos envolver numa estrutura de dependência e dominação, e fazer o eu individual se curvar às demandas de um estereótipo coletivo. Ser mais livre e maior seria ver atenuado o conflito entre as exigências que habilitam a autoafirmação – mais conexão, adquirida a um custo menor de dependência e despersonalização.

Há, também, um problema quanto a relação com os cenários institucionais e conceituais de nossa ação: a organização institucional da sociedade e a organização discursiva do pensamento que forma o pano de fundo coletivo da existência individual. Para agir, temos de nos engajar nesses regimes sociais e conceituais de acordo com próprios termos deles. É somente por intermédio desse engajamento que desenvolvemos e sustentamos a personalidade individual, sem isso, permanecemos vazios. No entanto, todo engajamento como esse ameaça transformar-se em rendição. Arriscamos abrir mão, para os regimes institucionais e conceituais sob os quais vivemos, dos poderes que deveríamos adequada e definitivamente reservar para nós mesmos. Ser mais livre e maior deveria corresponder a ser capaz de compartilhar desses contextos sem render a eles nossos poderes de resistência e reconstrução.

A questão não é só desafiar e mudar as estruturas sociais e conceituais nas quais habitualmente nos movimentamos; é mudar nossa relação com elas. A seguir, há duas maneiras equivalentes de descrever a mudança desejável.

Numa descrição, a distância entre os movimentos comuns que fazemos dentro de uma estrutura, deixando-a imperturbada e até mesmo invisível, e os movimentos extraordinários com os quais pomos em dúvida partes da estrutura diminuirá. Nossas disposições sociais e práticas discursivas proverão instrumentos e oportunidades para sua revisão. A sociedade e o pensamento estarão dispostos de tal maneira que estaremos mais bem equipados e incitados a reconsiderar e revisar sua ordem enquanto tratamos de nossos assuntos diários dentro deles. Como resultado, seremos capazes de dizer, com alcance maior, que podemos tanto nos engajar em determinados regimes sociais e conceituais quanto ir além deles. Na antiga linguagem teológica, podemos descrever a nós mesmos como estando em tal mundo sem sermos dele.

Em outra descrição, a mudança se tornará menos dependente de uma crise. Na sociedade, a crise assume a forma de um choque exógeno, como a guerra ou a ruína. No pensamento, ela aparece como acumulação de fatos que não pode ser acomodada dentro de uma teoria ou um discurso estabelecidos. Quanto menos uma ordem social ou conceitual for projetada para se abrir a desafio e revisão experimentais, mais ela vai requerer uma crise como geradora de mudança. Ela prefere ruir a se transformar.

Nossa aposta de provocar tal mudança está intimamente relacionada com alguns de nossos mais poderosos interesses materiais e morais. Está associada também ao desenvolvimento de nossas capacidades práticas de produção mediante a radicalização da liberdade para recombinar pessoas, recursos e máquinas. Também está conectada à superação das formas de hierarquia e divisão sociais que mantêm como reféns nossas relações uns com os outros. Além disso, ela é por si mesma, à parte de suas conexões causais com esses interesses morais e materiais, a portadora de interesse espiritual: nosso sucesso em abordar a última das falhas irreparáveis da existência humana, evocada no início deste livro. Ao transformar, desse modo, o caráter de nossa relação com os contextos que limitam nossa existência, nós aliviamos, embora não possamos remover, o fardo do apequenamento: a desproporção entre nossas circunstâncias e nossa natureza transcendente ao contexto.

O progresso para esse fim tem lugar em tempo histórico. No entanto, vivemos em tempo biográfico. Que bem isso nos fará se acontecer termos nascido antes desse trabalho coletivo para a ascensão do espírito? Estaremos condenados a sermos exilados em mundos dos quais somos tanto os construtores quanto os prisioneiros? Podemos esperar prefigurar em tempo biográfico o que, de outra maneira, só estaria disponível em tempo histórico.

De certa forma, podemos fazer isso desenvolvendo no que concerne a nosso caráter – a forma enrijecida de um eu – um enfoque análogo à relação que a humanidade tem motivo para desenvolver quanto às formas organizadas de sociedade e de pensamento. Nós rompemos a carapaça de compromisso e rotina na qual gradualmente cessamos de viver, à custa de aceitar um nível mais elevado de vulnerabilidade, e buscamos assim vivenciar que só podemos morrer uma vez.

Superação do mundo

Podemos fazer isso de outra maneira, mudando, à luz de uma atitude iconoclástica para com os cenários sociais e conceituais de nossa existência, nossa relação um com o outro. Com isso, podemos nos reconhecer mais prontamente como os seres transcendentes de contexto que secretamente sabemos que somos, e não como figurantes numa ordem social e cultural – uma ordem que não apenas molda nossas oportunidades na vida como também nos ensina a pensar, sentir e tratar uns aos outros em função dos papéis que desempenhamos nessa ordem. Assim, uma mudança em nossa relação com nossos contextos torna-se uma mudança em nossa relação com outras pessoas, não automática ou necessariamente, mas pelo esforço conjunto da imaginação e da vontade.

A tese deste livro é que essa visão das possibilidades da vida humana está numa relação especialmente íntima com a terceira das três orientações religiosas históricas do mundo que discuto aqui: a que chamo de luta com o mundo. Outra tese, no entanto, é que o avanço dessa visão é amplamente incompatível com as formas atuais das crenças e práticas religiosas e seculares às quais essa ela tem sido associada historicamente – daí a necessidade, e a oportunidade, de uma revolução na experiência religiosa da humanidade.

A religião da superação do mundo é adversária dessa revolução, em virtude tanto de como ela nos pede que compreendamos nossa situação quanto de como ela nos conclama a agir. Essa compreensão nos desencoraja a engajar em sucessivos confrontos, com a sociedade, a cultura e conosco, que são requeridos para fazer avançar esse empreendimento. O chamado nos leva em direção oposta àquela que devemos buscar para alcançar a necessária revolução religiosa. Faz isso logo no início de suas propostas ao eu, ao ensinar o indivíduo a erguer um escudo contra o sofrimento e a mudança, quando a primeira missão dele é baixar seu escudo.

Contudo, a superação do mundo não é simplesmente um momento suplantado na história religiosa da humanidade. Ela dá voz à possibilidade permanente de experiência religiosa. Ela a dará novamente de outras formas, como visão do mundo e como imperativo da vida. Seu poder resulta da franqueza e simplicidade de sua resposta a cada uma das falhas irreparáveis de nossa existência.

Ela responde às agruras da mortalidade nos assegurando que, no que concerne ao mais importante, nós não vamos morrer. Ela nos ensina não que o eu individual sobreviverá à morte, mas, em vez disso, que, considerando adequadamente, esse eu nunca existiu. O eu individual é ilusão epifenomenal, destinada a dar lugar à revelação de nossa relação original e indestrutível com o ser universal.

Ela responde aos enigmas da falta de fundamentação, nos dizendo que a explicação para o mistério do ser e da vida está diante de nossos olhos se apenas conseguirmos nos libertar das distrações dos fenômenos e das ilusões do tempo. Uma vez libertos, seremos capazes de aproveitar o mundo em todo o seu esplendor; o mundo será o bastante por si mesmo. O esforço por aplicar a toda a realidade os hábitos e métodos de pensamento desenvolvidos para lidar com parte dela se mostrará equivocado. Nossa ciência e nossa arte mais elevadas tenderão a confirmar a verdade dessas proposições metafísicas.

Ela se opõe às agonias do desejo insaciável ao propor, com base nessa visão, uma série de práticas destinadas a nos ajudar a escapar ao martírio dos anseios, da saciação e do tédio. Promete libertar-nos da força pela qual os desejos vazios e inconstantes nos acorrentam a nossos pares, aos quais permitimos que preencham esse vazio com conteúdo arbitrário; promete desengajar-nos desses turbilhões, reconhecer a vanidade dessas buscas, nos fortalecer contra o desapontamento e a desilusão até termos aprendido a combinar indiferença desiludida em relação ao mundo com benevolência desinteressada e distante em relação a outras pessoas – tudo isso forma um caminho para a salvação que para sempre exercerá sua atração quando esperanças mais altas fracassam.

Ela responde à experiência do apequenamento, a disparidade entre as circunstâncias de nossa vida e a realidade interior de nossas naturezas, ao propor que descartemos a significância e até mesmo a realidade das primeiras para melhor afirmar a segunda. Isso nos insta a colocar valor onde nada possa corrompê-lo. A única liberdade e grandeza que vale a pena ter são aquelas que a circunstância é impotente para diminuir.

Enquanto houver seres humanos, esse caminho para a salvação terá adeptos. A linguagem e os argumentos mudarão, para se adequar ao vocabulário e às condições de tempo e lugar, mas o programa espiritual sobreviverá. Continuará a atrair aqueles que estão desapontados com a reconstrução da sociedade, empreendida em nome de sucessivos programas revolucionários, e céticos quanto à transformabilidade do mundo. O mundo tal como nos apresenta, em sua diversidade fenomenal e sua evanescência temporal, não merece, assim pensarão eles, ser mudado. Merece ser superado. Pode parecer que eles estão cuidando de seus negócios como se o tempo e a diversidade fossem para valer. No entanto, insistirão que a única maneira confiável de lidar com as falhas irreparáveis da vida humana é aumentar nossa parte numa realidade impessoal mais real e confiável do que o organismo individual e consciente, e do que sua consciência de si mesmo como espírito corporificado.

CAPÍTULO 3
HUMANIZAÇÃO DO MUNDO

IDEIA CENTRAL, PRESENÇA HISTÓRICA E VISÃO METAFÍSICA

O mundo natural – o palco para nossa atormentada passagem do nascimento à morte – é indiferente ao gênero humano e é grandemente impenetrável para a mente. É inumano, e substancialmente desproporcional para nós. Incapazes de perscrutar o início ou o fim do tempo ou avaliar os limites exteriores ou as profundezas ocultas da realidade, permanecemos confinados a explicar partes do mundo, sem nunca sermos capazes de captar a relação entre a parte sobre a qual lançamos luz e a parte indefinidamente maior que continua invisível. Em vão nos jactamos de que nossos modos mais ou menos bem-sucedidos de explicar pedaços da natureza nos facultarão explicar a natureza como um todo. O todo permanece eternamente além de nosso alcance.

Com respeito a nosso bem maior, o bem da vida, a natureza trabalha contra nós. Ela nos engana quanto ao que mais importa. Ela responde a nossa experiência de ilimitada fecundidade, de poder para surpreender e superar, condenando-nos ao declínio e à destruição. É de pouco consolo a ideia de que a vida possa ser negada ao indivíduo somente para ser assegurada de montão à espécie. Vivemos como indivíduos, e não sobreviveremos para testemunhar o destino do coletivo para cuja persistência nosso aniquilamento é tido como indispensável.

A religião do futuro

O mundo não tem significado. Sua falta de significado reside em nossa incapacidade de dar sentido a sua realidade e a sua história em termos pertinentes às preocupações humanas: nossos compromissos, apegos e envolvimentos. Se o mundo é sem significado, assim também é, até segunda ordem, nosso lugar dentro dele. Será que essa mais ampla falta de significado – a falta de fundamentação e de objetivo da vida humana quando vista de fora, em seu contexto cósmico – irá ofuscar tudo que somos capazes de experimentar e realizar em nosso âmbito humano? Ou conseguiremos evitar que a falta de significado do mundo solape nossa capacidade de nos fundamentarmos?

Podemos recuar da beira do abismo e construir um reino humano que baste a si mesmo. Nesse reino, seres humanos criam significado, conquanto num mundo sem significado. O poder e a autoridade da produção de luz são ainda maiores em virtude de seu contraste com a escuridão que o cerca e da consequente urgência e valor da intervenção salvadora. Somente desse modo podemos resgatar a nós mesmos do absurdo de nossa condição.

No entanto, a criação de significado num mundo sem significado não é questão de fabricação meramente especulativa. Não basta prolongar histórias reconfortantes sobre nosso lugar no universo. Na verdade, essa atividade não constitui parte de nosso resgate, cuja premissa é reconhecer inabalavelmente a realidade e a gravidade de nossa situação. É a proteção e o aprimoramento do que é humano, e não uma descrição modificada do que é não, que pode nos salvar.

O objetivo é garantir que a sociedade não seja contaminada pela falta de significado do mundo, que não seja operada sob a influência de forças e segundo padrões que fazem a vida entre nossos camaradas ser quase tão alheia a nossas preocupações mais profundas quanto é a natureza em relação à experiência compartilhada da humanidade. Se essa linha interior de defesa falhar, tudo está perdido. Se pudermos manter o inimigo – a falta de significado que ensombrece a vida – encurralado, na zona que fica entre uma linha exterior indefensável e uma linha interior indispensável, podemos avançar. Temos motivo para ter esperança.

Humanização do mundo

Na transformação do mundo humano, temos de conseguir impedir que força e astúcia se sobreponham a cooperação e solidariedade. A qualquer momento pode irromper uma luta quanto aos termos da vida social – os termos segundo os quais pessoas reivindicam lealdade, trabalho e recursos produzidos ou tornados úteis pelo trabalho umas às outras. Essa luta pode ser acompanhada de guerra entre Estados ou sociedades.

Toda ordem social e cultural equivale a uma paralisação temporária nesse embate prático e visionário. No entanto, se isso é tudo que ele é – rendição incondicional do derrotado ao vitorioso, a ordem não será estável porque não será legítima aos olhos dos perdedores ou dos vencedores. Suas disposições não serão suscetíveis de serem interpretadas como fragmentos de um plano inteligível e defensável de cooperação. Consequentemente, elas serão incapazes de ser traduzidas em leis que possam ser interpretadas, elaboradas e aplicadas nos cenários mutáveis e variados da vida social.

A sociedade equivalerá à escravização de muitos pelos poucos que estão disfarçados? Seu princípio será o da exaustão e o desespero dos escravizados e o da ansiosa vigilância de seus senhores? O disfarce será a cultura? Será que as possibilidades de cooperação, as reivindicações e a solidariedade serão mantidas como reféns das exigências de um esquema de superação, tolerado como a única alternativa restante a contínua violência e insegurança e santificada pela desesperança tanto de suas manifestas vítimas quanto de seus supostos beneficiários?

Se todos esses males vierem a acontecer, a ordem da sociedade e da cultura assumirá os atributos de uma natureza sem significado. A linha interior de defesa será rompida. Teremos de recuar para o que Max Weber chamou de "o pianíssimo da vida pessoal". Nesse domínio da intimidade, podemos ter a esperança de sustentar o que resta de uma vida que fala com nossas preocupações mais íntimas.

Não basta descrever em termos negativos a modificação da vida social que é necessária para evitar tal resultado. Essa modificação tem conteúdo positivo. O objetivo predominante é reconfigurar nossas relações com outras pessoas de acordo com uma visão do que devemos uns aos outros por desempenharmos certos papéis: entre amigos, marido e mulher, pai e filho, professor e aluno, governante e governado, patrão e empregado. Nesse exercício de salvação, devemos nos guiar não apenas pelos imperativos práticos da divisão de trabalho na sociedade, mas também e acima de tudo por um senso da relatividade desses papéis no que concerne a nossa humanidade comum.

O destino nos colocou em diferentes papéis. A centralidade desses papéis na organização da sociedade revela nossa dependência uns dos outros. Essa dependência é marca, e não negação, de nossa humanidade. Ela revela nossa força assim como nossa fraqueza. Cooperação, organizada mediante o desempenho de papéis e a observância de convenções sociais, não é somente exigência para o avanço de nossos interesses práticos. É também expressão de um fato básico quanto a nossa humanidade. Incompletos por nós mesmos, nós nos completamos servindo aos outros. Para servi-los, temos de compreendê-los. Assim, o desenvolvimento de nossa imaginação da alteridade de outras pessoas – a percepção de seus estados de consciência – forma parte do processo pelo qual completamos a nós mesmos, afirmando e desenvolvendo nossa humanidade. Essa imaginação tem de informar nosso desempenho de papéis sociais.

O que é sacrossanto é a pessoa, juntamente com a fina textura das relações entre indivíduos. Tudo o mais na sociedade e na cultura permanece subserviente à experiência da personalidade e do encontro pessoal. Num mundo sem significado, somente a personalidade e as relações entre pessoas são santificadas. Devíamos reconhecer um ao outro como instâncias do sagrado – vale dizer, daquilo que é capaz de criar significado. Tudo o mais na sociedade é um meio para um fim.

O sustento da personalidade e do encontro pessoal pode, sozinho, ser considerado um fim em si mesmo, seu valor não é subordinado ao atingimento de qualquer outro propósito. A instância de nos tornarmos seres que agem nesse espírito porque se compreendem mutuamente e compreendem sua situação é, desse modo, o objetivo predominante da reforma social. Nosso sucesso nesse empreendimento determina se podemos fazer da vida na sociedade um sucesso prático e impedir que ela degenere num pesadelo de força e de astúcia.

Em conformidade com esses objetivos e a serviço dessa meta, a divisão do trabalho na sociedade tem de ser suavizada e espiritualizada. Tem de se tornar o veículo de nossas práticas de cooperação baseadas nos papéis que desempenhamos, e de nossa capacidade, em seu lento desenvolvimento, de imaginarmos um ao outro. Nossas práticas cooperativas, ancoradas no desempenho de papéis sociais, têm de ser tanto acomodadas quanto espiritualizadas, de acordo com as exigências e os recursos de cada circunstância histórica. No interesse dessa humanização da vida social, os interesses particulares vorazes têm de ser dominados. Deve-se admitir algum elemento de hierarquia, mas apenas na medida em que possa ser justificado pelas exigências práticas de coordenação (e não por crença nas qualidades intrínsecas de diferentes classes e castas). É somente na medida em que reformamos a sociedade dessa maneira podemos evitar que ela caia no pesadelo da dominação, e subjugar o egoísmo.

Tal programa afirma sua fidelidade aos objetivos que inspiraram as revoluções religiosas do passado. Ele sustenta, tanto na prática quanto na doutrina, a proeminência de nossa humanidade compartilhada sobre as divisões e hierarquias no gênero humano. Ele repudia a ética heroica e marcial da autoridade e da honra, e a substitui por uma visão que atenua o contraste entre o instrumental e o não instrumental, o brutal e o espiritualizado, a prosa e a poesia da vida social. Ele ainda fica longe de oferecer um programa político e moral totalmente estabelecido. No entanto, descreve o ponto de partida para essa proposta.

Esse programa pode parecer, a princípio, que não serve de exemplo para o primeiro e mais fundamental atributo dessas revoluções religiosas: o estabelecimento de uma dialética entre a transcendência e a imanência do divino no mundo. Para a superação do mundo, o divino transcendente é um ser impessoal e unificado, no qual os seres que povoam nossa experiência fenomenal têm de encontrar realidade e valor definitivos. Para a humanização do mundo, é a experiência da própria personalidade que habita nossa experiência social, mas nunca exaurida por ela ou reduzível a ela.

A religião do futuro

Eis aqui uma ideia de transcendência que não é idêntica à expressão de transcendência nas religiões de salvação semíticas nem totalmente estranha a essa expressão. Nessas religiões, a narrativa das transações entre Deus e a humanidade representa aprofundamento e reavaliação, e não cancelamento, de nossa experiência de personalidade e de encontro pessoal. O próprio Deus é representado na categoria de personalidade; os perigos do antropomorfismo ficam equilibrados em relação aos estratagemas da imaginação analógica.

Esse é um esboço da humanização do mundo como opção de longa data na história religiosa da humanidade, apresentada em suas crenças essenciais e sem considerar as variedades e especificidades de sua evolução.

O exemplo mais abrangente e influente dessa orientação é o ensinamento de Confúcio, como apresentado nos *Analectos*. A subsequente tradição do neoconfucianismo frequentemente afasta-se dessa tradição tentando fundamentar a reforma da sociedade numa visão metafísica do cosmos. Nesse aspecto, ela se parece com as filosofias helenísticas que conectaram a prática de autoajuda contra as falhas na vida humana à visão do mundo.

Pensadores que simpatizaram com essa tradição têm tentado frequentemente fundamentá-la numa doutrina metafísica em vez de se conformar com a disciplina de uma metafísica antimetafísica. Ninguém sucumbiu a essa tentação sem pagar um preço que causou danos à força dessa resposta ao mundo. O preço está na necessidade de fazer com que a concepção metafísica modele o imperativo existencial – a mensagem sobre como viver; de outra forma, a pretensão de inferir o segundo do primeiro pareceria um gesto vazio.

Contudo, tal sistema metafísico arrisca-se a não ser mais do que um conto de fadas, fácil de conceber e de rejeitar. Para informar de modo persuasivo o projeto de humanização do mundo, ele vai precisar ser muito mais específico em suas alegações quanto à estrutura e evolução da natureza e da sociedade do que são as filosofias que informam a superação do mundo. Para essas filosofias, pode ser suficiente propor uma simplificação radical que negue a distinção fenomenal e a mudança temporal ou as reinterprete tendo como plano

Humanização do mundo

de fundo os supostos arquétipos da realidade manifesta. Uma metafísica que opera essas restrições não pode apelar para uma narrativa histórica dramática das tratativas entre Deus e a humanidade, como a das histórias que estão no centro dos monoteísmos semíticos. Tal narrativa convida a uma sacudida da ordem social, e a uma rebelião contra a moralidade convencional e seus padrões de conduta codificados em papéis a serem desempenhados.

É um resultado que conflita com o programa de humanização; ele traz luta em vez de humanização. Embora uma metafísica cuja intenção é dar suporte à humanização do mundo possa especular quanto às razões pelas quais a natureza e a sociedade assumem uma forma e não outra, ela permanece desprovida das práticas experimentais, das disciplinas empíricas, e das ferramentas tecnológicas da ciência natural moderna. Está condenada a ser sonho acordado: argumentação na qual a conclusão já está formada e somente as premissas continuam abertas à exploração.

Além disso, a petição especial requerida para prover a humanização do mundo de um suporte metafísico apresenta ao humanizador especulativo um dilema. Se ele deixar frouxa a conexão entre metafísica e moral, fará com que o suporte pareça ser uma tentativa transparente de ocultar o fracasso do esforço da humanização para se fundamentar em qualquer característica da realidade natural fora da sociedade e da humanidade. Se, contudo, insistir na rigidez da conexão entre moral e metafísica, não só chamará a atenção para a fragilidade e arbitrariedade da concepção metafísica como também arriscará impor à visão moral uma direção estranha às motivações que a inspiram. A invocação de uma privilegiada, supra-humana perspectiva da humanidade e da sociedade ameaça embotar nossas reivindicações recíprocas. Ela obscurece a significação de nossas relações com nossos camaradas fazendo com que essas ligações e esses compromissos pareçam secundários a nossa cidadania numa ordem cósmica.

Portanto, o redirecionamento da humanização do mundo para a metafísica – uma doutrina de conexão humana traduzida numa concepção de nossos deveres uns com os outros, baseada em papéis a serem desempenhados – tem dado lugar a uma busca por perfeição individual, uma procura por compostura diante do sofrimento e da morte, ou por um cálculo e uma classificação dos prazeres mais confiáveis. A autoajuda toma o lugar da solidariedade. Eudaimonismo e perfeccionismo – a felicidade e o aprimoramento do indivíduo – tornam-se nossos guias. Outras pessoas vão ficando para trás, à distância; no melhor dos casos, tornam-se os beneficiários de uma benevolência superior, não os alvos de uma devoção que expressamos e sustentamos mediante o cumprimento de nossas responsabilidades baseadas nos papéis que desempenhamos.

O resultado pretendido torna-se cada vez menos a humanização de um mundo social como um baluarte contra uma natureza sem significado. Torna-se cada vez mais o resgate do indivíduo das injustiças da sociedade bem como dos sofrimentos do corpo, graças a um acesso superior às verdades fundamentais. Em vez de ser reformada e humanizada, a sociedade é dispensada; é empurrada para o pano de fundo de um martírio existencial que temos de superar mediante o casamento da virtude com o entendimento filosófico. Esse foi o percurso do neoconfucianismo, da metafísica helenística da autoajuda, e de todas as muitas maneiras com que os proponentes da ideia de que seres humanos criam significado num mundo sem significado vacilaram em suas doutrinas.

CRIANDO SIGNIFICADO NUM MUNDO SEM SIGNIFICADO

Livre da fracassada tentativa de basear sua resposta aos defeitos da condição humana na ideia de uma ordem cósmica, a humanização do mundo é composta de três blocos de construção. Cada um dos três é vital para sua concepção e para seu programa.

O primeiro componente nessa orientação para a existência é a conexão que ela estabelece entre a falta de significado da natureza e a construção humana de significado na sociedade. O mundo humano tem de ser autofundamentado num vazio. Não pode se fundamentar em nada externo em si mesmo – seja de natureza extra-humana ou realidade supra-humana – que nos orientasse e encorajasse.

Humanização do mundo

Somos seres naturais, mas mesmo assim transcendentes de contexto. Nossa corporificação, no entanto, não deixa que se estabeleça nossa afinidade com uma natureza inumana. Somos capazes de explorar a natureza a nossa volta, ampliando nossos poderes de percepção com as ferramentas físicas da ciência. Podemos desenvolver nossa compreensão das relações entre fenômenos com as ferramentas conceituais da matemática. No entanto, quando projetamos nossas preocupações na natureza, supondo que ela seja simpática a nossos propósitos e inteligível por dentro, como se animada fosse, estamos enganando a nós mesmos.

Vista de um ângulo, a natureza nos favoreceu, porque estamos vivos. Vista de outro, ela se dispõe contra nós, porque estamos condenados a morrer sem a menor chance de captar a natureza fundamental da realidade ou a origem e o fim do tempo. Sabemos, no entanto, que nosso cômputo dos favores e dos fardos da natureza é totalmente unilateral; aqui não há ninguém a não ser nós mesmos a quem reclamar ou louvar. Não há uma mente no outro lado, nem a mente universal invocada pelos superadores do mundo nem a mente transcendente do Deus vivo. A mente existe exclusivamente incorporada no organismo mortal.

Somente nossos esforços podem criar uma ordem plena de significado – plena de significado para nós – dentro do vazio sem significado da natureza. O significado é construído na cultura e expresso e sustentado na sociedade e na rede de relações entre indivíduos. Cada um de nós vai morrer. Cada um de nós está na beira do precipício da falta de fundamentação. Cada um de nós permanece sujeito ao chamado do desejo selvagem. Cada um de nós tem de se contentar com um particular decurso da vida e um lugar particular na sociedade, e se resignar com lhe ser negada uma segunda chance. No entanto, no espaço definido por esses limites intransponíveis, podemos formar uma ordem coletiva feita à imagem de nossa humanidade e padrões de nossas preocupações, e não feita à imagem de uma natureza sem significado.

A expressão suprema da criação social de significado no vazio sem significado da natureza é a lei. Lei entendida como a vida institucionalizada de um povo, desenvolvida de baixo para cima. Também mediante autorregulação da sociedade, de cima para baixo, pela ordem criada pelo Estado. É na lei que uma divisão de trabalho coerciva se torna plano de cooperação inteligível e defensável.

Embora a luta quanto aos termos da vida social nunca cesse, ela pode ser contida. A lei é a expressão dessa trégua. No entanto, se tal armistício é tudo que a lei representou, ele só poderia ser compreendido como o repositório de correlação fortuita de forças entre vencedores e perdedores em disputas anteriores por vantagens. A lei tem de ser revista e reinterpretada como o repositório de um modo de organizar a vida social. Um esquema assim transformará a ideia genérica de sociedade numa série e imagens de associação: ideias de como as relações entre pessoas deveriam e poderiam ser dispostas em diferentes domínios da vida social. Por sua vez, essas imagens de associação irão informar as ideias usadas para orientar a elaboração das leis em contexto.

NOSSA SITUAÇÃO E NOSSA TAREFA

O segundo componente da humanização do mundo é a visão do trabalho a ser feito: nosso dilema, nossa tarefa e os recursos que nos são disponíveis para realizá-la.

A interdependência e o modo como imaginamos os outros são características constitutivas de nossa humanidade. Dependemos uns dos outros para tudo, e ficamos desamparados sem a cooperação dos demais. O desenvolvimento das aptidões do gênero humano em todos os âmbitos e em todos os níveis depende do progresso de nossas práticas e capacidades cooperativas.

Nosso acesso imaginativo a outras pessoas aprofunda a significância da interdependência. A consciência do indivíduo, contudo, embora expressa por uma mente corporificada em organismo individual, não pode ser compreendida adequadamente como entidade autossuficiente, objeto natural com um perímetro definido e fortaleza da qual olhamos ansiosamente para outras cidadelas a nossa volta e tentamos discernir o que se passa dentro delas.

O cérebro é individual. No entanto, a mente como consciência é desde o início social. Os meios pelos quais desenvolvemos uma vida subjetiva, da

Humanização do mundo

linguagem ao discurso, das ideias à prática, são todos possessões comuns e construções compartilhadas. Um paradoxo central da consciência é que podemos tanto ser obscuros um para o outro (nos enigmas da intenção e da experiência) quanto dependentes, mesmo para nosso autoconhecimento, em práticas e poderes, como a linguagem, que têm de existir socialmente para existir de todo. Num mundo que é sem significado, exceto quanto ao significado e valor que seres humanos criam dentro dele, só o que é pessoal é sagrado, sagrado no duplo sentido das antigas civilizações indo-europeias: o que tem um valor dominante e também o que apresenta o maior perigo.

Nenhum vocabulário filosófico é completo e totalmente adequado como meio para descrever o sentido dessa santidade. Num vocabulário, reconhecer a santidade da personalidade e das relações interpessoais é ver e tratar a pessoa – o eu único e o outro – como um fim em si mesmo e não como um meio que visa a um fim. Noutro vocabulário, é a ideia de que a personalidade e o interpessoal representam nossa mais próxima abordagem ao absoluto: a que tem valor e significado incondicional e ilimitadamente, e, portanto, resiste a comparações, já que quantidades infinitas são incomparáveis.

Esse Deus absoluto, incondicional só existe, no entanto, como manifesto em incidentes naturais da vida humana – começando com os fatos do nascimento, da ascensão, do declínio e da morte, e a sequência das gerações – bem como na organização prática da sociedade. A questão central nesta segunda parte da humanização do mundo é a de como devemos compreender e orientar a relação entre os fatos da interdependência, da intersubjetividade e da santidade do que é pessoal e a construção de uma ordem social real contra o pano de fundo das circunstâncias naturais da vida social. Existe aí um perigo e um remédio.

O risco é que a interdependência, a subjetividade recíproca e o valor sagrado da personalidade sejam assoberbados e degradados no decurso dos eventos pelos quais a ordem social é criada e sustentada. A ordem sempre teve história acidental e violenta. Começa com luta, e depois continua na contenção da luta – sua interrupção parcial e temporária. A guerra, interrompida no grande, pode continuar no pequeno; a paz pode ser a continuação da guerra de forma velada e contida. Cada indivíduo assumirá seu lugar e representará seu papel de acordo com a distribuição de vencedores e perdedores nos conflitos dos quais surgiu a ordem. A estabilidade resultará da exaustão, da impotência e do medo. Os vitoriosos estarão tão ansiosos quanto os derrotados estão ressentidos.

Com o tempo, o exercício da opressão pode ser modulado pela reciprocidade. Tanto subordinados quanto superiores podem começar a descobrir vantagens na aceitação de seus respectivos quinhões. Permuta e poder irão se combinar nos mesmos relacionamentos. No entanto, a reciprocidade sempre permanecerá como influência superveniente e acessória, circunscrita por disposições a suposições que ela não criou e não pode reconstruir.

Em tais circunstâncias, a interdependência será formatada segundo o molde das triturantes hierarquias de poder e de vantagens, transmitidas e reproduzidas de geração em geração, e às quais o apaziguamento da luta deu origem. Nosso entendimento da experiência de outras pessoas assumirá a forma de rendição compartilhada às crenças que emprestam uma pátina de naturalidade, necessidade e autoridade a esse apaziguamento. A consciência da santidade do pessoal será suprimida, ou sobreviverá apenas como uma esperança residual, agarrada ao que é familiar e íntimo.

Não será a interpretação da interdependência e da intersubjetividade a partir da perspectiva da santidade do pessoal que transformará a ordem social em algo mais do que solução temporária para um conflito continuado; será o imperativo prático da divisão de trabalho na sociedade. Suponha que a economia já atingiu um nível de desenvolvimento de suas capacidades produtivas no qual vastas combinações de pessoas, postas para trabalhar em tarefas especializadas, sob severa supervisão hierárquica, podem produzir um grande excedente do consumo atual. Imagine, no entanto, que a sociedade ainda não alcançou um ponto no qual aprendemos a como repetir a maioria das iniciativas necessárias para produzir esse excedente, expressar em fórmulas quais são as atividades suscetíveis a repetição e incorporar as fórmulas em máquinas de modo a que possamos dedicar a maior parte de nosso tempo a ações que ainda não sabemos como repetir.

Humanização do mundo

Essa situação intermediária tem sido a circunstância das mais importantes civilizações históricas, ao menos até muito recentemente. Foi, particularmente, a circunstância dos impérios agrários-burocráticos que representaram, antes dos últimos duzentos anos, os Estados mais importantes no mundo. As religiões do mundo surgiram, caracteristicamente, na periferia, e não no centro, desses Estados.

Esta situação favoreceu uma divisão social do trabalho fortemente definida: a divisão da sociedade entre distintas classes, estados ou castas, reproduzida mediante transmissão hereditária de vantagem e marcada por distintas formas de vida e de consciência, bem como por graus diferentes de acesso aos recursos-chave de construção da sociedade – a riqueza econômica, o poder político e a autoridade espiritual. Um modo particular de organizar as divisões sociais do trabalho, e os papéis distintos que esse modo traz, reduziu as formas possíveis de cooperação àquelas que o triunfante estabelecimento institucional e ideológico aprovou. A característica distinção indo-europeia entre governantes e sacerdotes, guerreiros, mercadores e trabalhadores representou uma instância simplificada e disseminada desse sistema.

Não que, considerando essas oportunidades e limitações, essa ordenação hierárquica da sociedade em classes hereditárias fosse, em qualquer sentido, necessária; um regime de cooperação muito mais igualitário e flexível poderia enfrentar – e às vezes enfrentou – as limitações e aproveitar as oportunidades com mais eficácia. O que, realmente, essa divisão social do trabalho forneceu foi meio para organizar uma cooperação que respeitou a preexistente distribuição de vantagens. Assim como essa distribuição de vantagens favoreceu uma ordem de casta ou classe, a existência da ordem deu suporte a uma divisão técnica do trabalho marcada por extrema hierarquia e especialização.

A divisão técnica do trabalho – a alocação de poderes e responsabilidades na organização do trabalho – provavelmente assumiria, em tais circunstâncias, sua forma mais hierárquica e especializada: contrastes rígidos entre tarefas de supervisão ou planejamento e tarefas de execução, contrastes nítidos entre as próprias tarefas de execução, distinções inequívocas entre as atividades consideradas apropriadas para cooperação e as apropriadas para competição. A produção industrial em massa – produção de bens e serviços padronizados, com ajuda de máquinas e rígidos processos de produção, utilização de trabalho semiqualificado e relações de trabalho muito especializadas e hierárquicas –, ao se desenvolver no período histórico de meados do século XIX até meados do século XX, foi o último e mais extremo exemplo dessa abordagem à divisão técnica do trabalho.

Essa exposição não é mera parábola histórica. É um relato rudimentar de uma forma de organização de relações sociais que prevaleceu, numa ou noutra variante, em todas as sociedades nas quais emergiram as religiões de transcendência. Ela serviu para arraigar tanto a organização hierárquica do trabalho como a extração coerciva de um excedente econômico sobre o consumo corrente. Essa forma de organização social exigiu alto preço em troca de sua utilização como instrumento para acumulação de excedente econômico, bem como para a direção hierárquica do trabalho em larga escala. Limitou drasticamente o âmbito e as variedades de cooperação – na medida que os modos pelos quais organizamos trabalho cooperativo acompanham as operações analíticas e sintéticas de razão prática. Todo esquema como esse exigia que essas atividades se adaptassem a um roteiro – o roteiro dual da divisão social do trabalho e da divisão técnica do trabalho. O resultado limitou severamente o potencial para um esforço cooperativo.

Além disso, isso gerou problemas de ordem secundária para esse enfoque à vida. Na história da civilização foram feitas muitas tentativas de dar maior significado e valor a uma divisão social do trabalho com as características que aqui enumerei. Nenhuma foi mais impactante em sua influência e ambição do que a fundamentação do vigente sistema indiano numa ordem de castas escritural validada pela alta doutrina hindu de reencarnação de uma alma indestrutível.

O discernimento da unidade essencial do gênero humano e da superficialidade das divisões dentro dele, ideia central nas revoluções religiosas do passado, fez qualquer doutrina como essa parecer repulsiva e indigna de crédito. Como podemos reconhecer a força desse discernimento do caráter raso

Humanização do mundo

e efêmero de nossas divisões e hierarquias enquanto continuamos a tolerar divisões social e técnica de trabalho com essas características?

Se não somos capazes de abolir e substituir uma ordem social desse tipo, temos ao menos de ser capazes de mudá-la. No entanto, pareceu, durante a maior parte da história, que tem sido a história de uma sociedade de classes, que essa ordem não pode, ou ainda não pode, ser abolida ou substituída. A mera tentativa ameaça irromper novamente em conflitos quanto aos termos básicos da vida social.

Se, contudo, não conseguirmos transformar o caráter dessa ordem, nos arriscamos ser derrotados no esforço mais importante: criar significado num mundo sem significado. Pois se a tentativa de santificar o regime de classe ou casta na sociedade falhar, se sua única base continuar sendo o contestável uso prático no desenvolvimento das capacidades produtivas no gênero humano e a extração coerciva de um excedente, transformando o indivíduo no desamparado instrumento de suposta vantagem na corrida futura, então a linha de defesa interior contra a falta de significado do mundo será rompida. O conteúdo da interdependência e da mútua subjetividade será determinado por forças sem significado e valor no tempo biográfico no qual temos de viver nossas vidas, e não no tempo histórico no qual avança a raça humana. A santidade do pessoal não valerá para nada e será desacreditada pela experiência diária.

O que mais importa aos humanizadores é que a sociedade ofereça um baluarte contra o niilismo, entendendo por niilismo a ideia de que o mundo e nossas vidas dentro dele não têm significado, o que vale dizer ser sem significado em quaisquer dos termos que tiveram peso em nosso discurso, o discurso da humanidade. O humanismo assim concebido tem como precondição o niilismo quanto ao mundo – ou então quanto a nossa capacidade de ter noção de nossa situação no mundo, em termos que se comunicam com nossas preocupações e nossos compromissos.

Dessa perspectiva, toda tentativa de fundamentar o reino dos valores humanos em fatos naturais fora da vida humana é como derrotar a si mesmo, e também é fútil – faz a humanidade ser subserviente a algo que é inumano. O niilismo quanto ao mundo e a autofundamentação da humanidade não são, portanto, conceitos opostos; ao contrário, são complementares. A humanidade arrebata a coroa do cosmos e a põe em si mesma.

O aspecto trágico desse empreendimento está mais nas contradições da ordem social do que na sombra projetada pelo niilismo. O indivíduo é impotente para assegurar a necessária autofundamentação; homens e mulheres na sociedade só podem alcançá-la mediante ação coletiva. Podem fracassar. A construção e a reprodução de ordem social podem cair vítimas de forças que pervertem a interdependência e restringem a imaginação social porque desrespeitam a santidade do pessoal. Então o niilismo terá a sua vez. Evitar esse resultado é objetivo dessa orientação à existência.

Algo, no entanto, continua faltando nesse relato: a peça central da estratégia política e moral pela qual esse objetivo deve ser atingido. Definir essa estratégia é o trabalho da terceira parte desta orientação na experiência religiosa do gênero humano.

O ENOBRECIMENTO DE NOSSAS RELAÇÕES UNS COM OS OUTROS

O terceiro componente da humanização do mundo é a visão do que poderia e deveria ser a estrutura básica de nossas relações uns com os outros. A divisão social do trabalho é um sistema de papéis sociais – as posições estereotípicas, regulamentadas, que indivíduos ocupam na sociedade servem como plataformas a partir das quais eles lidam uns com os outros. Se formos humanizar a divisão social do trabalho e, por extensão, a divisão técnica do trabalho, temos de assegurar que o desempenho desses papéis demonstre a santidade do pessoal. Temos de evitar que a dependência mútua sirva de ocasião para uma guerra quase não contida da vida social, na qual somente uma reciprocidade, em seu próprio interesse, amenize a dureza de um embate sem fim.

Uma ética de papéis, daquilo que devemos uns aos outros em virtude das partes que desempenhamos na sociedade, é, portanto, o instrumento moral característico do projeto de humanização: o superior ao subordinado, o professor ao aluno, o marido à mulher, o pai ao filho e, mais genericamente, cada

Humanização do mundo

um de acordo com sua condição ou negócio, com a responsabilidade que assume na vida maior da sociedade bem como em sua família e sua comunidade. A melhor ordem pública é a que melhor cria condições mais propícias à adoção dessa ética.

Pela analogia com a relação entre a doutrina do direito privado do século XIX e sua correspondente concepção do direito público, podemos compreender a suposta relação entre a ética de papéis e a ordem pública. O direito privado definiu o sistema de liberdade, o esquema da liberdade ordenada, a ser sustentado contra qualquer contaminação por iniciativa de um Estado inclinado a fazer esse sistema servir aos interesses de grupos particulares (por exemplo, redistribuição como captura – subvertendo a lei – do Estado por uma classe ou um interesse faccioso). Nessa visão, o critério mais importante pelo qual julgar um regime de direito público era que ele não corrompesse, mediante redistribuição politicamente orientada, o que se supunha ser o direito distributivamente neutro de coordenação entre indivíduos livres e iguais: o direito privado. Ao mesmo tempo, ele era encarregado de criar um espaço político dentro do qual o sistema de direitos privados pudesse florescer, por exemplo, provendo para o público os bens da segurança e da educação.

Mas qual é o conteúdo de uma ética de papéis? Ideias genéricas sobre a santidade do pessoal e o resgate da interdependência e subjetividade recíproca da continuação da guerra por outros meios continuam impotentes, cada uma por si, para fornecer resposta a essa questão. A resposta só começa a ficar clara contra o pano de fundo dos modos pelos quais as sociedades foram efetivamente organizadas. Uma questão definidora é se iremos aceitar a estrutura estabelecida da sociedade como o horizonte no qual vamos perseguir o projeto de humanização ou se iremos resistir a essa estrutura como sendo o principal obstáculo à implementação desse projeto. Para pôr essa questão em foco, considere duas circunstâncias.

Uma circunstância tem sido característica da maioria das sociedades e culturas na história do mundo antes das revoluções nacionais e mundiais de cerca dos últimos duzentos anos. É a associação de poder, troca e sentimento nos mesmos relacionamentos sociais. Sua fórmula característica é a sentimentalização de uma troca desigual – relação entre indivíduos que desempenham papéis mais e menos poderosos, envolvendo uma permuta de vantagens práticas, a que se sobrepõe uma recíproca lealdade. A relação patrono-cliente, tão preciosa aos antigos romanos, provê exemplo característico. Foi em tal circunstância que surgiu a mais abrangente declaração da ética de papéis – o confucianismo clássico.

Outra circunstância é a da sociedade europeia do século XIX, com sua ideologia liberal. Agora, a fórmula ideológica autoritária proscreve o que as relações entre patronos e clientes requerem: a mistura de poder, troca e lealdade. Uma das consequências é traçar uma distinção entre a esfera doméstica, na qual a mistura de sentimento, poder e troca continua a ser tolerada, ou até mesmo acalentada, e o mundo cotidiano, no qual essa mistura se tornou anátema. Nesse mundo, a troca supostamente governa, e o poder é validado pelo consentimento, pelas exigências de cooperação e pelos direitos de propriedade.

Em tal cenário, o pensamento especulativo pode procurar basear e explanar a ética num discurso de regras e princípios universalistas. No entanto, essa filosofia moral acadêmica terá pouca semelhança com as formas de pensamento e argumento moral exibidas em grande parte da vida social. Um discurso de reivindicações e responsabilidades baseado nos papéis a serem desempenhados continuará a prevalecer na prática, conquanto remodelado com base nas novas suposições. O que principalmente substitui o amálgama de troca, poder e lealdade é a ética do profissionalismo: respeito pelos deveres públicos relativos aos papéis especializados que o indivíduo desempenha.

As responsabilidades atinentes ao papel desempenhado podem ser devidas a estranhos, com os quais o indivíduo não tem relação preexistente. Como resultado, fica impossível aceitar a distinção – característica de sociedades que aceitam bem a mistura de troca, poder e lealdade – entre reino de relacionamentos de alta confiança entre os que pertencem a ele e reino de relacionamentos sem confiança entre estranhos. Um mínimo de confiança, conquanto baixa confiança, entre estranhos tem de ser universalizado como o indispensável pano de fundo para ética de responsabilidade profissional.

Humanização do mundo

Em vez de supor que devemos tudo àqueles com quem temos uma conexão que precede ou transcende a vontade, e não devemos nada àqueles com quem não temos essa conexão, chegamos gradativamente a pensar que devemos alguma coisa a todos eles, mas o que exatamente devemos é modulado pelos papéis que desempenhamos na sociedade em relação a esses indivíduos. Ao fundamento da uma confiança minimalista e universal entre estranhos sobrepomos as demandas mais estritas atinentes ao desempenho de nossos papéis individuais. A própria economia de mercado pode ser representada como forma de cooperação simplificada entre estranhos, desnecessária quando existe alta confiança, e impossível, dada a inevitável incompletude dos contratos, quando não existe confiança.

Gradualmente, os níveis tanto da confiança generalizada quando da responsabilidade especializada podem se elevar. Sua ascensão conjunta, nessas novas circunstâncias, sinaliza o avanço do projeto de humanização. O indivíduo, no entanto, pode continuar a viver em dois mundos: o mundo público do trabalho e das tratativas entre estranhos, dedicados à nova dispensa moral, e o mundo doméstico no qual, desconfortavelmente e sob pressão, o antigo casamento entre troca, poder e lealdade sobrevive.

Esse segundo mundo pode ser mais do que resíduo do antigo, uma combinação proibida. Pode ser também o lugar da profecia de forma mais elevada de vida. A aspiração que o orienta pode deixar de ser a sobreposição da lealdade e do sentimento às duras realidades do poder e da troca e, em vez disso, se tornar a suavização da tensão entre espírito e estrutura, amor e rotina, no que diz respeito às possibilidades de reconciliação entre dois seres individuais. O plano de vida de cada um torna-se parte do plano do outro. Aqui, no entanto, atingimos os limites de um modo de pensamento moral orientado para o papel a ser desempenhado e enfrentamos problemas e possibilidades com os quais essa forma de pensamento é incapaz de lidar.

CRÍTICA: TRAIÇÃO AO PASSADO

Aplico agora à humanização do mundo o mesmo método de crítica aplicado antes à superação do mundo: seu poder de realizar os objetivos comuns a as três orientações à existência, sua perspectiva de adaptar a natureza humana a sua visão do bem e sua relação com as preocupações que podem ou deveriam ser centrais na próxima revolução na história da religião.

Há dois aspectos cruciais nos quais a humanização do mundo, como exemplificada nos ensinamentos de Confúcio, não se completa, segundo o padrão de sua fidelidade às aspirações compartilhadas pelas revoluções religiosas do passado. O primeiro aspecto diz respeito à relação com a dialética entre transcendência e imanência: o mais importante ponto de contraste entre as religiões e as filosofias que exemplificam as três orientações para a vida aqui consideradas e as crenças que elas substituem. O segundo aspecto no qual a humanização deixa de fazer justiça ao elemento compartilhado nas revoluções religiosas do passado tem a ver com sua atitude em relação à divisão e hierarquia sociais.

A afirmação de transcendência – da transcendência do divino ou do sagrado sobre a natureza e a sociedade, bem como de nossos poderes humanos sobre as circunstâncias em que nos encontramos – permanece insegura dentro desse enfoque à existência. Nada em sua metafísica antimetafísica, ou em sua psicologia moral naturalística, provê base adequada sobre a qual afirmar nosso poder de resistir e superar os regimes sociais e conceituais nos quais nos encontramos enredados.

Para os monoteísmos semíticos, a transcendência, principal instância da luta com mundo antes do surgimento dos projetos seculares modernos de emancipação política ou pessoal, assume a inequívoca forma da separação de Deus do mundo. O problema passa a ser como esse abismo, uma vez aberto, pode ser transposto: por meio de alguma corporificação compensatória do divino na humanidade e na história. Para o budismo ou seus predecessores na metafísica dos vedas, a transcendência está na realidade superior do ser oculto e unificado, considerado em relação ao mundo fenomenal e temporal.

Humanização do mundo

Para o confucianismo, como o exemplo mais influente da humanização do mundo, nosso poder de transcendência sobre a circunstância e a pressuposição, se tiver qualquer significado ou força, tem como assento a experiência do pessoal e do encontro pessoal, considerado em relação a tudo o mais. O que é mais real e valioso quanto a essa experiência está numa rede de relações com os outros; o pessoal a ser alimentado e reverenciado é o interpessoal.

A experiência sacrossanta do pessoal está em contraste, primeiramente, com a natureza obscura, que temos de dominar e fazer se voltar para nossos propósitos, mas que não podemos esperar compreender. Em segundo lugar, ela permanece oposta ao regime de sociedade, que só merece nossa lealdade na medida em que respeita e sustenta esse âmago sagrado da existência. Para o confucianismo, o espírito do interpessoal tem sua expressão consumada no *jen*: a qualidade de autoexpressão e autoformação que se expressa tanto em simpatia quanto em distanciamento.

A premissa dessa devoção é nossa capacidade de compreender a experiência dos outros. Imaginação – a imaginação de sua vida interior e suas aspirações – nos informa de seus esforços por atender a suas necessidades. Ela faz isso com base nos papéis sociais que cada um de nós desempenha.

A afirmação da santidade do pessoal (ou, mais exatamente, do interpessoal) não é peculiar ao confucianismo; é um traço presente em todas as muitas versões da humanização do mundo que apareceram no decurso da história religiosa da humanidade. Mesmo em nossa cultura parcialmente cristianizada, ela é capturada por uma concepção que atualmente exerce ampla influência: a visão de encontro íntimo como domínio do sublime privado, no qual só podemos aceitar o cálculo instrumental de interesses e eficiências na medida em que esse cálculo serve a experiência que está além de preocupações instrumentais.

Para ser parte de um relato naturalista de nossos poderes de transcendência, a ideia da santidade da personalidade e do encontro pessoal tem de ser combinada com atitude iconoclasta para com os cenários institucional e ideológico nos quais ocorre a experiência pessoal. No entanto, não pode ser combinada desse modo sem acomodar uma concepção do eu que é estranha a ela e que leva nossa imaginação moral e política a uma direção completamente diferente. Essa concepção é a ideia de um ser humano como espírito corporificado, ideia que tem sido central (como vou argumentar mais adiante) na tradição da luta com o mundo, tanto em seus registros profanos quanto em seus registros sagrados.

De acordo com essa ideia, há em nós, em cada de um de nós individualmente, assim como em todos nós coletivamente, mais do que há ou jamais possa haver nos regimes sociais e conceituais que habitamos. Embora eles nos moldem, nós os excedemos. Nossa transcendência ao contexto se expressa na ideia, central no judaísmo, no cristianismo e no islamismo, de que já compartilhamos os atributos de Deus. Podemos aumentar nossa parte nesses atributos graças à parceria entre a redenção divina e o empenho humano.

A crença em nossa transcendência ao contexto pode tomar – e em grande parte do mundo realmente toma – forma puramente secular, pressupondo que não se tenha fé numa narrativa das tratativas entre Deus e a humanidade. Esses credos seculares podem falar ao eu e à mente, ou à sociedade e à sua transformação. Contudo, mesmo quando lidam com o pessoal, também estão se referindo ao político. Quando descuidam de conectar ideias sobre o eu e a mente com ideias sobre a sociedade e sua reconstrução, não fazem justiça nem a umas nem a outras. Estão deixando completamente de justificar a ideia do espírito corporificado. Deixam a reivindicação de nossos poderes de transcendência sem desenvolvimento, sem fundamentação e, acima de tudo, sem uma visão do que fazer.

Considere, como exemplo, uma visão da mente que, num vocabulário contemporâneo, exemplifique a ideia da pessoa como espírito corporificado. A mente tem caráter duplo. Em alguns aspectos, ela é como uma máquina, feita de partes modulares e operando de acordo com uma fórmula. Noutros aspectos, ela é uma antimáquina, equipada com o poder de infringir os próprios métodos e pressuposições estabelecidos.

O poder relativo dessa antimáquina, que chamamos de imaginação, não é configurado apenas pelas características físicas do cérebro, como a de sua

Humanização do mundo

plasticidade. Ele depende, também e até principalmente, da organização da sociedade e da cultura. Essa organização pode alargar ou estreitar o espaço para o funcionamento da imaginação e permitir-lhe ou negar-lhe equipamento. Por esse motivo, a história da política é interior à história da mente.

Como essa, toda visão de nossa transcendência radical, com ou sem a crença no encontro entre Deus e o gênero humano, é alheia à da humanização do mundo. Baseia-se em ideias sobre nós e nosso lugar no mundo que contradizem as premissas dessa tradição de pensamento e recomenda a rejeição das atitudes morais e políticas que ela favorece.

Sem o suporte de visão como essa, a ideia do caráter sagrado da conexão pessoal continua sendo base fraca para um ideal de transcendência. Não experimentamos personalidade e encontro pessoal num vácuo social e histórico. Nós os experimentamos num cenário preparado para nós pela história de determinada sociedade. Será propósito nosso reinventar esse modelo ou meramente aprimorá-lo; fazê-lo servir a nossa ascensão a forma mais elevada de vida ou nos contentarmos com mínimo de sucesso na redução de suas crueldades? Iremos alimentar a esperança de pelo menos nos pormos à vontade num mundo social transformado por nossa incrementada capacidade de imaginar a experiência de outras pessoas e atender a suas necessidades, de acordo com a posição social de cada pessoa, ou chegaremos a ver esse desejo de se acomodar numa sociedade humanizada como traição a nossa natureza e nossa vocação? Pelas respostas que a humanização do mundo dá a essas perguntas, ela demonstra que tem apenas uma versão reduzida de transcendência a oferecer.

Se a crítica a sua fidelidade ao espírito de transcendência é a primeira objeção a ser feita à humanização do mundo, como resposta às preocupações que motivaram as revoluções religiosas do passado, a segunda objeção é que, por depreciar ou subverter as divisões sociais na humanidade, ela oferece justificativa limitada demais para o esforço.

O principal dispositivo civilizatório da humanização do mundo, já claramente declarado nos *Analectos* de Confúcio, é a dialética entre os papéis, as regras e os rituais da sociedade, e o desenvolvimento de nossas disposições diversamente orientadas. Nossa indução a papéis, regras e rituais nos ensina a abandonar nosso primitivo autocentrismo. Ela começa a formar, em cada um de nós, uma natureza voltada para a experiência e as aspirações dos outros. Lentamente, essa nossa natureza agora socializada é elevada, e até mesmo transfigurada, pelo desenvolvimento de nossa capacidade de imaginar outras pessoas. Posteriormente, se persistirmos nessa trajetória de ascensão moral, aquilo que foi condicionado por ritual e regras, torna-se espontâneo. Nossas obrigações começam a convergir com nossas inclinações; ou melhor, nossas inclinações discernem, dentro e fora de rituais e regras, o caminho para servir os outros e para dominar a si mesmo.

"Aos quinze anos eu queria muito aprender; aos trinta, tomei uma posição; aos quarenta, não tinha ilusões; aos cinquenta, eu conheci o Mandato do Céu; aos sessenta, minha orelha estava afinada com a verdade; aos setenta, segui o que meu coração queria sem ultrapassar os limites do que é certo." Esta é, especificamente, a forma confuciana de uma ideia que dois mil anos depois, num contexto não só de uma época diferente, mas também de outra visão, aparece nos escritos de, por exemplo, Émile Durkheim. Pois as orientações espirituais que discuto aqui não são simplesmente tendências evanescentes de pensamento, confinadas a isolados professores de moral; são opções duradouras na experiência espiritual da humanidade e reaparecem em incontáveis formatos.

O principal cenário da dialética entre a consciência individual e a forma social é o sistema de papéis sociais. Ao assumir um papel e ao desempenhá-lo de acordo com seus ditames costumeiros, prosseguimos em nossa passagem do autocentrismo para a sociedade e a reciprocidade. Ao infundir o desempenho de um papel com a imaginação da alteridade e com o espírito de humanidade, formado em reverência ao pessoal, entramos, passo a passo, na possessão de nós mesmos. Regras e rituais tornam-se escada que podemos dispensar.

Agora, a questão vital que qualquer visão como essa tem de enfrentar é em qual espírito ela vai avaliar o regime social estabelecido. Um sistema de papéis exibe uma divisão de trabalho na sociedade. Ela faz parte de um esquema de divisão social e de hierarquia, incluindo a estrutura de classes da sociedade. Esse esquema deveria ser aceito e tornado mais humano? Ou deve ser desafiado e reformatado?

Em cada versão histórica real dessa orientação para a existência, o limite da ambição reformista tem sido restringir o egoísmo de classe e reformatar a classe à luz do mérito. Mesmo a mistura de poder, troca e lealdade – característica das sociedades agrárias-burocráticas nas quais primeiro surgiu a humanização do mundo – foi comumente aceita como a alternativa realista a uma luta sem fim. Não existe aqui visão ou energia para inspirar um programa de reconstrução radical. De onde poderiam vir tais visão e energia se não da ideia do eu transcendente combinada com a ideia de nosso poder de mudar o caráter assim como o conteúdo das estruturas de vida e de pensamento estabelecidas?

A noção abstrata de sociedade não tem uma tradução natural e necessária para qualquer modo específico de organização da vida social. Devemos então aceitar a estrutura que a história nos apresenta em dada sociedade, com todas as hierarquias e divisões que ela suporta e com o papel dos mortos sobre os vivos que ela incorpora? Será que a prevalência do critério do mérito sobre o da vantagem (como estimado por alguma autoridade coletiva ou governamental) e a restrição do poder em consideração aos outros devem ser nossas únicas maneiras de sustar essas forças?

Se não há estrutura definitiva, seja de sociedade seja de pensamento, capaz de acomodar toda a experiência que temos motivo para valorizar, pode haver, ao menos, uma estrutura que fortaleça na resistência e na revisão da estrutura estabelecida à luz da experiência. E pode haver um caminho da mudança estrutural cumulativa calculada para aliviar o fardo do arraigado esquema de divisão social e hierarquia que pesa sobre as possibilidades de cooperação. Para que esse avanço ocorra, no entanto, precisamos de outro relato do eu e outra concepção das estruturas e de sua história. Sob tais ideias, nenhum papel pode ser totalmente adequado ao ser humano. Nenhum conjunto de instituições e práticas supre um lugar de descanso aceitável para a sociedade.

A religião do futuro

A ausência de qualquer ordenação natural da sociedade revela a conexão entre os limites políticos e metafísicos da humanização do mundo. Como não há essa ordenação natural de nossas relações uns com os outros – nem alguma ordenação que tenhamos motivo para aceitar definitivamente como sendo o âmbito de nossos esforços para aprender a lidar uns com os outros –, o esforço pela organização da sociedade tem de continuar e vai continuar. Talvez seja temporariamente contido e interrompido. Contudo, não será suprimido por muito tempo.

O avanço de todos os nossos interesses e ideais, como os entendemos em qualquer dado momento, exige que critiquemos e mudemos peças no pano de fundo estrutural da vida social. No entanto, sempre há mais do que apenas um entendimento defensável da direção que deve tomar a mudança exigida por nossos ideais e nossos interesses. À medida que progredimos no trabalho de reconstrução, as desarmonias no conteúdo dos interesses e das ideias que nos guiaram no começo tornam-se aparentes, e proporcionam mais ocasiões para conflito.

A natureza perene desse esforço quanto aos termos da vida social expõe as limitações dessa abordagem à vida. Ela também lança dúvida quanto à concepção metafísica que informa a humanização do mundo. As premissas da campanha de humanização tornam-se patentes no esforço para estabelecer ordem significativa num cosmos carente de significado: esclarecimento que carrega consigo a marca de nossas preocupações dentro de um universo escuro e inóspito.

O esforço contínuo quanto aos termos da vida social, tornado possível pela irrevogável contestabilidade de toda ordem social, acaba derrubando algumas das barreiras da divisão social na humanidade, mesmo que erga outras. Seja solapando seja criando tais divisões, ele revela, em sua continuidade, sua contingência, e assim convida a seguir na luta prática e visionária.

Não são apenas as muralhas existentes dentro da sociedade que chegam ao fim dessa maneira, desmoronando ou sendo removidas. São também as muralhas em torno da sociedade: a clareza da distinção entre a ordem social – construída em nossa escala e segundo a especificação de nossas preocupações – e o grande palco da natureza, amplamente desproporcional e indiferente a nossos desejos. Qualquer regime de vida social permanece para sempre contestável. Sua contestabilidade é manifestada num conflito permanente quanto aos termos da vida social. Como resultado, não podemos esperar que qualquer regime como esse suporte todo o peso de nosso desejo em estabelecer uma ordem social que permaneça não contaminada pelo alheamento da natureza e nos lance de volta nossa própria reflexão.

Algo dessa qualidade de alheamento vai entrar em nossa experiência de sociedade. Se tramarmos para expulsá-la, o preço será nossa rendição ao regime estabelecido. Essa rendição só será relativizada pelo aprimoramento de iniciativas humanísticas, e a consequente negação daquilo que mais interessa a nossa humanidade.

A relatividade do contraste entre a ordem de civilização cheia de significado e seu cenário natural carente de significado não é, contudo, simplesmente um problema; é uma espécie de solução. Ela provê base mínima para se rebelar contra o regime estabelecido e sua reivindicação de representar, ou prefigurar, o contexto definitivo da vida social. A metafísica antimetafísica da humanização do mundo é incapaz de captar essa verdade. Fazer isso seria mudar fundamentalmente sua visão sobre a condição e sua mensagem sobre a política e a moral.

CRÍTICA: A ESCOLA DA EXPERIÊNCIA

Um segundo conjunto de críticas à humanização do mundo tem a ver com o realismo de sua psicologia moral: sua perspectiva de seduzir homens e mulheres a se conformarem com suas premissas e propostas. Novamente, temos aqui dois aspectos-chave nos quais essa tradição de pensamento não faz justiça àquilo que realmente parecemos ser ou em que podemos nos tornar. Seus fracassos no entendimento da natureza humana comprometem a autoridade de suas recomendações políticas e morais. Cada fracasso tem a ver com um aspecto dos mais importantes da existência: nossa relação com as disposições estabelecidas da sociedade e os dogmas prevalentes da cultura, assim como nossas tratativas com nossos camaradas seres humanos.

A religião do futuro

Com essas reclamações, não estou procedendo com neutralidade na disputa entre as principais orientações espirituais exploradas neste livro. Estou apelando para ideias que foram historicamente associadas à luta com o mundo. Essa associação não que empresta a essas ideias sua autoridade; é o testemunho daquilo que aprendemos sobre o eu, a sociedade e a história. Pois as ideias também estão intimamente conectadas com o que a literatura imaginativa e o estudo social e histórico nos ensinaram sobre nós mesmos durante alguns séculos recentes. Ninguém que se tenha instruído nos romances e na poesia produzidos em quase toda parte do mundo – inclusive as partes do mundo nas quais a tradição em questão aqui exerceu sua maior influência – poderia aceitar a visão da história e da natureza humanas sobre a qual os humanizadores do mundo se baseiam.

A primeira dessas deficiências é a injustificada esperança de alcançar um casamento perfeito entre as ordens social e cultural reformadas e as disposições do eu. O casamento só pode se realizar completamente, segundo esse enfoque da existência, na vida e na mente dos mais virtuosos, mais exemplares da humanidade, e mesmo então somente no fim de suas vidas, quando cada um deles é capaz de "seguir o desejo de seu coração sem ultrapassar os limites do que é certo". Não obstante, esse é também o ideal que orienta a reforma da sociedade e da cultura que a humanidade busca. Harmonia na sociedade, assim como na alma, é o seu adágio.

Dessa perspectiva, tudo em nossa experiência que permanece recalcitrante a essa domesticação – e que, num vocabulário posterior, chamamos às vezes de sublimação – é algo a ser temido e, tanto quanto possível, erradicado. A persistência de qualquer desses resíduos de recalcitrância demonstra que o trabalho civilizatório ainda não foi concluído, e pressagia anarquia, na moral e na política. Ordem espontânea é melhor do que ordem imposta: ordem requerida por vontade alheia. Ordem imposta é melhor do que nenhuma ordem.

No entanto, nenhuma ordem pode conter nossa experiência, não importando o quanto se adorne a falta de ordem com as ilusões de uma falsa necessidade e ilusória autoridade, e se entrincheire contra desafio e resistência.

Humanização do mundo

Mesmo um regime que conceda às pessoas ao menos espaço para se desviar dos roteiros de comportamento e discurso a que ele as obriga será o involuntário hospedeiro de um infindável fluir de experiência contrária. Muito dessa experiência parecerá ser meramente incongruente ou estranho. Apenas parte dela parecerá ser perigosa. Mas toda ela revelará a verdade sobre nós, a de que excedemos incomensuravelmente os cenários organizados da sociedade e do pensamento.

Esse elemento de resistência na experiência torna-se então a fonte de profecia política e moral: o material bruto no qual os profetas moldam a forma de seu projeto. Novas disposições institucionais e novas imagens de associação humana – ideias de como as pessoas podem e deveriam se relacionar umas com as outras em diferentes domínios da vida social – vão buscar energia e inspiração no que parecia ser apenas resíduo informe de uma perdulária ou perigosa insubordinação ao trabalho dos civilizadores.

Assim como esta abordagem à vida deixa de levar em conta as sutilezas de nossa relação com o regime estabelecido da sociedade e da cultura, também deixa de oferecer relato adequado da fluidez e ambivalência de nossas tratativas uns com os outros. Sua postura característica é o ideal de um altruísmo atento às necessidades dos outros, respeitador dos papéis que cada um desempenha, e imperturbável em sua presuntiva clareza de visão. Uma premissa dessa postura é que a benevolência não baseada em interesse próprio tem direção clara, que pode ser prontamente distinguida das emoções a que se opõe e que substitui, e que pode prover uma fonte estável de orientação em meio às incertezas da vida.

Essa visão contradiz a realidade de nossas relações com outras pessoas. Em primeiro lugar, o amor se transforma facilmente em ódio, e ódio em amor. A ambivalência acompanha até nossas mais estreitas ligações.

O dinamismo radical da vida da paixão não resulta simplesmente de características ocasionais ou periféricas de nossa vida consciente. Ele surge de conflito profundamente assentado entre as condições que habilitam nossa autoconstrução. Cada um de nós cria um eu mediante encontro e conexão com outras pessoas. Toda conexão, no entanto, traz consigo o risco do enredamento do eu num esquema que nos rouba de nós nossa autopossessão e nosso autodirecionamento. A ambivalência em relação a outras pessoas é a expressão psicológica dessa verdade moral.

Uma magnanimidade remota – o ideal moral característico da humanização do mundo – pode conter essa ambivalência. Isso tem um custo. O custo é a aceitação de um equilíbrio de baixo nível, a distância mediana – nem perto de outras pessoas nem longe delas – que é associada à postura de desapegada benevolência: fazer o bem sem vulnerabilidade ou autotransformação. A certeza de superioridade por parte do doador benevolente ocorre sem abalar sua existência. Oferece a ele serenidade e autopossessão apenas lhe negando algo mais precioso: a possessão mais completa da vida.

Há uma segunda razão pela qual o relato da humanidade que está no centro desse enfoque da existência não passa no teste do realismo moral. Em todas as nossas relações uns com os outros, e na maneira como as representamos, estão em jogo duas esperanças conectadas, porém distintas. Há a esperança da reconciliação: que podemos entrar num relacionamento com outros que nos habilite a nos conectarmos mais enquanto pagamos por essa conexão menos do que o preço da subjugação e da despersonalização. Há também a esperança de obter, mediante essa reconciliação, garantia de que há lugar para nós no mundo, e de que somos reconhecidos e aceitos como os originais transcendentes ao contexto que todos sabemos que somos, apesar de nossa falta de fundamentação e de nossa condição de sem-teto no mundo.

É esta segunda esperança que experiências de desespero e de paixão põem em perigo. A benevolência sem interesses próprios, tão cara aos humanizadores – e aos filósofos morais em nossa tradição –, aparece então como plano B, uma segunda melhor alternativa putativamente segura.

Nesse eixo – o eixo da segunda melhor esperança – a questão não é simplesmente a de mais ou menos reconciliação com outras pessoas. É se somos capazes de investir nossas relações uns com os outros com um significado maior: o de assistir-nos em nosso esforço por aumentar nossa parte nos atributos que conferimos ao divino, nos tornarmos mais humanos ao nos tornarmos mais divinos. Quando essa esperança gera a uma tentativa de tornar o que é amado num substituto de Deus, e o próprio amor num antídoto a nossa falta de fundamentação no mundo, como fez às vezes no romantismo, ela se torna ilusão e perversão. Ela nega uma das falhas irreparáveis na condição humana.

No entanto, quando a esperança menor permanece imaculada ante essa ilusão corruptora, ainda que inalterada em sua força, ela salienta uma distinção em nossas atitudes em relação aos outros que é mais fundamental do que a alternância entre amor e ódio. É a oscilação entre paixão e indiferença, entre calor e frio. Nesse aspecto, amor e ódio não são opostos; estão do mesmo lado.

A atitude de desapego benevolente, ou de generosidade serena, pode parecer natural no reino ideal da humanização do mundo. No entanto, carrega a mesma relação de amor e ódio que o agnosticismo tem para com o teísmo e o ateísmo. Só por esse motivo ela já contradiria o objetivo de entrar mais completamente na possessão da vida.

Somente quando cada um de nós abandona a perspectiva de desapego e encara a relação com outra pessoa como fatídica para o eu é que o indivíduo confronta toda a força de sua ambivalência em relação aos outros que ele busca tão desesperadamente. A postura de benevolência distante o protegeu dessa força. Assim, os dois lados da experiência pessoal – o movimento entre amor e ódio e entre necessidade intensa e benevolência desinteressada – estão conectados.

Qualquer psicologia moral que permaneça cega a esse fator nos parecerá infantil e obtusa. Pouco interessa se lemos sobre seres humanos em Confúcio ou em Hume. A representação da humanidade parecerá se referir a outro ser, não a nós. Vão lhe faltar as complicações e contradições que prenunciam nossa vocação mais elevada e tornam possível nossa ascensão.

CRÍTICA: TRAIÇÃO AO FUTURO

A humanização do mundo não oferece ponto de partida utilizável para as mudanças que merecem ser centrais para qualquer revolução religiosa futura. Duas de suas limitações a tornam incapaz de servir a esse propósito. Uma tem a ver com sua resposta às falhas na existência; a outra, com sua inadequação como antídoto aos riscos do apequenamento.

Uma característica da humanização do mundo é seu reconhecimento dos fatos da mortalidade e da falta de fundamentação. No entanto, ela só os reconhece para se afastar decididamente deles para construir uma ordem humana projetada em nossa escala e de acordo com nossas preocupações. Esta é a estratégia da metafísica antimetafísica: ao nos encontrarmos num cosmos que só podemos compreender e dominar minimamente, encarando a certeza da aniquilação, e nos sendo negado entendimento sobre a fundamentação do ser, somos assim mesmo capazes de nos desenvolvermos nesse mundo inumano, um mundo só nosso.

A construção de realidade assim humanizada, dedicada a alimentar reciprocidades baseadas em papéis desempenhados, é também a única cura para nossa insaciabilidade. A nossos desejos errantes, inextinguíveis, as regras e rituais da sociedade darão forma e direção. Cada um de nós vai assumir seu lugar no mundo e atender, de acordo com seus ditames, às necessidades dos outros, guiados por crescente entendimento de sua experiência. Ao servir os outros, nos libertaremos de nós mesmos, ou melhor, da insaciabilidade que nos atormentou enquanto nosso autocentrismo permaneceu sem correção. Mais tarde, quando nos tornarmos mais virtuosos, não precisaremos mais da muleta da regra e do ritual para estarmos ao mesmo tempo em paz conosco mesmos e atentos às outras pessoas.

Nenhuma abordagem à existência parece mais modesta ou realista em sua atitude em relação às fraquezas da vida. No entanto, a consequência desse movimento de aversão – dar as costas a nossos intratáveis terrores para encarar tarefas factíveis – é nos negar alguns dos meios para despertar de uma vida semiconsciente, de convenção, compromisso e rotina, para uma recusa da morte em prestações. Não é bastante, nessa visão, a ideia da religião do futuro, de reconhecer os defeitos incuráveis da condição humana, só para então tratar de esquecê-los o mais rápida e completamente possível. É necessário usar nossa confrontação com eles como passo em nossa elevação.

Nossa mortalidade, que não é aliviada por qualquer perspectiva de discernir a fundamentação da existência, fará da vida, a todo momento, algo muito mais precioso. Nossa falta de fundamentação, vivida sob a sombra de nossa mortalidade, vai desacreditar e solapar toda tentativa de fundamentar um regime de sociedade ou de pensamento em narrativa sobre a natureza das coisas. Nossa insaciabilidade nos ensinará que os fins finitos a que nos agarramos nunca são suficientes para contentar-nos, mas apenas tantos pontos de parada ao longo do caminho.

Todos os ídolos do mundo vão encolher na presença desse despertar. Estaremos prontos para perguntar a nós mesmos como deveríamos viver e pensar uma vez lembrando a verdade quanto a nossa existência em vez de tentar esquecê-la. Vivida em amplo despertar, se a experimentarmos como de fato é, a vida humana está situada à beira do precipício da morte e do absurdo, e transfigurada por nosso desejo por mais do que qualquer realidade finita pode oferecer.

Ao se afastar do que é irreparável em nossa circunstância, a humanização do mundo também deixa de mostrar o caminho para a reparação daquilo que somos capazes de reparar: nossa suscetibilidade ao apequenamento. Como resultado, ela deixa de fazer justiça à ideia de que veio para exercer influência revolucionária em todo o mundo: a noção de que todo homem e toda mulher compartilham os atributos que atribuímos a Deus (quer esse Deus exista ou não) e de que podemos aumentar nossa parte nesses atributos mudando a organização da sociedade e reorientando a condução da vida.

Disseminada pelas religiões de salvação do Oriente Próximo, essa crença adquiriu então uma vida independente delas em programas seculares de libertação política e pessoal que incendiaram o mundo. É o principal fundamento da democracia, se por democracia se entender mais do que projeto para organização de política. É um tema importante do romantismo, tanto na alta cultura quanto na popular quando interpretamos o romantismo como presença contínua na consciência de sociedades recentes, não apenas momento efêmero na história da sensibilidade moral.

A concepção do eu como espírito corporificado, sempre capacitado a transcender os regimes sociais e conceituais em que está engajado, e sempre contendo mais poder e possibilidades do que esses regimes jamais poderão acomodar, é a premissa mais importante dessa ideia. Deixa de ser dogma filosófico ou teológico e torna-se conjectura factível quando informa visões de o que fazer em seguida na política e na moral. É porque seus devotos, espalhados pelo mundo, não sabem mais o que fazer em seguida na perseguição a esta visão que ela nos parece ao mesmo tempo forte e fraca. É forte por conta de sua incomparável autoridade. É fraca porque o caminho para sua realização política e moral deixou de ser claro.

A humanização do mundo não compartilha desse propósito. A ambição que a governa é alcançar harmonia na sociedade e no eu. Ela quer fomentar o desenvolvimento de uma vida na sociedade que atribua responsabilidade aos outros que estão no comando, informados por imaginação e autopossessão. Seu programa é combinar o incremento de nossos poderes coletivos com a diminuição de nossa crueldade um com o outro. Sua prescrição para a obtenção desse objetivo é que cada um de nós faça a sua parte, na posição social que o destino e o mérito lhe destinaram, mesmo cultivando seus poderes de empatia imaginativa.

Para os institucionalmente conservadores ou social-democratas céticos que agora passam por progressistas em grande parte do mundo, esse programa pode parecer a melhor coisa que se pode, razoavelmente, esperar. Para os teóricos de um altruísmo racionalizante que durante muito tempo prevaleceu na filosofia moral (seja sob a forma benthamita, kantiana ou das doutrinas do contrato social), o perfeccionismo prático dos humanizadores do mundo pode facilmente ser traduzido para seu vocabulário filosófico preferido. Para as classes instruídas das sociedades contemporâneas, que entendem a vida moral mormente na linguagem dos papéis e das obrigações baseadas nesses papéis, não há nada nos ensinamentos da humanização do mundo, a não ser sua expressão no contexto específico dos escritos de um pensador antigo, que pareça estranho, novo ou até mesmo controverso. De muitas maneiras, a humanização do mundo pode parecer ser o ensinamento não oficial de uma cultura que ficou impaciente e desconfiada de todos os empreendimentos transformadores, e que está feliz em contentar-se com a melhora e a suavização do que ela julga ser, no futuro próximo, inevitável.

No entanto, os próprios fatos que fazem com que essa abordagem à existência fique mais próxima da atual consciência e prática a tornam inadequada para servir como instrumento de revolução espiritual. No mínimo, estará mal equipada para servir a uma revolução espiritual que se rebele contra nosso apequenamento pelo mesmo movimento mediante o qual ela reconhece nossa mortalidade, nossa falta de fundamentação e nossa insaciabilidade. A vida, não a harmonia, é o lema para essa reorientação de nossa experiência. Ela sabe que só seremos capazes de criar um eu se desafiarmos – e mudarmos – estruturas de sociedade e de pensamento. Ela sustenta que só nos tornaremos mais humanos se nos tornarmos mais divinos. Mais do que humanização da sociedade, ela busca divinização da humanidade.

CAPÍTULO 4
LUTANDO COM O MUNDO

IDEIA CENTRAL, FALADA EM VOZ SAGRADA E EM VOZ PROFANA

Por mais de 2.500 anos, a luta com o mundo tem sido a terceira direção importante na história espiritual da humanidade. Sua ideia central é que existe um caminho de ascensão, que exige de nós e nos habilita a passar por transformação tanto da sociedade quanto do eu, e nos recompensa com um bem incomparável. Esse bem é um compartilhamento maior dos atributos do divino, vida eterna ou vida maior, com poderes mais altos, que nos fazem mais divinos.

Ao percorrer esse caminho, triunfamos sobre o mal. O mal é a morte e, além da morte, o apequenamento do ser. É falha nossa sermos resgatados do que parece ser nossa condição: organismos desafortunados e morrentes, incapazes de discernir o motivo de nossa existência e desejando, especialmente um do outro, mais do que jamais poderemos receber. A separação do divino e a separação uns dos outros pressagia a morte – fecha a rota de fuga dessa condição. Ela é em si mesma um começo de morte, porque nos deixa bloqueados e diminuídos, face a face com nossa mortalidade, nossa falta de fundamentação e nossa insaciabilidade, e numa sangria de vitalidade antes mesmo de perecermos.

Se não podemos usufruir da vida eterna prometida por algumas versões da luta com o mundo, nem ser levados à presença e ao favor de Deus, podemos ao menos possuir a vida maior oferecida por outras versões, e nos tornar mais divinos. Independentemente se nossa elevação tome ou não a forma de vitória sobre a morte, ela nos convida a passar por itinerário de mudança em nós mesmos e nas sociedades, e faz com que nos seja impossível aceitar qualquer ordem social ou modo de vida estabelecidos como sendo nosso lar definitivo e adequado.

De acordo com a luta com o mundo, as raízes do ser humano estão no futuro. Vivemos para o futuro, seja o futuro salvação que começa na história humana, mas é consumada além dela, seja maneira de ordenar uma vida social que faça justiça a nossa humanidade.

A luta com o mundo se expressou em duas vozes. Uma voz é sagrada – a das religiões de salvação semíticas: judaísmo, cristianismo e islamismo. A outra voz é profana – a dos projetos seculares de libertação. Esses projetos incluíram os programas políticos do liberalismo, do socialismo e da democracia, assim como o movimento romântico, especialmente a cultura romântica popular global, com sua mensagem da dignidade divina do homem e da mulher comum, e a insondável profundidade e alcance de sua experiência.

Pois a forma sagrada de luta com o mundo – nosso esforço por responder a nossa mortalidade, nossa falta de fundamentação e nossa insaciabilidade – está inserida numa história maior de transações entre Deus e o gênero humano. Somente devido ao trabalho de salvação feito por Deus na história podemos ter esperança de escapar ao mal e obter uma vida mais elevada e eterna. A história é uma cena significativa, mas incompleta de salvação e não um pano de fundo epifenomenal à nossa ascensão e à nossa queda. O que começa na história continua além dela. Uma mudança no caráter de nossas relações uns com os outros forma parte crucial de nosso resgate. Por intermédio de tal mudança confirmamos nosso recebimento da graça divina e nos elevamos acima da morte, da falta de fundamentação e da insaciabilidade. O verdadeiro significado e o potencial de nossas relações uns com os outros, no entanto, ficam manifestos apenas nas interações entre Deus e o gênero humano.

Lutando com o mundo

O próprio Deus é para ser representado na categoria de personalidade e não como sendo uma não pessoa e um não ser (embora a teologia que nega as tendências místicas dentro de cada uma dessas religiões tenha sempre flertado com esse entendimento herético de sua natureza). Podemos compreender nossas relações com Deus por analogia com nossas relações uns com os outros, porque ambos os conjuntos de relações compartilham natureza de experiência pessoal.

As religiões semíticas de revelação e salvação não são três faces da mesma fé. São religiões diferentes. Diferentemente das outras duas, o cristianismo não é, em nenhum sentido, religião da lei. Além do mais, sua influência nos projetos seculares de libertação política e pessoal e sua afinidade com eles têm sido muito maiores do que os usufruídos pelo judaísmo e pelo islamismo. Não obstante, os aspectos comuns entre as três religiões no que concerne aos princípios essenciais de seu enfoque ao mundo são amplos e de longo alcance. Esses elementos compartilhados tornam-se inconfundíveis em contraste com a humanização do mundo e a superação do mundo.

Para a forma profana da luta com o mundo não há ninguém aqui a não ser nós. As formas sagrada e profana da luta com o mundo transmitem mensagens distintas, porém análogas. Não faz parte de meu relato sobre a luta com o mundo apresentar a versão profana dessa abordagem como sendo simples tradução da mensagem dessas religiões para discurso secular.

O cristianismo ajudou a moldar os empreendimentos seculares de emancipação, tanto política quanto pessoal. No entanto, esses esforços de libertação sofreram muitas outras influências. Carregam a marca de ideias estanhas ao cristianismo e exibem os efeitos de mudanças sociais e econômicas que não podem ser reduzidas a ideias. Nenhuma das conquistas mais características da civilização ocidental pode ser compreendida sem levar em conta sua relação frequentemente ambivalente com o cristianismo. Os programas de libertação social e pessoal que ocuparam lugar tão importante na história dos últimos séculos não constituem exceção a essa regra.

As versões sagrada e profana da luta com o mundo se mantêm de pé sobre as próprias pernas. As diferenças entre elas importam. Importam, em primeiro lugar, para o conteúdo da mensagem. Importa se deveríamos ou não ver nossos esforços de transformação social e autotransformação como incidentes numa história de tratativas entre Deus e a humanidade. Aos olhos do crente, o incréu pode estar sob suspeição de pelagianismo, a heresia segundo a qual esperamos alcançar salvação por nossos esforços, em tempo histórico. Para o incréu, o crente situa a fonte da salvação além da história, para melhor se submeter aos poderes estabelecidos. As mensagens das versões sagrada e profana da luta com o mundo diferem, e têm implicações diversas para a condução da vida bem como para a organização da sociedade.

Devemos resistir à tentativa, característica da cultura contemporânea, de relativizar a diferença entre acreditar e não acreditar na verdade das narrativas da obra salvadora de Deus, centrais na versão sagrada da luta com o mundo. Esta casa no meio do caminho entre crença e descrença toma muito frequentemente a forma de um esforço por interpretar essas narrativas como alegorias de verdades que podem ser declaradas em termos morais e políticos seculares. As histórias sobre a intervenção salvadora de Deus no mundo que Ele criou e sobre seus encontros com a humanidade no decurso dessas intervenções devem ser desmitologizadas. Se o resultado da desmitologização for representação que possa muito bem ser declarada sem benefício da fé num Deus transcendente ou em sua intervenção salvadora, o exercício de desmitologização terá ido bem além do marco intermediário entre crença e descrença. Como faz comumente – a tradução alegórica fica no lugar de um ateísmo ou um agnosticismo que se recusa a reconhecer a medida de sua descrença.

A primeira e mais fundamental objeção a essa casa no meio do caminho é o fato de que ela suprime uma importante diferença. Faz isso sob a influência de uma vontade de acreditar. Cada uma das três abordagens à existência que aqui considero requer comprometimento com uma existência que segue uma direção específica. Os fundamentos para esse comprometimento são sempre inadequados ao significado do comprometimento. A desproporção é uma das características do que comumente chamamos, e temos razão ao chamar, de religião. O desequilíbrio entre a escolha de uma direção e nossa capacidade de justificar essa escolha tem, em cada uma dessas orientações da vida, caráter distinto. É diferente, também, nas variedades sagrada e profana da luta com o mundo.

Nos monoteísmos semíticos, a desproporção entre o comprometimento e os seus fundamentos assume sua forma mais extrema. Aqui nós dobramos, e dobramos novamente, nossas apostas depositando nossa fé na esperança do resgate vindo lá de cima – na interação entre o empenho humano e a graça divina. O desequilíbrio entre o comprometimento que é exigido de nós e os aparentes fundamentos para assumir o comprometimento é menos extremo, e mesmo assim assustador, na superação e na humanização do mundo assim como na forma profana da luta com o mundo.

Pode parecer que a casa no meio do caminho entre crença e descrença – o encolhimento alegórico ou metafórico da fé na narrativa da intervenção divina – diminui essa desproporção ao não nos pedir nada que não possamos justificar pelos padrões da razão secular. No entanto, ela só faz isso esvaziando a fé de sua força e de seu conteúdo distintivos, reduzindo assim o comprometimento radical que a fé pode informar e inspirar. É uma espécie de autoengano, animado por desejo sentimental de acreditar que essa casa no meio do caminho é desprovida da experiência de fé viva. Em vez de dobrar a aposta, isso a relativiza de comprometer a existência numa direção específica e limita o risco apenas à renúncia ao prêmio. O que começa com autoengano termina como confusão ou covardia.

Uma segunda objeção à casa no meio do caminho entre crença e descrença é que ela invariavelmente pode ser encontrada estando a serviço das convencionais devoções morais e políticas do dia. O mesmo autoengano e a mesma covardia que informam a desmitologização da religião ajudam a explicar a falta de vontade para desafiar essas devoções. Seu princípio dominante é a acomodação da mensagem à estrutura estabelecida da sociedade e da vida. Assim, a fé religiosa, diminuída na casa no meio do caminho, e o humanismo secular convencional estão a serviço das mesmas convenções morais. Reduzida a uma reafirmação alegórica desses lugares-comuns, a fé religiosa torna-se um ornamento ocioso.

A religião do futuro

Após termos rejeitado todas as tentativas de fragmentar a diferença entre crença e descrença na narrativa da revelação e redenção divinas, ainda resta, não obstante, um terreno comum entre as versões sagrada e profana da luta com o mundo. É para esse terreno comum que me volto agora.

VISÃO METAFÍSICA

A luta com o mundo se desenvolve contra o pano de fundo de uma visão de realidade e de nosso lugar nela. Essa visão frequentemente fica implícita em ideias sobre o caminho de nossa ascensão, mediante transformação e autotransformação, para triunfo sobre a morte e para maior compartilhamento dos atributos da divindade. Nesse sentido, isso é pressuposto nessa orientação espiritual. A negação de qualquer parte dessas premissas rouba o ensinamento sobre nossa ascensão de parte de seu significado e de sua autoridade.

Essa visão não equivale a um sistema metafísico. Ela é compatível com ampla margem de ideias filosóficas sobre o eu e o mundo. Contudo, há muita coisa que ela exclui. A limitação histórica de vocabulários e tradições filosóficas disponíveis cria uma permanente tentação de declarar esses pressupostos de maneira demasiadamente estreita. O exemplo mais conhecido de ceder a essa tentação na história do Ocidente é a tentativa de formular a doutrina cristã nas categorias da filosofia grega.

Entretanto, as exigências dessa visão do mundo estão longe de serem triviais. Elas fazem mais do que apenas excluir uma vasta rede de crenças sobre a natureza e a humanidade que se manteve em lugar proeminente na história do pensamento especulativo. Elas contradizem muitas das crenças que prevaleceram até mesmo onde e quando uma ou outra versão da luta com o mundo era a ortodoxia predominante. Assim, se a luta com o mundo conflita (como argumentarei mais adiante) com o modo pelo qual as sociedades contemporâneas estão organizadas, isso contradiz também, por meio de seus pressupostos, muitos de nossos arraigados modos de pensar. Até hoje, após séculos de influência sem rival, ela não penetrou completamente na consciência de muitos daqueles que alegam ser incondicionalmente leais a ela.

1. Existe apenas um mundo real.* O fato mais importante sobre o mundo é sua escandalosa particularidade: ele ser o que é e não outra coisa. A ideia de um único mundo real está em oposição à ideia de que nosso mundo é um entre muitos outros, existindo em paralelo ou passando de possibilidade para efetividade. Sob tal ideia, incompatível com a visão que informa a luta com o mundo, o único mundo real cede assim algo de sua realidade para os muitos outros mundos efetivos – ele parece simplesmente uma variação precária e evanescente do funcionamento da natureza.

A caracterização do único universo real como um entre muitos, até mesmo infinitamente muitos, universos teve caráter proeminente na cosmologia e na física contemporâneas. Ela tem sido usada para redescrever como sucesso explanatório a falência de certas teorias – tal como a teoria das cordas na física de partículas – unicamente para explicar as características do universo em que nos encontramos. Para cada versão dessas teorias corresponderia um universo diferente, no qual se sustenta sua representação do funcionamento da natureza. O universo real único seria apenas um desses universos imaginados.

De todos os elementos da visão de realidade aqui descrita, esse elemento é o que pode parecer ser o menos estrita e necessariamente pressuposto pela luta com o mundo. Mas a existência singular do universo está intimamente

---

* Veja Roberto Mangabeira Unger e Lee Smolin, *The Singular Universe and the Reality of Time* [A singularidade do universo e a realidade do tempo], 2014, para um desenvolvimento de muitas das teses dessa visão metafísica que informa a luta com o mundo. Nessa obra, a concepção sustenta-se por si mesma como uma posição dentro da cosmologia e da filosofia natural. Sua pertinência à argumentação do presente livro está em sugerir que podemos não só radicalizar essa visão metafísica, mas ao radicalizá-la, é possível reconciliá-la com o que a ciência descobriu sobre o funcionamento da natureza.

conectada à realidade do tempo, e o reconhecimento da realidade do tempo, por sua vez, suporta ideias de história e de novidade que provam ser indispensáveis a essa abordagem da vida. Inversamente, a negação da existência única do universo rouba aos eventos que ocorrem em nosso mundo algumas de suas forças fatídicas, pois agora eles começam a parecer não ser mais do que a encenação de um roteiro que pode tomar, ou tomou, muitas formas extremamente diferentes.

Se a tese da pluralidade de universos, não causalmente conectados uns com os outros e desprovidos de qualquer tempo compartilhado ou global, se encaixa mal no conceito da luta com o mundo, a ideia de sucessão de universos, de estados do universo sucedendo um ao outro como resultado de pontos de inflexão, de contração e de expansão, se encaixa facilmente. O mundo real único tem uma história. Até onde sabemos (que cabe à ciência natural estabelecer), essa história pode ter começado antes do flamejante início do universo atual.

2. O tempo é inclusivamente real. O tempo não é uma ilusão, como as versões mais radicais da metafísica da superação do mundo representam sendo, nem, como muitas de nossas ideias estabelecidas sobre a causação e as leis da natureza implicam, toca apenas certos aspectos da realidade. Ele mantém controle sobre tudo; nada está isento de sua influência.

A ideia de realidade inclusiva do tempo pode, no início, parecer ser uma noção geralmente aceita, contestada somente pelas doutrinas metafísicas que permaneceram marginais às principais correntes de filosofia e ciência no Ocidente. Na verdade, é uma proposição revolucionária, que contradiz muitas de nossas crenças convencionais, especialmente sobre causalidade, bem como muito de nosso entendimento estabelecido de o que a ciência nos ensinou sobre a natureza.

A física do século XX reafirmou a crença numa estrutura imutável de leis da natureza mesmo quando derrubou a distinção entre fenômenos naturais e seu pano de fundo no espaço e tempo. Mas a ideia de leis da natureza imutáveis supõe que as leis, as simetrias e as constantes da natureza representam

Lutando com o mundo

exceção ao princípio de que o tempo governa tudo. Não leva às últimas consequências a tese de que o universo tem história.

Nessa história, houve, segundo interpretação daquilo que agora sabemos sobre a história do universo, um momento em que temperatura e energia tiveram valores extremos, conquanto não infinitos, quando os fenômenos eram excitados a graus de liberdade mais elevados do que os que vieram a exibir no universo esfriado ulterior, quando as distinções estruturais entre os componentes da natureza ainda não tinham surgido (ou tinham existido antes em forma diferente e cessado de existir) e quando a distinção entre estados de coisas e as leis que os governam deixou de vigorar. As leis podem então ter evoluído mais rapidamente, juntamente com os fenômenos.

Nosso enfoque das tarefas mais genéricas de explanação na ciência natural estende impropriamente a toda a história do universo as formas de explanação que desenvolvemos para compreender o funcionamento do universo esfriado, o universo no momento de sua história em que a humanidade vive. Da mesma forma, ele equivocadamente inclui no trabalho de explanação cosmológica – vale dizer, a explanação do universo como um todo e de sua história – estilos de explanação que desenvolvemos para tratar de partes da natureza. Somente nesse estudo local podemos distinguir com sucesso espaço de configuração de fenômenos governados por leis imutáveis e condições iniciais estipuladas para o espaço de configuração. Juntos, esses dois projetos mal direcionados – ir da explanação do universo esfriado para a explanação de toda a história do universo, e de uma região do universo para o universo como um todo – contribuem para a falha de não reconhecer a realidade inclusiva do tempo.

De modo semelhante, nossas crenças convencionais quanto à causalidade se equivocam quanto à realidade do tempo. Elas implicam que o tempo é real, mas não real demais. Se o tempo não fosse real, não existiria causação, como convencionalmente a compreendemos. Efeitos têm de ocorrer depois de causas. Sem o tempo, a causação pode ser reduzida a implicação lógica: efeitos se tornariam simultâneos a suas causas assim como as conclusões de um silogismo são em relação a suas premissas. Se, no entanto, o tempo é inclusivamente real, e as leis da natureza podem, ao menos em princípio, evoluir, descontinuamente, junto com os fenômenos que elas governam, nossas explanações causais não têm mais justificativas imutáveis. Elas estão à deriva com as leis mutantes da natureza. A causação poderia significar então algo diferente do que nossas crenças convencionais levam a significar, ou seria anterior às leis da natureza e não derivadas delas. A causalidade é mais bem encarada como característica primitiva da natureza, que pode ou não assumir formato semelhante ao de lei recorrente.

Tudo muda graças ao tempo. O próprio tempo, contudo, não surge ou desaparece.

O tempo inclusivo é contínuo. Ele não é, como sugere a interpretação aritmética do conceito de *continuum*, para ser entendido como uma série de tomadas imóveis, de fatias, como supõe uma concepção de tempo enfeitiçada pela ideia da supremacia do tempo sobre o espaço.

Nessa visão, o tempo não é emergente. Esse é, na verdade, o único aspecto da realidade que não pode emergir de um pano de fundo mais fundamental. Nós registramos sua realidade, sempre e em toda parte, reconhecendo o caráter diferencial da mudança: algumas coisas mudam em relação a outras. No entanto, os tipos de coisas que existem também mudam, e assim também as maneiras pelas quais eles mudam. É isso que o tempo é: a disparidade da mudança num mundo no qual tudo, inclusive a própria mudança, muda mais cedo ou mais tarde.

3. O novo pode acontecer. Na visão que é requerida pela luta com o mundo, eventos realmente novos podem ter lugar no mundo. O realmente novo não é definido pelas estruturas preexistentes da realidade e pelas leis da natureza prevalentes na época. Ele as viola, não apenas nosso entendimento do que elas são. Ele evolui junto com elas.

O novo não é só um fantasma perambulando pelo mundo esperando sua deixa para subir ao palco da atualidade – um possível estado de coisas, dentro do perímetro de todos os possíveis estados de coisas, que pode ser identificado, de uma vez por todas, por pensamento especulativo ou por ciência empírica. O horizonte exterior do possível não pode ser fixado previamente nem pelo primeiro nem pela segunda. O que conta é o que é imediatamente possível: o que podemos fazer em seguida, aquilo em que o atual estado de coisas pode se tornar sob certas intervenções, o ali a que nós, ou a natureza, podemos chegar a partir daqui.

O realmente novo implica surpresa, surpresa não só à luz de nossa atual compreensão do mundo, mas de qualquer compreensão, mesmo um domínio divino da concatenação de causas e efeitos do início ao fim do tempo.

A disponibilidade da surpresa no mundo e a capacidade humana de causar surpresa – até a nós mesmos – são parte integrante da luta com o mundo em todas as suas formas, sagradas e profanas. A obra salvadora de Deus é, para o crente, a surpresa decisiva – não importa quão prefigurada por profecia, ela representa uma reviravolta radical quando chega, persistindo na infindável surpresa que a interação da graça divina com o empenho humano torna possível. Para o incréu, a ascensão do gênero humano se manifesta, entre outras marcas, no aumento da vitalidade. A capacidade de surpreender, no sentido de atuar fora do roteiro tanto da ordem social quanto do individual, faz parte do que a vitalidade significa.

O mesmo princípio continua na organização interna da mente: o aspecto antimodular e antiformular da mente, isto é, a mente como imaginação, pode prevalecer sobre a mente como máquina modular e formular. Não prevalece como resultado de qualquer mudança na constituição física e na função do cérebro. Prevalece como resultado de mudança cumulativa na organização da sociedade e da cultura assim como na orientação da pessoa para seu próprio caráter e sua própria vida. Na medida em que a sociedade e a cultura estão organizadas para diminuir a distância entre nossos movimentos para preservação de contexto e nossos movimentos para transformação de contexto, e na medida em que a escola exercita sua missão profética de ser a voz do futuro e não o instrumento da família ou do Estado, a mente como imaginação ganha poder sobre a mente como máquina.

Essa visão da surpresa como atributo constitutivo de nossa humanidade é estranha aos estilos do determinismo causal e estatístico que informa grande parte da compreensão estabelecida do que a ciência tem descoberto. É também estranha ao espírito e à prática de grande parte de uma positiva ciência social. Para seus adversários, esta ideia parece ser forma de irracionalismo, quando é de fato afirmação de nossos poderes de discernimento imaginativo e de ação transformadora.

4. A história está em aberto. A abertura da história significa que o decurso da história não se reduz a um roteiro, pelo menos não a um que sejamos impotentes para rejeitar ou reescrever.

No entanto, a invocação de tal roteiro é mais do que simples ilusão. É a compreensão equivocada de um fato: a influência exercida pelas disposições arraigadas da sociedade e da cultura. Elas podem estar estabelecidas de forma a negar a seus participantes pronto acesso aos meios e às ocasiões para desafiá-las e mudá-las. Podem aumentar a distância entre os movimentos comuns que fazemos dentro de uma ordem institucional ou ideológica que tomamos como certa e os movimentos incomuns com os quais, tipicamente ao se provocar uma crise, chegamos a desafiar e mudar componentes dessa ordem. Nesse cenário, a crença na santidade, na autoridade ou na necessidade da ordem estabelecida pode representar profecia que se autorrealiza. Graças a essa profecia, as disposições atuais começam a parecer ser a única maneira de promulgar os interesses reconhecidos, e os ideais professados, por quem vive sob essas regras.

Quanto mais um regime institucional e ideológico na sociedade ou um regime conceitual no pensamento exibe essas características, mais ele parece ser uma coisa, ou um destino estranho e irresistível, e não a construção contingente e revisável que realmente é. Contudo, mesmo no limite extremo dessa tendência, a ordem arraigada nunca será tão arraigada que possa se garantir contra o poder que têm aqueles que a habitam para resistir a ela e mudá-la. Ela nunca será capaz de reduzi-los completamente à condição de pobres fantoches. Assim que circunstâncias imprevistas abalam a estabilidade da ordem, a ambivalência da atitude das pessoas em relação a elas torna-se manifesta: aqueles que pareciam não estar resistindo aos instrumentos do regime de vida ou de pensamento agora mostram a face da apostasia e da subversão.

Podemos, no entanto, reorganizar as disposições da sociedade e da cultura de modo que forneçam os instrumentos e multipliquem as ocasiões para o próprio refazimento. Podemos reduzir a distância entre nossos movimentos de preservação de contexto e nossos movimentos de mudança de contexto de modo que um processo de transformação surja mais continuamente dos trâmites normais da vida cotidiana e a mudança fique menos dependente de uma crise como condição para habilitá-la.

Graças a essas mudanças na organização da sociedade e da cultura, a história torna-se – efetivamente, não só em princípio – mais aberta a nossa ação transformadora. O resultado acrescenta substância e brilho a nossa ascensão. Faz-nos mais livres e maiores. Aumenta nosso compartilhamento de alguns dos atributos que os crentes das religiões de salvação atribuem a Deus.

Podemos conduzir a mesma campanha para o reino das ideias e práticas discursivas. Nesse reino, ela resulta no afrouxamento das restrições que a predominância do método sobre a visão e o endurecimento das distinções entre disciplinas impõem a nossa capacidade de pensar e falar sobre o que mais interessa. Ela pode acelerar o ritmo da inovação intelectual em cada disciplina. Mudança em ideias e atitudes combina com mudança em instituições para habilitar a mente como imaginação (não modular, não formular e possuída dos poderes de infinidade recursiva e capacidade negativa) para prevalecer sobre a mente como máquina modular e formular.

A ideia da abertura da história é então tanto a declaração de um fato quanto um objetivo de ação. Como declaração de um fato, ela se apodera de um traço definidor de nossa humanidade – nossa transcendência sobre todo contexto – e interpreta cada aspecto de nossa constituição e experiência à luz da dialética entre circunstância e transcendência. Como objetivo de ação, ela exige uma mudança progressiva não só no conteúdo das disposições sociais e culturais, mas também em sua qualidade, vale dizer, no caráter de sua relação com nossos poderes de resistência à estrutura e nossos poderes de transcendência à estrutura.

A religião do futuro

Para o crente, nosso sucesso em tornar a história mais aberta, bem como em reconhecer essa abertura fundamental que, em virtude de ser história humana, ela nunca poderá perder, é o complemento e a continuação de uma mudança anterior. Deus garantiu que nossa história fosse aberta quando nos criou como espírito corporificado. Nessa abertura, permitiu-nos fazer o bem ao intervir na história. No vocabulário da teologia cristã (com contrapartidas em cada uma das outras religiões de salvação semíticas), Sua obra redentora, manifestada como graça, nos habilita a nos libertarmos do pecado, que é a separação Dele, dos outros, e de nós mesmos.

Para o incréu, a abertura da história, tanto como declaração de fato quanto como objetivo de ação, nos oferece oportunidade de mudar a qualidade, bem como o conteúdo, dos contextos sociais e culturais que construímos e habitamos. Isso assegura, também, vasto espaço para o exercício de nossos poderes de imaginação: nossa capacidade de entender o que é real, na sociedade e na história, do ponto de vista das alternativas acessíveis.

No entanto, as abordagens dominantes para a compreensão da sociedade e da história negam a abertura da história num ou noutro grau. A teoria social europeia clássica, como exemplificada mais completamente na obra de Karl Marx, afirmava a ideia de que as estruturas da sociedade são artefatos humanos que podemos reimaginar e refazer. No entanto, ela comprometeu sua descoberta revolucionária ao abraçar uma série de superstições necessitaristas: as ideias de que há uma lista fechada de sistemas institucionais indivisíveis, que se realiza sucessivamente no decurso da história (resultando no estabelecimento, para sempre, do horizonte do possível nas formas alternativas de organização da sociedade); de que cada uma dessas ordens institucionais equivale a um sistema indivisível (resultando em que todas as políticas têm de representar a reforma que melhora um desses sistemas ou sua substituição revolucionária); e de que inexoráveis leis de mudança histórica impulsionam a sucessão de sistemas (resultando em que a história torna supérflua a imaginação programática).

Essas superstições ou falsa necessidade impediram que a tese do caráter de artefato que teria a ordem social fosse levada a sua radical e verdadeira conclusão: a consciência de que toda a ordem social é política congelada – contenção temporária da luta pelos termos da vida social.

As ciências sociais positivas rejeitaram essas fortes alegações de falsa necessidade só porque também tinham abandonado o contraste – central na teoria social clássica – entre a superfície e a profundidade da vida social, entre as estruturas formativas e as rotinas formadas. Consequentemente, renunciaram também à tentativa de compreender a descontinuidade estrutural na história da sociedade e da cultura. A argumentação sobre os ordenamentos alternativos da vida social é assim deixada sem base na explicação da experiência; é cortada a conexão vital entre o entendimento do real e a imaginação do possível adjacente. Uma pátina de naturalidade e necessidade recai sobre a vida social. A suposta ciência da sociedade torna-se cúmplice de ajudar a manter a ditadura da ausência de alternativas.

Os discursos normativos de filosofia política e teoria legal nada fazem para corrigir essa humilhação do intelecto. Eles fornecem suportes teóricos para práticas destinadas a humanizar ou aprimorar o último grande estabelecimento institucional e ideológico nas ricas sociedades do Atlântico Norte: redistribuição compensatória mediante imposto e transferência e idealização da lei no vocabulário de política e princípio impessoais. As humanidades tornam-se o terreno para aventuras em experiência subjetiva desconectada da reorganização e reimaginação da sociedade. Elas nos ensinam a cantar estando acorrentados.

De todas essas maneiras, nossas ideias dominantes sobre sociedade e história nos impedem de ter o senso da abertura da história e nos negam orientação para como torná-la mais aberta.

5. O eu tem uma insondável profundidade. Podemos avaliar melhor o significado dessa parte da visão que informa a luta com o mundo considerando ao que ela se opõe. Numa primeira instância, ela se opõe à redução do eu a sua posição social. Tal posição nos situa como protagonistas num plano estabelecido de divisão e hierarquia social. O indivíduo torna-se a corporificação de sua casta, sua comunidade ou seu papel. Ele executa o plano que sua posição deposita em suas mãos.

A religião do futuro

Quanto a esse aspecto, a ideia da profundidade do eu exemplifica tema compartilhado pelos avanços que resultaram nas três orientações: a superficialidade das divisões no gênero humano. Nenhuma forma dessas divisões dura para sempre. Nenhum roteiro que elas atribuem a um indivíduo, instruindo-o quanto ao que fazer e como sentir, merece mais do que obediência condicional e temporária ou penetra até o cerne de sua humanidade.

Essa concepção do eu também é oposta, embora menos obviamente, à ideia da redução do indivíduo a seu próprio caráter, a forma enrijecida do eu. A dialética entre fórmula e surpresa tem pertinência em todo aspecto de nossa experiência. Rotina e repetição criam uma estrutura na qual o inesperado pode ocorrer e tem significado. No entanto, a rigidez de toda orientação a nossas tarefas e nossos envolvimentos representa, à luz dessa ideia, uma negação de nossa inexauribilidade por circunstância finita.

Quanto a esse aspecto, a ideia de profundidade do eu vai além das crenças que são comuns às revoluções religiosas que produziram as religiões mais cultas, ou as religiões de transcendência: os modos de pensar que expressaram e desenvolveram as três abordagens à existência que aqui considerei. A profundidade que essa ideia afirma é só o lado inverso de nossa transcendência. Em seu centro reside a confrontação com a disparidade que existe entre todas as condições finitas da existência e o anseio pelo infinito. Dessa disparidade surgem as tentações de falsa transcendência e de idolatria. A santificação de qualquer ordem social representa um caso especial dessas tentações: a inclinação a projetar nosso anseio pelo infinito num inadequado veículo finito. Disso resulta também nossa suscetibilidade ao apequenamento em meio às restrições e compromissos que refutam nossa transcendência ao contexto.

A profundidade do eu, apreendida dessa maneira mais radical, é responsável por nossa obscuridade uns em relação aos outros e a nós mesmos. Ajuda a fazer de nós objetos do desejo um do outro, de desejo ilimitado que somos para sempre incapazes de satisfazer. Exigimos mais de outra pessoa do que ela jamais poderá dar: que sua autodoação assegure a cada um de nós um lugar incondicional no mundo e compense, por meio do amor, nossa falta de fundamentação.

Lutando com o mundo

É a profundidade do outro eu que o torna objeto de desenfreado anseio. No entanto, essa mesma profundidade impede que essa sede seja totalmente saciada alguma vez. Não podemos possuí-la mesmo que a experimentemos. Como espírito corporificado, ela nos elude. Ao fazer isso, parece estar nos referindo a Deus, ou a nada.

6. O comum é mais promissor do que o sublime. "Derramarei meu espírito sobre toda carne", assim fala Deus na Bíblia hebraica. Para a luta com o mundo, homens e mulheres comuns têm a centelha do divino. São espíritos corporificados, não resignados a uma circunstância depreciadora. Eles podem ascender, com ou sem a ajuda da graça divina.

Seu poder para se elevar – para aumentar seu compartilhamento nos atributos da divindade, ou para se aproximar de Deus, ou do divino que existe neles mesmos – pressupõe e produz uma subversão das hierarquias do nobre e da base pelas quais todas as civilizações históricas circularam

Não se trata de que o humilde se iguale ao soberbo, e as formas vulgares de sensibilidade sejam tão reveladoras quanto as hieráticas ou canônicas. Trata-se de o humilde e o vulgar serem mais elevados. São mais elevados porque são mais livres da pose e da vigilância – sobre si mesmos e sobre os outros – que impedem cada um de nós de se aproximar do que Shakespeare chamou de a coisa em si mesma: o homem não acomodado. Quanto mais homens e mulheres comuns são orfanados pelos poderes estabelecidos do mundo, mais motivos têm para achar o divino dentro deles mesmos e lutar contra as restrições que disposições estabelecidas impõem a sua ascensão a uma vida maior e a um estado mais elevado do ser. Eles "não têm nada a perder a não ser suas correntes", se por correntes entendermos não apenas as formas mais explícitas de subjugação econômica, mas também os meios pelos quais o ser humano pode ser humilhado e lhe ser negado seu direito original de acesso à existência melhor.

Conhecemos todos os motivos que podem nos tentar à resignação. Não obstante, o princípio introduzido pela luta com o mundo, possa ou não contar com a obra salvadora de um Deus transcendente, tem o potencial de corroer e dissolver todas as hierarquias estabelecidas – social, moral e estética – que fazem com que nossos mais valiosos poderes e experiências pareçam ser prerrogativa de poucos em vez de possessão de muitos.

Assim vem a tremenda inversão de valores que leva, nas narrativas de salvação, a se preferirem prostitutas a fariseus, e em nossas ideias sociais à convicção de que a massa de trabalhadores sem propriedades e sem poderes são os mais credíveis portadores dos interesses universais da humanidade, e, em nossas atitudes em relação à arte, à confusão de gêneros e à convicção de que a comédia é mais elevada que a tragédia – que é mais verdadeira porque é mais sugestiva de uma oportunidade transformadora.

A forma resultante de consciência moral nos ensina que é melhor procurar problemas do que evitá-los; que nossa elevação começa em voluntária aceitação de uma incrementada vulnerabilidade ao desapontamento, à desilusão e à derrota; que, ao baixarmos nossos escudos, recobramos a primeira condição da vitalidade; e que nenhum padrão de moral ou de julgamento estético que aceite as hierarquias da ordem social merece outra coisa que não suspeita e resistência.

Precisamos apenas examinar as formas fossilizadas de religião organizada e o humanismo secular convencional para ver quão pouco essa inversão de valores foi capaz de perturbar as crenças morais convencionais que continuam a prover as sociedades com muito de seu cimento. Nenhuma doutrina filosófica elucidou e desenvolveu o significado desse tema no pano de fundo metafísico da luta com o mundo. O único filósofo moderno que fez da ideia da inversão de valores uma preocupação central em seu pensamento – Friedrich Nietzsche – foi o mais determinado a resistir à elevação da base acima do que é nobre. Ele denunciou isso como sendo *ressentimento*, confundindo suas sombras, ambivalências e contradições com seu impulso dominante.

CONCEPÇÃO DO EU

Essa visão do mundo e de nosso lugar nele cria o contexto da crença que empresta significado a nossa ascensão. Não é, no entanto, a contrapartida daquilo que as versões sagrada e profana da luta com o mundo têm em comum. Esse cerne compartilhado é a concepção do eu e da relação com suas circunstâncias. Apropriando-nos de um termo do vocabulário da teologia cristã, podemos chamá-la de "concepção do espírito corporificado". Aqui, no entanto, estou usando esse termo enxugado de todo conteúdo teológico sectário, tornado neutro entre as versões sagrada e profana da luta com o mundo.

Encarnados em organismos mortais que são inseparáveis do eu, somos moldados pelos contextos sociais e culturais que habitamos. Juntamente com nossa dotação genética, esses contextos nos tornam o que somos. Não podemos fingir que pairamos acima deles. Entretanto, eles não são tudo que somos.

Sempre existe mais em nós, em cada um de nós individualmente e em todos nós coletivamente – raça humana – do que existe ou jamais possa haver neles. Mais do que existe ou possa existir não só num determinado regime ou sistema de crença institucional; há mais do que existe ou possa existir em todos os regimes e sistemas juntos. Isso não é específico a nenhum aspecto de nossa experiência social e mental, aplica-se a todos os aspectos.

Essa proposição abstrata pode parecer inofensiva somente enquanto não tomamos conhecimento de suas radicais implicações para nossa autocompreensão. Aqui estão três exemplos tirados de âmbitos de experiência amplamente diferentes e apresentados num nível de detalhe suficiente para sugerir o que está em jogo na concepção do espírito corporificado.

As disposições institucionais da economia de mercado, expressas nos detalhes da lei, estabelecem limites ao modo como podemos cooperar uns com os outros e combinar pessoas e recursos na produção de bens e serviços. Elas determinam as maneiras pelas quais podemos conciliar nossa participação na descentralização da iniciativa econômica com nosso interesse em tirar vantagem da economia de escala. Elas estabelecem os termos pelos quais podemos comandar ou usar o trabalho uns dos outros: mediante livre cooperação ou mediante a relação salarial, que continua a carregar, em maior ou menor medida, as marcas da escravidão ou da servidão. Elas dispõem as formas e as exigências de nosso acesso a descentralizadas reivindicações de capital e, consequentemente, traçam a fronteira entre ação privada e poder regulatório ou redistributivo do Estado.

Todo esse repertório de disposições, definido nas regras e doutrinas da lei, pode se demonstrar mais ou menos elástico. Podemos até vir a organizar a economia de mercado de modo que ela cesse de ficar presa a uma única versão de si mesma: um regime único, exclusivo, de contrato e propriedade. É muito melhor providenciar uma coexistência experimental de regimes alternativos de propriedades privada e social dentro da mesma economia de mercado. Podemos então experimentar mais livremente maneiras de conciliar os objetivos contrastantes de uma ordem de mercado – tais como a diversificação de fontes independentes de iniciativa econômica e uma maior ou menor medida de controle que cada agente econômico exerce sobre as fontes a seu dispor – de acordo com o caráter de cada setor da economia. Podemos inovar mais constantemente e sem remorsos em nossas práticas de cooperação bem como no modo com que as usamos para produzir.

Contudo, nenhum conjunto de disposições legais para a organização da economia de mercado, ou qualquer outra coisa, é capaz de acomodar as coisas infinitamente. Nenhum se aproxima do limite ideal de uma linguagem natural na qual podemos expressar qualquer pensamento. Retemos o poder de imaginar e introduzir maneiras de organizar produção que as disposições estabelecidas, e as ideias a elas subjacentes, não permitem. Podemos inovar primeiro em disposições institucionais do sistema de mercado, e promulgar só retroativamente as regras e as ideias que tornam essas inovações seguras.

Assim aconteceu, por exemplo, nos Estados Unidos e noutras potências beligerantes, na organização da economia de mercado. Sob pressão de perigo morte, os governos desses países puseram de lado disposições com as quais pareciam estar indissoluvelmente ligados, e organizaram a produção numa nova base. Particularmente, ultrapassaram as fronteiras do direito unificado de propriedade, que confere todos os poderes componentes da propriedade a um único portador desse direito, o proprietário, e com isso lançaram a base para distinção cristalina entre empreendimento privado e iniciativa governamental. Fizeram isso, implicitamente, quando organizaram a produção sobre o terreno de uma coordenação descompromissada entre governo e firmas privadas, bem como de competição cooperativa entre as próprias firmas. Criaram novas leis e novas ideias ao longo do caminho.

Considere agora uma instância do extremo oposto da experiência humana: a capacidade de superar as restrições de nossos métodos e premissas estabelecidos até mesmo nos mais rigorosos, sistemáticos e ambiciosos empreendimentos da mente, entre os quais a física e a matemática.

Se só pudéssemos fazer as descobertas sobre a natureza que nossas premissas e nossos métodos autorizam, qualquer revolução em nossas ideias científicas nunca teria ocorrido. Considere um exemplo dos problemas não resolvidos da física, e não de seu passado revolucionário. Suponha que, na tentativa de ter uma percepção melhor do que a que teve até agora – em relação a sua descoberta de que o universo tem uma história –, a física, em suas aplicações cosmológicas, descartasse quatro conjuntos de premissas intimamente relacionadas, que até o momento configuraram seu curso.*

O primeiro conjunto de premissas é o modo de explanação que se tornou canônico na física, desde o tempo de Galileu e Newton. Foi anteriormente chamado de paradigma newtoniano: distinguimos um espaço de configuração – uma parte do universo – na qual leis imutáveis governam o movimento ou a mudança de certos fenômenos das estipuladas, inexplicadas condições iniciais que deram forma àquele espaço de configuração. O que é estipulado meramente para o propósito de um conjunto de explanações pode, no entanto, tornar-se o assunto a ser explanado noutro conjunto. Físicos e cosmólogos têm extrapolado regularmente o paradigma newtoniano para a explanação de alguns aspectos da história do universo. Essa extrapolação equivale a uma falácia cosmológica: a distinção entre espaço de configuração e condições iniciais vem abaixo quando o assunto é o universo e sua história, e não alguma parte da natureza.

---

* Para um relato completo dos motivos para rejeitá-los, bem como das consequências disso, veja novamente *The Singular Universe and the Reality of Time*.

A religião do futuro

Um segundo conjunto de premissas é a generalização na física e na cosmologia das características de um universo esfriado, maduro: graus moderados de temperatura e de energia, suscetibilidade limitada a mudança na sucessão dos atuais estados de coisas; a organização da natureza numa estrutura diferenciada, definida por componentes distintos; e leis estáveis da natureza, claramente distintas do estados de coisas que elas governam. E ainda, dado o que agora sabemos quanto à história primeva do universo, pode ter havido um tempo em que a natureza mostrava um aspecto radicalmente diferente, livre de todos esses traços. Nossa concepção do funcionamento da natureza e nossos procedimentos explanatórios têm de ser capazes de abranger as duas faces da natureza.

Um terceiro conjunto de premissas está ligado à ideia de leis imutáveis da natureza. Essas leis efetivas e os princípios ainda mais gerais exemplificados em sua operação, servem, segundo a ortodoxia reinante na ciência natural, como as indispensáveis justificativas de nossos julgamentos causais. Quando a física do século XX põe de lado a ideia de um espaço-tempo invariante como pano de fundo de eventos físicos, ela reafirma a ideia de uma estrutura imutável das leis naturais. Essa ideia, contudo, pode se mostrar incompatível com as implicações do fato de que o universo tem história. As leis podem evoluir coetaneamente, conquanto descontinuamente, com os fenômenos. A causação pode ser característica primitiva da natureza, e leis, simetrias e constantes podem ser a forma que assume a causação no universo esfriado, e não o fundamento atemporal de nossos julgamentos causais.

Um quarto conjunto de premissas é que o tempo não é fundamental. Ele começa e termina, se realmente não for mais ou menos ilusório. Mas a derrubada dos outros três conjuntos de premissas pode nos levar à ideia de que o tempo é fundamental e não emergente; de fato, este é o único aspecto de realidade que não é emergente (em oposição ao impulso contemporâneo de conceber o tempo em termos espaciais).

Considere o que significaria para a cosmologia rejeitar esses quatro conjuntos conectados de premissas. Sua rejeição combinada equivaleria, dentro do santuário interior da ciência natural, à reorientação radical de nossas crenças mais gerais não só quanto à natureza, mas também quanto à própria ciência. Essa reorientação pode ou não se mostrar justificada, ou talvez se justificar de alguma forma qualificada. Ela está, no entanto, totalmente dentro da prerrogativa da mente humana.

Se empreendida, ela representaria uma instância impactante e extrema da transformação que aconteceu antes no decurso da história da ciência, inclusive as mudanças que resultaram na física de Galileu e de Newton. O impulso transformador surge da necessidade de compreender o sentido de nosso fragmentário – mas em desenvolvimento – entendimento de como a natureza funciona. A ideia de uma explanação científica implicada pela rejeição dessas quatro séries de premissas tomaria forma somente após o fato. Nós compreenderíamos diferentemente aspectos fundamentais da natureza antes de termos percebido plenamente as implicações de nosso novo entendimento das práticas e premissas da ciência.

Esse poder da mente de transgredir – sua capacidade de desafiar os próprios métodos e pressuposições e de enxergar mais e diferentemente do que eles permitem – expressa seu segundo aspecto, antiformular. Pois é a mente como imaginação que se compraz em sua capacidade de negar e age sempre em sucessão de dois movimentos. O primeiro movimento é o de se distanciar dos fenômenos (assim como uma imagem é a memória de uma percepção). O segundo movimento é o da variação transformativa: ao fazer esse movimento nós captamos o fenômeno da perspectiva de mudança próxima: progredimos na compreensão de um estado de coisas vislumbrando no que ele pode se tornar numa circunstância diferente ou como resultado de certas intervenções. A imaginação alivia o fardo de uma soturna e obscura facticidade do mundo atual, para melhor captá-la e orientar a disposição transformadora.

Um terceiro exemplo vem dos enigmas da experiência e não da organização da sociedade ou da prática da investigação. É um exemplo que depois desempenhará papel central na crítica à luta com o mundo, mas que aqui serve para ilustrar a dialética do engajamento e da transcendência.

Veja as muitas sociedades nas quais as principais crenças religiosas, morais e políticas são inspiradas pelos lados sagrado e profano da luta com o mundo.

A religião do futuro

Quase todas as sociedades contemporâneas estão nesse grupo; mesmo as que continuam alheias às mensagens dos monoteísmos semíticos foram sacudidas pelas promessas e pretensões da democracia e do romantismo. As formas de ascenso a uma vida mais elevada que esses projetos religiosos e seculares descrevem depositam nossa esperança no futuro, seja a salvação e a vida eterna mediante comunhão com Deus, seja a superação da opressão social, ou a descoberta e o desenvolvimento, pelo homem comum e pela mulher comum, de uma vida subjetiva plena e complicada. Devemos nos tornar mais divinos, se é que não seremos levados para mais perto de Deus.

Essa mensagem não conseguiria converter e convencer se as bênçãos futuras não transformassem, de algum modo, nossa experiência, nem fortalecessem, ainda agora, nossos poderes espirituais e práticos. Não fosse assim, estaríamos para sempre nos agarrando a um bem que nos elude porque está situado no futuro – o futuro histórico ou trans-histórico da humanidade – e não na única realidade que possuímos: o presente. Assim a ortodoxia de todas essas crenças tem de reivindicar que comecemos a ser mudados já agora, e possamos receber no presente um antegosto da futura salvação ou de empoderamento se apenas orientarmos nossa conduta e nossa consciência corretamente.

A tradução do bem futuro num bem atual, no entanto, só funciona de modo imperfeito. Além do mais, as circunstâncias da vida sob a democracia continuam a incitar nossos inquietos esforços e nos fazem ficar insatisfeitos com nossa situação atual. Nem as promessas de vida eterna, das quais até mesmo os mais fiéis podem duvidar em seu leito de morte, nem as perspectivas de uma futura sociedade que nunca iremos conhecer, nem a evocação, na alta cultura e na cultura popular, de uma existência melhor, extaticamente separada do teor de nossos assuntos cotidianos, são suficientes para nos aquietar ou angustiar. Sofremos um distanciamento, ou alienação, de nossa experiência atual, embora essa experiência continue a ser o único bem que podemos esperar possuir com toda a certeza. O valor do presente é desacreditado, em contraste com o bem que permanece além de nosso alcance, porque ele está projetado no futuro – num futuro além das fronteiras do tempo que nos é concedido. É assim que enfrentamos a morte, agitados e desapontados, o único bem seguro tendo sido roubado de nós por nossa fé num bem que escapa a nosso alcance.

Tentamos escapar a essa alienação interior por meio do prometeanismo: isto é, buscando poder e invulnerabilidade e negando que somos os seres mortais, sem fundamentação e insaciáveis que parecemos ser. É uma fuga falsa, que começa no autoengano e termina no enredamento e na paralisia do eu numa busca ansiosa por domínio sobre os outros.

Tudo que há nas crenças canônicas da luta com o mundo tornaria essa experiência de alienação e de desabrigo desnecessária, equivocada, e até mesmo maligna. Equivale a uma apostasia, a uma negação da mensagem de ascensão a uma vida maior. Mesmo assim, a experiência persiste, revelando uma verdade que as crenças estabelecidas suprimiriam. Essa sensação de exílio do presente precede as ideias que poderiam explicar suas origens e explorar seu significado para aquilo que poderíamos e deveríamos fazer em seguida. Eis aqui a dialética do engajamento e da transcendência, manifesta no reino da uma vida interior e parcialmente sem palavras e sem pensamento.

Nem mesmo em nossa mais íntima experiência estamos sempre e totalmente reféns dos mundos social e conceitual que ajudamos a nos moldar. Eles podem nos dirigir em grande parte de nossas vidas, mas não nos possuem. O feitiço que lançam em nossa experiência nunca é completo. A qualquer momento, podemos quebrá-lo.

As disposições da sociedade e do pensamento podem ser organizadas de modo a apertar ou afrouxar o laço no qual nos mantêm. Podem alongar ou encurtar a distância entre nossas atividades ordinárias de preservação de contexto e nossos movimentos extraordinários de revisão de contexto, e fazer com que a mudança seja mais ou menos dependente de uma crise. Podem fazer com que seja mais fácil ou mais difícil para nós combinar os caráteres de "dentro" e de "fora" e nos envolvermos numa estrutura de vida ou de pensamento sem nos rendermos a ela. Logo haverá ocasião para perseguir, como implicação não desenvolvida da luta com o mundo, a ideia de que temos interesse fundamental na mudança de nossa relação com os contextos formativos e institucionais de nossa experiência.

Nosso poder de transformar a natureza de nossos contextos – ou de nossa relação com eles –, em vez de simplesmente substituir um conjunto de disposições e premissas por outro, é, no entanto, afirmado com base na verdade da concepção de que o eu está no centro desse enfoque do mundo. Nossa escravização à estrutura nunca é tão completa a ponto de nos negar, em qualquer domínio de nossa experiência – em todo o âmbito que vai desde as instituições da sociedade e dos processos de pensamento até as indecisões da experiência não falada –, o poder de resistir e de transcender as disposições estabelecidas do pensamento e da sociedade.

Mais adiante neste capítulo vou explorar as implicações dessa visão do eu na condução da vida em duas direções: a da relação do eu com a estrutura e a da relação do eu com outras pessoas. Contudo, antes de fazer isso, faço uma pausa para considerar como a visão metafísica e a concepção do eu que acabei de delinear se relacionam com uma questão momentosa na história do pensamento: a de se há mais do que uma ordem de realidade no mundo.

APENAS UM REGIME

Duas calamidades aconteceram com a luta com o mundo em seu encontro com a filosofia.

A primeira foi o casamento da teologia cristã (e, em menor medida, o da muçulmana e da judaica) com a filosofia grega sobre o ser. As consequências desse casamento para a compreensão e o desenvolvimento desse enfoque à existência têm sido de longo alcance. Elas deixaram sua marca em suas variantes seculares assim como nas sagradas.

Por filosofia grega sobre o ser entendo a parte da tradição filosófica dos gregos antigos que identifica a percepção de uma estrutura permanente do ser, completada com um repertório permanente de tipos naturais, como a preocupação central da metafísica, e também como o pano de fundo conceitual para a filosofia prática. Podemos chamar esta visão do programa de metafísica de projeto de ontologia clássica. Grande parte da história do

Lutando com o mundo

pensamento grego contradisse as premissas dessa agenda, tanto antes como depois da época de Platão e Aristóteles: a metafísica sendo inaugurada por Heráclito; as especulações protocientíficas de Anaximandro sobre a transformação de tudo em tudo o mais; a explicação, no naturalismo de Demócrito, das distinções num mundo macroscópico como sendo expressões transientes de incessante reordenação dos constituintes fundamentais da matéria; e a visão, em Plotino, de tipos naturais visíveis como sendo as momentâneas últimas paradas numa série de contínuas emanações da única, indivisa e derradeira realidade. Não obstante, a ideia de um repertório permanente de tipos naturais, desenvolvida por Platão e Aristóteles de modos tão diferentes, teria um efeito decisivo na principal linha de pensamento nas teologias e filosofias das religiões semíticas de transcendência (seja num Tomás de Aquino, num Maimônides ou num Averróis) e, mais genericamente, no papel que o pensamento especulativo desempenhou no desenvolvimento e na orientação de vida que eu chamo de luta com o mundo.

Se os pensadores dessas religiões não tivessem tomado essa agenda ontológica dos gregos antigos, poderiam tê-la recebido de outrem. Trata-se de empreendimento que foi perseguido muitas vezes, com origens independentes, mas motivos e estratégias semelhantes na história mundial da filosofia e na escola vaisesica do pensamento indiano clássico, e na relacionada lógica de Navya-Nyāya, por exemplo, não menos sistematicamente do que na metafísica de Aristóteles.

O projeto de ontologia clássica foi um insulto bilateral à visão de mundo, do eu e da salvação que era central nos monoteísmos do Oriente Próximo e que sobreviveram, reformatados, nos projetos seculares da libertação política e pessoal.

Um lado do insulto foi a impossibilidade de se dar um sentido, dentro dos limites desse modo de pensar, à primazia do pessoal sobre o impessoal – primazia tanto de realidade quanto de valor. Para o modo de pensar que é informado pelo projeto de ontologia clássica, tudo que tem a ver com o pessoal – o que é meramente pessoal, sempre se é tentado a dizer nessa tradição – fica sob nuvem de suspeição. A experiência da personalidade e do encontro interpessoal apresenta ameaça no mínimo potencial ao reconhecimento daquilo que se considera o mais real e o mais valioso: a estrutura impessoal de um mundo que é composto de um conjunto fechado de tipos de ser ou tipos naturais. Mesmo quando o pessoal é valorizado, é menos valorizado por si mesmo do que como caminho para a realidade mais elevada do impessoal, como em *O banquete*, de Platão. Mesmo quando, como em Aristóteles, a amizade é reconhecida como uma fonte de valor, com uma arquitetura moral própria, seu valor empalidece se comparado com o suprassumo da experiência humana: o compartilhamento de uma mente superior na quietude e na luz do impessoal divino.

Tal visão não pode ser conciliada com as mensagens intransigentes das religiões de salvação a respeito da superior importância e realidade do pessoal. É uma mensagem que elas compartilham com o enfoque à existência que chamei de humanização do mundo. A voz secular da luta com o mundo fez mais do que abraçar essa mensagem; ela começou a buscar nela extremos mais radicais em suas implicações para a reformatação de nossa experiência moral e política.

O outro lado do insulto lançado pelo projeto de ontologia clássica contra as pressuposições da luta com o mundo é sua negação ou minimização da realidade do tempo, bem como do tempo histórico no qual ocorre nossa ascensão, sagrada ou secular, como espécie ou como indivíduos. Se, como supõe a ontologia clássica, existe um repertório eterno de tipos naturais, governado por leis ou arquétipos de ser atemporais (mesmo sendo, como em Aristóteles, ser atividade, e cada ser sendo definido por poderes característicos e seu recorrente exercício), o alcance do tempo tem de ser diminuído e sua realidade comprometida. Além do mais, se nós, seres humanos, somos um desses tipos naturais permanentes, tudo que podemos esperar é estabelecer ordens moral e política que façam nossa situação ser a melhor possível. Não podemos esperar mudança fundamental em nós mesmos e em nossas circunstâncias mediante apenas a contenção dos males que nos acossam de fora e de dentro de nós.

É espantoso que pensadores cristãos, judeus e muçulmanos pudessem ter buscado sempre orientar para essa compreensão do mundo. Mas eles assim fizeram. O perturbado casamento da teologia cristã com a filosofia grega continuou durante mil anos. Os que clamaram por um divórcio foram em cada época, com exceção apenas da atual, vozes minoritárias, as quais, tomando um exemplo apenas na Igreja Reformada Luterana, falaram como "de fora", como Kierkegaard, ou como "de dentro", como Harnack. (No judaísmo e no islamismo os defensores desse divórcio tiveram por muito tempo peso maior.) Muitos contrastaram, com Pascal, o Deus de Abrahão com o Deus dos filósofos, entendendo por "filósofos" Aristóteles e seus sucessores, mas poucos estenderam as implicações radicais desse contraste ao modo de pensar sobre a fé. A influência do projeto de ontologia clássica serviu como pano de fundo para que tradições da ciência natural e da teoria social persistissem na busca de leis além do tempo e da história.

Se o primeiro infortúnio filosófico sofrido pela luta com o mundo foi o casamento da teologia com a ontologia, o segundo foi a aceitação de uma visão metafísica que afirma a existência no mundo de dois regimes separados: um que governa a experiência humana (ou, para os crentes, a relação da humanidade com Deus); outro que controla a natureza não humana. A distinção entre os dois regimes tem sido frequentemente tida, por aqueles que a aceitam, como alcançando cada ser humano individual. A natureza não humana está presente, como o corpo, em cada um de nós. Ou então, segundo esta visão, é o eu humano que está presente, como um estranho, em seu próprio corpo mortal.

A ideia essencial dos dois regimes destaca-se pelo contraste da concepção que ela nega: a tese de que, como argumentou Spinoza, só pode haver um regime no mundo. Se existe um só regime, importa ainda mais como esse regime deve ser caracterizado.

O programa da ontologia clássica está em manifesta tensão com as pressuposições e alegações da luta com o mundo em qualquer de suas formas. A ideia de dois regimes não apresenta contradições tão óbvias com as premissas desse enfoque. Além do mais, as afirmações mais familiares da noção de um só regime (inclusive a do próprio Spinoza) têm contradito essas premissas, tanto ao afirmar a existência de estrutura eterna do mundo (muito no espírito da ontologia clássica) quanto ao proclamar a regra de uma necessidade universal. Mas se olharmos mais de perto, veremos que a doutrina dos dois regimes causa problemas sem fim para o ensino de qualquer forma de luta com o mundo. A visão oposta, a de um só regime, pode e deveria ser desenvolvida em conformidade com as visões de realidade que esse enfoque à existência exige.

Não se pode atribuir aos gregos antigos a culpa pelo ensinamento de que há dois regimes. Ele era tão estranho à sua maneira de pensar quanto fora para as filosofias que tinham sido dominantes no decurso das histórias indiana e chinesa. No entanto, esse ensinamento exerceu tanta influência no curso da filosofia europeia moderna que pode ser considerado, mais do que qualquer outra coisa, o mais proeminente e distintivo eixo dessa tradição filosófica.

A doutrina dos dois regimes não surgiu numa forma única e constante. Ao contrário, avançou, no decurso da história do pensamento ocidental, em quatro grandes ondas. Em cada uma ela teve significado específico e motivo característico. Apesar das diferenças, há bastante superposição no que se refere tanto a significado quanto a motivo para que se possam considerar as quatro ondas como movimentos na mesma direção. Chamarei essas quatro ondas de nominalista, cartesiana, kantiana e historicista.

A onda nominalista chegou com a teologia cristã nominalista dos séculos xiv e xv. (Considerando as controvérsias deflagradas por certas correntes do pensamento medieval tardio em relação à aplicação do termo nominalista, poder-se-ia chamá-la também de onda dualista, se a palavra dualismo não carregasse uma bagagem ainda mais pesada.) Essa teologia, na qual podemos encontrar a inspiração original para muitas das ideias mais influentes do pensamento secular posterior, apresentava em seu ensinamento, entre outras coisas, divergência radical entre os reinos da natureza e da graça. Ao menos nas mãos daqueles que mais tarde foram rotulados como averroístas aristotelianos, ela também alegava disjunção igualmente aguda entre as verdades conhecidas pela razão e pela fé: um naturalismo autocontido e um fideísmo barrado contra um desafio racional tornaram-se lados reversos um do outro.

Lutando com o mundo

O domínio da graça era um domínio no qual a liberdade perfeita de Deus se comunicava com a liberdade defeituosa de suas criaturas humanas, dotando-as dos meios pelos quais poderiam incrementar o compartilhamento de sua vida. A natureza, no entanto, mesmo a natureza dentro do próprio homem, permaneceu sem espírito e incapaz de participar nessa ascensão. Como não tinha espírito, mais tarde, ela pôde se tornar o objeto da ciência natural e de sua busca por leis imutáveis. No outro lado dessa divisão entre ordens de natureza e de graça estava o espírito imaterial.

A ontologia clássica em geral e a de Aristóteles em particular foram recrutadas a serviço da tentativa de interpretar como filosofia cristã (ou judaica, ou islâmica) a dialética da transcendência e imanência. A peça central dessa tentativa foi o apelo a uma concepção de formas inteligíveis, residindo nos fenômenos, mas indo além deles. Essa visão poderia ser encarada como antecipação, para um crente, à luz da razão natural, da relação entre o espírito divino e o que é a realidade natural. Nesse modo de pensar, natureza e graça não podem ser separadas como ordens distintas, impenetráveis uma à outra. Foi esta síntese precária e esperançosa que a primeira onda da doutrina de dois regimes destruiu.

A mensagem da teologia nominalista foi prefigurada, nos primórdios da história do cristianismo, pela heresia nestoriana, que considerava haver um abismo insuperável entre as naturezas humana e divina de Cristo. Nesse aspecto da teologia nominalista, o prenúncio de uma suposta ortodoxia numa indubitável heresia deveria nos alertar quanto a um problema maior em questão. O problema é a quebra da promessa de Deus de extravasar seu espírito para toda carne. O homem é um espírito corporificado ou não é. O espírito pode se apossar do mundo material ou não pode.

A segunda onda rompeu com a filosofia de Descartes e com seu efeito revolucionário no programa de grande parte da filosofia ocidental. Em sua busca por autofundamentação do conhecimento humano, capaz de resistir até mesmo à dúvida mais radical, Descartes igualou a província da humanidade ao reino da vida mental. Ele alegou que temos acesso imediato e inquestionável somente à consciência. Tudo o mais, inclusive nossa vida corpórea, só nos é apresentado à distância e está sujeito a questionamento cético. É por meio da consciência que nos parecemos com Deus. Além disso, somente Deus, o oposto de um demônio malévolo a cargo do universo, pode assegurar a convergência de nossas representações do mundo com o próprio mundo.

Embora a ocasião imediata, ou primeiro passo, para essa revolução filosófica tenha sido epistemológica, sua significância maior torna-se explícita na distinção universal, e na divisão intransponível, entre *res cogitans* e *res extensa*: um ser pensante e uma coisa no espaço. Empreendemos todos os nossos propósitos, inclusive nossos empreendimentos morais e políticos, como *res cogitans*. Ao fazer isso, contudo, encontramos *res extensa*. A instância mais perturbadora de *res extensa* é o corpo como um estranho à própria consciência. Pois, de fato, o eu é, nessa visão, simplesmente a consciência individualizada.

Os argumentos específicos que Descartes apresenta para o que descreve como sendo a real distinção entre mente e corpo podem ser todos falhos ou até mesmo falaciosos. As implicações dessa diferença para a explicação de nossa experiência, inclusive nossa experiência de liberdade de arbítrio, podem levar a enigmas insolúveis. O que importa, no entanto, para o desenvolvimento da doutrina dos dois regimes é que o mundo está dividido em duas partes que nos são acessíveis de maneiras e graus radicalmente diferentes e que se sujeitam a regras nitidamente diferentes.

A filosofia de Kant e sua sequela representam o terceiro advento da ideia de dois regimes. Se a medida de importância for a influência na trajetória subsequente da filosofia acadêmica, a onda kantiana foi a mais importante das quatro. No entanto, se tomarmos como critério a significância que terá efeito no lado mais amplo da cultura, ela foi menos importante do que a onda historicista que a sucedeu.

O cerne da onda kantiana foi o desenvolvimento abrangente do programa de autofundamentação da experiência humana. O programa era para ser conduzido explorando as condições que nos facultam empreender nossas atividades características de dar sentido ao mundo e de nos conectarmos a outras pessoas. Uma característica crucial desse enfoque, e uma distinção entre ele e a subsequente onda historicista, é que essas atividades e condições eram consideradas, em relação à experiência do indivíduo, como não localizadas em qualquer sociedade, cultura ou momento histórico específicos.

Por conta disso, o segundo regime – o regime da experiência humana – foi circunscrito pelas exigências de um procedimento que retrocedia das atividades humanas às exigências e premissas de sua habilitação universal: o método transcendental. O que esse método transcendental produziu por meio de um segundo regime foi uma experiência descrita a partir do que se supunha ser nosso inevitável ponto de vista universal: a representação da realidade pela mente humana; a ordenação de nossas relações uns com os outros; a suplantação, na prática do julgamento e da arte, de divisões que a teoria era impotente para superar; e a confiança numa governança benevolente do universo, capaz de nos salvar da morte, da necessidade natural e de uma inescapável ilusão. À divisão entre mentes sem extensão e extensão sem mente, sucedeu-se a divisão entre a nossa experiência – suas condições, seus impulsos, sua estrutura – e a impenetrável realidade não humana que está além de nossa compreensão.

Na filosofia moral e prática, esse enfoque resultou em tentativa de desenvolver nossas ideias morais e políticas com base numa concepção de liberdade desconectada de envolvimento com uma sociedade ou uma cultura específicas. Os princípios enunciados em nome dessa concepção têm a intenção de ter consequências no projeto de instituições, bem como na solução dos problemas que enfrentamos ao lidarmos uns com os outros. No entanto, não há um movimento inverso, de nossa experiência moral e política para uma revisão dos princípios.

A onda historicista foi a quarta e a mais recente dessas manifestações da ideia de dois regimes. Sua ideia central é que o mundo humano é moldado coletivamente pela sociedade e pela cultura. A autofundamentação da humanidade é, assim, prática e coletiva: ela passa pelo desenvolvimento histórico de formas de vida e de consciência. Nossa relação com essas formas organizadas e distintas de vida é interna. Podemos compreendê-las, como antes argumentou Vico, porque fomos nós que as fizemos. Existe um contraste decisivo entre a relação interior que podemos ter com essas nossas construções coletivas e a relação de fora que podemos ter com o mundo não humano, do qual não somos os autores.

A onda historicista tem dois aspectos. Um aspecto é social: só podemos encontrar uma direção no trabalho coletivo da sociedade e da cultura. O que tomamos erroneamente como sendo experiência de poder do indivíduo é, na verdade, construção coletiva em tempo histórico. O outro aspecto é hermenêutico: desses nossos mundos coletivos podemos esperar obter conhecimento que difere do conhecimento que, externamente, temos da natureza. A explicação científica difere da interpretação de nossas práticas e nossas instituições. O significado é parasitário na história.

Nossa compreensão de nós mesmos e nossa autoconstrução na história são muito mal direcionadas quando começamos a ver e tratar as ordens da sociedade e da cultura como se fossem partes de um mobiliário do universo: um destino a nós imposto por necessidade natural e não por agência humana, embora coletiva. O poder que os mortos exercem sobre os vivos, por intermédio dessas formas coletivas, não deve ser confundido com as restrições que a natureza não humana impõe à experiência humana.

Para o historicista, a fronteira entre os dois regimes acompanha a linha divisória entre o social e o extrassocial. Tudo que não fizemos por intermédio da sociedade e da cultura, inclusive a constituição natural do corpo humano, pertence ao primeiro regime – o que somos capazes de ver e explicar apenas de fora, como observadores ou manipuladores, nunca de dentro, como agentes moldados pelo contexto, mas assim mesmo fazedores do mundo.

Há duas grandes objeções à ideia de dois regimes. Para ser contundente, cada uma dessas objeções tem de ter peso tanto teológico quanto filosófico.

Na medida em que cada uma é teológica, ela critica a doutrina dos dois regimes como sendo contraditória à ideia da luta com o mundo. Como a luta com o mundo pode ser compreendida tanto num registro sagrado quanto num registro secular, o sentido teológico se perde e não pressupõe a crença num Deus intervencionista – nesse sentido, independentemente de quaisquer méritos que possa ter a doutrina de dois regimes, ela não pode ser enquadrada nos objetivos e nas premissas desse enfoque à existência.

No entanto, cada uma dessas objeções tem também uma força filosófica: é importante, por apelar aos fatos em si, até mesmo aos olhos daqueles que não estão comprometidos com a luta com o mundo. Somente quando uma objeção tem significância tanto teológica quando filosófica ela é capaz de desferir um poderoso golpe contra a ideia dos dois regimes. Contudo, no desenvolvimento de cada objeção é importante compreender o que, no argumento, é filosófico e o que é teológico, e, no que concerne ao teológico, o que se aplica à versão sagrada e o que se aplica à versão profana da luta com o mundo.

Chamo essas duas objeções de argumento quanto à arbitrariedade e ao antinaturalismo, e de argumento quanto a quase vacuidade e falso conteúdo.

O argumento quanto à arbitrariedade e ao antinaturalismo. As ondas cartesiana, kantiana e historicista da doutrina de dois regimes traduzem uma visão das limitações de entendimento e de poder para uma ideia de divisão do mundo. Elas convertem epistemologia e antropologia em ontologia. Seus procedimentos são como os de uma pessoa que, ao descobrir que sua vista alcança cem metros, imagina que o mundo está dividido em duas partes: uma aquém e uma além de seu horizonte. A onda nominalista parece representar uma exceção a esse critério de divisão. No entanto, assim parece apenas porque seu foco recai na conversa entre nossos poderes e o poder de Deus – o reino da graça – do qual a natureza desprovida de espírito, mais além, permanece excluída. Contudo, ela também converteu ideia do foco da agência humana e da agência divina em categórica divisão da realidade.

A conversão da epistemologia e da antropologia em ontologia é injustificada: não podemos interpretar divisão universal da realidade fora de visão circunstancial das peculiaridades de nossa experiência cognitiva ou social. O que a doutrina dos dois regimes faz efetivamente, reduzindo a seus termos mais rudimentares, é dizer, ilegitimamente, que o mundo está dividido em duas partes: nós e o resto. As variantes da doutrina diferem em como caracterizam esse "nós" e como veem o modo pelo qual o "nós" é excluído do resto.

Essas diferenças revelam outro tipo de arbitrariedade no ensinamento sobre os dois regimes. É ilegítimo inferir uma visão abrangente das descontinuidades no mundo a partir da compreensão de nossos poderes e seus limites. Tal ontologia antropocêntrica pode dizer algo sobre nós, mas tem pouco ou nada a dizer sobre o mundo. Além do mais, toda ideia sobre nossos poderes e seus limites não é mais do que uma concepção discutível. Uma das fontes dessa contínua disputa é o fato de podermos desenvolver nossos poderes, mais notavelmente mediante a ciência e a tecnologia.

Considere novamente a imagem de uma pessoa que enxerga até uma distância de cem metros e imagina que o mundo está dividido em duas partes: a parte que ela é capaz de perceber e a parte que fica além de seu campo de visão. Em sua ilusão concernente a ela mesma, confunde sua experiência com o mundo e supõe que a realidade é diferente aquém e além da linha dos cem metros. Depois, no entanto, caminha cem metros para a frente ou arranja um telescópio e descobre que estava errada.

Tome, por exemplo, a questão da causação, que desempenhou um papel exemplar na onda kantiana da doutrina dos dois regimes. Kant considera a ideia de causalidade uma premissa indispensável à mente humana. Ao formarmos um sentido do mundo, não podemos evitar nos basearmos nesse conceito. No entanto, a necessidade, real ou suposta que temos dele, não nos diz nada sobre a estrutura do mundo que está separado de nós, diz somente sobre o mundo que está em relação com a humanidade.

A análise da causação na *Crítica da razão pura* deixa claro que Kant tinha em mente, como muitos tiveram desde sua época, a tradição da física estabelecida por Galileu e Newton. Por trás de nossas explicações causais estão, como garantias, de acordo com sua tradição, as leis imutáveis da natureza. Mas Kant trata esta ideia de causa como parte de nossa constituição em vez de considerá-la abordagem distintiva e revisável ao funcionamento da natureza.

A causalidade pode ser característica primitiva da natureza e não apenas pressuposição da mente humana. Sua relação com as leis, simetrias e supostas constantes da natureza pode ser muito diferente do que a tradição da física imagina que seja. Pode haver estados da natureza, como os que prevalecem nos momentos de formação do universo atual, nos quais não se mantém a distinção entre leis da natureza e os estados de coisas que elas governam. Nesses estados, conexões causais podem ter cessado de exibir, ou ainda nem começaram a exibir, a recorrente forma de lei que normalmente exibem no universo observado.

Nada na constituição da mente humana nos impede de pensar em conexões causais de modo antagônico àquele que Kant supôs erroneamente ser indispensável ao pensamento. Além do mais, a revisão de nossas ideias não precisa ser questão de ociosa especulação filosófica; pode ser conduzida pelo avanço de nosso entendimento do funcionamento da natureza, e sujeita aos desafios empíricos que disciplinam a ciência natural.

O que é verdadeiro quanto a nossas ideias causais é verdadeiro também quanto a qualquer das concepções que podemos ser tentados a atribuir a nossa constituição natural. O significado dessa observação ultrapassa sua aplicação à forma kantiana da doutrina dos dois regimes. A questão mais ampla aqui é que não somos qualificados para converter uma visão de nossos poderes e nossas limitações numa concepção do mundo: primeiro, porque o mundo existe afora nós e formamos apenas parte minúscula dele; segundo, porque nossas ideias sobre quem somos e o que podemos fazer estão sempre sujeitas à contestação; e, terceiro, porque nossos poderes, inclusive nossos poderes de descoberta e compreensão, podem desenvolver-se graças à ciência, equipada com seu rebento, a tecnologia.

A injustificada projeção de visão local e transitória de nossos poderes e limites na delimitação de uma fronteira imaginária entre duas ordens de realidade – a não humana e a humana – tem como seu corolário a ideia de que não podemos pensar em nós mesmos em termos completamente naturalísticos. No entanto, somos seres naturais que vivemos e morremos num mundo natural.

É verdade que conhecemos as estruturas da sociedade e do pensamento que criamos coletivamente de dentro, como seus criadores, de maneira na qual não podemos esperar conhecer os fenômenos da natureza. Também

A religião do futuro

é verdade que não se deve buscar analogia entre essas estruturas sociais e conceituais e as coisas na natureza: elas não são outra coisa que não os remanescentes petrificados de nossos embates práticos e visionários. Mas todas as nossas faculdades, inclusive aquelas em virtude das quais criamos essas estruturas, nós as possuímos como resultado de nossa história natural, na qualidade de seres naturais.

No estado atual de nosso conhecimento, não temos um bom relato de como poderia ter surgido a experiência da consciência num universo ao qual ela parece alienada, ou de como a mente se relaciona com o cérebro. Nada, contudo, se ganha e muito se perde quando nossa ignorância é representada como triunfo do discernimento sobre a estrutura fundamental da realidade e sobre as suas divisões. O que se perde é, primeiro, a consistência de nossas crenças quanto às diferentes partes do mundo e de nossa experiência com elas, e, segundo, a aceitação de nosso estado natural como o terreno no qual temos de exercer até mesmo nossos mais elevados poderes espirituais, inclusive o poder de imaginar o que é mais proximamente possível e o de criar o novo.

O aspecto teológico do argumento sobre arbitrariedade e antinaturalismo refere-se à reificação de uma visão particular de nossos limites e sua reafirmação como relato do funcionamento da natureza representando uma confissão de nosso fracasso em desenvolver visão integrada do mundo e de nosso lugar dentro dele. Ao descobrir que temos dois conjuntos de ideias – um sobre nós mesmos, o outro sobre o grande mundo que está além de nós – e que eles não podem ser conciliados, estamos descrevendo esse fracasso como sucesso e louvando nossa própria confusão como sendo uma descoberta de duas ordens diferentes da realidade. Ao fazer isso, estamos impondo uma restrição desnecessária a nossa faculdade de transcendência: nossa capacidade de desenvolver nossos poderes, inclusive nossos poderes de descobrir coisas. Entregamo-nos a uma servidão voluntária do intelecto.

Para as versões religiosas da luta com o mundo, como transmitida pelos monoteísmos semíticos, a doutrina dos dois regimes pode no início parecer estar prestando um serviço: policiar a distinção entre o natural e o sobrenatural. Não existe tal vantagem. Se dizemos que há dois domínios de realidade e não apenas um, estamos simplesmente dobrando a aposta no supernaturalismo. A salvadora intervenção de Deus no mundo rompe então duas ordens de realidade: a natural e a humana. Pois até mesmo nos termos da onda nominalista, a ordem humana não é equivalente ao funcionamento milagroso da graça – é simplesmente o campo no qual a graça opera mais diretamente. Ela continua a ter sua própria estrutura e suas próprias regras. A intervenção de Deus perturba tanto o funcionamento da natureza quanto a ordem da humanidade.

Além disso, nada se ganhou com o dualismo de tornar o supernaturalismo menos ofensivo à razão humana. Agora temos três milagres em vez de um: a suspensão do funcionamento da ordem natural, a suspensão do funcionamento da ordem humana e a exceção que a ordem humana representa dentro da ordem natural.

O supernaturalismo das religiões de salvação semíticas não constitui desculpa para o antinaturalismo dos dois regimes: o sobrenatural não é, para essas religiões, o contrário do natural. O conceito de espírito corporificado, da encarnação do espírito, requer que o crente rejeite como herética a rígida separação entre carne e espírito, entre natureza e mente, ideias com as quais a tese dos dois regimes está comprometida.

O argumento de quase vacuidade e falso conteúdo. Uma segunda objeção à doutrina dos dois regimes é que, quando não é quase vazia como guia de nossa orientação no mundo, ela só adquire conteúdo numa forma que é falsa para nossa relação com os contextos sociais e conceituais nos quais nos movimentamos. A significância dessa objeção fica clara na relação entre as formas kantiana e historicista da doutrina dos dois regimes. A justaposição desses dois modos de afirmar a ideia dos dois regimes tem sido, há mais de um século, aspecto característico das formas prevalentes de pensamento.

Tomada ao pé da letra, a visão kantiana provê apenas a mais crua, mínima base para ação moral e política. A restrição da universalidade no imperativo categórico e a fórmula de tratar os outros como fins e não como meios carecem de um conteúdo definido. A ideia abstrata da liberdade humana, perdida ou suspensa num cenário natural constituído sobre princípios que a contradizem, não produz nada a não ser ela mesma. O que ela faz é prover uma maneira entre muitas de afirmar um ideal de altruísmo universal como princípio para a organização da vida moral.

No entanto, esse princípio de altruísmo, longe de ser evidente por si mesmo, é equivocado. Ele é falso (como argumentarei adiante) para a verdade quanto à relação entre o eu e os outros, bem como quanto aos entendimentos e às aspirações que impulsionam a luta com o mundo. Ele desconsidera o que é, na verdade, o problema central em nossa experiência moral: nossa contraditória necessidade um do outro, nossa necessidade de nos proteger contra o risco no qual nos colocamos reciprocamente e nossa consequente ambivalência radical um em relação ao outro. Nós dominamos essa contradição, e atenuamos sua ambivalência, não mediante benevolência arrogante, mas mediante amor no círculo de intimidade e atividade cooperativa fora desse círculo. Na prática, o conteúdo essencial desse formalismo e universalismo ético é complementado por seu subtexto oculto. Esse subtexto é a aceitação passiva do sistema de papéis sociais estabelecido e das obrigações de uns com os outros que, convencionalmente, parecemos ter em qualquer sociedade e cultura, em virtude de ocuparmos certos papéis sociais.

Na filosofia política, de acordo com o mesmo modelo, um igualitarismo teórico (a contrapartida política do altruísmo teórico) é complementado pela aceitação da estrutura institucional da sociedade como o horizonte no qual o igualitarismo ideal deve ser atingindo. O resíduo prático dessa combinação de igualitarismo teórico e conservadorismo institucional é a justificativa da redistribuição compensatória, por meio de imposto e transferência, e, mais genericamente, da social-democracia conservadora, como o horizonte externo da progressiva transformação da sociedade. Assim, também, o resíduo prático da combinação de altruísmo filosófico com aquiescência à moralidade convencional de papéis sociais estabelecidos é o benefício de uma benignidade desinteressada, oferecida a uma meia distância da vida social, como o melhor que podemos esperar oferecer uns aos outros.

A versão historicista da doutrina de dois regimes supre o que parece a princípio ser uma maneira muito diferente de pensar sobre nossa moral e

Lutando com o mundo

nossa direção política. Ela ensina que só podemos encontrar orientação ao nos engajarmos em contextos e tradições específicos. Só podemos julgá-los segundo seus próprios padrões, ou, em caso extremo, pelos padrões de outra forma de vida: mundo social e cultural diferentes. Além desses mundos particulares e dos modos de julgar que eles suportam, existe o vazio.

Essa visão, no entanto, deturpa a relação do eu com os regimes sociais e conceituais que ele habita. Esses contextos o fazem, mas nunca podem aprisioná-lo ou exauri-lo completamente. Nele existe sempre mais – mais potencial de experiência, descoberta, conexão e criação – do que existe ou possa existir nesses contextos. Além disso, podemos mudar, cumulativamente, seu caráter bem como seu conteúdo, diminuindo a medida em que eles se apresentam para nós como fatos naturais e não como artefatos humanos.

A forma normal do argumento moral e político é de fato contextual, muito como alegam os historicistas. Podemos ficar remexendo com nossas instituições e práticas para melhor chegar a uma compreensão de nossos interesses e ideais. No entanto, ao desfazermos o casamento forçado entre essa estrutura e essas concepções, temos de confrontar, e resolver, nessas ideias, ambiguidades que nos permaneceram ocultas enquanto esse casamento não era desafiado.

Ao contrário do que supõem os historicistas, esse estilo contextual do discurso não exaure os recursos do argumento normativo ou os de nossa relação com nossos contextos. Podemos agir e pensar de modo a desafiar o contexto. O argumento contextual pode ser perturbado por uma visão resistente a contexto ou transcendente a contexto. Isso faz surgir o elemento profético em nossas práticas normativas. Seu conteúdo característico, afora a revelação divina, é o apelo a uma concepção de quem somos nós e no que podemos nos tornar.

Essas concepções de humanidade equivalem a profecias que se autorrealizam: agindo a seu comando, começamos a refazer o mundo. No entanto, elas nunca se autorrealizam completamente: a realidade, especialmente a nossa realidade, reage lutando. O mundo resiste, e nós resistimos a sermos mudados.

Não deveríamos considerar relatos sobre a humanidade em analogia com explicações fornecidas pela ciência. Visões de humanidade não se parecem, por exemplo, com modelos da estrutura atômica de parte da natureza. Não obstante, elas têm um elemento empírico. Estão inseridas em, ou conectadas com, conjecturas sobre a força relativa de nossos anseios, ou os limites, a cada dado momento de nossa autotransformação, tanto como indivíduos quanto como coletividades.

Esses elementos empíricos permanecem fragmentários, eles não impedem que essas crenças que nos guiam quanto a quem somos e no que podemos nos tornar sejam contestáveis. Mas temos de nos comprometer com uma ou outra direção, sem ter para esse comprometimento uma base que possa ser adequada à gravidade da escolha. O desequilíbrio entre o peso da escolha e a fragilidade de seu fundamento confirma o aspecto religioso de nossa escolha entre as orientações para a existência.

Essas observações sugerem um modo de pensar, quanto a nossa relação com nossos contextos, que está em desacordo com a combinação de kantismo e historicismo, que há muito tem sido a forma mais influente da doutrina dos dois regimes. Mais adiante neste capítulo alego que esse modo de pensar sobre a relação do espírito com a estrutura representa parte da ortodoxia revolucionária da luta com o mundo não desenvolvida. Se essa alegação é justificada, o argumento sobre a quase vacuidade e falso conteúdo tem força teológica e também filosófica. As visões kantiana e historicista não podem ser conciliadas com a visão que informa a luta com o mundo.

Para as versões sagradas dessa abordagem à vida, as mais estreitamente associadas com o cristianismo e com suas religiões irmãs de salvação, os males das concepções kantiana e historicista ganham um significado adicional. A negação historicista de nosso poder de levar em conta o contexto representa uma forma de idolatria: ela trai a vocação do espírito transcendente ao contexto. A aceitação de um altruísmo teórico e universalismo equivale à evasão farisaica de nossa necessidade – e de nosso medo – dos outros, preferindo não sermos culpados a sermos amados.

A doutrina dos dois regimes poderia, erroneamente, ser vista como suprindo uma resposta ao problema de nossa falta de fundamentação. A suposta resposta é que nós fundamentamos a nós mesmos. O que vamos ter no fim somos nós mesmos. Podemos nos fundamentar compreendendo e aceitando as condições e as consequências de quem somos, como se revela naquilo que fazemos (a versão kantiana dos dois regimes). Alternativamente, podemos nos fundamentar reconhecendo e aceitando nosso poder de criar ordens sociais e conceituais que carreguem a marca de nossas preocupações num cosmos que é indiferente a elas (a versão historicista dos dois regimes). Assim como ensina a metafísica antimetafísica da humanização do mundo, criamos significado num mundo sem significado.

Mas e se a percepção desse nosso poder de fazedores de mundo ou fazedores de significado estiver corrompida, como sugeriu o argumento anteriormente mencionado sobre antinaturalismo e arbitrariedade, pelo antinaturalismo e pela arbitrariedade? E se nosso relato sobre esse poder apresentar nossa autofundamentação como uma exceção milagrosa ao funcionamento da natureza, e nos deixar incapazes de conciliar nossa compreensão de nós mesmos como seres naturais com nossa visão de nós mesmos como agentes de uma revisão de contexto?

Então o elemento de verdade na ideia da autofundamentação terá sido enfraquecido, e não fortalecido, por sua associação com as ilusões da doutrina dos dois regimes. Cairá sob a suspeita de fazer parte de nossa autoenganosa tentativa de reivindicar para nós mesmos isenção da ordem natural. Não precisamos de uma isenção como essa para dar sentido a nossa capacidade de resistir e refazer as configurações sociais e conceituais de nossas ações.

A doutrina de um só regime justificada e reinterpretada. Spinoza tinha razão: só pode haver um regime no mundo. Não existe um reino dentro de um reino. A doutrina de um só regime não requer defesa especial, ela segue a tentativa fracassada de reformular as diferenças entre nossos modos de encaixar as partes da realidade que pertencem diretamente a nós e aquelas que não pertencem como uma divisão da realidade em si mesma. Ela representa a posição à qual chegamos quando rejeitamos o antropocentrismo da ideia de dois regimes e reconhecemos, sem restrição, que o mundo existe à parte de nós. Não somos qualificados a converter seja antropologia seja epistemologia em ontologia. No que concerne às diferentes partes de nossa experiência, das limitações das variações de nossa compreensão e de nossa agência, não resulta nada que diga respeito à organização do mundo maior que está além de nós e dentro de nós.

É verdade que nos ligamos à realidade a partir de nosso ponto de vista, com nosso limitado aparelho perceptual e cognitivo, evoluído e incorporado a organismos morrentes. Mas até onde esse aparelho circunscreve a busca de nosso entendimento, ou nos compromete com um conjunto de categorias das quais não somos capazes de escapar, não é algo que possamos determinar definitiva e antecipadamente. Como demonstra o exemplo de causação, o que em certo momento pode parecer estar inserido na inescapável estrutura de nossa vida mental pode, noutro momento, se apresentar para nós como uma preconcepção da qual, com a ajuda da ciência e da imaginação, podemos nos libertar.

O conteúdo da doutrina de um só regime não é autoevidente. Há um só regime, mas não é aquele que Spinoza descreveu. Seu relato do regime único é, em alguns aspectos, variante do projeto da ontologia clássica: um mundo de substâncias atemporais. E é, noutros aspectos, um panenteísmo, se não um panteísmo. Deus é o próprio mundo, ou o mundo como um todo, que é mais do que a soma de suas partes. Nesse panenteísmo, a metáfora espacial prevalece sobre a temporal – o mundo eterno não tem futuro, tem apenas um eterno presente. Em tal regime único, sob o domínio de necessidades atemporal e universal, não há lugar para o novo.

A história da filosofia e da teologia nos oferece exemplos da concepção de um só regime associados com a aceitação da ontologia clássica. Oferece também instâncias da ideia de dois regimes conectadas à rejeição ou à aceitação da ontologia clássica. O que essa história raramente nos forneceu são casos de combinação da doutrina de um só regime com a rejeição da ontologia clássica. Em épocas recentes, as filosofias de Bergson e de Whitehead chegaram perto dessa posição.

No entanto, essa terceira visão é a que apresenta mais motivos para que a abracemos. É também a única das três posições que pode se conciliar com os objetivos e as premissas da luta com o mundo.

Lutando com o mundo

Nessa visão, o cosmos como um todo tem uma história. Nessa história, o tempo é a única realidade que não é emergente. A cosmologia é uma ciência histórica. Os componentes elementares do mundo e das leis, simetrias e supostas constantes, que agora formam o principal objeto da ciência básica, não existiam. A distinção entre as leis da natureza e os fenômenos que elas governam não se aplicava, e talvez um dia não se sustente mais. A ciência estabelecida confunde o funcionamento da natureza no universo esfriado e consolidado com o modo pelo qual a natureza funciona, sempre e em toda parte. Tudo muda no universo, mais cedo ou mais tarde.

Concebida dessa maneira, a natureza universal exibe os atributos que estamos acostumados a ver na história natural, mas que nos surpreendemos ao redescobri-los nos níveis mais básicos da realidade. Há uma dependência universal no caminho: o que vem antes importa para o que vem depois, e sequências causais, que às vezes formam um sistema rígido, podem noutros tempos estar frouxamente conectadas. Todos os tipos de ser, ou tipos naturais, são efêmeros e mutáveis, em contradição com os objetivos da ontologia clássica. As leis, simetrias e constantes da natureza evoluem, às vezes de forma rápida e outras vezes lenta, juntamente com os fenômenos que as exibem. Nada, nem mesmo essas regularidades, está fora do alcance do tempo, que sozinho persiste, enquanto tudo emerge, muda e desaparece.

Um mundo assim, no qual o tempo é inclusivamente real, tem lugar para o novo – novo que muda o funcionamento da natureza, o novo que não é simplesmente a concretização de possível estado de coisas predeterminado, espreitando o mundo como um fantasma que espera a deixa para subir ao palco da realidade.

Para essa visão, aquela que mais naturalmente combina com a luta com o mundo e melhor percebe o sentido de suas premissas, o tempo é a realidade mais fundamental. Seu lugar central na compreensão da natureza está relacionado por um lado com uma visão do que o tempo é e por outro com um reconhecimento da conexão do tempo com a mente. (Em *The Singular Universe and the Reality of Time*, argumento que esse enfoque do tempo é compatível não apenas com o que a ciência descobriu quanto ao funcionamento da natureza e da história do universo como também é requerido por qualquer cosmologia que possa fazer justiça a essas descobertas.)

O tempo não seria inclusivamente real se tudo na natureza, inclusive o modo como a mudança muda, cedo ou tarde, deixasse de mudar. Pois então as leis, simetrias ou constantes estariam fora do alcance de tempo. A mudança da mudança é mais do que um ornamento do poder do tempo; é uma expressão de seu caráter: o tempo, que não poderia ser detectado ou medido se deixasse de ocorrer mudança, de forma desigual e descontínua, pode ser definido como a suscetibilidade a essa mudança e como a transformação da transformação.

Mais obscura, mas não menos importante, é a ligação entre tempo e consciência. Num universo, nosso universo singular, no qual tudo muda mais cedo ou mais tarde, o realmente novo – o novo que não é simplesmente uma concretização de possíveis estados de coisas definidos de toda a eternidade – pode acontecer. Mente ou consciência, como evoluiu e se expressou em nós, assim como noutros animais, equivale a mais do que resultado ou instância dessa novidade real; representa uma ferramenta mestra para fazer o novo, como foi a vida, com menos poder e menos pressa, antes da mente. No entanto, conceber assim a mente ainda é defini-la apenas funcionalmente: vê-la de fora da experiência da consciência.

Intrínseca à experiência da consciência é a compreensão. Compreender um estado de coisas é perceber no que ele pode se tornar, especialmente o que pode vir a ser em seguida sob diferentes provocações ou intervenções. A mente acompanha nosso engajamento transformativo no mundo, e é só gradual e intermitentemente que adquire o poder de exceder os limites de nossa atividade. A prontidão para mudança nos tipos de coisas que existem, bem como nos modos como mudam, prefigura, numa natureza ainda não consciente, uma abertura para o novo. Nesse sentido, a vida é uma profecia da mente. A suscetibilidade à transformação de todas as coisas, inclusive da própria transformação, é uma profecia da vida. A realidade inclusiva do tempo serve de premissa a essas profecias.

A doutrina reinterpretada de um só regime, combinada com a destituição da ontologia clássica, é a única concepção metafísica que pode ser prontamente associada à visão que reside no centro da luta com o mundo. É também a ideia de realidade à qual temos mais motivo para dar crédito à luz do que descobrimos (apesar dos antolhos metafísicos através dos quais continuamos a ver as descobertas da ciência) quanto ao funcionamento da natureza.

Para o crente, esse rematado naturalismo temporal é incompleto. A imagem de uma natureza em evolução que ele propõe tem de ser completada com outra história sobre a obra salvadora de Deus e a resposta que essa obra suscita, ou deixa de suscitar, na vontade humana. Contudo, o supernaturalismo exige então apenas um milagre (o envolvimento da natureza numa realidade mais elevada) e não três milagres (o rompimento da ordem natural, o rompimento da ordem humana e a separação da ordem humana da ordem natural). Um naturalismo temporal desse tipo também tem, para o crente, a decisiva vantagem de oferecer enfoque no qual ele pode, mais prontamente, ter noção da ideia do eu como espírito corporificado. O dualismo antinaturalista da doutrina dos dois regimes solapa essa visão de nossa humanidade.

ESPÍRITO E ESTRUTURA

A concepção do espírito corporificado implica enfoque das instituições e dos discursos que nos configuram. Definir esse enfoque é elaborar ainda mais essa concepção. Ao mesmo tempo, é começar a descrever as consequências práticas da luta com o mundo na condução da vida e na organização da sociedade.

No entanto, essa ideia da relação do eu com a estrutura, permanece tão estranha às ideias mais influentes sobre a sociedade que só com dificuldade pode ser afirmada; as próprias palavras para expressá-la carregam o peso de associações que trabalham contra nós. É uma ortodoxia com poucos amigos e ainda menos teóricos. As doutrinas que dela se desviaram, numa ou noutra direção, falaram mais alto, mesmo em sociedades nas quais a luta com o mundo tinha sido o mais influente enfoque à existência.

Existem duas principais heresias como essa. De acordo com o costume da teologia patrística, chamo-as aqui pelos nomes de indivíduos: a heresia hegeliana e a heresia sartriana. No entanto, cada uma delas representou muito mais do que uma doutrina pensada por pensadores individuais; cada uma equivalia à persistente tendência na história intelectual das sociedades nas quais os projetos sagrado e profano da luta com o mundo exerceram a maior autoridade. Até hoje, não está claro o que restou da ideia de uma relação entre espírito e estrutura nesse enfoque à existência, quando ambas as heresias são rejeitadas. Na verdade, muito restou, embora ainda não desenvolvido adequadamente em nossas ideias sobre o eu e a sociedade.

A doutrina da heresia hegeliana é a de que pode haver estrutura definitiva de vida social e de autoentendimento. Essa estrutura vai emergir, se é que ainda não o fez. Ela faz justiça a todas as experiências que tenhamos motivo para valorizar e não nega os poderes que tenhamos motivo para incrementar. Não padece de nenhuma contradição fatal, particularmente nenhuma contradição entre a forma institucionalizada da vida das pessoas, estabelecida como lei, e as prescritivas crenças orientadas para ação – os ideais e os interesses – à luz das quais compreendemos e sustentamos o regime institucional. Na medida em que podemos ter um lar no mundo, tal estrutura assim definitiva é esse lar. Com sua emergência, perdemos motivo de estarmos inquietos no mundo.

Na versão dessa ideia desenvolvida pelo próprio Hegel, assim como por muitos outros ideólogos do caminho ascendente, por meio do conflito e da contradição que supostamente a humanidade está seguindo, a ordem definitiva representa uma construção coletiva no tempo histórico. As versões sagradas da luta com o mundo, no entanto, abarcam espécie totalmente diferente dessa ordem; espécie que configura a vida social de acordo com os ditames de uma lei sacra. (A reconstrução da sociedade de acordo com as exigências da sharia, no islamismo, é um exemplo expressivo.) Isso também equivale a um empreendimento realizado em tempo histórico, graças a resposta da vontade humana à obra salvadora de Deus.

A ideia de estrutura definitiva da vida humana só se expõe ao escárnio quando formulada de maneira explícita e implacável. Ela é, contudo, a inconfessa premissa das agora dominantes expressões de explicação social-científica, de filosofia política normativa e de humanidades. Ao abandonar

Lutando com o mundo

qualquer tentativa de imaginar a influência e de refazer as estruturas, as ideias prevalentes em todo o campo de estudo social e histórico cortam a conexão entre o entendimento do que existe na sociedade e a imaginação do que podemos fazer acontecer. Como resultado, elas trocam a compreensão pela racionalização do que existe, e se entregam ao que o historiador da filosofia europeia moderna descreve como hegelianismo de direita.

A contrapartida à noção de estrutura definitiva da vida social na autocompreensão da filosofia é a ideia da filosofia como superciência, a ideia de Hegel de um conhecimento absoluto: o pensamento, mesmo se formulado de modo incompleto, não mais enfrenta contradições insuperáveis entre seus métodos e as verdades que existem a ser exploradas. Para o conhecimento não é absolutamente necessário que seja completo, apenas que todo conflito entre entendimento e prática tenha sido finalmente resolvido. Embora essa alegação, como declarada por Hegel de forma pomposa e metafísica, possa parecer extravagante, é, na verdade, a pretensão da cultura de universidade, com sua covarde reificação dos métodos de cada disciplina e sua hostilidade a quaisquer problemas e ideias que esses métodos e disciplinas são incapazes de perceber.

A heresia hegeliana nega uma verdade que é central na luta com o mundo em todas as suas variantes, sagrada ou profana: a verdade da dialética entre circunstância e transcendência. Descrita na linguagem da forma sagrada da luta com o mundo, seu defeito espiritual é a idolatria. Sob sua influência, nós transferimos para uma disposição humana defeituosa e efêmera parte da devoção incondicional que devemos somente a Deus – e a presença Dele dentro de nós. A veneração pela lei, especialmente como desenvolvida no judaísmo e no islamismo, pode se tornar uma perversão idólatra. A lei pode cessar de ser ponte entre o humano e o divino. Em vez disso, pode se tornar tanto uma representante de Deus quanto um incitamento a uma imobilização da ordem social.

Descrita na linguagem da forma secular da luta com o mundo, o dano causado pela heresia hegeliana é o abandono de nosso poder, nossos interesses e ideais à camisa de força de uma fórmula institucional, erroneamente apresentada como adequada, mas, na verdade, falha, decrépita e acidental, como

A religião do futuro

são todas as fórmulas institucionais. O resultado é a interrupção da ida e vinda entre o modo como configuramos e compreendemos nossos interesses e ideais, e o modo pelo qual formamos e percebemos nossas instituições e práticas. O desenvolvimento de nossos poderes sempre depende dessa dialética.

Na época em que este livro foi escrito, o mundo inteiro esteve à sombra de um conjunto restritivo de opções institucionais para a organização de diferentes domínios da vida social: o governo e seus cidadãos; firmas e trabalhadores; finanças e produção; a família e o Estado. Cada conjunto de disposições, estabelecido em determinada área da vida social, traduzia a ideia abstrata de sociedade em imagem prescritiva de associação humana – de como poderiam e deveriam ser as relações entre pessoas naquela parte da sociedade. Cada um fazia a história parar em lugar específico.

A heresia hegeliana não aparece muito frequentemente na versão direta na qual foi exposta pelo filósofo. Aparece insidiosamente em incontáveis formas veladas, todas ainda mais eficazes por estarem disfarçadas. Hoje em dia ela dá, como uma de suas expressões, a ideia de que o pluralismo econômico, político e social – uma economia de mercado, uma democracia representativa e uma sociedade civil livre – tem um âmbito estabelecido e limitado de expressões institucionais, exatamente aquelas estabelecidas nas ricas democracias do Atlântico Norte.

A heresia não seria tão influente quanto é se não tivesse se tornado a premissa das práticas de pensamento dominantes em todo o campo de estudos sociais e históricos. As ciências sociais mais rígidas, a começar pela economia, explicam as atuais disposições institucionais, inclusive as formas de economia de mercado, justificando-as por sua naturalidade, necessidade ou superioridade. As disciplinas normativas da filosofia política e da teoria legal assumem como empreendimento próprio a teorização de práticas como a da redistribuição compensatória mediante imposto e transferência, ou uma aprimorada idealização da lei no vocabulário de uma política e de um princípio impessoais, que se propõe a humanizar a estrutura estabelecida em vez de reimaginá-la ou refazê-la. As humanidades rendem-se ao aventurismo subjetivista e ao sublime privado.

Lutando com o mundo

O erro oposto ao qual a ideia de eu e de estrutura tem seguidamente se sujeitado na história desta orientação para o mundo é a heresia sartriana. O ensinamento da heresia sartriana é que nós só afirmamos nossa humanidade ao desafiar e perturbar as disposições organizadas da sociedade e, mais genericamente, o reinado da rotina e da repetição na vida e no pensamento. A estrutura, segundo essa ideia, rouba da vida o espírito. As instâncias de nossa resistência a esse roubo são as tropas da imaginação romântica: a multidão nas ruas contra as disposições burocráticas do Estado, o amor romântico contra as rotinas da vida matrimonial, o informado contra o formado. O espírito – se por espírito entendemos humanidade no exercício de seu poder de resistência e transcendência – vive na ação de abalar a estrutura.

Estruturas, nessa visão, são inevitáveis. Não podemos aboli-las. Tudo que podemos fazer é afrouxar, por um momento, sua preensão. Elas irão se reafirmar. Mesmo assim, nos intervalos de suas perturbações, podemos nos tornar mais completamente nós mesmos.

Na história moral da cultura ocidental, a forma mais conhecida dessa ideia é a que foi apresentada pelo romantismo do século XIX – muito antes de Sartre e dos existencialistas do século XX. O espírito paira acima do mundo, impotente para penetrar e transformar as rotinas e repetições que consomem grande parte de nossa existência. As tentativas do protagonista de lutar pela mão de sua amada são o centro da atenção. No entanto, sua subsequente vida de casado não favorece a se fazer dela um retrato atraente, marcada, como tem de ser, pela repetição e pela rotina que o romantismo considera tão mortal para o espírito.

Uma característica crucial para a heresia sartriana é sua negação implícita de nossa capacidade de mudar a relação do espírito com a estrutura. No modo fragmentário e oblíquo pelo qual ela exerce sua maior influência, a heresia hegeliana favorece um fetichismo institucional: a incontestada identificação de concepções institucionais abstratas, como as concepções de economia de mercado, democracia representativa ou sociedade civil independente, com conjuntos específicos, contingentes, de disposições institucionais definidas em lei.

A religião do futuro

A heresia sartriana comete erro análogo em nível mais elevado. Ela trata a relação do eu com os regimes social e conceitual que habitamos como se fosse quantidade fixa. Deixa de reconhecer o que é um fato inerente à questão: toda forma organizada de vida social ou de investigação e discurso pode ser disposta de maneira a alongar ou encurtar a distância entre nossos movimentos para preservação de contexto e os movimentos para mudança de contexto. Cada uma dessas formas pode ser estabelecida de modo a afirmar a ou renunciar à pretensão de ser um fato natural, parte de um mobiliário do universo ou ao menos de toda a história, em vez de uma invenção humana sujeita à revisão. No entanto, nossos mais fundamentais interesses materiais, morais e espirituais estão engajados exatamente nessa mudança no caráter de nossa relação com a estrutura estabelecida da sociedade ou do pensamento.

Na linguagem sagrada da luta com o mundo, a heresia sartriana comete um pecado de desespero que é o lado inverso de um pecado de idolatria. Desespero e idolatria falam por meio das ilusões de falsa necessidade, aplicada à relação do eu com o contexto, do espírito com a estrutura. O dano causado à compreensão é o corte da conexão entre a visão do real – as estruturas estabelecidas – e a imaginação de alternativas acessíveis: os alis aonde podemos chegar a partir daqui. O dano infligido à vontade é o fracasso em transformar um aspecto da sociedade e do pensamento – a relação de nossas premissas institucionais ou conceituais com nossa experiência – que, se deixado sem mudança, limita e corrompe nossos mais ambiciosos empreendimentos.

A heresia sartriana assumiu muitas formas na história do pensamento: na *via negativa* das tradições místicas no judaísmo, cristianismo e islamismo; no ideal de vida desenvolvido pelo movimento romântico do século XIX; e nas correntes vitalistas e existencialistas na filosofia do século XX, as quais, de algumas maneiras, combinaram os impulsos desses dois primeiros estágios da heresia. Essas crenças não mais constituem atualmente a mais disseminada e influente expressão da heresia sartriana. Agora, essa heresia aparece, mais comum e insidiosamente, na forma de total disjunção entre a reconstrução da sociedade ou do pensamento e a reorientação da vida pessoal. Um dos resultados dessa divisão é a privatização do sublime como religião, como arte ou como experiência desprovida de palavras.

A ortodoxia da luta com o mundo é a doutrina que permanece, uma vez que tenhamos repudiado as heresias hegeliana e sartriana. Em seus elementos essenciais, essa ortodoxia pode ser abraçada tanto por crentes quanto por incréus. Ela é estreitamente relacionada com a visão da dialética entre circunstância e transcendência. O que ela acrescenta a essa visão é uma série de ideias interconectadas sobre o caráter e a transformabilidade dos mundos social e mental nos quais vivemos e nos movimentamos.

Não existe ordenamento final e totalmente inclusivo da vida social, muito menos forma de entendimento e de discurso que satisfaça o critério de conhecimento absoluto. Todo regime de sociedade ou de pensamento permanece defeituoso e incompleto. Assim, também, é a soma ou a sequência de todas essas estruturas.

Sempre haverá entendimentos, experimentos e experiências que temos motivos para valorizar, mas que as disposições e premissas estabelecidas excluem. Mesmo assim podemos alcançar, além do regime, aquilo que ele nos nega. Podemos rever a ordem defeituosa ou incompleta, fazendo-a menos defeituosa ou menos incompleta.

Nosso poder transformador, no entanto, não está limitado a revisões marginais dos sistemas sociais e conceituais que geralmente estamos inclinados a deixar sem desafios e sem mudanças. Temos também a capacidade de mudar cumulativamente sua abertura a nossa liberdade de resistir ao regime e de revê-lo. Desse modo, podemos afirmar na prática o caráter inventado dos mundos social e conceitual nos quais agimos e pensamos.

A instância de que essa ortodoxia, no melhor dos casos, tenha sido apenas meio articulada e que suas implicações para a reconstrução do pensamento e da sociedade tenham sido mal compreendidas é característica da luta com o mundo. Seu ensinamento é tão revolucionário e tão distante das correntes de pensamento que prevaleceram na história mundial da filosofia e da teologia que nós captamos e desenvolvemos essa mensagem apenas intermitentemente, em lentas e contidas etapas.

A religião do futuro

Um exemplo, no domínio de nossas crenças políticas, ilustra a significância prática dessa semissecreta e, em grande parte, não desenvolvida ortodoxia quanto a espírito e estrutura. Os liberais e os socialistas do século XIX, inclusive John Stuart Mill e Karl Marx, acreditavam, erroneamente, que as condições institucionais para o desenvolvimento de nossas capacidades práticas convergem com as condições institucionais para a libertação do homem e da mulher comuns das injustiças e das humilhações da sociedade de classes. Discordavam de sua demarcação do caminho do avanço institucional. No entanto, concordavam em aceitar a ideia de harmonia preestabelecida entre as exigências institucionais, para a obtenção dessas duas famílias de bens.

Nossa deficiência em imaginar alternativas institucionais nos tenta a abraçar o dogma oposto: o de que existe uma contradição entre as exigências do crescimento econômico – ou, mais genericamente, do desenvolvimento de nossas capacidades práticas – e as condições para nossa libertação das restrições da sociedade de classes. Esse dogma, contudo, não seria mais justificado em suas premissas empíricas, e pode ser até mais danoso em suas consequências práticas do que o dogma da harmonia preestabelecida.

A suprimida ortodoxia sobre o eu e a estrutura dá motivo para agir com base numa esperança não contaminada por esse dogma: a esperança de avançar para uma zona de potencial interseção entre nossos interesses materiais e morais. A base para essa esperança está na relação de um terceiro conjunto de interesses com os dois primeiros: nosso interesse no desenvolvimento de instituições e práticas, inclusive métodos de investigação e discurso, que se mantenham abertos a revisão, diminuam a dependência de haver uma crise para que ocorra mudança e, desse modo, nos habilitem a combinar os papéis de "estar dentro" e "estar fora". Podemos então participar em regimes sociais e conceituais ao mesmo tempo que mantemos o poder de desafiá-los e revisá-los. Podemos negar-lhes a última palavra, guardando-a para nós mesmos.

Nos termos dessa esperança, existe um subconjunto das condições institucionais favoráveis à superação da opressão de classe que também favorece o desenvolvimento de nossos poderes práticos e produtivos, e um subconjunto de exigências institucionais para o primeiro que é receptivo ao segundo. O que faz ser razoável a esperança de identificar essa zona de interseção e de avançar nela é o papel que uma mudança na relação entre eu e estrutura pode desempenhar no atendimento a nossos interesses materiais e morais.

Uma vez tendo as sociedades escapado aos extremos da pobreza, a maior restrição ao crescimento econômico deixa de ser o tamanho do excedente econômico, coercivamente extraído das hierarquias de classe. Em vez disso, passa a ser o vigor da inovação – tecnológica, organizacional e intelectual. Esta já era o principal condicionante pelo menos desde a época do início da industrialização da Europa: o excedente econômico na Europa não era maior do que na China das dinastias Ming-Ching ou noutros impérios agrário-burocráticos que caíram em relativo atraso. Inovação requer a maior liberdade possível para recombinar e transformar não só os fatores de produção, mas também as ideias e disposições que entram no cenário institucional de produção e comércio. As vantagens de uma economia de mercado se reduzem se o mercado se mantiver preso a uma única versão institucional dele mesmo.

Como condição para sua estabilidade, qualquer sistema entrincheirado de divisão social e hierarquia precisa que as disposições e premissas das quais ele depende não estejam abertas a incessante mudança e perturbação. Elas têm de ser isoladas, nas rotinas do discurso bem como nas realidades da competição por riqueza e poder. É exatamente esse isolamento que a inarticulada ortodoxia do eu e da estrutura quer negar a cada aspecto do regime de vida e de pensamento prevalente. Se, no entanto, deixarmos de controlar uma incessante ruptura dessas premissas e disposições, estaremos permitindo que elas restrinjam as formas e os benefícios de cooperação e que reduzam o indivíduo ao tamanho de seu lugar na sociedade.

O limite ideal da ortodoxia suprimida não é o de estrutura definitiva todo-abrangente, e sim estrutura que se torna, no mais alto grau, contestável e corrigível, e assim ajuda a nos resgatar da redução de nossa humanidade à nossa circunstância.

O EU E OS OUTROS

Se a relação entre espírito e estrutura é domínio no qual a luta com o mundo revela suas implicações para a condução da vida e a organização da sociedade, outra é a relação entre o indivíduo e os demais. Esses dois aspectos da orientação existencial suportada por essa visão do mundo estão mais intimamente conectados do que entendêramos que estivessem. Juntos, eles equivalem a visão abrangente de como viver.

Até um momento relativamente recente na história da humanidade, a ideia dominante sobre o que podem e devem ser, em seu melhor, as nossas relações com outras pessoas outorgou um lugar de honra ao altruísmo: uma superação do egoísmo por uma benevolência desinteressada. A premissa dessa ideia é que o problema básico da vida moral é a disposição de sacrificar os interesses dos outros em benefício de nossos próprios interesses. Por conta disso, cada um de nós abre, apenas relutante e parcialmente, mão da convicção de que é o centro do mundo ou é capaz de imaginar um mundo do qual não faz parte. O altruísmo adquire um significado diferente e se assenta em base diferente, na superação do mundo e na humanização do mundo.

No budismo mahayana, por exemplo (como na filosofia de Schopenhauer), o altruísmo é sentimento de camaradagem universal. Seu fundamento metafísico é o caráter raso ou ilusório das distinções entre seres e entre pessoas. Todos os indivíduos, todas as criaturas sencientes, e mesmo todos os fenômenos aparentemente distintos, estão unidos por sua participação comum em ser unificado e oculto.

Se esse ser é também atemporal, o indivíduo é removido, embora apenas em pensamento e em experiência, para uma existência muito distante daquela na qual o tempo governa como implacável senhor. O resultado é colocar no topo de nossas relações ideais uns com os outros uma visão que é tão remota quanto possa ser qualquer visão de nossos anseios corporificados.

No ensinamento do confucianismo, avançamos tanto em nossa conformidade com as regras e rituais da vida social quanto no incremento cumulativo de nossa capacidade de imaginar outras pessoas – suas experiências e suas necessidades. Aqui o alicerce do altruísmo não é mais nossa afinidade universal, assegurada por parentesco compartilhado no ser uno. É o reconhecimento de que dentro de um cosmos escuro e sem significado a única realidade de valor inquestionável é a experiência da pessoalidade e do encontro pessoal. Mais uma vez, o modelo de nossas relações uns com os outros é o de um sentimento de camaradagem altruísta e inclusivo. Temos de desempenhar nossos papéis e honrar as obrigações que temos com os outros em virtude de ocuparmos as posições sociais que ocupamos.

Apesar do agudo contraste entre o fundamento metafísico do altruísmo na superação do mundo e sua defesa antimetafísica na humanização do mundo, as consequências práticas para a condução da vida são semelhantes. Em ambas as instâncias, de perspectivas largamente contrastantes, aprendemos que o mais alto padrão a que podemos aspirar em nossas relações uns com os outros é o de benevolência desapegada e sacrificial. Essa benevolência é marcada por certos atributos que reaparecem, conquanto com conotações e justificativas diferentes, em ambas as ideias. Os atributos se manifestam quer a visão distintiva seja de um confuciano, de um budista ou de um estoico.

Primeiro, o altruísmo motiva generosidade, oferecida do alto por um indivíduo que avançou para um estado mais elevado de discernimento e de vida. Ele a oferece a um indivíduo que, comumente, é menos avançado. O ser mais elevado é menos carente: particularmente, menos carente de outras pessoas. Sua grandeza reside, em parte, em relativa liberdade dessa carência, liberdade adquirida mediante árduo cultivo da mente e da vontade. Ele não é benevolente por ser incompleto sem a outra pessoa. É benevolente a partir de excedente da própria bondade, bem como de visão quanto à verdade sobre o cosmos ou sobre a humanidade.

Segundo, o altruísmo é unilateral na prática e na intenção. Seu valor e sua eficácia não dependem de qualquer resposta específica ou contrapartida no comportamento de seu beneficiário. Na verdade, quanto menos o altruísta recebe em troca de seu altruísmo, mais sacrificial se torna sua conduta, e mais alto ele sobe na escala moral. Nessa escala, a generosidade é o mais confiável padrão de enobrecimento.

A religião do futuro

Terceiro, embora o altruísmo possa submeter o altruísta a exigentes demandas, e até mesmo, no limite, requeira o sacrifício de sua vida, ele não lhe impõe, necessariamente, um tormento. Seu altruísmo não pode ser desvalorizado por não ser reconhecido. Ele não corre o risco de ser rejeitado porque não espera nada em troca. As crenças e emoções que o suportam o associam a autopossessão e serenidade. Para a superação do mundo, essa serenidade expressa desligamento dos problemas de distinção e tempo ilusórios. Para a humanização do mundo, ela resulta da dialética entre o domínio de si mesmo e a atenção plena aos outros, dos quais dependem tanto o aprimoramento do indivíduo quanto a reforma da sociedade.

Os ideais e as experiências descritas pelo ideal de altruísmo exerceram autoridade em ampla abrangência de sociedades e culturas, pelo menos desde a época do surgimento das religiões representativas das três abordagens à existência aqui consideradas. Elas formam o ponto de partida de muito do que os filósofos tinham a dizer sobre ética: a filosofia do altruísmo. Tamanha foi sua influência que elas penetraram até mesmo em comunidades de crença que clamam lealdade a uma ou outra versão da luta com o mundo. Ao fazer isso, elas ameaçavam privar essa abordagem à existência de uma das partes mais distintivas de sua mensagem.

A verdade sobre o eu e os outros proclamada pela luta com o mundo é que o amor, e não o altruísmo, é o princípio que organiza nossa experiência moral e o ideal pelo qual deveríamos orientar nosso esforço por aumentar nosso compartilhamento no divino. Mas o que é o amor, se não altruísmo? É a experiência de se conectar com outra pessoa de tal forma que a conexão aumenta nossa liberdade, ou autopossessão, ao invés de reduzi-la. Assim, parece que não podemos ser completos sozinhos e não podemos ser completos juntos.

O amor é a imaginação da superação desse conflito entre as condições da individualidade: a do eu estar separado e a de estar ligado a outra pessoa. No idealizado limite dessa experiência, toda tensão entre essas duas exigências da individualidade desaparece. Por essa conexão, não precisamos pagar nenhum preço de subjugação ou de despersonalização.

Lutando com o mundo

No entanto, temos de pagar outro preço por um bem de valor ilimitado: temos de jogar fora os escudos com os quais nos defendemos não apenas da pessoa amada como também de nossa necessidade dela. O amor pode ser rejeitado. Ao procurá-lo e experimentá-lo nos situamos como reféns da fortuna e dependemos da graça da pessoa amada, seja ela humana ou divina.

Segundo essa ideia, nosso autointeresse, nossa insistência em nos engajarmos no mundo como se tudo se referisse a nós não é problema prevalente em nossa experiência moral. Nossa dificuldade em escapar à prisão de nossa consciência o bastante para imaginar a experiência de outra pessoa, vê-la e aceitá-la como indivíduo transcendente ao contexto e extrapolador de seu papel é a questão decisiva.

A atenção plena aos outros, requerida pelo ensinamento confuciano a serviço do altruísmo, não é bastante. O que se requer é a inclusiva conquanto incompleta imaginação de um outro, secreto eu. A imaginação informa o anseio e torna possível a aceitação. Essa é a experiência que chamamos de amor. Em cada aspecto crucial, os atributos do amor são diferentes dos atributos do altruísmo generoso que as ideias dominantes recomendam como sendo a experiência moral exemplar.

Em primeiro lugar, quem ama, seja qual for sua circunstância social exterior, não se coloca em posição superior em relação à pessoa amada. O indivíduo a quer e precisa dela. Devido a esse mesmo fato de anseio ilimitado, a experiência do amor é uma experiência equalizadora, independentemente de posição social. Essa característica do amor está tão fundamente marcada que tem de se aplicar, na voz sagrada da luta com o mundo, até mesmo a Deus e a suas relações com o gênero humano. Deus precisa do homem e anseia por ele. No cristianismo, esse anseio divino faz parte da intrigante mensagem da Encarnação.

Segundo, o amor, diferentemente do altruísmo, busca resposta: a de que a pessoa amada aceita o amor e retribui o amor. Por buscar uma resposta, ele pode fracassar. O amor pode ser rejeitado, logo de início ou mais tarde. Aceitar amor pode ser tão difícil quanto amar. O amor do outro representa uma forma de graça, livremente concedida ou negada. Nenhum grau de perfeição moral por parte de quem ama pode assegurar o resultado desejado.

Terceiro, em contraste com o altruísmo, o amor pode se associar a alegria, mas não a serenidade. Como nega toda distância e flerta com o fracasso, ele requer vulnerabilidade incrementada. E como imagina as outras pessoas como os indivíduos radicais que são ou em que buscam se tornar, ele enxerga a pessoa além do contingente e limitador papel social. É penetrado por uma busca pelo infinito, o que é tanto seu poder quanto sua enfermidade.

O ensinamento que põe o amor (entendido dessa maneira) e não o altruísmo no centro de nossa experiência moral diverge tão radicalmente das crenças que foram supremas na história mundial do pensamento moral e da experiência moral que ele só se mantém com grande dificuldade, por longo período histórico, e em embate com ideias que lhe são opostas. Se é uma ortodoxia, foi sempre uma ortodoxia não anunciada, uma ortodoxia contestada, mal-entendida e escarnecida, mesmo nos lugares e períodos em que as versões sagrada e profana da luta com o mundo gozaram da maior influência.

Assim, mesmo no início da teologia cristã, a expressão mais alta da relação do eu com os outros foi tida como *agape*, sentimento de camaradagem desinteressado e inclusivo, designado por uma palavra tomada por empréstimo do vocabulário da filosofia helenística. Esse *agape* é apenas mais uma palavra para altruísmo. Suas associações são com as doutrinas da superação do mundo, como as que podemos encontrar nas exposições de Plotino.

Na história subsequente da teoria moral moderna, frequentemente uma secularização transparente da crença cristã, a centralidade concedida a um princípio de altruísmo na ordenação de nossa experiência moral foi regularmente associada com o recurso a um método, como o cálculo felicífico de Bentham, o contrato social de Rousseau ou o imperativo categórico de Kant, com cuja ajuda poderíamos acessar nossas obrigações uns com os outros. Ao cumprir essas obrigações, nós nos tornamos isentos de culpa, mas não amantes nem amados. Fazemos isso a meia distância em experiência de interação com estranhos, na qual os olhamos com desapegada benevolência e agimos em relação a eles com escrupulosa retidão.

Contudo, a redução do amor ao altruísmo, assim como ao pietismo da meia distância com o qual o princípio do altruísmo está estreitamente associado, tem lugar incômodo na religião de Jesus. Se ele se deu com ladrões e prostitutas, como poderia ter preferido a pureza ao amor? Se desafiou a lei a todo instante, como podemos permitir que nossas campanhas morais comecem em tráfico de regras e terminem em lavagem de mãos? Se ele, Deus encarnado, gritou na cruz perguntando por que tinha sido abandonado, como poderemos afetar uma arrogante benevolência? Os tóxicos e farisaicos ensinamentos dos filósofos morais têm de ser rejeitados pelos cristãos como incompatíveis com a mensagem do redentor.

Na teologia cristã, a ligação sacramental entre homem e mulher, consumada em união física, foi também frequentemente invocada como imagem da ligação entre Deus e a humanidade. Já entre os antigos judeus, no período profético, uma comparação da idolatria com o adultério tinha amplo curso. Coexistiam duas visões do amor: uma suprimia e outra afirmava um ideal que estava além do altruísmo.

Como resultado, no ensinamento cristão – e mais ainda no judaísmo e no islamismo – o contraste com o altruísmo deixou claramente de ser feito. A ideia de amor, como distinta da de altruísmo, tinha sido regularmente atribuída à influência de ideias seculares que se desviavam do caminho da salvação. Mas como pode o papel soberano do altruísmo se conciliar com a fé cristã?

Quando nos voltamos para as ideias seculares sobre o amor, descobrimos que as mais influentes dessas ideias desfiguram a ideia do amor. Se a doutrina do amor é uma ortodoxia suprimida, o romantismo, tanto na alta cultura como na cultura popular das sociedades penetradas pela luta com o mundo, foi uma heresia que só expressou essa doutrina distorcendo-a.

A concepção romântica do amor é uma expressão truncada e corrompida da ideia do eu e dos outros que é intrínseca à luta com o mundo.

O romantismo foi uma forma distintiva de consciência, com uma editoria particular. Foi também impulso em ação na vida subjetiva de todas as sociedades que foram engolfadas nos últimos séculos de revolução mundial. Como fenômeno histórico específico ele começou com o movimento romântico no início do século XIX, nas sociedades meio cristãs meio pagãs

A religião do futuro

da região do Atlântico Norte. As fórmulas desse modo de pensar e de sentir foram renovadas e disseminadas por todo o mundo pela cultura romântica popular global do século XX.

Enquanto isso, a alta cultura foi em direção a crescentes graus de ceticismo e ironia quanto à disponibilidade das duas experiências que a consciência romântica valorizava acima de todas as outras: devoção a um amor verdadeiro e perseguição a uma tarefa digna. A impenetrabilidade da outra pessoa a uma mente prisioneira, em maior ou menor medida, de si mesma parecia tornar o amor quase impossível. O fracasso em sustentar e desenvolver uma compreensão verossímil de como mudamos o caráter assim como o conteúdo das estruturas sociais e conceituais que habitamos ameaçou nos negar qualquer concepção de tarefa que fosse digna das devoções de uma vida. Assim, parecíamos condenados a só conseguir superar ilusão experimentando desespero, que é outra forma de ilusão.

Como persistente tendência na consciência das sociedades contemporâneas, o romantismo demonstra como essa ortodoxia oculta e não desenvolvida sobre o eu e os outros foi suscetível a uma série de passos em falso. Não são apenas erros de visão, são também erros de direção nas decisões que tomamos quanto ao que fazer com nossas vidas. O que está em jogo no embate entre o romantismo e esta ortodoxia não explícita é o formato de nossa experiência moral. Essa ortodoxia nos exige reorientar o modo como vivemos. As ilusões do romantismo representam uma forma de desespero quanto a nossa capacidade de fazer isso.

O erro do romantismo em seu início e de sua pós-vida na atual cultura romântica popular de âmbito mundial é confiar numa série de expressões e comportamentos formulares como maneira de obter e sustentar o amor. Confiar nessas fórmulas é estar em confronto com dois outros aspectos da visão romântica em todas as suas formas: fé no espírito ou na vida, em oposição a estrutura ou rotina, e reconhecimento da inexauribilidade do eu – a impossibilidade do eu estar contido em qualquer conjunto de repertórios de formas e disposições. À luz dessa fé e desse reconhecimento, o romantismo formular demonstra ser autocontraditório e autodestrutivo.

Quando, no entanto, descartamos esse romantismo primitivo, chegamos a características mais profundas e duradouras da heresia romântica. Essa heresia tem dois aspectos, cada um representando a afirmação errônea de uma verdade vital à mensagem da luta com o mundo em todas as suas formas religiosas e seculares.

Um aspecto da heresia romântica é a guerra contra a rotina e a repetição. Essa guerra repete, no terreno das ideias sobre a relação do eu com os outros, o relato romântico da relação do eu com a estrutura. Nesse domínio, o lugar de um cenário institucional ou conceitual é ocupado pela influência da rotina e da repetição. Assim como a estrutura, com a qual estão estreitamente associadas, repetição e rotina imobilizam a vida e matam o espírito: ou seja, a expressão de nossa humanidade no exercício de seu poder de transcendência.

A campanha contra a repetição estende a resistência a todas as estruturas, e ameaça transformá-la numa resistência à vida como tem de ser vivida no momento atual. Na vida, como na música, o novo alcança distinção e significado contra o pano de fundo do persistente. Não podemos dispensar a interação entre o novo e o estabelecido mais do que podemos renunciar à dialética entre engajamento e transcendência, da qual a conversa entre o novo e o existente representa um aspecto. Ao se opor a toda repetição, o impulso romântico solapa uma base que é indispensável para nossos laços recíprocos. Assim, por exemplo, se o matrimônio, como escreveu D. H. Lawrence, é uma longa conversa e se toda longa conversa é alimentada por suas recorrências, o romântico pode não ter uso algum no casamento.

O elemento de verdade contido na oposição romântica à rotina é o reconhecimento da inadequação de qualquer conjunto de hábitos estabelecido à expressão e ao desenvolvimento do eu. A rotina é, para o romântico, prática habitual, visão petrificada, ou o eu mumificado, resignado a única e definitiva versão de seu ser.

A ilusão e a falha do romantismo estão no abandono da tentativa de penetrar, afrouxar e transfigurar o elemento repetitivo em nossa experiência. Como resultado, o romantismo precisa, uma vez tendo renunciado às fórmulas fáceis de seu modo primitivo, empreender uma fuga permanente das condições reais da vida em qualquer sociedade ou em qualquer cultura. Nesse aspecto, como em todos os outros, o romântico perde a esperança de ver o espírito penetrar no mundo.

Como resultado, toda ligação estabelecida sob a égide do romantismo torna-se conspiração condenada contra a vida tal como ela é, não só em determinado lugar e em determinado momento, mas em toda parte e sempre. O amor torna-se então experiência que só pode sobreviver à margem da existência. A recíproca (ou não recíproca) doação de si mesmos por parte dos amantes é obscurecida por seu compromisso compartilhado. Eles não podem esperar ter uma vida juntos a não ser na limitada forma de sua fuga comum da realidade da existência.

A alternativa a esse aspecto da ilusão romântica não é abandonar a resistência à rotina e à repetição. É o esforço por mudar a natureza da relação entre os elementos repetitivos e os novos em nossa experiência, de modo que a presença do repetitivo na visão, na conduta e no caráter é aliviada e posta para servir à criação perpétua do novo.

Um eu que for orientado nessa direção pode compreender e aceitar melhor a si mesmo e outros eus como sendo os originais em que ambos querem se tornar e que sabem que já são. Ele está mais capacitado a entrar, obstinada e sinceramente, no momento atual. Sem essa entrada no momento atual, não podemos ter a esperança de estarmos mais plenamente vivos, ou de darmos, uns aos outros, uma vida tão melhor no amor.

Não teremos feito justiça à ortodoxia suprimida sobre o eu e os outros, e a distinguido de uma perversão romântica, até termos lidado com sua relação com o anseio pelo absoluto com o qual respondemos à mortalidade e à falta de fundamentação. Esse anseio representa o segundo aspecto do desvio romântico; ele combina, assim como faz o primeiro, verdade com falsidade. O amor torna-se princípio organizador da vida moral num mundo de crença que vê o indivíduo como irredutível a um papel e um contexto. O eu tem uma profundidade ilimitada. Não pode ser lido a partir de um roteiro de papel social ou de posição na hierarquia de classes e castas. Não pode nem mesmo ser identificado com a forma enrijecida da pessoa, que é seu caráter. Por essas razões, nunca pode ficar totalmente transparente a outras pessoas ou até a si mesmo.

O eu que descobriu a própria profundidade anseia por afirmar seu poder de transcendência sobre o contexto. Ele luta com a desproporção que existe entre a infinitude de suas aspirações e a finitude de sua circunstância. Como resultado, permanece para sempre suscetível ao apequenamento: o triunfo da circunstância limitadora sobre o espírito indomável. Nossas relações uns com os outros são penetradas e transformadas pelo desejo ilimitado pelo ilimitado. Em particular, buscamos uns nos outros a certeza incondicional de que existe lugar para nós no mundo.

Esta é a demanda que o filho faz a seus pais e, como adulto, continua a fazer àqueles em quem busca amor. É uma demanda que está destinada a ser frustrada: nunca somos capazes de dar a outra pessoa o bastante, ou de receber dela o bastante, para prover essa certeza. Um ser que tenha descoberto sua transcendência sobre contexto e papel e que busca conexão com outros seres sempre vai querer mais do que pode receber.

A penetração do amor por sua busca pelo infinito, pelo ilimitado, é consequência das ideias e experiências que dão a ele, como descrevi, papel de organizador de nossa experiência moral. O fato de o amor trazer a marca desse anseio pelo absoluto não é consequência do romantismo; é resultado das formas de vida e de pensamento que marcam a luta com o mundo em todas as suas variações. A distorção romântica consiste em confundir o amor pessoal com um modo de superar nossa falta de fundamentação, experimentada à sombra de nossa mortalidade.

A falta de fundamentação é a incapacidade de compreender a base de nossa existência, de perscrutar o começo e o fim do tempo, de buscar, na cadeia de nossos pensamentos, pressuposições que estão além de qualquer questionamento. Não é ilusão romântica buscar no ser amado a certeza de que nos ama, e por intermédio de seu amor nos sentirmos reafirmados no sentimento de ser. É ilusão romântica tomar essa demanda e as respostas fragmentárias que ele pode suscitar do ser amado como solução do problema da falta de fundamentação.

Sob o feitiço dessa ilusão, imaginamos o amor como alívio da falta de fundamentação e como entrada num mundo encantado no qual podemos nos fundamentar. As crenças que fazem a imaginação romântica cair na armadilha dessa ilusão estão estreitamente conectadas com o outro lado do romantismo: sua guerra contra a rotina e a repetição. Libertado das ligações do mundo cotidiano, o agente romântico se imagina admitido num paraíso no qual ele finalmente pode ser totalmente humano. Esse mundo, diferentemente do mundo real da natureza e da sociedade, funciona segundo a lógica de nossas mais profundas e íntimas preocupações. Não é nem indiferente nem opaco.

Se reconhecermos que, apesar desse suposto alívio da falta de fundamentação, permanecemos condenados a morrer, as atrações desse antimundo – erigido sobre a base da negação do funcionamento da sociedade e da natureza – serão tanto maiores. Nossa autofundamentação, mediante a rebelião romântica contra a estrutura estabelecida, parecerá ser a única compensação disponível para nossa mortalidade. Na imaginação romântica, a ideia extravagante do amor como autofundamentação caminha junto com o medo e a intimação da morte.

No entanto, só negamos as falhas irreparáveis da vida humana ao preço do dano causado a nossa humanidade. O mesmo acontece com o romantismo, em seus dois aspectos – o da negação da repetição e o de compreender o amor como fuga da falta de fundamentação. Enquanto formos humanos, estaremos sem fundamentação. Não podemos dispensar a dialética da repetição e da novidade se vamos nos tornar mais humanos ao nos fazermos mais divinos.

A perigosa e iludida busca pela autofundamentação mediante o amor representa forma perversa de ilimitado desejo pelo ilimitado, e, particularmente de busca por um reconhecimento definitivo e a certeza de que ela é uma característica integral do amor, como compreendido e experimentado nesta abordagem à existência. Numa sociedade semicristianizada (ou, mais genericamente, em sociedades influenciadas pelos monoteísmos semíticos), isso é uma perversão sugerida pela identificação blasfema do amante humano com o amante divino.

A visão do eu e dos outros que melhor expressa as ideias centrais da luta com o mundo está assim cercada por todos os lados de heresias que alegam representar as versões sagradas ou seculares desta abordagem à existência. No cristianismo, é obscurecida ao se confundir amor com altruísmo, ou pelo descarte do amor, no sentido em que o defini antes, como experiência inferior à do altruísmo. Nas culturas seculares dessas mesmas sociedades, a ideia de uma relação do eu com os outros, que descrevi como a ortodoxia secreta sobre o eu e os outros, é desafiada pela heresia do romantismo. Essa heresia revela desespero quanto a nosso poder de mudar o mundo – o grande mundo da sociedade, bem como o pequeno mundo de nossas tratativas com os outros – de modo a se tornar mais hospitaleiro aos seres encarnados e moldadores de contexto, mas também seres transcendentes ao contexto, que somos. É só com dificuldade que a visão de nossa relação com outra pessoa que mencionei aqui resiste a esses erros e repassa sua espantosa mensagem.

ORTODOXIAS GÊMEAS SUPRIMIDAS

Qual a relação entre essas duas ortodoxias suprimidas – uma sobre o eu e os outros e uma sobre o espírito e a estrutura?

A base compartilhada por ambas é a concepção do eu como espírito corporificado, engajado em contexto e transcendente a contexto. Contudo, tem de ser também o reconhecimento das irreparáveis falhas na vida humana: mortalidade, falta de fundamentação e insaciabilidade. As versões sagradas da luta com o mundo, produtos de avanços que produziram as religiões mais cultas, resistem a essas falhas em nossa condição. Da mesma forma, menos explicitamente e mais surpreendentemente, resistem as versões profanas, se não no que concerne a nossa mortalidade, então no que diz respeito a nossa falta de fundamentação e nossa insaciabilidade.

Ao mesmo tempo, as supostas ciências da sociedade e da mente não fizeram justiça à dialética do engajamento e da transcendência ao tratar da relação do eu com os mundos sociais e conceituais que ele habita. A essa resistência e a essas falhas temos de atribuir, em grande parte, o inexplícito, hesitante desenvolvimento das ideias de eu e estrutura e de eu e os outros, que a luta com o mundo sustenta e requer. As heresias do romantismo e o favor que demonstram para com um altruísmo universal e descorporificado têm tomado regularmente o lugar dessas ideias de espírito e estrutura e do eu e os outros.

A ideia da inexauribilidade do eu por sua circunstância definida e limitada ajuda a moldar uma concepção de amor. No amor, segundo esse relato, reconhecemos e aceitamos um ao outro como seres originais transcendentes ao contexto e não como um zero à esquerda num esquema organizado de divisão e hierarquia sociais. A experiência do amor é infundida e transformada pelo anseio pelo infinito, que traz as marcas de nossa insaciabilidade, contra o pano de fundo de nossa falta de fundamentação e nossa mortalidade. Em nenhum lugar essa insaciabilidade é mais poderosamente expressa do que em nossa demanda, no amor, por receber infindáveis sinais da certeza de que existe para nós um lugar incondicional no mundo. Essa demanda, sempre condenada a ser frustrada, torna-se erro espiritual quando esperamos que o amor possa abolir nossa falta de fundamentação.

Honramos o caráter corporificado e situado do eu ao rejeitarmos a campanha romântica contra a repetição, assim como ao valorizarmos a expressão erótica do amor. Nessa visão, em vez de ser visto como sinal adicional de superioridade, o caráter eroticamente desinteressado do altruísmo aparece como sinal de sua incompletude.

A relação entre os temas da primazia do amor (na ideia do eu e os outros) e os de uma busca além do contexto estabelecido da vida ou do pensamento (no relato do eu e estrutura) atribui a nós tarefa que nunca podemos esperar cumprir completamente. No amor, reconhecemos um ao outro como os seres originais transcendentes de contexto que todos sabemos que somos e queremos ser. No entanto, nas sociedades e culturas reais nas quais participamos, ainda não somos esses seres originais. Só os somos numa medida muito limitada; permanecemos acabrunhados pelas múltiplas formas de apequenamento que nossa história coletiva nos impôs. Temos de nos tornar esses seres, passo a passo.

Ninguém pode esperar atingir esse objetivo dentro dos limites de uma vida humana individual. É um projeto coletivo da humanidade, retrocedendo ou avançando, embora defeituoso e inacabado, no tempo histórico. Desse fato resulta o momentoso problema para a luta com o mundo, e mais especialmente para suas versões profanas (os projetos seculares de libertação) da disparidade entre o tempo histórico no qual a humanidade ascende e tropeça e o tempo biográfico no qual o indivíduo vive e morre.

CRÍTICA: FORÇA E FRAQUEZA DA LUTA COM O MUNDO

Nenhuma versão da luta com o mundo, sagrada ou profana, se realizou completamente na sociedade e na cultura. Na medida em que chegou perto de se realizar, na visão dos próprios seguidores, ela primeiro traiu sua mensagem central. Quando a luta com o mundo não se reduziu na prática, ela encolheu na doutrina.

O modo característico dessa diminuição doutrinária nas formas sagradas da luta com o mundo é o legalismo, especialmente no judaísmo e no islamismo. A obediência à lei sagrada (a halaca ou a sharia) substitui qualquer tentativa mais ampla de reorganizar a sociedade e reorientar a vida de maneiras que não podem ser invocadas sob uma fórmula legal e institucional.

A manifestação típica dessa diminuição doutrinária nas variantes profana e política da luta com o mundo é o equivalente secular da reverência à lei sagrada: fetichismo institucional – identificação da mudança que buscamos com um programa institucional dogmático. Para os liberais e os socialistas do século XIX, que, apesar de suas fórmulas institucionais, percebiam, além do estreito objetivo da igualdade, uma visão mais ampla do empoderamento humano, o dogma institucional era explícito. No liberalismo, era um conjunto de disposições que seriam, supostamente, os requisitos institucionais necessários e suficientes de uma sociedade livre. No socialismo de Estado, era uma ideia de substituição da economia de mercado por uma ordem econômica dirigida pelo Estado. No socialismo não de Estado, era a proposta de iniciativas cooperativas, creditada com o potencial de abolir definitivamente a opressão econômica.

A religião do futuro

Se o ramo político – liberal ou socialista – da luta com o mundo aderia a uma fórmula institucional, o ramo romântico repudiava todas as instituições como sendo a morte para o espírito. Entre os fetichistas institucionais e os profetas românticos não sobrou espaço para projeto transformativo capaz de dispensar fórmulas institucionais definitivas sem abandonar a tentativa de reformar a sociedade.

Os resignados social-democratas de hoje em dia exemplificam essa redução da mensagem da luta com o mundo. Eles as reduzem ao aceitar o estabelecimento social-democrata de meados do século XX como o horizonte no qual podem perseguir os interesses que reconhecem e os ideais que professam. O debate programático estreitou-se em tentativa de conciliar a flexibilidade econômica no estilo americano com a proteção social no estilo europeu.

Na medida em que a mensagem das versões sagrada ou profana da luta com o mundo não é reduzida em doutrina, ela, assim mesmo, é massivamente violada na prática. Ela coexiste, inquietamente, com crenças, instituições e práticas que contradizem sua visão central. Seus teólogos e ideólogos recusam-se, na maioria, a reconhecer qualquer tal contradição, contemporizando com crenças que abafam a contradição entre visão e prática. Acomodam-se com formas de pensamento e de vida que contradizem os mais profundos e mais distintivos impulsos dessa abordagem à existência.

O resultado é que em sua vida histórica real a luta com o mundo existiu quase exclusivamente nessas formas de compromisso. Suas expressões visíveis são as variedades organizadas de judaísmo, cristianismo e islamismo, e o humanismo secular convencional, com sua moral complacente e suas devoções políticas. Não conhecemos agora outra variante da luta com mundo. O desenvolvimento de alternativa que leve a mensagem da luta com o mundo, seja em voz sagrada ou profana, a suas últimas consequências representaria, mais do que nunca, evento revolucionário. Mudaria, de um golpe só, nossa compreensão da mensagem e nossa experiência de nós mesmos.

Considere primeiro o âmbito de crenças amplamente aceitas que são incompatíveis com a visão essencial que informa esta abordagem à vida. Na ciência e na filosofia naturais, não afirmamos sem reservas a existência singular do universo e a realidade inclusiva do tempo. Nossas ideias convencionais sobre explicação causal pressupõem que o tempo é real, mas não real demais – real o bastante para garantir a existência de um mundo no qual conexões causais diferem de conexões lógicas (contrariamente ao que sustentaram Leibniz e muitos outros), mas não tão real que nos vejamos forçados a abandonar a concepção de uma estrutura de leis imutáveis da natureza (reafirmada pelas mesmas teorias físicas e cosmológicas que repudiaram a noção de que os fenômenos naturais ocorrem contra um pano de fundo absoluto de espaço e tempo).

Continuamos a representar o possível como fantasmagórico estado de coisas, esperando receber sua deixa para passar do reino do possível para o domínio do real. Levamos essa negação de novidade radical para nossa visão da história humana. O estudo social e histórico é dominado por tendências de pensamento que cortam a conexão entre o discernimento do que é real e a imaginação do possível adjacente. Uma prática de pensamento, característica da teoria social clássica, que representa descontinuidade estrutural e inovação e história como produtos de um roteiro histórico foi seguida por uma outra, associada com as ciências sociais contemporâneas, que permanece destituída de qualquer visão estrutural.

Nossas ideias dominantes sobre a mente não reconhecem o conflito entre os dois lados da mente – a mente como máquina e a mente como antimáquina, comprazendo-se com seus poderes de recombinação e transgressão. Deixam também de apreciar a medida em que a presença relativa desses dois lados da mente é influenciada pela organização da sociedade e da cultura, resultando em que a história da política é interior à história da mente. Nesses aspectos, como em muitos outros, nossas crenças quanto a nós mesmos resistem a reconhecer a relação entre nossas identidades e poderes configurados pelo contexto e nossas identidades e poderes transcendentes ao contexto.

Até mesmo a reavaliação do que é nobre e do que é básico, expressa na mistura literária de gêneros e realizada na ideia democrática essencial do gênio construtivo do homem e da mulher comuns, é afastada pelas adesões, autodescritas, a uma ou outra expressão da luta com o mundo, para abrir caminho a novas hierarquias de poder, vantagens e valor, disfarçadas como hierarquias de mérito.

Assim, a mensagem da luta com o mundo sobrevive inerte e também sitiada. As ideias e práticas discursivas que a fariam ser inteligível e utilizável nunca foram totalmente desenvolvidas. Esse fato ajuda a explicar o insucesso em compreender, combater e superar o conflito entre a vida que nos foi prometida por essa orientação à existência e o modo pelo qual as sociedades contemporâneas estão de fato organizadas, ainda que em países que são mais livres e mais igualitários. Mesmo quando resgatam pessoas dos extremos da pobreza e da opressão, essas sociedades não estabelecem, em pelo menos três aspectos importantes, uma forma de vida que cumpre as promessas dessa orientação espiritual.

As instituições econômicas dessas sociedades são organizadas para negar às massas de homens e mulheres comuns os meios pelos quais viver e trabalhar como os agentes transcendentes ao contexto que eles são. A transmissão hereditária familiar de vantagens econômicas e educacionais continua a reproduzir as realidades de uma sociedade de classes, inibindo nosso poder de conceber fortes projetos de vida e de implementá-los. Trabalho assalariado, considerado por liberais e socialistas do século XIX uma forma inferior de trabalho livre, carregando em si a marca da servidão, é agora considerado a forma natural e até mesmo necessária de trabalho livre. O que esses liberais e socialistas viram como sendo as mais elevadas, mais perfeitas expressões do trabalho livre – autoemprego e cooperação – continua sendo, ou se tornou, sua forma periférica.

A maioria das pessoas continua a fazer trabalhos que em princípio poderiam ser realizados por máquinas. O valor de uma máquina é o de fazer para nós tudo que aprendemos a como repetir, de modo que todo o nosso tempo possa ser preservado para aquilo que ainda não aprendemos a como repetir. Em todas essas maneiras, a experiência prática do trabalho e da produção nega nossa condição de espírito incorporado, ao invés de afirmá-la.

Nossa responsabilidade para com estranhos nas sociedades atuais está amplamente reduzida a transferência de dinheiro organizada pelo Estado por meio do sistema de impostos redistributivos e de direitos sociais. O dinheiro, no entanto, supre um frágil cimento social. Não é capaz de substituir um engajamento direto com outras pessoas além das fronteiras da família e das barreiras do egoísmo familiar. A ausência de qualquer expressão prática do princípio segundo o qual todo adulto fisicamente apto deveria ter alguma responsabilidade no cuidado com outras pessoas fora da própria família, bem como um lugar no sistema de produção, priva a solidariedade social de uma base adequada. O resultado é a agudização do contraste entre o âmbito íntimo da ligação pessoal e um mundo desalmado de tratativas com estranhos.

As instituições políticas das sociedades contemporâneas continuam a fazer com que mudança dependa de crise. Não estão projetadas para elevar a temperatura da política (o nível de engajamento popular organizado na vida política) ou para apressar seu ritmo (a facilidade para experimentos decisivos). Consequentemente, a democracia não serve como antídoto para o domínio dos mortos sobre os vivos e como dispositivo mediante o qual subordinar a estrutura à vontade e à imaginação.

A humanidade permanece acorrentada e diminuída até mesmo nas mais livres e mais igualitárias sociedades contemporâneas. A vida maior prometida pela luta com o mundo é postergada, indefinidamente, para um futuro no tempo histórico ou providencial. A humanização da sociedade – o aprimoramento de ordem que percebemos ser impotente para reimaginar ou refazer – toma o lugar da divinização da humanidade, o aumento de nosso compartilhamento dos atributos que atribuímos à divindade. As versões sagrada e profana da luta com o mundo são então convertidas em fórmula de paciência e resignação.

As religiões organizadas e os projetos seculares de libertação social e pessoal aparecem no mundo sob as restrições de todas essas concessões. Às vezes os teólogos e ideólogos fazem o trabalho eles mesmos, fazendo encolher, na religião, a mensagem até que ela fica reduzida a obediência à lei sagrada, ou, na política, a uma conformidade a uma fórmula legal e institucional restritiva. Noutras vezes eles permanecem como cúmplices silenciosos de uma associação da mensagem com crenças que contradizem suas premissas e com disposições institucionais que frustram suas promessas.

A religião do futuro

Na medida em que os ensinamentos sagrados ou seculares da luta com o mundo não são minimizados na doutrina, eles são contraditos na prática. Passam a coexistir, sem resistência, com crenças que desmentem suas premissas. A disseminada aceitação dessas crenças, por sua vez, ajuda a explicar como os teólogos e ideólogos da luta com o mundo são capazes de aceitar uma ordem social que está em tão forte conflito com a promessa de vida maior. O cumprimento da promessa pode ser postergado para o futuro histórico ou providencial. No entanto, ele deixa de viver na mente ou de influenciar a vontade se não puder ser prefigurado no presente.

Dessas acomodações sucessivas resultam as formas fossilizadas do judaísmo, do cristianismo e do islamismo, preservadas como modos de matar o tempo e negar a morte; a evisceração dos programas ideológicos dos dois últimos séculos; o consequente confinamento de supostos esquerdistas e progressistas ao trabalho de humanizar um regime que eles se acham incapazes de reformar; e as devoções do humanismo secular convencional que sucedem às perigosas ilusões do romantismo. A forma real dessa orientação à existência, o caráter de sua presença na história, é o que é definido por essas muitas e cumulativas rendições. Desse modo, seus devotos tentaram adaptar a mensagem ao mundo em vez de adaptar o mundo à mensagem.

Os adeptos dessas desorientadas e submissas versões da luta com o mundo podem protestar alegando que a falha da mensagem, ao não se realizar mais completamente mediante a substituição das crenças e das disposições que a contradizem, não representa objeção à doutrina. Considerando a disparidade entre a mensagem e a realidade da vida social, a solução é simplesmente afastar, uma a uma, todas as restrições e concessões que impedem a inflexível tradução dessas doutrinas seculares e sagradas para um modo de pensar e de viver, bem como para uma forma de organização social. De acordo com essa resposta, a reclamação de disparidade entre doutrina e realidade, em vez de se apresentar como objeção, tem como premissa a validade da doutrina.

Essa resposta não leva em conta os dois sentidos conexos nos quais a coexistência pacífica dos ensinamentos da luta com o mundo com modos de pensar e formas de vida que os contradizem revela uma falha nessa abordagem à vida.

A radicalização da mensagem da luta com o mundo, em oposição às crenças que negam suas premissas, assim como as disposições que frustram sua promessa, resultaria em ortodoxia reinterpretada que poucos ou nenhum dos supostos ortodoxos reconheceriam agora como sua. As suprimidas ortodoxias gêmeas de espírito e estrutura e do eu e os outros conflitam com as crenças prevalentes tanto de crentes quanto de incréus.

As versões sagrada ou secular da luta com o mundo só podem ser resgatadas de suas concessões e rendições se forem interpretadas de modos que chocarão seus adeptos. A diferença entre interpretação radical e reconstrução radical da doutrina quase não importa neste contexto. O cristianismo, visto por alguns, e até mesmo por Jesus, como a consumação e a realização do judaísmo, foi rejeitado pela maioria dos judeus como blasfemo. Da mesma forma, qualquer reforma de longo alcance dessa religiões e ideologias será provavelmente denunciada por seus seguidores como uma apostasia de sua fé religiosa, política ou moral.

Além disso, a reconstrução radical dessa abordagem ao mundo seguindo as linhas que propus mudaria a experiência e a autoconsciência de seus agentes. A cada etapa de seu avanço eles iriam mais além na descoberta dos próprios poderes. As formas familiares da luta com o mundo colocam o bem supremo num futuro de providência divina ou de mudança histórica que fica além da duração da vida individual. Elas aceitam um presente do qual esse bem permanece em grande parte ausente. Esta circunstância não mais seria tolerável aos seguidores dessa orientação. Sua recém-descoberta ortodoxia os atrairia, agora, para uma grandeza, não só para uma grandeza mais tarde. Isso exigiria deles que se rebelassem contra as disposições e as premissas que os apequenam.

CRÍTICA: ALIENAÇÃO DA VIDA NO PRESENTE

A luta com o mundo continua a ser o mais promissor ponto de partida para nossa autocompreensão assim como para nossas tentativas de mudar a sociedade e nós mesmos. Não obstante, em todas as suas formas contemporâneas, tanto sagradas quanto profanas, ela é radicalmente defeituosa. Tem de ser refeita ou substituída. Como sempre acontece em nossos esforços de reinvenção de nós mesmos, não se pode fazer uma clara distinção entre reconstrução e substituição. Só podemos possuir aquilo a que renunciamos.

Sob a égide da luta com o mundo, nosso bem supremo – que nos aproxima do divino, de maior vida, da mais completa realidade, do maior valor – está sempre no futuro. O futuro no qual reside o bem mais alto pode ser nossa salvação numa vida além da morte. Ou pode ser uma futura ordem social que nos restaure a nós mesmos e nos empodere.

De uma forma ou de outra, o futuro é o futuro. Não é o nosso futuro, isto é, não o futuro de nossas vidas mortais, vividas no tempo biográfico, nem a única experiência à qual podemos sempre ter total e imediato acesso: o momento presente. Toda versão da luta com o mundo alega que nossa orientação a esse bem futuro muda imediatamente nossa situação atual. Nossa experiência atual participa, segundo essas alegações, no bem futuro.

Cada variante da luta com o mundo representa essa participação de um modo distinto. No cristianismo, por exemplo, é a graça que resulta da intervenção redentora de Deus na história, especialmente por sua Encarnação, bem como de sua presença, renovada pela vida sacramental da Igreja. Essa doutrina, no entanto, é uma abstração; sua tradução para a experiência pessoal permanece obscura. Mesmo se tomada ao pé da letra, ela nunca promete mais do que um antegosto do bem que nos acena mais além do confinamento de nossa existência terrena.

Se o bem for uma futura organização da sociedade, resultante de uma série de disputas políticas e inovações institucionais, temos poucos motivos para esperar que possamos compartilhar dele no decurso de nossas vidas. A luta contra a estrutura estabelecida pode nos envolver em modos de pensar e de agir que já desafiam a ordem atual e antecipam a futura. A prática de política transformativa e de pensamento crítico pode se tornar, em alguma medida (mas em que medida?), a profecia de uma ordem melhor e fazer-nos mais livres e melhores já agora. Mais genericamente, viver para o futuro pode ser compreendido e vivenciado como modo de viver no presente, como um ser não totalmente determinado pelas circunstâncias atuais de sua existência.

A lacuna entre doutrina e experiência, assim como entre o prefigurado e o consumado, persiste. Se a luta com o mundo tem qualquer tema que seja universal para todas as suas expressões, esse tema é o reino do futuro. A paixão da futuridade está diretamente conectada à essencial concepção da dialética entre circunstância e transcendência.

Descartes valeu-se de recursos do pensamento especulativo para descobrir uma ideia segura contra a dúvida. Nenhum argumento, no entanto, pode ser tão inquestionável como o que caracteriza nossa situação no mundo: o fato de que tudo que possuímos com toda a certeza é o momento presente e nossa experiência no tempo como sucessão contínua de momentos no presente. Tudo o mais que não é momento presente nós possuímos, no melhor dos casos, no sentido derivativo e reduzido. O passado, mantido na memória, e o futuro, do qual esperamos ter um antegosto, só surgem para nós como extensão ou modulação do presente.

A experiência da sucessão de momentos presentes é a experiência da vida. Qualquer força – seja fato da natureza, coação da sociedade ou ideia na mente – que enfraqueça ou desacredite nosso envolvimento no presente vai limitar nosso acesso à vida na única forma na qual podemos de fato vivenciá-la: no presente. Se começarmos a viver a vida parcialmente como uma série de memórias e de profecias, de recorrências e de expectativas, nossa experiência de vida passará a ser, na mesma medida, oblíqua.

Viver para o futuro, em qualquer das formas sagradas ou seculares defendidas pela luta com o mundo, ameaça alienar-nos do momento presente e, com isso, da vida tal como é vivida, na sucessão de momentos presentes. Na medida em que essa ameaça se concretiza, como resultado da ausência de alguma força ou crença contrária que a removesse, consumimos o tempo de nossas vidas tentando agarrar e ansiando por algo que por definição não é real, ou é muito menos real que a vida nesse momento. Assim, por nossa própria insensatez, como que seduzidos por um desejo pelo absoluto que projetamos mais além no tempo, desperdiçamos o bem mais importante, na realidade o único bem. Ao fugirmos, mentalmente, do presente real para o futuro irreal, e ao deixarmos de entrar na vida nos únicos termos nos quais jamais poderemos possuí-la, estamos entregando nossas vidas, fragmentadas, ainda antes que a natureza nos entregue à morte.

Ao mundo presente e à nossa experiência nele nós dizemos: "Você não é o nosso lar". Em vez disso, reivindicamos cidadania num mundo futuro que nunca será realizado em nossa experiência e ao qual não podemos ter acesso a não ser sonhando acordados em nosso discurso orientado para o futuro. Pouco importa se nossa distância interior ao momento presente tome a forma de fria indiferença (como se todos os encantos tivessem passado do mundo manifesto para um incorpóreo simulacro dele) ou de uma revulsão ativa (provocada pela consciência de sua inferioridade em relação a nosso verdadeiro, porém distante, lar). O resultado é o mesmo: seduzir-nos a trocar o real agora pelo fantástico mais tarde. Como essa troca não pode ser realizada, desempenhamos nossa parte da barganha só para morrermos antes de recebermos o contradesempenho.

A objeção mais importante à luta com o mundo é que ela nos atrai para uma guerra contra o incomparável bem da vida, vivida no presente, e nos dá em troca uma contrafação do bem: o futuro. Há duas maneiras ruins, porém triviais, de considerar essa falha de consideração.

A primeira resposta, um paganismo tardio, é repudiar a dialética da presença e da transcendência que está no centro de todas as religiões cultas, inclusive as que representam a luta com o mundo. É sacrificar a transcendência à presença. Esse é o caminho para a celebração do mundo manifesto. Isso está comumente disfarçado num dos vocabulários filosóficos desenvolvidos pelas outras duas orientações: a da superação do mundo e a da humanização do mundo. A segunda resposta, o prometeanismo, é escapar de nossa alienação e de nosso desabrigo para uma tentativa de empoderamento e de autodeificação. Ela nega nossa fragilidade. Ela se recusa a reconhecer ou a aceitar as falhas irreparáveis na condição humana. Ela substitui a alienação pelo culto ao poder.

O paganismo tardio nega o fato mais fundamental de nossa humanidade. Ele carece da força ingênua da vida religiosa, precedendo as insurreições dos mil anos que presenciaram o surgimento das religiões mais cultas e as

Lutando com o mundo

três abordagens à existência que eu aqui considero. O prometeanismo perverte a transcendência ao interpretá-la como um poder sobre outras pessoas. Uma vez rejeitando essas duas respostas, ficamos com a missão de reparar ou substituir a luta com o mundo, a preponderante obra espiritual que nossa circunstância histórica nos atribuiu.

Uma fuga aparentemente fácil do fardo da transcendência e da consequente ameaça de desabrigo é nos livrarmos de nossa distância ao momento presente e exultarmos na radiância do mundo manifesto. Um exemplo explícito no pensamento contemporâneo é a filosofia tardia de Heidegger. É como se o aterrorizante exercício do *Ser e tempo* – o implacável confronto com a morte, a falta de fundamentação e a insaciabilidade – e o despertar de nosso sonambulismo, nossa vida diminuída, que esse confronto torna possível, tenham sido projetados somente para selar nossa subsequente rendição ao mundo existente.

Uma vez completada a desilusão com a política, nada parece ter restado senão cultuar o cosmos em seu esplendor: cultuá-lo não como a estrutura variada, factícia e em desenvolvimento que ele é, mas como um Ser, oculto atrás das metamorfoses da natureza. A rendição ao mundo não é menos completa por ser descrita nos termos de um panenteísmo ou monismo especulativos, falsamente apresentados como superação da metafísica pagã e não como sua continuação.

Este projeto criptometafísico é a forma limitadora, e não normal, do paganismo tardio. A forma normal é o recuo eufórico ou desesperado para as pequenas delícias das experiências privadas: pequenas o bastante para não nos lembrar do que somos.

Qualquer uma dessas fugas à experiência da alienação apoia-se numa mentira a respeito de nós. Nossa transcendência sobre a circunstância num mundo natural e social que tem estrutura definida, conquanto mutante, não é opção; é um fato quanto à natureza, a sociedade e a humanidade. Ao negá-lo, estamos negando a nós mesmos e abrindo mão de nosso direito inato a uma liberdade radical.

A consequência prática dessa autodiminuição é poder superar nossa ambivalência em relação ao momento presente somente solapando uma

A religião do futuro

tensão que é central em nossa experiência do presente, assim como, na verdade, quanto a quem somos. Para estarmos completamente despertos e vivos no momento presente, e totalmente atentos à experiência presente, temos de ser capazes de participar numa forma de vida estabelecida sem nos rendermos a ela, encará-la do vantajoso ponto de vista de suas transformações acessíveis, compará-la com circunstâncias análogas e, acima de tudo, desafiá-la no pensamento e na prática, resistir a ela e revisá-la. É somente nesse ir e vir que a fazemos nossa.

O modo como a imaginação funciona revela a importância da dialética entre o engajamento no contexto e a resistência ao contexto para nossa capacidade de superar a alienação do momento presente. Os dois movimentos recorrentes da imaginação – distanciamento do objeto (lembrança da percepção como imagem) e variação transformadora (captação de um estado de coisas como referência ao que pode se tornar em seguida) – representam requisitos para um entendimento de qualquer parte do mundo manifesto. Eles impedem que a visão se degenere em apenas contemplação e quebram o feitiço que o fenômeno é capaz de lançar sobre a mente.

O paradoxo do discernimento imaginativo é ele expandir nosso acesso ao momento presente nos retirando dele. Em seu trabalho em duas etapas, a imaginação se afasta do fenômeno para melhor penetrar nele, e o submete a um conjunto de mudanças reais ou hipotéticas para melhor captar seu funcionamento oculto. Excitada por esse esforço em duas etapas, a consciência se eleva e se aguça. Na medida em que ficamos mais conscientes, estamos mais completamente vivos.

O que o exemplo da imaginação demonstra é que a fonte da alienação do momento presente não é a dialética entre transcendência e engajamento, e sim a projeção de nosso bem maior no futuro e a conexão inadequada desse futuro com aquilo que realmente possuímos: o presente.

O paganismo tardio não consegue lidar com o problema em sua origem. Em vez disso, ele ataca algo mais básico e geral: a dialética entre engajamento e transcendência, abraçada como o principal instrumento de nossa ascensão a uma vida maior. Ao abandonar esse instrumento, por instigação

Lutando com o mundo

do paganismo tardio, cessamos de estar orientados em relação ao futuro. No entanto, não conseguimos superar nossa alienação do presente. O motivo pelo qual não conseguimos é que o paganismo tardio solapa, mais do que jamais poderia, a orientação para o futuro e as condições de presença e vitalidade. Essas condições dependem da dialética entre engajamento e transcendência que as religiões mais cultas puseram no centro de nossa experiência e nossa consciência quando se rebelaram contra a identificação do divino com o cosmos.

A segunda resposta trivial e equivocada à experiência da alienação do momento presente é o prometeanismo. (Veja a discussão do prometeanismo no Capítulo 1.) Por prometeanismo, refiro-me à negação de nossa fragilidade ou à tentativa de compensá-la por obtenção de poder. Se é para considerar o prometeanismo como resposta à alienação resultante da projeção de nosso bem supremo no futuro, o poder que ele busca não pode ser simplesmente o empoderamento coletivo da humanidade, alcançado em tempo histórico. Não pode ser, por exemplo, o poder que a humanidade adquire, segundo Karl Marx, mediante o desenvolvimento das forças de produção e finalmente pela superação da sociedade de classes. Tem de ser um poder que o indivíduo pode esperar exercer em seu tempo de vida. Portanto, tem de ser o *seu* poder, e ele tem de ser capaz de usufruir dele em relação a outras pessoas, assim como em relação à natureza.

O prometeano não oferece uma narrativa, sagrada ou profana, de nosso acesso coletivo à vida eterna no tempo providencial ou a uma maior existência terrena no tempo histórico. O que ele oferece é o poder agora. Por meio do poder agora ele espera superar a alienação do momento presente, que é a doença da luta com o mundo.

O prometeanismo equivale a uma solução falsa ao problema da alienação da vida no presente. Em primeiro lugar, é uma solução falsa porque começa num impulso para atravessar as brechas intransponíveis na vida humana. Se não as nega literalmente, busca obscurecê-las com um culto à força pura, desde a preservação e o fortalecimento do corpo até o aceramento da vontade contra a circunstância de fora.

A religião do futuro

Essa busca por invulnerabilidade – ou por menos vulnerabilidade – à nossa fraqueza nos priva do principal instrumento com o qual somos capazes de romper o domo de rotina e concessão que começa a se formar em torno de nós (a múmia dentro da qual morremos muitas pequenas mortes): um inabalável enfrentamento da verdade de nossa circunstância como seres destinados à morte, sem fundamentação e insaciáveis que somos. Isso nos impede, assim, de exercer a prerrogativa da vida e de superar, mediante esse exercício, nossa alienação do momento presente. O culto ao poder do prometeano equivale a um arremedo do aprimoramento da vida.

O prometeano talvez responda que sua busca por empoderamento não é outra coisa senão a dialética entre engajamento e transcendência, a qual temos de reafirmar para nos tornarmos mais divinos e mais humanos, mesmo quando tentamos superar nossa alienação do presente. Isso equivale, no entanto, a uma representação vazia dessa dialética. O foco da transcendência recai na revisão e reconstrução de estrutura estabelecida de vida e de pensamento. A ênfase do prometeanismo está em ganhar poder dentro dessa estrutura. O que conta para o prometeano não é a estrutura ser mudada em conteúdo ou caráter, e sim que ela não o triture. Sua esperança, quer revelada ou disfarçada, é a de reivindicar isenção de ser alvo de sua força e não a de servir como agente de seu refazimento.

Esse poder se expressa em exercer domínio sobre outras pessoas bem como em triunfar sobre as enfermidades do corpo. A principal preocupação do suposto Prometeu é ficar forte. Ele pode até ter aliados e companheiros nesse esforço por superar a fraqueza e a vulnerabilidade, no entanto mede seu sucesso comparando-o com o relativo fracasso dos outros.

O Prometeu da mitologia grega roubou o fogo dos deuses para dá-lo à humanidade. O Prometeu da história moderna tem como ambição primeira retardar, se dela não conseguir fugir, a queda para o declínio e a morte, a sina de ser aniquilado e esquecido e seu prenúncio nas humilhações diárias às quais a vida humana comum está sujeita. Ao se tornar forte e poderoso, espera, caso não possa ter a vida eterna, ter uma vida maior do que aquela que os outros vivem. Quanto a isso, na superfície, seu esforço pode parecer estar oferecendo um paralelo à revolução na vida espiritual da humanidade da qual agora necessitamos. No entanto, o empreendimento prometeano é corrompido pela disputa do poder sobre os outros, pela negação da verdade quanto a nossa situação no mundo, e, acima de tudo, por deixar de desafiar e mudar, em benefício de outros, as configurações organizadas de nossa vida e nosso pensamento.

A busca pelo poder sobre os outros leva aquele que busca o poder aos infindáveis estratagemas e ansiedades da emulação, da rivalidade, da vigilância, do combate e do autodisfarce. A disciplina da luta – não mudar a estrutura, mas garantir um lugar especial dentro dela – escraviza e envenena sua experiência do momento presente. Confunde domínio com vitalidade e não com aprimoramento.

Esses dois vícios do erro prometeano – esquecer a verdade quanto à existência humana e reduzir vitalidade a poder – trabalham juntos para agravar a experiência da alienação da vida no presente em vez de superá-la.

O paganismo tardio e o prometeanismo fracassam como respostas ao problema apresentado, na luta com o mundo, pela alienação da vida no presente. Não há solução para esse problema que não exija mudança de visão e de conduta. Realizar essa mudança é o trabalho da religião do futuro.

CAPÍTULO 5
REVOLUÇÃO RELIGIOSA AGORA: OCASIÕES E INSTRUMENTOS

RAZÕES PARA UMA REVOLUÇÃO RELIGIOSA

Os capítulos anteriores deste livro discutiram e criticaram as três maiores orientações à existência que emergiram das revoluções religiosas do passado. Essas três abordagens à condição humana – religiões no abrangente, porém historicamente ancorado, sentido no qual usei o termo – não relatam toda a história da religião. Correspondem a um período, embora um longo período, dessa história. Houve um tempo em que não víamos o mundo à luz da visão delas. Temos todos os motivos para supor que haverá um tempo no qual sua luz, se não estiver extinta, não será a única, ou mesmo a predominante, influência em nossas crenças mais abrangentes quanto à situação humana.

As portas da profecia nunca estão fechadas. Supor que a revolução religiosa, combinando de alguma forma ensinamento visionário e ação exemplar, só acontecerá uma vez na história humana é contrário a todo sentido, e acima de tudo ao sentido histórico que representa uma das maiores conquistas dos últimos séculos. Homens e mulheres mostraram no passado que são capazes disso. Nem mesmo nossa falta de fé destruiu essa capacidade, ou pelo menos nossa perspectiva de mais uma vez adquiri-la.

A força predominante que impulsiona o desenvolvimento de uma religião é a necessidade de comprometer nossas vidas numa ou noutra direção, com base numa visão do mundo e de nosso lugar nele, e numa resposta aos fatos manifestos de nossa mortalidade, falta de fundamentação e insaciabilidade. O peso desse comprometimento só é aumentado pela insuficiência dos fundamentos que sempre podemos esperar ter para assumi-lo.

As preocupações que nos levam a adotar essa postura são duradouras, até mesmo irresistíveis. Elas fazem parte de nossa circunstância. Contudo, nenhum modo de expressar esse impulso pode alegar ser definitivo. Nossas respostas mais abrangentes à existência permanecem perpetuamente abertas à controvérsia e à revolução.

A controvérsia e a revolução têm a ver, em primeira instância, com o conteúdo da religião. Mais cedo ou mais tarde, no entanto, também vão atingir a forma – o caráter das práticas, assim como o das crenças, que supre à religião sua identidade distintiva, os métodos de inovação, a evolução e revolução na vida espiritual e a relação da religião com outros domínios de experiência.

A definição de religião no início da argumentação deste livro não tem como premissa a ideia de que existe uma parte permanente de nossa experiência humana, com essência estável, que possamos usar como rótulo para a religião e separar, de certas maneiras, de outros aspectos da existência. Em vez disso, ela reconhece o caráter mutante, o escopo e a base da religião. A questão era conceber a religião de modo inclusivo o bastante para acomodar formas de crença e de prática, como o budismo e o confucianismo, que emergiram no longo período entre o surgimento do judaísmo profético e a fundação do islamismo, mas que estão distantes, na forma como na substância, dos monoteísmos semíticos.

Dessa maneira, resistimos à tentação de reduzir religião ao modelo mais familiar aos ocidentais contemporâneos, enquanto continuamos a compreendê-la de modo a distingui-la da filosofia, da ciência, da arte e da moralidade prática. Mas até mesmo essa visão ampla da religião é, no fim, moldada por uma referência histórica: as principais orientações espirituais que resultaram, ao longo dos últimos 2.500 anos, da revolução religiosa do passado.

Revolução religiosa agora: ocasiões e instrumentos

Apesar das imensas diferenças entre elas, essas três orientações à existência que foram objeto de minha argumentação representam um momento na história espiritual da humanidade. Elas surgiram sob provocações semelhantes. Permaneceram como influências duradouras nas sociedades e culturas que as receberam. Compartilham elementos de visão e de programa comuns. A profundidade das diferenças entre elas só aumenta a significação daquilo que compartilham.

Relembre o que essas três orientações, assim como as religiões mais cultas que as representam, têm em comum. Primeiro, destituem a natureza de sua santidade e colocam na vanguarda da consciência uma dialética entre a imanência do divino no mundo e sua transcendência ao mundo. Até mesmo o confucianismo faz isso, localizando o divino transcendente na experiência sacrossanta da personalidade e do encontro interpessoal. Segundo, negam a realidade derradeira e a autoridade das divisões dentro do gênero humano. Terceiro, rejeitam a ética predominante das classes dominantes e combatentes, principalmente em favor de uma ética de companheirismo universal e solidariedade sacrifical (a qual, no entanto, a luta com o mundo subordina, de forma incompleta e inexplicável, à primazia do amor). Quarto, prometem uma suspensão da mortalidade, da falta de fundamentação e da insaciabilidade. Quinto, todas as três orientações nos presenteiam com uma licença para escapar do mundo ou com um convite para mudá-lo, ou os dois ao mesmo tempo, licença para mudá-lo e convite para escapar.

Mais uma vez, o confucianismo parece ser imune a qualquer tentação de escapar ao mundo social que ele busca humanizar. No entanto, essa ideia interpreta equivocadamente a ambivalência psicológica do confuciano (em sua busca por humanizar o mundo) como a de um budista ou um estoico (em seu esforço por superar o mundo). O agente superior, transformado por seu conhecimento e sua benevolência, desempenha seu papel sem se render incondicionalmente à ordem social na qual se encontra. Isso também inspira o crente a buscar um lugar de refúgio contra os defeitos de uma ordem que ele pode ocasionalmente ser capaz de servir e melhorar, e ainda assim permanecer impotente para mudar fundamentalmente.

A religião do futuro

Por mais de dois milênios, a experiência espiritual da humanidade tem-se movido em grande parte dentro dos limites estabelecidos pela superação do mundo, da humanização do mundo e da luta com o mundo, e pelos cinco pontos de superposição entre elas. Esse âmbito de alternativas espirituais não é mais suficiente para conter as ambições espirituais da humanidade. Ele não faz isso pelos motivos que vou explorar mais adiante neste capítulo. Esses motivos constituem um incitamento a uma futura revolução religiosa e sugerem sua direção.

Entre eles, dois são proeminentes. Um motivo é que por meio de sua ação revolucionária, tanto em sua voz sagrada quanto na profana, uma das três abordagens à existência despertou na humanidade a ideia de sua própria grandeza – a grandeza do gênero humano, mas também de cada homem e cada mulher individualmente. Esse despertar nos levou a perseguir, em incontáveis formas veladas e imperfeitas, o objetivo de aumentar nosso compartilhamento em alguns dos atributos que conferimos à divindade. Não podemos implementar esse objetivo dentro das restrições das estabelecidas variantes sagrada e profana da luta com o mundo ou de seus rivais espirituais: a superação do mundo e a humanização do mundo.

Um segundo motivo para a revolução religiosa é que não podemos nos tornar livres e ascender a uma vida maior se continuarmos a negar os inerradicáveis defeitos na existência humana. Negá-los, porém, às vezes totalmente e outras vezes de forma restrita ou parcial, tem sido até agora o impulso dominante na história da religião. A religião do futuro precisa ter como premissa reconhecer os defeitos sem reservas. Temos de reconhecê-los porque não podemos ascender enganando a nós mesmos. Devemos fazer isso também porque um intransigente reconhecimento da verdade a respeito da morte, da falta de fundamentação e da insaciabilidade é nossa única garantia confiável contra a conformidade, assim como contra o perigo de cairmos numa autodeificação e no culto ao poder.

No restante deste capítulo, discutirei esses e outros motivos para uma revolução religiosa em nossos dias, as ocasiões e as fontes para essa revolução, e as formas e os métodos da necessária prática revolucionária. Em que sentido as mudanças que defendo são de todo religiosas? Para que essa revolução seja bem-sucedida ela tem de ser feita com total compreensão de uma trágica contradição na história da religião. Além disso, os revolucionários devem se perguntar se seu programa pode ou não ser alcançado dentro dos limites de uma das religiões existentes.

A POSIÇÃO SINGULAR DA LUTA COM O MUNDO

Das três abordagens ao mundo que foram objeto de minha argumentação neste livro, uma, a luta com o mundo, está numa posição singular. Desde o início, ela assumiu a posição mais combativa. Cada um dos monoteísmos semíticos negou a santidade da natureza e afirmou a unicidade do Deus transcendente. Cada um deles combinou essa afirmação com uma defesa radical dos impulsos que são comuns às religiões que representam as três orientações. Cada um levou a desnorteantes extremos o contraste entre a universalidade dessa mensagem e a particularidade da trama por intermédio da qual ela foi revelada a uns poucos, em lugar e tempo específicos, para ser depois transmitida a toda a humanidade. Cada um descreveu essa trama num cânone fechado de escrituras sagradas, para deixar mais claro, mediante narrativa, preceito e parábola, o caminho da salvação. Cada um traçou com desconcertante clareza, mais e mais uma vez, a linha entre uma ortodoxia salvadora e uma heresia condenatória. Nesse espírito, cada um entrou num ardente, às vezes violento, conflito com todas as outras religiões, inclusive suas irmãs, religiões de salvação. Esses credos têm concebido repetidamente o espantoso projeto de reforma de toda a vida social de acordo com sua visão e, nos casos do judaísmo e do islamismo, de acordo com sua lei sagrada, a despeito dos perigos espirituais do legalismo.

Em suas expressões políticas (democracia, liberalismo, socialismo) bem como pessoais ou românticas, as versões profanas da luta com o mundo não foram menos intransigentes e subversivas. Ao penetrarem em quase todos os países do mundo durante os últimos dois séculos e meio, elas ajudaram a inspirar uma revolução mundial e desfecharam um golpe mortal nas formas de consciência e de vida estabelecidas em fundamentos antagônicos a sua mensagem. Quando sua postura era explicitamente revolucionária, elas punham uma fórmula de reconstrução institucional, de desafio às rotinas da sociedade e da cultura, no lugar da fé nas Escrituras. Quando se julgavam despojadas de uma visão clara do caminho para reconstrução social, ficavam satisfeitas com melhorar a vida, especialmente dos mais desvalidos, sob o estamento institucional estabelecido. Nesses momentos buscavam inspiração no sublime privado: no aventureirismo da imaginação sem uma consequência tangível para as disposições da sociedade.

É à atividade dessas religiões organizadas e dessas fés seculares que devemos creditar uma das principais bases da religião do futuro: o objetivo de expandir nosso compartilhamento do atributo divino da transcendência e da ascensão a uma vida maior, sem permitir que esse ascenso seja corrompido pela negação de nossas fragilidades e as seduções de autoidolatria. Mas acontece que não podemos avançar na perseguição a esse propósito sem ultrapassar os limites desses projetos de salvação e libertação, e, na verdade, de todas as religiões do passado.

Quais são os passos seguintes no progresso dessa revolução espiritual incompleta? Os seguidores contemporâneos das versões sagrada e profana da luta com o mundo têm sido incapazes de responder a essa pergunta. É por isso que essa orientação à existência aparece agora na posição paradoxal de ser ao mesmo tempo ascendente e perdida, forte e fraca. É forte porque numa ou noutra de suas formas ela exerce incomparável influência no mundo. É fraca porque seus adeptos não sabem mais como revivê-la e continuá-la.

Na medida em que é perdida tanto quanto é ascendente, fraca tanto quanto forte, ela renova, na ausência de outra revolução religiosa, uma oportunidade para outras duas orientações espirituais – a superação do mundo e a humanização do mundo – de se reafirmarem como opções espirituais permanentes e atraentes. E elas o fazem não apenas como doutrinas explícitas, mas também como formas inexplícitas de experiência e de visão.

Temos de reinventar a luta com o mundo para mantê-la viva. A reinvenção começaria com a elucidação das premissas metafísicas dessa abordagem aos problemas da vida: sua ideia da existência singular do mundo, da realidade inclusiva do tempo, da possibilidade do novo, do caráter aberto da história, da profundidade do eu e da reversão de valores. Em algum momento, tal reformulação dos ensinamentos sacros ou seculares da luta com o mundo poderia começar a parecer outro momento na história de nossa experiência espiritual. Isso seria mais claro à medida que as ideias que a informam começassem a ir além do terreno comum das revoluções religiosas do passado: o terreno marcado pelos cinco temas compartilhados que listei anteriormente.

Será que o que parecia ser resgate e reinvenção começará a parecer substituição revolucionária daquilo que supostos reformadores se dispuseram a preservar? Será de fato uma nova religião, não só uma religião com conteúdo diferente, mas uma religião num sentido diferente do termo? A insistência em considerar nossa suscetibilidade ao apequenamento como característica corrigível da vida humana enquanto se considera nossa mortalidade, nossa falta de fundamentação e nossa insaciabilidade como falhas irreparáveis na condição humana será por si só suficiente para sugerir que o que se requer é mais do que uma revisão? Se essa insistência fosse acompanhada de solução para a ambivalência da religião do passado, em favor da ideia de mudar o mundo em vez de fugir dele, à luz de uma mensagem sobre a reconstrução do eu e da sociedade, o caráter revolucionário da tarefa tornar-se-ia inquestionável.

Mas na história da consciência, ainda mais do que na história das instituições, só em retrospecto fica claro o que é revisão e o que é substituição, o que é revivificação e o que é derrubada. Com seu intenso interesse na distinção entre ortodoxia e heresia, e sua dependência de uma revelação impositiva, expressa num cânone escritural, as religiões de salvação podem parecer, entre todas as religiões mundiais do antigo Oriente Próximo, as menos inclinadas a essa hesitação entre revisão e superação. Não obstante, antes de se estabelecer como religião distinta, o cristianismo pode ter sido visto por muitos dos que se converteram primeiro, até mesmo por seu fundador, como continuação e realização do judaísmo.

Qualquer mudança em nossa orientação ao mundo que se inspire em nossas mais fundamentais experiências e aspirações está destinada a ressoar dentro das religiões estabelecidas ao mesmo tempo que se desenvolve fora de seus limites. No entanto, quem, como eu, está sem fé numa narrativa de intervenção salvadora realizada por um Deus transcendente na história não terá alternativa senão trabalhar além das fronteiras dessas religiões. Quando mais homens e mulheres vierem a reconhecer os males e os enganos de uma posição intermediária entre a crença e a descrença, a decodificação da doutrina religiosa como sendo humanismo secular, ver-se-ão forçados a seguir na mesma direção. Se ao abandonarem a posição intermediária eles também repudiarem o humanismo secular convencional e reconhecerem a necessidade de uma reorientação que não pode ser contida nos limites do que é comum às revoluções religiosas do passado, chegarão à posição na qual começa a argumentação deste livro.

A luta com o mundo merece a influência revolucionária que conquistou. Merece porque sua visão de quem somos e de quem podemos vir a ser nos leva mais perto da verdade sobre nós mesmos do que as crenças características da superação do mundo e da humanização do mundo.

Mesmo quando abre mão da fé na narrativa da intervenção divina que tem sido central no judaísmo, no cristianismo e no islamismo, a luta com o mundo, como exemplificado na democracia e no romantismo, permanece radicalmente defeituosa. Ela provê orientação inadequada para a mudança do eu e da sociedade. Também é deficiente em sua articulação e defesa do caso em favor dessa mudança.

Essa adesão e essa crítica à luta com o mundo definem o ponto de vista a partir do qual este livro é escrito. Ideias que incluem esses movimentos não oferecem simplesmente um argumento *sobre* religião; elas representam um argumento *dentro* da religião. Elas traçam os contornos dos rudimentos da teologia: uma estranha teologia, dedicada a uma religião particular, como toda teologia tem de ser, mas a uma religião que não existe.

Quando faz tais alegações, um homem está tomando sua vida nas mãos, indo até os limites, e além deles, do que podemos esperar saber. Uma argumentação que significa uma intervenção numa religião bem como um discurso sobre ela tem de comportar os traços de pensamento e de experiência religiosos. Um desses traços é a intransponível lacuna entre o peso de um comprometimento existencial – o engajamento da vida numa determinada direção – e a insuficiência ou incompletude dos fundamentos para esse comprometimento. Insistir na prerrogativa da mente de se direcionar ao que mais importa, mesmo quando temos de fazê-lo além das fronteiras de todas as disciplinas e os métodos estabelecidos, é expressão, no pensamento especulativo, de nosso poder de transcendência definidor de humanidade.

No entanto, até mesmo a teologia de uma religião que não existe não pode ser capaz de superar as implicações de nossa falta de fundamentação. Seus argumentos permanecem fragmentários em seu escopo e inconclusivos em sua força. Eles podem esclarecer, informar e persuadir. Não podem demonstrar. São impotentes para nos eximir do imperativo da fé, em seu duplo significado de ir além da evidência da razão e de nos pôr nas mãos dos outros quando externamos uma fé cujos fundamentos racionais nunca serão suficientes.

Quando deixa de reconhecer esses fatos, o pensamento especulativo, quer se apresente como filosofia ou como teologia antiteológica, está corrompido por sua pretensão de suceder à religião. Ele é tentado pela ilusão de que, se apenas pensarmos com mais clareza e profundidade, seremos capazes de resolver o enigma da existência. Não somos capazes de resolvê-lo. Afirmar que não o somos é o início, não o fim, da religião do futuro.

RESOLVENDO A AMBIVALÊNCIA DAS RELIGIÕES MAIS CULTAS EM RELAÇÃO À TRANSFORMAÇÃO DO MUNDO

Uma licença para escapar ao mundo social existente ou um convite para mudá-lo: essas tem sido as duas faces da moeda que cada uma das três principais abordagens à existência de que tratei anteriormente ofereceu à humanidade. Quando essas orientações desvalorizam a autoridade e negam a realidade derradeira das divisões dentro da humanidade, nunca está claro se essa desvalorização e essa negação implicam outra maneira de representar a sociedade ou outra maneira de organizá-la. Um ponto de partida para a

A religião do futuro

religião do futuro é resolver essa ambiguidade a favor da mudança do mundo: uma direção particular da mudança do eu e da sociedade que suporte nossa ascensão a uma vida maior.

O confucianismo pode parecer eximido do desejo de escapar ao mundo, em virtude de seu comprometimento com a reconfiguração da sociedade segundo o modelo de nossas obrigações – baseadas no desempenho de papéis e no suporte de rituais – uns com os outros. Ele ainda estabelece um santuário interior de nossa experiência de personalidade e de encontro pessoal, incrementada pela consciência das necessidades dos outros. Tem-se que essa experiência serve em si mesma como própria recompensa e que oferece o melhor abrigo para as degradações da sociedade. A capacidade de imaginar a experiência de outras pessoas e de cumprir, à luz dessa compreensão, nossas responsabilidades para com elas pode, então, parecer mais importante do que qualquer determinada reconfiguração institucional da sociedade que não o respeito por um mérito socialmente reconhecido que seja estreitamente conectado com a moralidade dos papéis desempenhados.

Nossos projetos modernos de reconstrução social e libertação pessoal – as versões seculares da luta com o mundo – parecem resolver a ambivalência entre fuga e transformação em favor desta última. No entanto, abandonam seus esforços por mudar o mundo quando desesperam e desistem, como ocorre repetidamente, da tentativa de reconstruir a sociedade e reorientar o eu e fazer as pazes com uma ordem estabelecida de sociedade e cultura.

A hesitação entre escapar ao mundo ou mudá-lo, que marca as religiões mais cultas, tem duas fontes distintas. Uma fonte alcança além da religião: compromisso com as forças sociais reais prevalentes nas sociedades nas quais essas religiões se estabeleceram. A outra fonte permanece dentro da religião: a dialética entre a imanência e a transcendência do divino, a mais importante característica comum às abordagens à existência assumidas pelas revoluções religiosas do passado.

Ao se tornarem influências no âmbito terreno, as religiões de transcendência tiveram de levar em conta regimes estabelecidos e interesses

Revolução religiosa agora: ocasiões e instrumentos

dominantes. O resultado foi um casamento entre visão espiritual e poder temporal que habilitou a primeira a modificar o segundo só porque este último a mantém como refém. As formas de consciência numa sociedade europeia feudal, por exemplo, resultaram de um casamento entre as realidades sociais, políticas e econômicas do feudalismo europeu e uma visão de vida cristã. A fórmula para esse casamento foi repetida infindavelmente por cada uma dessas religiões, sempre e em toda parte.

O legalismo – a fé como obediência à lei sagrada – pode, então, parecer servir como antídoto a essa acomodação. No entanto, esse antídoto é administrado a um preço terrível: o custo terreno da supressão da plasticidade e o custo espiritual da negação da incompletude e deficiência de toda estrutura institucional. A relação entre as cargas espiritual e terrena reside apenas no abandono, pelo legalismo, do compromisso de criar um regime institucional que tenha o atributo da corrigibilidade. Não podemos estabelecer uma ordem livre de defeitos fazendo-a estar em conformidade com fórmulas preestabelecidas de lei sagrada. Contudo, podemos desenvolver com o tempo um regime que facilite o reconhecimento e a correção de suas falhas. O esforço por criar tal regime oferece alternativa aos males gêmeos do legalismo (a idolatria a uma estrutura específica) e romantismo (a guerra contra qualquer estrutura).

Se a pressão por um compromisso com as reais forças sociais do momento é uma fonte da hesitação das religiões do mundo entre mudar o mundo e escapar a ele, uma segunda fonte foi o fracasso em reconhecer o verdadeiro nicho da dialética entre transcendência e imanência. Nós somos esse nicho. Para um crente das teologias ou filosofias dessas religiões, transcendência e imanência têm a ver com a relação do divino pessoal ou impessoal com o mundo.

O mundo como natureza, no entanto, é indiferente a nossas preocupações. Seus enigmas fundamentais são impenetráveis. A dialética de transcendência e imanência só é verdade confiável quando interpretada como parte de um relato de nossa própria constituição. Em todo domínio da existência, somos tanto moldados por contextos sociais e conceituais como

A religião do futuro

somos incapazes de estar contidos definitivamente neles. Excedemos todas as circunstâncias finitas de nossa existência. E, portanto, enfrentamos o problema de depender de estruturas, sejam de sociedade, sejam de pensamento, que nunca poderão abrir espaço para todas as formas de experiência, de associação ou de discernimento que temos motivo para valorizar e poder para alcançar.

A negação da santidade da natureza foi seguida nas religiões de transcendência pela projeção, no cosmos, de uma dialética que considera adequadamente nossa natureza. No budismo, assim como noutras filosofias de superação do mundo, essa dialética toma a forma de um contraste entre realidade fenomenal que era para ser desvalorizada ou descartada e o ser uno, verdadeiro e oculto. Para essa visão, a transcendência implica renúncia ao mundo, compatível, como no budismo mahayana, com compaixão inclusiva por todos que são pegos nas labutas da ilusão e do sofrimento.

Nas religiões de salvação, a dialética da transcendência e imanência tomou a forma da conversa entre a obra salvadora de uma deidade transcendente e a resposta falha da humanidade à sua graça. O indivíduo foi reconhecido como sendo espírito corporificado e compartilhando, por analogia, a transcendência de Deus sobre a natureza. No entanto, a ideia da dialética entre dependência ao contexto e transcendência ao contexto como sendo central a nossa humanidade nunca poderia ser totalmente desenvolvida enquanto nossa tentativa de nos tornarmos mais divinos permanecesse à sombra de um plano divino, ou um plano da história, para cuja execução continuamos sendo meros cúmplices.

Somente nos primeiros ensinamentos de Confúcio (antes do desenvolvimento da metafísica neoconfuciana) e em nossas campanhas seculares de emancipação política e pessoal houve ocasião para dar à dialética de transcendência e imanência sua forma humana. Contudo, no ensinamento confuciano esse esforço foi circunscrito pelo fracasso em desenvolver uma visão da mente e da sociedade que reconhecesse as implicações de nossos poderes de transcendência e relacionasse nosso respeito por pessoas – como

Revolução religiosa agora: ocasiões e instrumentos

transcendentes à estrutura e agentes de resistência a papéis – à necessidade de negar autoridade definitiva a todos os papéis e estruturas estabelecidos. A santidade do pessoal nunca se tornou, nessa tradição, a profundeza ilimitada do individual.

Foi a voz secular da luta com o mundo, na forma dos projetos revolucionários da democracia e do romantismo, que chegou mais próximo do reconhecimento de que o nicho da dialética da transcendência e imanência não está no cosmos, mas em nós, em cada um de nós individualmente, mas também em todos nós coletivamente, a raça humana. No desenvolvimento dessa ideia, no entanto, a versão secular da luta com o mundo foi desorientada por seu fracasso em desenvolver o que chamei aqui de suprimidas ortodoxias quanto ao eu e estrutura ou quanto ao eu e os outros. As heresias das quais se tornou uma presa – as heresias hegeliana e sartriana a respeito da relação entre eu e estrutura e as heresias legalista e romântica a respeito da relação entre o eu e os outros – nos impediram de expressar totalmente a verdade sobre transcendência e imanência, assim como a verdade sobre nós mesmos. O fracasso em desenvolver as premissas da luta com o mundo numa visão coerente e abrangente de tempo, história e eu contribuiu ainda mais para esse resultado.

A religião do futuro requer solução decisiva para essa ambivalência. Não deveríamos confundir redescrição do mundo com mudança do mundo. A confusão entre descrever e mudar é, em parte, tornar a religião uma historinha para dormir e uma enganação. A outra parte é o impulso de negar as falhas irreparáveis na vida humana. Juntas, a confusão e a negação fizeram a religião ser o que ela foi, e a impediram de orientar efetivamente nossa ascensão a uma vida maior.

A tarefa é traçar corretamente a linha entre os inerradicáveis defeitos na condição humana e as circunstâncias alteráveis da sociedade. A religião falha duas vezes conosco quando se recusa a aceitar os fatos de nossa mortalidade, nossa falta de fundamentação e nossa insaciabilidade, e depois deixa de mostrar o caminho para a superação daquilo que realmente somos capazes de corrigir – nossa suscetibilidade ao apequenamento.

RADICALIZANDO A SIGNIFICÂNCIA DA LUTA COM O MUNDO PARA NOSSAS IDEIAS E INSTITUIÇÕES

A despeito de sua imensa autoridade, primeiro no registro das religiões de salvação e depois no registro da democracia e do romantismo, a luta com o mundo continua a ser entendida e praticada dentro do cenário de ideias e instituições que contradiz seus ensinamentos. Reconhecer essas contradições, confrontá-las e superá-las, mediante diferentes ideias metafísicas, assim como mediante propostas para a reconstrução das sociedades, pode a princípio parecer cumprir a religião sagrada ou profana em vez de subvertê-la. Contudo, as implicações para nossas crenças e para nossa experiência, inclusive nossa experiência de nós mesmos, são de tão longo alcance que criam as bases para a revolução religiosa. O que nos propúnhamos a realizar, podemos acabar substituindo.

Na história do cristianismo, e em menor medida na do islamismo e do judaísmo, a fé foi declarada nos termos tomados por empréstimo da filosofia grega. Contudo, as categorias da metafísica grega, centradas como são no projeto da ontologia clássica, nunca pareceram ser adequadas à religião do Deus encarnado e crucificado. O abismo entre o Deus dos filósofos e o Deus de Abraão tornou-se um lugar-comum do comentário filosófico. O fato de essa lacuna nunca ter sido transposta tem de ser creditado não só ao desconforto no uso da única aparente alternativa – uma concepção antropomórfica de Deus, representado como uma pessoa –, mas também à ausência de visão filosófica abrangente na qual a experiência da personalidade fosse central, e não periférica.

O atribulado e inapropriado casamento da fé cristã com a ontologia clássica foi seguido, na história do pensamento moderno, pela preeminente influência do que descrevi e critiquei anteriormente como a concepção de dois regimes: a ideia de que a realidade é dividida entre duas ordens do ser – uma, humana; a outra, não humana. A princípio, essa doutrina pode parecer causar menos problemas para as premissas da luta com o mundo do que a ideia de que só existe um regime de realidade. Ela é, contudo, subversiva à visão que está no centro desse enfoque à existência, assim como falseia os fatos de nossa situação no mundo.

O antagonismo desses dois conjuntos de ideias – o programa de ontologia clássica e a doutrina dos dois regimes – à mensagem dos monoteísmos semíticos representa a mais destacada instância de um problema mais genérico. O problema é o fracasso em desenvolver ideias que dariam sentido às preocupações e aos comprometimentos compartilhados pelas versões sagrada e profana da luta com o mundo. Acima de tudo, entre essas crenças está a compreensão, nesse enfoque à existência, da relação entre espírito e estrutura, assim como entre o eu e os outros: a primazia do amor, e não do altruísmo, no desenvolvimento da experiência moral, e a ideia da pessoa como espírito corporificado, transcendente a todo contexto ou estrutura. Essas visões têm implicações tanto para a condução da vida como para a organização da sociedade. Além do mais, elas são informadas por uma visão em parte inexplícita da realidade e de nosso lugar no mundo. Enumerei os elementos mais importantes dessa visão: a existência singular do mundo, a realidade inclusiva do tempo, a possibilidade do novo, o caráter aberto da história, os poderes transgressores da mente, a profundidade do eu e a superioridade do lugar-comum. Ao descrever as principais partes dessa visão, também mencionei a força de resistência que até hoje elas continuam a encontrar nas crenças prevalentes sobre natureza, sociedade, história e mente.

Essa resistência vem não apenas de tradições dominantes no pensar sobre a sociedade e a história (na teoria social clássica e na ciência social contemporânea), mas também das interpretações mais aceitas daquilo que a ciência contemporânea tem descoberto sobre o funcionamento da natureza. As ideias de que só existe um mundo e dentro dele há apenas um regime, de que o tempo é real e nada, nem mesmo as leis da natureza, é dele eximido, e de que o novo não é simplesmente a exemplificação de possíveis estados de coisas esperando acontecer, são, no decurso da implacável decretação de uma causalidade determinística e estatística, proposições que continuam a contradizer crenças amplamente mantidas.

Os outros elementos do pano de fundo metafísico da luta com o mundo, no que concerne à sociedade e ao eu, são ainda mais centrais na mensagem que nos transmitem os ensinamentos dessa abordagem ao mundo, mas recebem ainda menos suporte das ideias prevalentes. Não há entendimento estabelecido de sociedade que nos ensine como pensar sobre as estruturas institucionais e ideológicas de nossa sociedade e que reconheça nosso poder de mudar seu conteúdo e seu caráter. Não há uma visão estabelecida da mente como responsável pelo funcionamento da imaginação. Portanto, do mesmo modo, não há entendimento abrangente da humanidade e da história que nos habilite a pôr a dialética de transcendência e imanência diretamente em nossa constituição em vez de projetá-la no cosmos.

O desenvolvimento das ideias que faltam, seguindo as linhas sugeridas nas partes iniciais desta argumentação, faz muito mais do que prover base segura para o que agora aceitamos como versões sagrada ou secular dessa maneira de abordar o mundo. Ao nos considerarmos o verdadeiro lugar da dialética entre transcendência e imanência, produzimos uma visão da humanidade, seus poderes e seus empreendimentos, que aqueles que acreditam nos atuais ensinamentos sagrados ou profanos da luta com o mundo provavelmente não reconhecerão como a doutrina que eles abraçam. Eles dirão: "Esta não é a nossa religião; é outra religião". Embora a nós essa outra religião possa parecer não ter feito outra coisa senão prolongar as implicações da religião que eles professam, com a ajuda dos entendimentos que lhes faltam, quem pode dizer que ela não se tornou, em virtude dessas mudanças, uma religião diferente?

Considere o exemplo da ortodoxia suprimida sobre o eu e a estrutura discutida no Capítulo 4, como se aplica às formas seculares, revolucionárias, da luta com o mundo. Uma vez rejeitadas as heresias hegeliana e sartriana, reconhecida a importância decisiva de nossas estruturas institucionais e conceituais e concebido o projeto de mudar não apenas seu conteúdo específico, mas também o modo como elas se impõem a nós e inibem nosso poder de mudá-las, começaremos a revolucionar nossa visão de nós mesmos. Uma das implicações dessa mudança pode ser a de vermos nossa suscetibilidade ao apequenamento, em contraste com nossa mortalidade, nossa falta de fundamentação e nossa insaciabilidade, como algo que podemos corrigir ou superar. Podemos começar a alimentar o pensamento de que o reconhecimento e a aceitação dessas outras falhas em nossa existência, em vez de representarem uma ameaça a nossa ascensão a uma vida maior, podem servir como a condição para isso.

Não são apenas nossas ideias dominantes sobre o eu, a sociedade e a história que inibem o avanço de nossos projetos seculares de libertação e empoderamento. São, acima de tudo, as maneiras como as sociedades contemporâneas são efetivamente organizadas. A falta de visão estrutural e, portanto, também da imaginação de alternativas institucionais, reforça nossa resignação ante as disposições estabelecidas. A recalcitrância dessas disposições em resistir ao desafio e à revisão empresta, por sua vez, plausibilidade a ideias que descartam nossas capacidades transformativas.

Numa passagem anterior neste capítulo enumerei quatro maneiras pelas quais as instituições das sociedades contemporâneas deixam de dar seguimento prático à concepção de que a humanidade está no centro da luta com o mundo: a negação à maioria dos homens e das mulheres de oportunidade e equipamento econômicos; o fracasso em universalizar um modo de ensinar e aprender que habilite a mente, como a imaginação, a se tornar ascendente sobre a mente como máquina modular e formular; a ausência de base prática de solidariedade social mais forte que o dinheiro, bem como mais receptiva ao exercício de nossos poderes criativos do que uma homogeneidade social e cultural; e a falta de modo de organizar uma política democrática que diminua a dependência da mudança a uma crise e dê suporte à criação permanente do novo.

Imagine uma prática de inovação constitucional que vá rompendo essas restrições, passo a passo, parte a parte. O método seria experimental e gradualista. O resultado cumulativo poderia, mesmo assim, ser radical. A cada passo ao longo do caminho poderíamos ficar mais fortes. Com isso, consequentemente, nossa falta de vontade de trabalhar pacientemente por uma vida maior, que nós mesmos nunca poderíamos experimentar porque ocorreria no tempo providencial da salvação divina ou no tempo histórico de uma futura ordem social, diminuiria.

A religião do futuro

Esses seres que nós então nos tornaríamos não estariam mais contentes com a postergação de nossa ascensão a uma vida maior – uma postergação que todas as formas, sagradas e profanas, da luta com o mundo aceitam. Eles diriam: "Queremos isso agora". Não teriam mudado sua religião sagrada ou secular no decurso de seu cumprimento?

Considere o exemplo dos efeitos combinados de uma mudança nas instituições de produção e no caráter da educação. A reconstrução econômica poderia começar com o desenvolvimento de formas descentralizadas e experimentais de colaboração entre o Estado e firmas privadas, projetadas para ampliar o acesso aos setores avançados, nos quais a atividade produtiva se torna cada vez mais uma prática de aprendizado coletivo e inovação permanente. Nós nos moveríamos, por etapas, em direção a um futuro no qual nenhuma pessoa seria condenada a fazer o trabalho que as máquinas podem realizar. Todo o nosso tempo seria aproveitado para aquilo que ainda não aprendemos a como repetir. Mediante uma série de mudanças relacionadas, o autoemprego e a cooperação, combinados, assumiriam seu justo lugar como as formas predominantes de trabalho livre, substituindo o economicamente dependente trabalho assalariado.

Essas mudanças não poderiam sobreviver e persistir sem sucessivas inovações nas disposições institucionais da economia de mercado. O próprio mercado não poderia permanecer preso a uma única e entrincheirada versão dele mesmo. Regimes alternativos de propriedade privada e social – assim como os sistemas de contrato que eles exigem – começariam a coexistir experimentalmente dentro da mesma ordem econômica.

Seria necessário que uma renovação dos métodos de educação acompanhasse essas inovações econômicas. Essa renovação seria requisitada a fazer funcionar as novas instituições econômicas. Além disso, seria informada pelo mesmo impulso de alcançar uma vida maior que inspira e informa essas instituições. A imaginação seria equipada com enfoque ao estudo direcionado às capacitações para análise verbal e matemática, que preferem profundidade seletiva a cobertura enciclopédica, que é cooperativa ao invés de individualista ou autoritária em seu contexto social, e que aborda todos os assuntos a partir de pontos de vista contrastantes. Essa educação habilita o homem a tornar-se a voz do futuro no presente, e a subordinar o mimetismo da família e o serviço do Estado à aquisição de capacitações para criar um futuro.

Não poderíamos ir muito longe na trajetória definida por essas inovações econômicas e educacionais (que são apenas fragmentos de um programa de reconstrução mais inclusivo) sem mudar a nós mesmos. A natureza humana, compreendida simplesmente como aquilo que parecemos ser agora – o acervo de nossas predisposições estabelecidas –, continuaria em grande parte a ser como é. Só mudaria lentamente, e marginalmente, quando novas disposições e crenças revisadas começassem a estimular algumas formas de experiência e desestimular outras. Não obstante, já teríamos nos tornado grandes demais, em nosso campo de visão e em nossa experiência de empoderamento, para abraçar uma religião sagrada ou secular que coloca o bem maior num futuro providencial ou histórico que está além de nosso alcance. Se o indivíduo vivente formado na circunstância que descrevi se agarrasse à forma exterior dessas fés que olham para o futuro, ele assim mesmo insistiria em abrir o canal que traz de volta o futuro para o presente. Com todos os seus protestos de fidelidade à religião herdada, sagrada ou secular, ele teria se tornado, contra sua vontade, um revolucionário religioso.

ALCANÇANDO UMA VIDA MAIOR, SEM PROMETEANISMO

Tanto nas versões sagradas quando nas seculares da luta com o mundo, a consciência de nossa transcendência aos contextos sociais e conceituais que desenvolvemos e habitamos é obscurecida por nossa alienação do único bem que possuímos com certeza: o presente. Como nossa salvação sagrada ou secular reside, segundo essas crenças, no futuro, o presente torna-se, a nossos olhos, incompleto ou insatisfatório, porque é deficiente na provisão de nosso bem mais elevado. O que está mais alto sempre fica além de nosso alcance. Aquilo que podemos tocar é fatalmente incompleto: o significado e o valor da parte que possuímos ficam comprometidos e incertos por seu fracasso em se combinar com a parte que está faltando.

A religião do futuro

O prometeanismo – a campanha por um poder a ser adquirido pelo indivíduo mediante a negação de suas fragilidades e pelo triunfo sobre os fracos – representa um passo equivocado no esforço de nos livrarmos do fardo da alienação. Ele nega a verdade sobre as fendas intransponíveis na vida humana. Faz o exercício de nosso poder ir além da imediata condição de refém de contexto, para a disputa por uma vantagem relativa. (A filosofia de Nietzsche oferece a intransigente expressão dessa ideia.)

O culto ao ser, ou à radiância do mundo, só responde à experiência da alienação negando ou apresentando mal o imperativo – nosso imperativo – de resistência ao contexto. No limite, ele quer reverter as premissas da série de revoluções religiosas que produziram as três orientações espirituais que discuti anteriormente. (A filosofia tardia de Heidegger nos provê o melhor exemplo dessa resposta às agruras da alienação.)

Em vez disso, o que precisamos e deveríamos querer é reafirmar a dialética da transcendência e imanência como atributo de nossa humanidade, mas limpá-la da pecha de alienação do presente.

O ponto de partida para o cumprimento dessa tarefa não é uma revisão de ideias filosóficas, como se só pudéssemos cessar de estar alienados do presente se mobilizássemos um conjunto diferente de abstrações. O ponto de partida é uma determinação de aprofundar radicalmente – além dos limites de nossas atuais crenças e disposições – o efeito transformador que a luta com o mundo já alcançou. Ela estabeleceu em quase todos os países a ideia da divindade ou grandeza do homem e da mulher comuns. Onde não suscitou esse despertar por meio da influência das religiões de salvação, ela o fez, mais eficaz e universalmente, mediante serviço à reconstrução social (sob os rótulos de democracia, liberalismo e socialismo), bem como por seu comprometimento com os ideais românticos de autoexpressão e autoconstrução. Aqui há um verdadeiro incêndio no mundo, não apenas uma doutrina escrita em livros.

Contudo, a força revolucionária ainda está longe de se exaurir. O efeito mais importante da disseminação global dessas doutrinas políticas foi estabelecer em todo o mundo, até mesmo em países nos quais as religiões de salvação tiveram pouca influência, a ideia de que disposições políticas deveriam ser julgadas por sua contribuição ao empoderamento dos homens e mulheres comuns: o aprimoramento de suas capacitações, a elevação de sua experiência e a ampliação do escopo dos planos de vida que as pessoas são capazes de fazer.

A influência dessa ideia política, inibida ou suprimida enquanto lhe falte um programa institucional adequado a sua ambição, foi fortalecida por associação com a concepção romântica da vida como sendo uma aventura moral. A premissa dessa concepção é a infinitude do eu. Seu objetivo é a criação de forma mais elevada de vida humana, com maior escopo, intensidade e capacidade. Com o incentivo da cultura romântica popular de âmbito mundial, e sob a sombra de um ceticismo romântico tardio quanto à possibilidade do amor e quanto à disponibilidade de uma missão que valha a pena, esse ideal de experiência pessoal tornou-se agora possessão comum da humanidade.

Ele alega não ter sido nem refutado nem justificado: diferentemente de nossa mortalidade, nossa falta de fundamentação e nossa insaciabilidade, nossa suscetibilidade ao apequenamento não é um defeito inerradicável da existência humana. A prontidão com que essa alegação é feita e recebida em todo país, em toda classe e em toda cultura é ainda mais notável à luz de seu conflito com o teor de uma vida normal. A experiência de homens e mulheres comuns continua a ser, predominantemente, uma experiência de trabalho servil e de humilhação, para a qual somente a família e a comunidade oferecem refúgio e somente as fantasias do empoderamento na cultura popular provêm uma escapatória.

As religiões de salvação semíticas foram, juntamente com projetos de reconstrução social e de libertação pessoal, uma terceira tocha a atear esses incêndios no mundo. Em todas elas, a pessoa humana participa na natureza do Deus pessoal. Em todas elas, a ideia de um divino impessoal é rejeitada como sendo pagã. Em todas elas, o impulso de representar Deus na categoria de personalidade conflita com o impulso de representá-lo como negação pura: não pessoa e não ser, e, no entanto, mesmo nessa negatividade, como semelhante a nós. Em todas elas, a história da redenção mostra o caminho pelo qual nosso compartilhamento na vida de Deus pode ser tornado manifesto e incrementado. Em todas elas, o senso dessa participação manifesta-se imediatamente na subversão das hierarquias de valor que entronizariam o nobre acima do vulgar e negariam a todos nós a perspectiva de encontrar luz entre as sombras do lugar-comum. Em todas elas a face humana é entendida como nosso mais confiável olhar na face de Deus, e todo o corpo humano, mesmo na morte, como tocado por indelével santidade. Em todas elas, há esperança de ascensão para o indivíduo, assim como para a comunidade de fiéis. Em todas elas, os atos de mudança social e de transformação do eu requeridos por essa ascensão podem ser evitados pelo atalho idólatra do legalismo: salvação barata adquirida falsamente por obediência à lei divina. Em todas elas, a definitiva obra de salvação, com sua promessa de nos levar à presença de Deus, é adiada para outro momento, além da morte. Em todas elas, os aterrorizantes fatos da morte e da falta de fundamentação são negados, com maior ou menor convicção.

A ameaça de alienação do presente, com todo o anseio e toda a tristeza aos quais ela nos pode condenar, cai como terrível fardo sobre essas intimações da busca de Deus por nós. Todavia, as religiões de salvação do Oriente Próximo nos fornecem uma profecia, tão clara quanto possível, de nosso movimento mais além de nós mesmos para uma vida maior do que a que jamais vimos.

O fato de que, inspirados por essas diversas forças, homens e mulheres por todo o mundo tenham se considerado melhores e mais divinos do que pareciam ser e mesmo assim se acharem em toda parte depreciados e oprimidos constitui hoje a mais forte incitação à revolução religiosa. As variantes sagrada e profana da luta com o mundo inflamaram o desejo por essa ascensão. Elas não são capazes de satisfazê-lo.

Só poderão avançar, atravessando as crenças e instituições que comprometem sua mensagem, mediante mudança, e mudando a nós, como resultado. Não podem cumprir a promessa de ascensão no futuro mantendo-se alienadas do presente, e divididas, cada um de nós contra si mesmo. As falsas soluções do culto ao poder prometeano e do culto pagão do ser demonstram, em seu fracasso, a necessidade de revisão mais radical de nossas crenças e de nosso modo de vida.

RECONHECENDO OS DEFEITOS NA EXISTÊNCIA HUMANA

A religião do futuro tem de começar também no inabalável reconhecimento de nossa mortalidade, nossa falta de fundamentação e nossa insaciabilidade. Sem esse reconhecimento, ela não será capaz de avançar em seus comprometimentos. Particularmente, não será capaz de avançar na busca por melhor existência.

De todas as religiões mais cultas, os monoteísmos semíticos são os mais peremptórios na negação dos defeitos na vida humana. Eles prometem vida eterna para o eu corporificado, vida além da morte. Clamam resolver o enigma fundamental da existência na forma de narrativa sobre a criação do mundo por Deus e de Sua intervenção redentora na história. Propõem um objeto de nosso desejo – Deus e o amor de Deus – que finalmente aquietará nosso insaciável anseio. As religiões orientadas para a superação ou a humanização do mundo são mais ambíguas em sua negação dos defeitos na condição humana.

No budismo primordial, a versão mais importante da superação do mundo, a negação de nossa mortalidade assume a forma do descarte do eu individual. A vida eterna já é nossa, na medida em que podemos possuí-la como envolvimento no ser uno e oculto. Somente nosso apego às ilusões de uma existência distinta nos impede de ver e viver essa verdade. Uma vez a reconhecendo e afirmando, com base nela e pela prática de um altruísmo desinteressado, nossa afinidade com o restante do ser, podemos escapar ao ramerrão do desejo. O sucesso nesse esforço depende da compreensão correta do mundo. A falta de fundamentação abre caminho para a fundamentação definitiva numa verdade que está além das ilusões.

O fato de que a negação de nossa mortalidade, nossa falta de fundamentação e nossa insaciabilidade têm uma lógica persistente, intimamente conectada com outros aspectos dessa orientação espiritual, é demonstrado por seu reaparecimento, quase dois mil anos depois, usando os ensinamentos dos vedas e não os de Buda, na filosofia de Schopenhauer. Agora a arte vem dar assistência à filosofia nos ajudando a resistir à tirania da vontade e a olhar para nossas próprias vidas do ponto de vista dos astros.

Somente nos ensinamentos de Confúcio e em suas contrapartidas dos Últimos Dias (inclusive o humanismo secular dos tempos atuais) é que a guerra contra as inexpugnáveis máculas na vida humana é parcialmente abandonada. No entanto, o reconhecimento dessas máculas não tem significado central para nossa elevação a uma vida maior; nós construímos uma civilização e aprimoramos nossas mentes e nossos corações apesar delas, não por causa delas. Nessa metafísica antimetafísica, respondemos à indiferença da natureza e à falta de significado do cosmos construindo uma ordem social que seja responsiva a nossas preocupações.

Desse modo, criamos significado num mundo sem significado, e nos fundamentamos da única maneira pela qual essa autofundamentação é factível: por meio do trabalho coletivo da sociedade e da cultura. Substituímos a falsa teologia por solidariedade. Resignamo-nos à certeza da morte nos dedicando a um bem que viverá depois de nós, noutras pessoas boas. Na medida em que cada um reduz seu apego egoísta aos próprios interesses e existência, ele começa a se ver como a expressão e o agente de uma comunidade humana e cessa de se imaginar como o centro do mundo.

A mesma descentralização, realizada no cultivo de mentalidade e benevolência voltada para os outros, transforma a vida de desejo, resgatando-a do estigma da insaciabilidade. Instruída por ritual, configurada por papel a desempenhar e animada por nosso reconhecimento de outras pessoas, nossos desejos – bem como as esperanças do humanizador – não mais nos condenam a um perpétuo anseio. Eis aí um modo de lidar com as falhas na existência humana, modo que amortece seus terrores e as destitui do poder de solapar a sociedade, assim como o eu. Faz isso sem descartar a realidade da ameaça que elas representam para a obra da civilização.

Essa resposta às deficiências na vida humana, mediante o que um jurista chamaria de confissão e evasão, não é boa o bastante para a religião do futuro. Um de seus pontos de partida tem de ser o reconhecimento intransigente dessas falhas. Esse confronto é necessário por três razões distintas.

A primeira razão é que a negação da verdade sobre a condição humana corrompe todos os nossos empreendimentos. A conversão da religião em forma de consolo, especialmente consolo de nosso maior terror – o medo da morte, contra o pano de fundo de nossa falta de fundamentação –, nega o mais certo e mais terrível fato no que tange a nossa situação no mundo. Ao nos oferecer aquilo que mais ferozmente desejamos – vida eterna –, a religião desestimula todas as salvaguardas ao pensamento sem autoengano que estabelecemos contra as lisonjas do autoengano. A conversão da filosofia em esforço para derrotar definitivamente a ameaça do niilismo – a ansiedade da falta de fundamentação – faz a compreensão se voltar contra si mesma. Se pudéssemos estabelecer a estrutura de nossa existência mediante procedimentos semelhantes aos que empregamos na ciência natural, não seríamos os seres desacomodados que somos. Não precisaríamos exercer a prerrogativa de pensar – nos incertos limites entre o que se pode e o que não se pode saber – sobre o que importa mais.

A perversão da religião e a corrupção da filosofia andam de mãos dadas. Elas se reforçam mutuamente, e põem consolação e pretensão no lugar do entendimento. Devem ser especialmente temidas quando trabalham em aliança direta, como fazem frequentemente, sob o disfarce de parceria entre fé e razão. A consequência mais importante do fracasso em confrontar a verdade sobre nossa condição é a redução do caminho de ascensão – do modo pelo qual podemos aumentar nosso compartilhamento nos atributos da divindade, inclusive o atributo do conhecimento do todo – a uma fórmula restritiva.

Na filosofia corrompida, a fórmula é o método pelo qual nós nos lisonjeamos com a ideia de que podemos racionalizar nossa saída da condição de falta de fundamentação e podemos encontrar, por meio de um pensamento puro (como disse Schopenhauer de sua filosofia), solução definitiva para o problema da existência. Se aderirmos a apenas certo método de raciocínio e seguirmos seus passos a uma conclusão metafísica (ou antimetafísica), poderemos, supõem tais filósofos erroneamente, conseguir clareza quanto a toda a nossa situação.

A religião do futuro

Na religião perversa, a fórmula é conjunto de sacrifícios, práticas ou leis os quais, se apenas obedecidos em apropriada disposição da mente, abrem caminho para a salvação. A vítima sacrifical foi substituída, na história da religião, por prática sacramental, fórmulas de oração e lei sagrada. Foi a dignidade especial do cristianismo, bem como as contracorrentes místicas no judaísmo e no islamismo, que afirmou desde o início, e nunca abandonou completamente, a crença na primazia do espírito sobre a lei, assim como na conexão entre a ideia do amor e a ideia do infinito. Dessa maneira, elas afrouxaram a camisa de força de qualquer caminho formular para a salvação.

O primeiro requisito para nossa ascensão a uma vida maior é aceitar a verdade sobre nossa circunstância e rejeitar a consolação. A verdade é o antídoto para qualquer fórmula de pensamento e de salvação que nos é pressionada por falsa filosofia e falsa religião.

A negação da morte, da falta de fundamentação e da insaciabilidade, na qual as religiões mais cultas, em diferentes graus, foram cúmplices, é uma falsidade cujas consequências destrutivas não estão limitadas à defesa de uma receita restritiva para entendimento ou salvação. Ela inibe, da mesma forma, o reconhecimento e a expressão totais de nosso atributo definidor de envolvimento e transcendência. Um ser que não enfrentou a certeza da morte, que não esteve mergulhado na insuperável ignorância quanto às condições de sua existência, e que não quis mais do que aquilo que sempre poderia ter não seria o ser para o qual nenhuma estrutura de sociedade ou de pensamento jamais é suficiente.

Se ele pudesse captar a estrutura da existência e encontrar objeto capaz de amainar seu desejo, poderia tomar essas duas descobertas como base para a ordenação abrangente de pensamento e de vida. O que Hegel chamou de o infindável trabalho da negação deixaria de ser necessário. O que chamei de heresia hegeliana mostrar-se-ia justificada pelos fatos em si mesmos. Se ele pudesse escapar à morte, ao menos a morte de seu eu terreno, sua existência perderia a fatídica e irreversível concentração da qual depende a dialética da transcendência e do envolvimento.

* * *

Revolução religiosa agora: ocasiões e instrumentos

Uma segunda razão por que o reconhecimento e a aceitação dos defeitos na condição humana são centrais em qualquer religião do futuro é que essa consciência pode nos despertar para a vida agora. O medo da morte, a sombra do niilismo e a força do desejo insaciável nos acordam do sonambulismo, do estado de consciência diminuída no qual nossas vidas podem, caso contrário, se consumar. Spinoza escreveu que os pensamentos de um homem sábio são direcionados à vida, e não à morte. No entanto, ao desviarmos nossa atenção do caráter efêmero e onírico de nossa existência, perdemos nosso instrumento mais poderoso com o qual possamos esperar resistir à rendição à rotina, à repetição e a compromissos mesquinhos. Destinados à morte, distraindo-nos com diversionismo que nos habilita a esquecer ou até mesmo negar nossa mortalidade e esquecidos do caráter misterioso de nossa existência, nós prontamente nos permitimos ser diminuídos. A vida então vai-se esvaindo, pouco a pouco.

Ao recusarmos nos afastar dos defeitos de nossa existência, despertamos dessa diminuição da existência. Nosso apequenamento, que já pesou em nós, torna-se agora intolerável. Cada momento que passa enquanto esperamos nossa sina parece ser completo e precioso. A visão da morte ajuda a nos trazer para a vida.

Contudo, uma vez desperto, o sentimento de estar vivo, se pudéssemos mantê-lo constante na mente, poderia nos assoberbar e paralisar de alegria. Nossa exultação por estarmos vivos nos impediria então de viver. Assim, é somente com a coexistência do medo da morte e do sentimento da vida que somos capazes de conter em nós o contraste entre terror e alegria e fazer com que ambos sirvam à nossa conversão a uma existência não diminuída e à consciência do momento presente.

No cenário de nossa falta de fundamentação, nós nos permitimos ser aterrorizados pela perspectiva da morte. Graças a esse terror que dirigimos contra nós mesmos, nos erguemos de nossos vacilos e de nossa estupefação. Mas para qual finalidade? O que vem em seguida?

A derrubada de nós mesmos não tem sequela evidente. Para Pascal, o confronto com a morte e a vertigem da falta de fundamentação nos deixariam abertos a um remoto e rigoroso Deus. Pascal teve o cuidado de suspender a fé no cristianismo por tempo suficiente para considerar como a vida humana pareceria ser sem ela, e melhor fazer reviver a fé restabelecendo-a com base em nossas mais fortes ansiedades e aspirações.

Para o Heidegger tardio, a campanha de autoaterrorização e despertar encenada pelo Heidegger primevo em seu *Ser e tempo* nos prepara para cultuar a radiância do mundo. Assim, o Heidegger primevo queria que usássemos o terror para nos comprometermos mais completamente com uma versão do cristianismo que não tivesse ilusões quanto à aptidão da razão para fazer o trabalho da fé. Como seguimento, ele tentou a política e a reconstrução política da sociedade. Tendo "dado o passo certo na direção errada", ele abandonou toda esperança de elevação da vida por meio da política. No fim, propôs que se tomasse sua campanha inicial de terror e despertasse como preparação para o reviver do paganismo na forma de uma venerável rendição ao "Ser".

Esses exemplos demonstram a importância do impulso diante das falhas na vida humana. Nas mãos de pensadores com objetivos contrastantes, ele serviu ao mesmo propósito de nos resgatar do lugar-comum e da acomodação, da rotina e da repetição. Foi usado para combater o que, no século XX, foi descrito como existência inautêntica, uma existência vivida sob a compulsão de fórmulas coletivas distantes das mais íntimas preocupações com o eu. Acabaremos sendo afastados do *divertissement* de Pascal ou do *Zerstreuung* de Heidegger pela apreensão da terrível verdade sobre nossa circunstância.

Contudo, nada nesse despertar determina o que pode vir em seguida. O despertar de nosso sonambulismo pode ser seguido de uma ou outra consequência. Não pode fazer o trabalho de uma fé estabelecida ou estar no lugar de um programa religioso.

Uma terceira razão da importância, para a religião do futuro, do reconhecimento das falhas na existência humana é que ele ajuda a impedir que a afirmação da vida e a superação da alienação se degenerem em prometeanismo – numa autodeificação e no culto ao poder. O culto à vontade e à autoridade tem como uma de suas premissas a negação de toda fraqueza. Nenhuma fraqueza é mais fundamental do que a que nos é imposta pelas inescapáveis restrições da morte, da escuridão e de um ilimitado anseio.

Enfrentar a verdade sobre essas restrições, não só como ideia teórica, mas como característica permanente da consciência, é preparar um remédio contra o prometeanismo. Segundo o costume dos antigos romanos, um escravizado ficava atrás do "triunfador" – magistrado ou general que seguia em procissão triunfal – e sussurrava em sua orelha: *memento mori* (lembre-se de que você vai morrer). Desse modo, o vitorioso era trazido de volta à consciência de sua mortalidade e impedido de se tomar por um deus. Assim é também conosco.

OCASIÕES E FONTES DE UMA REVOLUÇÃO RELIGIOSA

Após sugerir pontos de partida para uma revolução religiosa, considero agora uma série de questões relacionadas, sobre as circunstâncias, o sentido, o escopo e as formas e as práticas distintivas de tal mudança em nossa vida espiritual. Essa discussão serve como ponte entre a análise, nas páginas precedentes, dos pontos de partida dessa revolução e a declaração, nos dois últimos capítulos deste livro, de seu programa.

Uma revolução depende de circunstância. Não é suficiente, para isso, existirem provocações para um levante espiritual como as que acabei de examinar. É preciso que eventos ou condições particulares tornem essas provocações visíveis e potentes, e, desse modo, ajudem a neutralizar a imensa força inercial das religiões existentes no mundo. Eis uma lista sumária desses gatilhos. Considero a lista ilustrativa, e não exaustiva.

1. *A ideia da grandeza, da divindade do homem e da mulher comuns, levada a um fervor sem precedente em todo o mundo.* Esse fervor tem três fontes próximas e poderosas. Elas às vezes trabalham juntas. Mais frequentemente, operam separadamente, e até mesmo em tensão umas com as outras.

A primeira fonte é a teologia que é o cerne dos monoteísmos semíticos: a ideia da relação analógica entre o homem e Deus, ou do caráter teomórfico do ser humano. Não é uma categoria especial de pessoas que usufrui dessa conexão analógica com Deus; é toda pessoa.

A segunda fonte é a causa da democracia e de sua perseguição por meio dos reconstrutivos, porém agora desorientados ou defuntos, programas de liberalismo e socialismo. As fórmulas institucionais clássicas dos liberais e dos socialistas não mais carregam consigo convicção. O espaço que deixaram vazio é ocupado por uma série de compromissos destinados a conciliar a flexibilidade econômica com a proteção social na estrutura de um estamento social-democrata de meados do século XX herdado e em grande parte não desafiado. No entanto, a ideia democrática central do gênio construtivo do homem e da mulher comuns, prontamente relacionada com a esperança de incrementar sua parte na qualidade divina de transcendência, brilha ainda mais fortemente uma vez despojada de seus esquemas institucionais convencionais.

A terceira fonte é o efeito da cultura romântica popular de âmbito mundial, com sua mensagem do inesgotável potencial de vida subjetiva da pessoa comum. Sua premissa central é que cada pessoa pode compartilhar a experiência dos heróis e heroínas românticos das novelas e cultivar os desenfreados anseios transmitidos na música popular.

Atualmente, em muitas partes do mundo as sensibilidades morais e religiosas das massas de homens e mulheres comuns estão divididas, em proporções variadas, entre a fé das escrituras e a romântica. Embora procedam de premissas diferentes, exerçam sua influência por dispositivos diferentes e façam diferentes promessas de felicidade, elas convergem ao sugerir a ideia do grande e divino caráter da humanidade comum. O manifesto conflito dessa ideia com o teor da vida normal numa era contrarrevolucionária fortalece seu poder de perturbação.

2. *A experiência pervasiva da pobreza e do trabalho servil, de opressão e apequenamento, que afligem, apesar da ideia do caráter divino da pessoa comum, a vasta maioria das pessoas em todo mundo.* A inclusão de centenas de milhões de ex-camponeses e de trabalhadores industriais privados de seus direitos num

mercado de trabalho mundial; a perpetuação da indigência e de uma quase escravidão em vasta escala, com crianças como suas vítimas mais numerosas, não apenas em alguns dos países mais pobres, mas também em alguns dos mais ricos; o enfraquecimento dos instrumentos tradicionais de proteção social sustentados pelo Estado tanto nas maiores economias emergentes (a começar pela China) quanto no terreno histórico de alta proteção social (Europa Ocidental); a ruptura da vida familiar e das ligações comunitárias exatamente na época e nos lugares quando e onde seriam mais importantes como antídotos para o abandono da pessoa comum pelo Estado; a dificuldade do acesso a setores avançados de produção e aprendizado até mesmo nas mais livres, mais ricas e mais igualitárias sociedades contemporâneas; a desavergonhada renúncia pelos progressistas dos últimos dias a qualquer antagonismo ao trabalho assalariado economicamente dependente como adequada e duradoura expressão de trabalho livre, em contraste com as ideias de seus predecessores do século XIX; o continuado emprego da maioria dos trabalhadores a formas de trabalho repetitivo que numa sociedade livre apenas máquinas deveriam realizar; a incapacidade ou falta de vontade de liberais e esquerdistas atuais para traduzir os objetivos que professam em projetos de reconstrução institucional; o fracasso de todos os países, exceto um pequeno número, em prover à maioria dos jovens acesso a uma forma de educação que equipe a mente com poder analítico e busca imaginativa, em vez de ocupá-la com informação inútil; e o consequente confinamento das ideias sagradas e românticas da grandeza da pessoa comum ao sublime privado e formular das religiões estabelecidas ou às fantasias escapistas do empoderamento na cultura popular – tudo isso constitui amargo contraponto à mensagem que as religiões de salvação, a democracia e o romantismo transmitem em comum.

Arnold Toynbee descreveu o "proletariado interno" dos Estados imperiais da antiguidade como os primordiais destinatários das religiões do mundo, em contraste com o "proletariado externo", os bárbaros fora das fronteiras imperiais, a quem a mensagem foi levada mais tarde. Agora, no entanto, a distinção entre os proletariados interno e externo em grande parte desapareceu. A massa da humanidade, excitada e frustrada em seu desejo por ascender a uma vida maior, tornou-se o principal recebedor da inovação religiosa.

3. *A dificuldade que as classes instruídas experimentam ao acreditar nas narrativas do judaísmo, do cristianismo e do islamismo e o consequente enfraquecimento da conexão entre as culturas de religião culta e do povo.* Essas duas culturas de religião cessaram de falar uma com a outra.

Por razões diretamente relacionadas com a crescente distância entre uma cultura e outra, cada uma prova ser inadequada ao trabalho de preservar a mensagem. A execução dessa tarefa requer que uma religião sacrifique suas fórmulas de doutrina e de prática à sua visão central. Exige também que uma religião confronte crenças e disposições que contradigam seu impulso visionário. Nem a alta cultura nem a cultura popular que resultam dessa alienação recíproca tem os meios com os quais fazer esse trabalho.

Em sua atitude para com as religiões de salvação, as classes instruídas recuam para uma postura de meia crença. Elas se acham incapazes de acreditar na verdade literal da história da salvação e no *corpus* da doutrina tradicional que alega discernir as implicações da história para a conduta da vida, bem como para a compreensão de nosso lugar no mundo. Elas, portanto, decodificam tanto a história quanto a doutrina, representando a mensagem, embutida na narrativa, como alegoria de ideias morais e sociais que podem ser captadas e justificadas pela razão, sem ajuda da revelação.

Essa religião desmitologizada é expungida de tudo que seja ofensivo ao entendimento. Contudo, ela perde o poder de perturbar. No cenário contemporâneo, ela quase sempre está a serviço de um humanismo secular convencional. A simples acusação para a qual ela não tem resposta satisfatória é a de que não temos uso para ela. Quanto a isso, podemos dizer o que Lavoisier disse a Napoleão sobre a ideia de Deus: não precisamos dessa hipótese.

A consciência religiosa desmitologizada poderia ser tida como capaz de desempenhar um papel que o humanismo secular é impotente para assumir: consolar-nos de nossa mortalidade, de nossa falta de fundamentação e de nossa insaciabilidade. No entanto, ela parece ser incapaz de se quitar dessa responsabilidade elementar. A resposta à morte e ao niilismo, bem como a aquietação do desejo, permanece inseparável da história da criação e da redenção. Sem os incidentes dessa história, a esperança de uma vida eterna deixa de ser justificada. Não existe, no entanto, nenhum lugar autoevidente e estável no qual a operação de decodificar as narrativas e doutrinas da religião como metáforas ou símbolos de uma verdade aceitável possa parar.

Três distintos escândalos da razão são responsáveis pela dificuldade da fé e explicam o recuo para a insustentável posição da meia crença. É costumeiro levar-se em conta apenas o primeiro desses três escândalos. O resultado é compreender equivocadamente a profundidade do problema e as consequências da falsa solução concebida pela meia crença.

O primeiro escândalo da razão é o supernaturalismo: a suspensão da crença no funcionamento da causalidade na natureza. É o problema apresentado por milagres. No entanto, geralmente toda intervenção redentora de Deus na história, como retratada pelas religiões de salvação, é milagrosa. O problema apresentado pelo supernaturalismo não é simplesmente a credibilidade da suspensão inicial da causalidade; é a consequência dessa suspensão para nosso pensamento sobre como o mundo, modificado pela intervenção milagrosa de Deus, funciona. Se a intervenção interrompe o funcionamento da causalidade ou as leis da natureza a ela subjacentes, como poderemos invocar essas mesmas leis para compreender os efeitos da intervenção? Essa seletividade na abordagem à causação é um problema conhecido que acomete uma explicação contrafactual. Uma vez tendo sido violada a continuidade causal da natureza, tudo fica imprevisível. Não podemos mais continuar pensando sobre o mundo, transformado por redenção e graça, como se fosse o mesmo, a não ser por algumas exceções, sem consequências para o mundo ou para a compreensão.

A postura da meia crença trata esse primeiro escândalo da razão negando que jamais tenha ocorrido tal interrupção no funcionamento da natureza. Cristo, por exemplo, pode ser visto como representante de uma forma concentrada de energia espiritual, bondade e esperança. Não é para entendermos que ele foi efetivamente Deus encarnado, exceto na medida em que Deus seja um modo de descrever a incompletude do mundo ou a base fundamental de nossas preocupações. Portanto, os ensinamentos relativos à Encarnação, como a doutrina da imaculada conceição, são para serem entendidos como expressões metafóricas de nossos poderes de ruptura e transcendência. Não estamos sendo chamados a nos reinventarmos?

Um segundo escândalo da razão é a contradição entre a universalidade da mensagem transmitida pela religião e a particularidade da trama: narrativa da intervenção e redenção divinas, marcada por nomes próprios e datas momentosas. A mensagem é visão do mundo e imperativo de existência com implicações para toda a humanidade, mesmo se ela atribuir (como faz o judaísmo) papel especial a parte da raça humana. Por que Deus teria optado por fazer um pacto com os judeus, ser corporificado como um zelote recalcitrante numa província periférica do Império Romano ou transmitir uma mensagem única a um mercador árabe? Por que todas essas reivindicações de eleição deveriam estar suspeitosamente concentradas no mesmo canto do mundo, se não devido à indistinguível influência das reivindicações anteriores nas posteriores? E como poderia a universalidade da mensagem não ser prejudicada por uma suposta conexão privilegiada com eventos que ocorreram em lugares e tempos determinados, em detrimento das partes da humanidade que, nascidas longe dali, não podem invocar conexão tão próxima e original com a trama sagrada? À alegação de que a mensagem tem de ser revelada em algum lugar e em algum momento e ser transmitida por mensageiros particulares, a resposta é que ela pode ser revelada e transmitida de modos que sejam imediatamente destinados a neutralizar o significado do cenário específico. Contudo, não foi isso que aconteceu, nem mesmo no cristianismo de Paulo. O estigma do específico era evidente demais. Se levada suficientemente adiante, a tentativa de apagá-lo ameaça não deixar nada a não ser um apelo indistinto e inócuo.

A postura da meia crença responde a esse segundo escândalo da razão eliminando, um a um, todos os contextos específicos, como se alguém pudesse melhorar a condição de uma flor que murcha descartando pétalas polidas até que nada restasse senão a semente dentro dela. Do abandono do cenário palestino ou árabe até a alegação do caráter transgênero de Deus, não há um ponto de parada. O que resta depois de a escandalosa particularidade da trama ter sido descartada como não essencial é provavelmente a piedade secular do presente, tenuamente disfarçada como interpretação revisionista dos ensinamentos dos profetas há muito tempo mortos.

O terceiro escândalo da razão é o menos comentado. No entanto, é o mais fundamental. É a incoerência da ideia de Deus, como Ele é representado ou pode ser representado nos monoteísmos do antigo Oriente Médio. Existem alternativas. Nenhuma delas é satisfatória.

A primeira opção é conceber Deus como o divino impessoal. Esse é o Deus do budismo, se resistirmos a descrever o budismo como ateísmo cosmológico. Ele é, mais genericamente, o Deus das muitas formas de panenteísmo que foram propostas no decurso da história da filosofia (por exemplo, nas filosofias de Spinoza, Schelling, Bergson e Whitehead). Deus é então algo impessoal, em acréscimo ao mundo. Numa metáfora espacial, ele constitui a natureza, mas a excede. Numa metáfora temporal, ele é o horizonte do possível ou do futuro, e a mensagem do panenteísmo passa a ser "Você ainda não viu nada".

Esse divino impessoal está numa insolúvel contradição com as narrativas escriturais das religiões de salvação. Não pode conciliar-se com as histórias da criação do mundo por Deus ou com a atividade redentora Dele na história. No cristianismo isso faz com que a Trindade e a Encarnação sejam mais do que os mistérios que a teologia ortodoxa reconhece que são: concepções sem outro significado que não a reinterpretação radical do que a mensagem da religião foi, historicamente, entendida como ser.

A segunda opção é representar Deus como uma pessoa. Explorando os recursos da imaginação analógica, entendemos as relações entre Deus e o gênero humano por analogia com as relações entre pessoas. Apelamos para a ideia de nossa participação na vida de Deus – a concepção antropomórfica de Deus pode parecer extensão da concepção teomórfica do eu.

Os limites da analogia, contudo, são muitos claros de se ver. O que Deus faz na criação do mundo e em Sua redenção não se parece em nada com o que qualquer ser humano é capaz de fazer. Além do mais, Deus não enfrenta

A religião do futuro

o martírio da mortalidade, da falta de fundamentação, da insaciabilidade e da suscetibilidade ao apequenamento. Há uma simetria de instabilidade na concepção tanto de Deus quanto do eu. A concepção teomórfica do eu tem de ser verdadeira mais do que em sentido alegórico ou metafórico para que a mensagem da religião de salvação signifique algo próximo do que os textos das Escrituras representam como sendo seu significado, e próximo de como ela de fato foi tida na história das comunidades de fé que aderem a ela. No entanto, a concepção de Deus modelada no homem só pode ser verdadeira num sentido relativo, que tentamos, por segurança, deixar vago, recorrendo à ideia da analogia. O problema é que a concepção teomórfica da pessoa depende da ideia antropomórfica de Deus: a incoerência desta última ameaça contaminar a primeira.

A concepção antropomórfica de Deus parece apresentar uma incoerência conceitual (Deus como pessoa e também como não pessoa) a serviço da idolatria: a idolatria de uma versão de nós mesmos, hipostasiada como um ser separado que modelou o mundo para nos fazer e que já nos resgatou da morte e da falta de fundamentação. A crítica de Feuerbach ao cristianismo como a religião de nossos poderes e essência alienados elabora as implicações de uma ideia de Deus que expressa esse amálgama paradoxal de autodeificação e autorrebaixamento por parte do crente.

A terceira opção é descrever Deus com uma negação dupla, como não ser e não pessoa. Essa tem sido geralmente a posição preferida pelos gnósticos e místicos, antigos e modernos, das três religiões de salvação: a *via negativa* de uma teologia que resiste ao antropomorfismo e à ontologia em seu enfoque a Deus. Essa terceira opção, no entanto, representa uma confissão da impotência da razão. Ela equivale menos a outra concepção de Deus do que a uma declaração de nossa incapacidade de formar tal concepção: a incoerência das outras duas ideias de Deus dá ensejo à vacuidade desta.

A dupla negação – de Deus como ser e de Deus como pessoa – pode, mesmo assim, produzir resultado positivo. É, no entanto, resultado que está no limite da heresia. Independentemente da lógica da negação dupla, a teologia negativa, na verdade, não é neutra entre as duas ideias que ela rejeita. A negação da pessoalidade de Deus tem consequências definitivas. A negação do status ontológico de Deus só tem implicações equivocadas. Se Deus não pode ser uma pessoa, mesmo no sentido relativo permitido por analogia, o que quer que Ele seja não tem relação com a experiência de personalidade ou do eu distintivo. Se, no entanto, Deus não pode ser um ser, em qualquer sentido reconhecido pela ontologia clássica, o não ser Dele, não obstante, tem de significar algo totalmente diferente do sentido de não existência num mundo de seres específicos. Não ser, com efeito, tem de significar um horizonte de ser que está além de todos os seres específicos. É por isso que as tendências gnósticas e místicas nos monoteísmos semíticos foram na direção de um monismo especulativo sempre que falharam em fazer voto de silêncio filosófico.

Para fazer com que essa ideia de Deus fosse compatível com tais crenças, seria necessário rever radicalmente o entendimento de suas doutrinas e narrativas, tornando-as alegorias morais. Nessa visão, a história deixaria de ser o que essas religiões nos ensinaram que é: cenário no qual a trama da redenção permanece inseparável de eventos e personalidades decisivos, atuando em lugares e tempos específicos.

Consequentemente, não há uma ideia coerente de Deus, ou, mais exatamente, nenhuma ideia de Deus que possa permanecer coerente e ainda assim fazer o trabalho que a religião de salvação precisa que faça. Esse raciocínio equivale a um argumento informal ontológico inverso. O argumento ontológico para a existência de Deus que Anselmo foi o primeiro a propor e que muitos grandes filósofos desde então reinventaram, em diferentes versões e para diferentes finalidades, alega inferir a existência de Deus a partir da concepção de Deus. O inverso do argumento ontológico é que Deus não pode existir se Ele sequer pode ser concebido coerentemente.

Para a consciência das classes instruídas, nas sociedades nas quais esses monoteísmos continuam a falar com a voz mais alta, há dois modos prontamente disponíveis, mas insatisfatórios, de lidar com o problema apresentado pelo caráter insustentável das três ideias de Deus.

Um desses modos é abraçar uma versão desinflada e humanizada da segunda ideia: a de Deus como pessoa. Das três ideias de Deus, essa é a que mais facilmente se concilia com o discurso histórico da religião. A ideia da personalidade de Deus pode, no entanto, ser traduzida em visão da profundidade da pessoa humana – seu fundamento como "preocupação última" (como na filosofia de Paul Tillich). O Deus antropomórfico torna-se então uma maneira de falar sobre o homem teomórfico. É um modo de falar sobre o caráter insondável e inesgotável de nossa experiência, sob o disfarce de conversa sobre Deus.

Outra maneira de responder à dificuldade é oscilar entre as três insustentáveis ideias de Deus, usando cada uma para compensar a incoerência das outras, como se, ao serem justapostas, três ideias ruins pudessem se tornar uma boa.

Intimidada pelos três escândalos da razão, a opinião instruída recua para uma meia crença. A religião torna-se narrativa de moralidade no estilo de um conto de fadas. A alta cultura de uma religião assim eviscerada serve como ornamento supérfluo ao humanismo secular convencional. Não tem base nem motivo para desafiar as panaceias dessa sabedoria mundana estabelecida. Ela se distancia da fé do povo e da prática da religião.

A religião do povo, associada com oração e prática formulares e devotada a uma crença fossilizada, alegando ou não a autoridade das escrituras sagradas, torna-se bárbara. Não precisa, como resultado desse barbarismo, perder sua capacidade de evoluir: como tudo na sociedade e na cultura, ela pode mudar, sob a provocação de circunstâncias históricas mutantes e a inovação espontânea vinda de baixo. Contudo, ao perder todo contato com o poder transformador de ideias gerais, ela limita suas visões. É cegada por sua incapacidade de representar a fé como um todo dialético, no qual crenças e práticas específicas podem ser reinterpretadas e revistas à luz de concepções gerais, e concepções gerais podem ser refeitas à luz da experiência das específicas. Uma religião assim transforma-se numa série de tropismos. Os mortos – os arquitetos do agora fechado cânone de prática e crença aceitas, em vez do profeta original – passam a governar os vivos.

Uma religião não pode renovar-se sob tais restrições. Não pode avançar uma visão do que é central para sua mensagem, como narrativa e como doutrina, e derrubar os hábitos e compromissos que chegaram a obscurecer e diminuir essa mensagem. Faltam-lhe os recursos necessários para confrontar o casamento da meia crença com a devoção secular, exceto mediante a incessante repetição de suas fórmulas. É impotente para resistir às crenças convencionais que contradizem as pressuposições da luta com o mundo, para desenvolver as ortodoxias truncadas e suprimidas da infinitude do espírito e da prioridade do amor sobre o altruísmo, para repudiar as heresias contrastantes (tais como o legalismo e o romantismo) que impedem seu desenvolvimento ou para criticar as disposições constitucionais que fazem da ordem social uma prisão para o espírito corporificado.

A coexistência da meia crença instruída com a devoção bárbara do povo impede as religiões de salvação de se reformarem, à luz tanto de ideias quanto de experiência, como fizeram muitas vezes no passado. O fracasso do casamento de ideias com experiência impede uma reforma religiosa. A ausência de reforma religiosa ajuda a montar o palco para a revolução religiosa.

4. *A necessidade de combinar a crítica e a reorientação da experiência pessoal com a crítica e a reconstrução das disposições institucionais, bem como com as mudanças radicais de concepção, atitude e prática que essa combinação requer.* Qualquer revolução em assuntos humanos tem de ser, como observou Tocqueville, tanto religiosa como política. Tem de ser uma mudança tanto na consciência quanto nas instituições. Nos projetos mais abrangentes de transformação do mundo, não há nenhuma divisão entre as esferas religiosa e política da vida.

Toda transformação religiosa ambiciosa busca mudar a sociedade, mesmo que professe o descarte da realidade do tempo e do peso da história. Tem um motivo especial para querer uma reconstrução social se, como os monoteísmos semíticos, ela vê a história como cenário para a decretação do plano de Deus para a salvação. Todo grande projeto de transformação política tem de ser mais do que um programa de mudança institucional. Ele tenta influenciar nossas ideias sobre as formas possíveis e desejáveis de associação humana em cada domínio da vida social. Essas ideias, vivas em nossas práticas e instituições e não relegadas a livros, são expressas na lei, a forma institucionalizada da vida de um povo. São também independentemente importantes como aspecto de nossa experiência. O profeta não vai deixá-las sem desafio.

E como poderia? As ideias que expressamos em nossas relações recíprocas têm, mais do que aquelas que professamos, de ser objeto dessa preocupação. Elas tornam-se mais poderosas quando ligadas a instituições e práticas. Nossos ideais e interesses estão pregados na cruz das instituições e práticas que os representam de fato. A lei é o lugar dessa crucificação.

Contrariamente às premissas da doutrina liberal clássica, nenhum conjunto de disposições institucionais pode ser neutro entre visões do que é o bem para o homem. Toda ordem institucional estimula algumas formas de experiência e desestimula outras. O ilusório objetivo da neutralidade fica no caminho da perseguição ao ideal realista da corrigibilidade de uma forma de vida; de sua suscetibilidade a desafio e correção e de sua abertura a amplo âmbito de experiência. A alegação de que determinado regime institucional é neutro entre visões conflitantes do bem invariavelmente irá favorecer o entrincheiramento de uma compreensão petrificada de nossos interesses e ideais. Equivale a uma espécie de heresia hegeliana.

A impossibilidade de traçar uma linha clara entre religião e política quando cada uma delas eleva o nível de ambição transformativa preocupa com razão os amigos da liberdade individual. No entanto, a proteção da liberdade individual não deveria ser feita de maneira a depender da falsa ideia de separação absoluta entre religião e política ou da irrealizável concepção de uma ordem institucional que seja neutra entre concepções do bem. Em vez disso, deve se apoiar em disposições institucionais estabelecidas em lei, que restringem a opressão governamental ou privada, mesmo quando asseguram um mínimo de doação universal para todos. A justificativa para essas disposições não pode se apoiar com segurança numa ilusão, como a ilusão na neutralidade de uma ordem do que é correto entre visões conflitantes do bem.

O esforço por divisar e estabelecer uma vida maior para o homem comum, e fazer isso com base no reconhecimento inabalável de nossa mortalidade, falta de fundamentação e insaciabilidade, apresenta desafio ao estamento institucional estabelecido até mesmo na mais livre, mais igualitária e mais próspera das sociedades contemporâneas. Isso também exige de nós que critiquemos e mudemos nossas crenças estabelecidas sobre as formas possíveis e desejáveis de associação humana. Pela própria natureza de nossas preocupações, isso deve transpor a lacuna existente entre o pessoal e o político.

Contudo, as religiões de salvação, como foram desenvolvidas na história e como existem agora, deixam de combinar o pessoal com o político ou os combinam de modos que contradizem as partes de suas fés que são do maior e mais duradouro valor para a humanidade. A resultante inibição a sua reforma ajuda a criar uma circunstância favorável à revolução religiosa.

Na história das religiões de salvação, há dois modos principais e contrastantes pelos quais a religião tem sido relacionada com a política. Chame-os de a religião da lei e a religião do coração. Entre esses dois extremos existem muitas disposições intermediárias, compostas de excertos de cada uma delas. As soluções híbridas tampouco nos orientam para um modo de juntar a política ao pessoal – uma reorientação da sociedade e do eu – que responda às preocupações que motivam a religião do futuro.

A religião da lei conecta o pessoal ao político pelo atalho do legalismo. A característica mais importante de nossa relação com Deus é que nós lhe obedecemos. Expressamos nossa obediência submetendo-nos à lei Dele. Sua lei exige completa reorganização da vida social de acordo com seus ditames. O Deus vivo dá lugar às inflexíveis fórmulas da lei. O rigor da lei pode ser percebido como menos temível do que a necessidade de lidar com um Deus cujas exigências não cabem em nenhuma lei. Melhor ser um escravo da lei sagrada do que ser Jacó lutando com o anjo. Quando o poder do Estado suporta a aplicação da lei, a religião da lei toma a forma de legalismo teocrático, como aconteceu, por exemplo, em momentos da história dos antigos judaísmo, budismo hinayana, islamismo e mormonismo.

Os teólogos da religião da lei argumentam frequentemente que conformidade exterior à lei é insuficiente para a salvação; que suas fórmulas são apenas o cenário necessário para a conversão da alma, manifesta no modo como tratamos outras pessoas; e que a obediência à lei é o primeiro, e mais decisivo, movimento pelo qual, como comunidades, não só como indivíduos, respondemos à obra salvadora de Deus na história. Não obstante, a religião da lei nos compromete com a heresia hegeliana em sua ideia da relação do eu com a estrutura: a falsa ideia de que há uma forma de vida definitiva capaz de fazer justiça ao espírito corporificado. Ao mesmo tempo, a religião da lei carrega a heresia do legalismo para nossas relações com outras pessoas – como se pudéssemos alcançar a salvação submetendo-nos à lei e ao ritual em nossas tratativas com elas, mesmo se não as amarmos: vale dizer, se não somos capazes de imaginá-las e aceitá-las tanto por si mesmas quanto como confirmação de nossa possessão de nós mesmos.

Um indivíduo que se rendeu às fórmulas da religião da lei e as tem como garantia de salvação deixou de perceber na própria experiência a dialética da transcendência e imanência. Ele pôs o que imagina ser obediência a Deus no lugar das atividades de desafio à estrutura e transcendência à estrutura que o habilitariam a aumentar seu compartilhamento na vida divina ou ascender a uma existência melhor. Se uma autoexclusão voluntária da comunhão com Deus é (segundo antiga ideia da teologia cristã) o inferno, então a religião da lei confunde um tipo de danação – a de se render a suas fórmulas – com ser salvo.

Assim, a religião da lei une o pessoal ao político, mas somente de forma antagônica aos objetivos que dão fundamentação à revolução religiosa hoje em dia. Ela faz parte daquilo a que essa religião tem de se opor.

A religião do coração tem em seu centro um engajamento direto da alma individual e da comunidade dos eleitos com Deus. A premissa que a habilita é a da privatização do sublime religioso. Suas demandas ao Estado e à ordem institucional da sociedade mais ampla são mínimas: que elas não interfiram na busca da salvação pelo indivíduo, assim como pela comunidade de carentes. Se o regime institucional atende a esse modesto padrão, ele pode merecer uma aceitação passiva. Se ele contribui ativamente para esse resultado, criando as condições para a tolerância religiosa e, mais genericamente, para a devoção individual com base na autoconfiança, ele merece, segundo a religião do coração, ser ativamente apoiado.

O apoio às instituições estabelecidas não precisa ter como base a premissa de que elas formam parte intrínseca e necessária de qualquer esquema de liberdade religiosa, política e econômica – de liberdade econômica e política como aprimoramento da liberdade religiosa e também como bens por direito próprio. Pode ser baseado, em vez disso, no princípio negativo de que qualquer alternativa conhecida às atuais disposições solaparia a liberdade. Assim é o liberalismo prático do individualista religioso.

O pessoal e o político estão aqui conectados apenas negativamente. A transformação cumulativa da sociedade permanece marginal ao plano de salvação. A parte principal desse plano é para ser implementada mais tarde, numa vida após a morte. Mediante fé e devoção individual, responsivas à graça divina, o indivíduo deverá alcançar seu quinhão na vida eterna (se não estiver predestinado a ser salvo ou condenado). Ele deverá obtê-lo se possível contra o pano de fundo de uma ordem institucional que sustenta a busca por salvação pessoal embutindo a liberdade religiosa numa estrutura mais ampla de liberdade política e econômica. No entanto, se necessário, ele pode ter a esperança de obter salvação apesar da negação da liberdade religiosa, política e econômica. A salvação é afinal alcançada numa relação da alma com Deus que não depende de qualquer arranjo institucional particular na sociedade. A preocupação principal na religião do coração é que o indivíduo seja amado por Deus e que o ame de volta, sem levar em conta as crueldades da sociedade e as injustiças do mundo.

A religião da lei lida com a relação do pessoal com o político submetendo tanto a experiência pessoal como a política a uma fórmula – a fórmula da lei sagrada. Essa fórmula põe uma camisa de força na dialética da transcendência e imanência, reduzindo suas implicações para a sociedade e para o eu à submissão que pretende ser libertação.

A religião do coração aborda a relação do pessoal com o político tornando o político mero pano de fundo para o pessoal. No entanto, o homem não deixa, com isso, de viver em sociedade. A maior parte de seu tempo de vida é consumida em engajamento com um mundo desprovido de santidade e carregando consigo apenas uma tênue conexão com a obra de salvação. A religião assume caráter extático; torna-se exceção na experiência de vida, constituída numa base totalmente diferente. Não tem um programa abrangente para a organização da sociedade e se satisfaz se o poder temporal respeitar certas crenças que concernem à pessoa e à família, como a proibição do aborto ou a indissolubilidade do casamento. A religião do coração não honra o requisito de que o espírito penetre no mundo. Seu abandono do mundo é forma de desespero que nos impede de nos tornarmos imediatamente mais divinos e mais humanos em nossa circunstância terrena.

Pode parecer que as muitas disposições mistas ou intermediárias que surgiram na história das religiões de salvação apontam para um modo de lidar com a conexão entre o pessoal e o político que dispensa os dogmas e as correntes do legalismo teocrático, sem aceitar a privatização do sublime religioso. Contudo, cada um desses compromissos acaba sendo uma versão atenuada ou da religião da lei ou da religião do coração.

Por exemplo, a linha principal da religião judaica, desenvolvida depois da destruição do Templo, foi principalmente uma religião da lei. Diferentemente, em seu cerne histórico, do budismo hinayana ou do islamismo, faltava-lhe o poder para fazer com que a lei sagrada fosse a lei do Estado. Por outro lado, as Igrejas nacionais criadas após a Reforma Protestante eram muito comprometidas com a religião do coração. O estabelecimento de uma Igreja nacional, mesmo quando consagrada nas disposições constitucionais, não serviu para impor a lei sagrada à vida social. Em vez disso, esse estamento usou o poder do Estado para proteger a privatização do sagrado, no espírito da religião do coração.

UMA REVOLUÇÃO RELIGIOSA EM QUE SENTIDO

Em que sentido é religiosa a mudança de nossa experiência espiritual que esses argumentos prefiguram? Em que sentido é uma revolução? Se ela não invoca a intervenção na história de um Deus pessoal transcendente (no modelo das religiões de salvação), pode parecer não ser de todo religiosa; pode parecer que seria mais exatamente descrita como crítica e revisão de um humanismo secular familiar.

Revolução religiosa agora: ocasiões e instrumentos

Falta um cerne permanente à categoria de religião. Não existe um modo estabelecido pelo qual os aspectos de nossa experiência, que designamos como religião, se relacionem com outros aspectos. No entanto, o fato de a categoria de religião ser histórica não significa que é vazia de conteúdo. Seus poderes de discriminação são aqueles que a história do gênero humano lhe provê. Cada grande mudança no conteúdo de uma religião inspira mudança em nossa ideia quanto àquilo que o termo "religião" mais utilmente designa.

Não faz sentido definir religião de modo que só inclua os três monoteísmos do Oriente Próximo. Sob tal definição, a maior parte da humanidade, durante os últimos duzentos anos, não teria religião. Propus usar o termo religião num sentido amplo o bastante para incluir as três importantes orientações que surgiram das revoltas espirituais de mil anos de inquietação e visão: incluindo budismo e confucianismo, bem como judaísmo, cristianismo e islamismo. Esse sentido, no entanto, não é tão amplo que perca o poder de distinguir experiência religiosa, conquanto relativamente, de filosofia, arte e política.

Responder às inconsoláveis mágoas na existência humana, enraizar uma orientação na vida numa visão do mundo, superando assim a distinção entre o descritivo e o prescritivo, e exigir comprometimento com a existência para o qual os fundamentos racionais sempre têm de ser insuficientes, e com a consequência de exigir que nos ponhamos, perigosamente, nas mãos de outros, são as marcas distintivas da religião, em sua disposição como categoria histórica. O que chamamos de filosofia pode compartilhar da natureza da religião, mas apenas na medida em que carregue essas marcas. A filosofia, no entanto, raramente quis ser portadora de todas essas marcas, mesmo que apenas por medo de lhe ser confiscada a reivindicação de invocar a autoridade da argumentação racional.

Por esse modelo, a mudança pela qual argumento aqui é, na verdade, mudança de visão religiosa, não simples ou principalmente de atitudes filosóficas. Entretanto, existe outro sentido, também importante, no qual a razão para chamar essa mudança de religião está aberta ao desafio. A lição da história – isto é, da história dos 2.500 anos nos quais as atuais religiões do mundo

A religião do futuro

(inclusive budismo e confucianismo) exerceram influência – sugere que essas religiões só tiveram sucesso no mundo por satisfazerem certas condições: apoio num cânone escritural, organização de uma comunidade de crença e, frequentemente, identificação dessa comunidade de crença com um povo – se não uma nação, um conjunto de nações. É preenchendo esses requisitos, assim como exemplificando os atributos antes descritos, que uma forma de experiência se torna uma religião, no sentido de que as fés exemplificadas nas três principais orientações à existência aqui discutidas são religiões. É desse modo que a mensagem e o movimento diferem da filosofia e da poesia.

No entanto, a satisfação desses requisitos históricos para o desenvolvimento de uma religião gera trágica contradição. Para o sucesso prático de uma religião, é preciso satisfazê-los. No entanto, em toda instância, o pagamento do preço terreno tem sido feito à custa de poderosa restrição ao desenvolvimento da visão que anima a religião em primeiro lugar. A visão é sacrificada a um compromisso: compromisso com o mundo social estabelecido e com seus estabelecidos poderes e hábitos da mente.

Por razões que explorarei, a religião do futuro não pode e não deveria pagar esse preço. Ela não pode atender a essas condições práticas e permanecer fiel aos motivos e aspirações que a inspiram. Realmente, o sacrifício da visão ao compromisso requerido por essas condições é parte do motivo para uma nova revolução religiosa. Ao nos recusarmos a satisfazer essas condições, começamos a criar uma forma de experiência e de crença que, pelo padrão histórico do conceito de religião, não é inequivocamente nem religião nem não religião. Tanto pior para nossas categorias herdadas, que somos condenados a esticar, dobrar e reinventar em benefício do que mais importa. Por força desse imperativo, a religião do futuro é também a não religião do futuro.

Para determinar o que se qualifica como revolução em religião, assim como para estabelecer o que se conta como religião, temos de começar com história. As orientações que examinei previamente – as opções dominantes na história espiritual da civilização – têm, eu alego, poderoso elemento de visão compartilhada, apesar da real e ampla diferença entre elas: a negação da santidade da natureza com a consequente colocação, no cerne da religião, de uma dialética entre transcendência e imanência; a rejeição ou a minimização das divisões da humanidade, acompanhada da ambiguidade quanto a se essa derrubada dos muros deve ocorrer apenas em nosso modo de pensar e sentir ou deve acontecer também na própria organização da vida social; a substituição da ética do valor marcial e da autoafirmação orgulhosa e vingativa por uma ética de altruísmo inclusivo e desinteressado; a moeda de duas faces para fugir do mundo ou mudar a sociedade; a disposição para negar os limites intransponíveis da condição humana – mortalidade, falta de fundamentação e insaciabilidade – ou nos prover de algum antídoto ou consolo para eles; e a consequente disposição para tratar nossa suscetibilidade ao apequenamento como não mais nem menos irreparável do que as outras três deficiências da condição humana.

Uma mudança em nossa vida espiritual que rompa com qualquer aspecto importante dessa herança é revolucionária. Como sugere minha argumentação, a revolução representada pela religião do futuro começa na aceitação da terrível verdade sobre nossa condição; na recusa em assimilar nossa corrigível suscetibilidade ao apequenamento, à certeza da morte e à fragilidade de nossas proteções contra o niilismo; na determinação em adquirir para nós mesmos uma vida maior, aumentar nossa parte no poder de transcendência que as religiões de salvação atribuem proeminentemente a Deus; e na convicção de que temos de mudar o mundo em vez de simplesmente descrevê-lo com palavras diferentes.

A PRÁTICA DA REVOLUÇÃO RELIGIOSA

Apesar das amplas diferenças em sua visão de realidade, assim como em suas propostas para o modo de conduzir a vida, as religiões mais cultas compartilharam uma fórmula de sucesso histórico: um conjunto de práticas que ajudou a explicar suas continuidade e difusão. Em cada instância, um único indivíduo desempenhou o papel decisivo de fundador. (O judaísmo foi exceção apenas parcial, dado o papel de Moisés.) Sempre um homem, e ele

A religião do futuro

sempre aparecia como professor ou profeta, frequentemente numa região periférica de um império. Nunca se apresentou como um acólito de autoridade imperial nem a desafiou abertamente. Deixou ambígua sua relação com ela, enquanto clamava por transformação fundamental no modo de vida que ela sustentava ou permitia, e, acima de tudo, na consciência e nas atitudes de seus súditos. Novamente com a exceção parcial do judaísmo (religião que se tornou povo) e do cristianismo, na medida em que este começou como dissidência do judaísmo, o profeta fundador transmitia uma mensagem não confinada a qualquer determinada nação ou Estado. Endereçou sua mensagem a toda a humanidade. Espantosamente, ela foi ouvida por muitos povos.

Os ensinamentos dos fundadores das religiões mais cultas desenvolveram-se nas direções contrastantes que examinei no início deste livro. Em cada uma dessas orientações espirituais houve uma experiência paradigmática do sagrado da qual apenas um número relativamente pequeno – os entusiastas entre os que receberam a mensagem – compartilhou. Essa experiência do sagrado representou um encontro direto – tão direto quanto nossa condição terrena possa permitir – com a dialética da transcendência e a imanência resultante da negação da santidade da natureza. Outros – os que não podiam contar a si mesmos entre os santos – compartilharam dessa experiência de forma diluída, à distância. Sustentavam sua fé com sua atenção à doutrina e ao ritual, e com o respeito pelo significado simbólico de certas práticas, entendidas e usadas como portais de acesso ao sagrado.

Assim como a própria categoria de religião, a prática da revolução religiosa varia com o conteúdo da fé. Assim como não podemos destacar uma parte permanente de nossa experiência como religiosa e relacioná-la com outras partes de nossa existência, de acordo com um padrão imutável, temos de esperar que a prática da revolução religiosa mude de acordo com o programa da revolução. No entanto, essa é uma conjectura não testada; até agora só houve uma onda de revoluções religiosas na história: a onda que produziu os principais enfoques à vida e as religiões que os representam. Como resultado, existe apenas um único caso sobre o qual construir uma ideia da relação entre programa e prática em religião.

Revolução religiosa agora: ocasiões e instrumentos

Portanto, qualquer distinção entre esses aspectos de revolução religiosa que são mais duradouros e aqueles que são mais efêmeros (embora numa escala de milênios e não de séculos) tem de ser especulativa. Tem de buscar justificativa para o entendimento de como ocorre uma mudança em domínios da vida social outros que aqueles que caracterizamos como religiosos.

Considerando o assunto a essa luz, os métodos dos fundadores proféticos das atuais religiões do mundo deixarão de servir como modelos confiáveis. Eles representam adaptações a condições sociais e culturais dos antigos impérios agrários-burocráticos, ou de seus Estados satélites, nos quais surgiram essas fés. Atualmente, eles podem não mostrar o caminho para a prática de uma inovação religiosa radical.

Pelo padrão de como ocorre uma ação transformadora em qualquer lugar, o aspecto mais duradouro e universal do método que essas religiões revolucionárias praticaram está na combinação de ensinamento visionário com ação exemplar.

Um ensinamento sobre como conduzir a vida é visionário quando inspirado por visão de vida maior ou melhor do que nossas ideias e experiência atuais permitem. O professor visionário vê uma forma de discernimento que, acima de tudo de vida, as restrições estabelecidas nos negam – uma oportunidade de existência ainda não tentada. A visão dessa oportunidade conflita tanto com os modos de pensar com que estamos acostumados quanto com nossos modos estabelecidos de agir. Não pode, portanto, ser justificada prospectivamente pelos padrões ou justificativas conhecidos, enraizados como são nas disposições e hábitos estabelecidos da mente. Só pode ser defendida retrospectivamente; os padrões que lhe dariam sentido vêm depois, não antes, de sua formulação.

Schopenhauer observou que um homem talentoso é um atirador de elite que acerta um alvo que outros não são capazes de acertar; um gênio é um atirador que acerta um alvo que outros não são capazes de ver. O ensinamento visionário está na categoria do gênio. Contudo, seu objetivo é mudar nossa vida; nosso modo de estar no mundo.

Se o ensinamento visionário é o primeiro elemento duradouro na prática dos revolucionários religiosos, a ação exemplar é o segundo. Temos de ver e de pagar um sinal por uma vida maior. Do contrário, a doutrina do professor visionário não conseguirá persuadir ou mesmo ser compreendida. Por meio de uma sinédoque da imaginação religiosa e política nós captamos o todo remoto em sua parte tangível.

Os fundadores das religiões do mundo ensinaram mediante exemplos e parábolas. A ação deles era exemplar assim como o discurso era parabólico. Não satisfeitos com expressar suas doutrinas em exemplos que muitos poderiam entender, eles trataram de prover exemplos por meio de ação.

Os exemplos no discurso e na ação tinham característica constante: focavam-se em algum aspecto da experiência atual, prontamente acessível a qualquer mulher ou homem comuns, incorporando preocupações e capacidades da humanidade que continham, nelas mesmas, o início ou as deixas da vida mais elevada para a qual estavam chamando seus ouvintes.

O que é imediatamente inteligível para qualquer mulher ou homem é algum modo de ver outro indivíduo de perto e de tratar com ele nas circunstâncias comuns da vida. Esse modo de ver e de se conduzir no microcosmo do encontro pessoal expressa compreensão de nossa vocação mais elevada e pressagia uma mudança na vida em toda parte de nossa experiência, desde os aspectos íntimos da personalidade até nossa vida na sociedade, entre estranhos.

A união do ensinamento visionário com a ação exemplar é o elemento da revolução religiosa do passado que os revolucionários do futuro não podem dispensar. No entanto, isso tem de ser combinado com uma prática que era desconhecida para os revolucionários religiosos do passado. Eis alguns dos elementos dessa prática.

Em primeiro lugar, no que concerne à relação entre líder e liderado, uma revolução religiosa fiel aos motivos e objetivos que explorei aqui não é capaz de cumprir sua missão se centralizar o poder profético num único indivíduo e em sua ação decisiva na história. É necessário descentralizar a capacidade e a autoridade para uma inovação religiosa contínua. Quanto a isso, a revolução religiosa está mais próxima do judaísmo rabínico, do confucianismo e dos projetos seculares da libertação política ou pessoal. Diferentemente da Reforma Protestante, que parou na proclamação do sacerdócio de todos os crentes, ela tem de reconhecer poder profético em todos. Portanto, tem de buscar uma abordagem à educação que equipe a imaginação com esse poder: por exemplo, acessando cada assunto a partir de pontos de vista contrastantes e estocando a mente com um âmbito de experiência mais amplo do que aquele que a sociedade e a cultura atuais deixam disponível.

Em segundo lugar, no que tange a seu escopo, essa prática requer a combinação do pessoal com o político. Sua preocupação tem de incluir a reformatação da sociedade e de suas instituições, assim como a reorientação do eu e de seus hábitos. Contudo, não existe agente óbvio para coordenar ação transformadora em âmbito tão amplo. Partidos políticos surgiram na história nos últimos séculos para empreender a luta pelo poder em nome de convergências particulares de interesse e de opinião. Movimentos mais ou menos organizados na sociedade civil, inclusive Igrejas tradicionais, moldam a opinião quanto à moralidade pessoal.

Mas quem ou qual é o agente capaz de orquestrar mudanças nesses dois âmbitos e de direcioná-las a um objetivo comum? Tal agente não existe, e se existisse exerceria poder subversivo de liberdade religiosa bem, como política. Os movimentos de entusiasmo religioso nos Estados Unidos, no século XIX, com suas implicações em aberto para a sociedade e para o eu, são exemplos históricos desse cruzamento das fronteiras entre o pessoal e o político. Uma convergência de movimentos superpostos tem de substituir o profeta e o professor individuais.

São requeridas ideias que informem esses movimentos. No entanto, não é provável que sejam as ideias de qualquer pensador e professor. Seu desenvolvimento dependerá da transformação das disciplinas nas quais o conhecimento é agora organizado; ele não pode simplesmente pairar acima dessas disciplinas como pensamento especulativo. Se é para propor direção para a reorganização da sociedade e para a reorientação da conduta pessoal, tem de ser capaz de se basear nos instrumentos da imaginação institucional, na forma de prática de análise legal e de economia política revisadas.

Se é para sustentar a imagem de uma forma transformada de experiência pessoal e de conexão com os outros, ela tem de enfrentar as duras verdades, que a literatura e a arte pós-românticas exploraram, quanto à ambivalência em relação aos outros e nossa autodivisão. Não pode permitir-se oscilar, como fazem os filósofos morais acadêmicos, entre disputas metodológicas de conteúdo tangível e casuísmo moral desprovido de visão transformadora. Tem de sugerir direção para a vida que esteja em conformidade com seu programa: fiel à visão da possibilidade de uma existência melhor do que a que agora possuímos, embora inabalável em seu reconhecimento de que estamos indo para nossas mortes sob a sombra do impenetrável enigma de nossa existência, consumidos por anseios que não somos capazes de satisfazer e dos quais não somos capazes de escapar, e sustentados por alegrias em meio a nossos sonhos e tormentos.

Em terceiro lugar, no que diz respeito a seu programa, ela demanda algo que nenhuma das revoluções religiosas do passado teve: visão da transformação cumulativa da sociedade que não pode ser reduzida à obediência a uma fórmula ou esquema definitivos e que é, portanto, incompatível com a religião da lei. O imperativo do casamento do ensino visionário com a ação exemplar se espelha nas características desse argumento para a reconstrução da sociedade. Não é arquitetura: esquema finalizado, como poderíamos esperar encontrar num corpo de lei sacra. É música: sucessão de passos. Suas duas características mais importantes são que ela marca a direção e que indica os passos iniciais com os quais, numa determinada circunstância, deve começar a se mover na direção.

A revolução não só quer substituir um conjunto de disposições institucionais e premissas culturais por outras como, e acima de tudo, deseja mudar com o tempo o caráter da ordem institucional e conceitual que habitamos de modo que possamos nos engajar nela sem nos rendermos a ela. Desse modo, nossa vida em sociedade torna-se menos do que um exílio e um aprisionamento num mundo que permanece hostil à condição do espírito corporificado.

Em quarto lugar, ela busca expungir do exercício de nossos poderes de resistência ao imediato contexto institucional ou conceitual de nossas vidas o fardo que é a alienação do momento atual. Reconhece nessa alienação a dilapidação de nosso mais certo bem. A consequência prática desse esforço

Revolução religiosa agora: ocasiões e instrumentos

é tornar indesejável a espera pela chegada desse bem no futuro histórico ou providencial. Ela insiste em experimentar esse aprimoramento da vida, embora numa forma fragmentária e incipiente, agora.

Portanto, a revolução tem de ser pródiga na invenção de experimentos pessoais e sociais que traduzam esse futuro para o presente e convertam a instância de viver para o futuro numa forma de viver no presente como seres cujo horizonte de ação e cujo discernimento não sejam limitados por suas circunstâncias atuais. Alguns dos mais importantes desses experimentos são os que conectam a reorientação da vida com a reorganização da sociedade: por exemplo, desenvolvendo a base institucional e educacional para práticas cooperativas de inovação permanente em todo domínio de vida social. Sem a disseminação dessas práticas por toda a sociedade e por toda a cultura, o reconhecimento dos poderes proféticos da pessoa comum permanece sendo pretensão vazia.

Em quinto lugar, ela tem de desafiar os dois tabus que inibem a revolução religiosa nas sociedades liberais do presente: o tabu contra a crítica religiosa da religião e o tabu contra assumir posições políticas sobre fundamentos manifestamente religiosos. Esses tabus são agora justificados, falsamente, como sendo requisitos para pluralismo e tolerância.

A seriedade de um projeto político é medida por seu envolvimento com a estrutura institucional da sociedade e com uma visão do que podem e deveriam ser as relações entre pessoas em diferentes domínios da vida social. Insistir em dar essa substância à política é apagar qualquer contraste entre política e religião.

O direito de formar uma voz pública explicitamente inspirada numa convicção religiosa é um requisito de seriedade na política. É também exigência de qualquer religião que, como todas as religiões que surgiram das revoluções religiosas do passado, leva a sério a dialética do transcendente e imanente e insiste em ver sua visão realizada no mundo. O legalismo em religião representa uma perversão dessa exigência.

O desafio do tabu contra a crítica religiosa da religião tem a mesma base e a mesma consequência. Se a política é religiosa na medida em que é séria, proibir a crítica religiosa da religião é desconsiderar a parte do discurso da qual depende o aprofundamento da política. Se nossa religião exige de nós que mudemos a sociedade em vez de só descrevê-la, uma religião tem de estar pronta para confrontar outras religiões no espaço do debate público.

O tabu da crítica religiosa da religião só faz sentido se aceitarmos a privatização da religião – seu confinamento à consciência do indivíduo e sua renúncia à influência sobre a vida em sociedade. No entanto, a privatização da religião não apenas esvazia muito da substância da vida política, ela também está em oposição aos impulsos compartilhados pelas religiões do mundo e a suas sequelas e contrapartidas seculares. Pelo mesmo critério, é incompatível com os comprometimentos da religião do futuro.

Tolerância religiosa e pluralismo religioso não devem se apoiar no empobrecimento da política e no abandono da sociedade aos não religiosos. Seus requisitos práticos são a proteção legal e constitucional da liberdade religiosa, a rejeição em envolver o Estado no estabelecimento de qualquer religião e uma cultura cívica que faça com que o respeito universal e a autocontenção sejam compatíveis com a discussão pública daquilo que mais importa e que nos toca mais profundamente. Esses requisitos não dão suporte ao tabu contra a inspiração religiosa da visão política, o qual, diminuindo tanto a política quanto a religião, solapa nossos poderes de resistência e de transcendência.

UMA TRÁGICA CONTRADIÇÃO NA HISTÓRIA DA RELIGIÃO

Existe um conflito entre as condições práticas para a sobrevivência e o sucesso terrenos de uma religião e os requisitos de fidelidade à sua mensagem. Esse conflito não se dissolve no decurso da história da religião; ele persiste como elemento trágico nessa história. Para a reorientação que estou propondo, ele apresenta um problema para o qual não existe solução aparente. A prática da religião do futuro é impotente para resolvê-lo.

Considere novamente um modelo da fundação das religiões históricas, definido amplamente o bastante para incluir Buda e Confúcio assim como os profetas judeus, Jesus e Maomé. Um professor individual combina ensino visionário com ação exemplar. Ele tem de ser uma visão particular, com implicações decisivas para o modo de conduzir a vida, não apenas uma filosofia especulativa com consequências práticas indefinidas. Para orientar-nos em nosso caminho, tem de responder à realidade da morte, encarada no contexto de nossa aparente falta de fundamentação e de nosso ilimitado anseio. Tem de exigir, mediante o comprometimento de seguir a vida numa determinada direção, mais do que jamais poderá esperar justificar conclusivamente.

O professor reúne seguidores a sua volta. Ele assume uma atitude ambivalente em relação às autoridades estabelecidas. Nunca aquiesce, inequivocamente e sem reservas, à ordem à qual elas presidem nem desafia abertamente sua detenção do poder temporal. Contudo, a mensagem dele tem implicações para a organização da sociedade. Uma vez que seus seguidores se tornam mais numerosos e organizados, eles podem tentar tomar o poder para si mesmos. Ou podem se contentar em manter o Estado no modelo por eles projetado sem o governarem eles mesmos.

A história da religião demonstra que três condições têm sido importantes, se não indispensáveis, para a sobrevivência e disseminação de uma mensagem religiosa no mundo. A primeira condição é que a mensagem esteja inserida em textos que adquirem status canônico. As fontes de autoridade escriturais não impedem atos posteriores de inovação religiosa fora do cânone. No entanto, elas provêm a pedra de toque para a verdadeira doutrina, a qual as disputas quanto à interpretação do ensinamento jamais poderão apagar totalmente. Também fazem com que todo pensamento e escrito depois ou fora do cânone seja submetido a um desafio direto com referência ao cânone.

A segunda condição é que a comunidade de crença seja organizada. Tais disposições podem ou não envolver uma distinção entre especialistas sacerdotais que reivindicam proximidade especial ao divino (ou ao menos uma perícia especial na interpretação do cânone) e ao crente em geral. Ela pode, portanto, tomar ou não a forma de organização eclesiástica, aparecendo com personalidade distinta no mundo social. A aparente ausência de uma Igreja pode ser enganosa se os zeladores do cânone colonizarem alguma outra organização, notadamente o Estado. Assim foi, famosamente, a relação dos eruditos-burocratas confucianos com o governo. O papel primário da organização é preservar a doutrina certa. Seu papel secundário é implementar a mensagem no mundo.

A terceira condição é que a religião se torne a religião de pelo menos um povo, ou um grupo de nações, não apenas uma coleção de indivíduos separados e submergidos nas sociedades às quais pertencem. A ligação entre religião e povo, mesmo nas religiões mais universalistas do mundo – budismo, cristianismo e islamismo –, cria comunidades de fé no incomparável poder da vida familiar. Isso perdura até mesmo diante de uma separação constitucional entre Igreja e Estado.

A terceira condição pode servir às vezes como substituto da segunda condição, ou a segunda como substituta da terceira. Mais comumente, as duas têm sido combinadas, embora na combinação resultante um elemento possa estar evidente e o outro encoberto.

Existe uma relação inversa entre a segunda e a terceira condições. Quanto mais uma religião torna-se um povo, menor é a aparente necessidade de uma organização de crentes.

Para as religiões históricas, as três condições representaram o preço do sucesso mundano. Quando não se paga esse preço, a religião – mesmo quando satisfaz os padrões que a distinguem, até relativamente, da filosofia, da arte e da política – permanece sendo artefato deliquescente: uma série de ideias que, mesmo se materializadas em ação exemplar, carecem de poder para permanecer. Na medida em que são assumidas e reinventadas por outros, elas perdem contorno fixo. A clareza de seu contraste com outras religiões e filosofias se perde ou fica obscurecida.

Em muitos aspectos, a filosofia de Schopenhauer se parecia com o ensinamento de Buda. Não obstante, não era, nem poderia tornar-se, uma religião. Schopenhauer desenvolveu e apresentou sua filosofia como exercício do intelecto, que alegou ter resolvido o enigma da existência sem deixar qualquer lacuna entre o modo de vida que ela requeria ou recomendava e as compreensões do mundo que ela oferecia. Seu ensinamento, no entanto, não satisfez nenhuma das três condições que tinham sido cruciais para o sucesso terreno de uma religião.

Revolução religiosa agora: ocasiões e instrumentos

Se o triplo preço pelo sucesso será ou não alto demais depende da mensagem. A mensagem confuciana foi adotada nas realidades sociais, bem como políticas, de uma ordem imperial. Essa ordem apropriou-se de um princípio de meritocracia, num sentido estreito, sem pôr em perigo o poder político, econômico ou social estabelecido.

A mensagem do budismo, desvalorizando, como realmente desvalorizou, o mundo fenomenal e histórico, enquanto afirma, com base nessa desvalorização, um imperativo do altruísmo universal, buscou modos alternativos de se acertar com a autoridade terrena: renúncia ao poder terreno por parte daqueles que carregavam as correntes de um esquema estabelecido de divisão social e realidade que eles não queriam ou não eram capazes de desafiar; incorporados em organizações monásticas, assumiram um papel em grande parte passivo numa ordem amplamente controlada por outros interesses e outras crenças; ou um domínio político bem como espiritual sobre uma sociedade que continuava a ser não menos dividida ou hierárquica do que muitas das sociedades nas quais o budismo não estava presente.

A mensagem do judaísmo após a destruição do Templo permitia a preservação e a renovação da religião do Pacto, expungida de seu elemento de culto sacrificial, em comunidades de fé e de discurso devotado à lei e resignada a não ter poder ou não ter Estado.

A mensagem do islamismo foi interpretada como convite a celebrar o casamento da lei com o poder. Sua conformidade com a lei manifestou-se na reforma da sociedade, como sinal fundamental da obediência à vontade divina e da submissão a essa vontade como primeiro requisito de devoção. No islamismo, como no judaísmo, as tradições místicas da Cabala e do sufismo deram lugar central à ligação entre o verdadeiro e único Deus e o indivíduo crente, sozinho em seu defeituoso estado terreno.

Sob coação, tanto como por convicção, a mensagem do cristianismo foi associada aos interesses dominantes e disposições estabelecidas de cada época histórica. Esse casamento forçado ocorreu sob os olhos de uma Igreja universal ou nacional determinada a coexistir, para vantagem recíproca, com os poderes temporais do mundo. Alternativamente, a mensagem cristã

A religião do futuro

foi tornada privada, e consignada à consciência do indivíduo. Mesmo depois do pecado e da queda, ele esperava participar, graças à redenção, na vida eterna de Deus.

Em cada uma dessas instâncias, a acomodação à mensagem para o mundo não foi orquestrada de acordo com as exigências de uma doutrina. O compromisso foi moldado pelo modo como as religiões de transcendência preencheram e combinaram as três condições de presença e influência terrenas que listei: o cânone escritural, a organização da comunidade de crença e a identificação de uma fé com um povo. Para a luta com o mundo, tendo em vista sua ideia fundamental de ascensão a uma vida mais elevada mediante a transformação do eu e da sociedade, essa contemporização era inerentemente mais questionável e perigosa do que era para outras orientações espirituais. Para o cristianismo, em particular, dada sua rejeição ao legalismo como atalho para a reconciliação da mensagem com o mundo, era mais perturbador do que para uma versão do judaísmo ou do islamismo que tinha aceitado a religião da lei como passo em direção à salvação, se não um sucedâneo para o espírito.

Pode parecer inicialmente que as versões seculares da luta com o mundo demonstram que essas condições são desnecessárias para o sucesso terreno de uma religião. De fato, nas versões seculares da luta com o mundo – os programas de libertação política e pessoal – todas as três condições frequentemente foram satisfeitas num ou noutro grau: a veneração dos textos fundacionais (se não de um programa sectário como o socialismo marxista, então de um projeto nacional como a democracia americana e suas disposições constitucionais), a organização de crentes (na forma de um partido político) e a conexão entre credo e nação (afirmada no casamento de nacionalismo com ideologia). Onde e quando essas condições deixaram de ser preenchidas, a religião secular perdeu identidade distinta e capacidade de se renovar mediante conflito com seus rivais reais ou imaginários.

A religião do futuro prefigurada nos argumentos deste capítulo é, no entanto, pelo caráter de sua mensagem, hostil a cada uma das três condições. Ela levou até o máximo, numa forma naturalizada e histórica, a ideia do poder profético de todos os crentes. Ela tem de rejeitar a visão de que nossas capacitações para inovação religiosa estão concentradas em profetas isolados ou num único ponto de inflexão histórico: o momento em que o professor apareceu no mundo e supriu um modelo definitivo para a combinação de ensinamento visionário com ação exemplar. Consequentemente, a religião do futuro pode aceitar qualquer cânone textual, cuja autoridade seja necessariamente derivada do professor, de seu ensinamento e do momento no qual ele fala e age.

Ao insistir num programa que inclui tanto o pessoal quanto o político enquanto repudia a teocracia assim como o legalismo, ela nega a si mesma qualquer veículo institucional já pronto para o uso. Um único agente empoderado para orquestrar uma mudança que vá desde as disposições institucionais da sociedade até nossas crenças sobre as formas possíveis e desejáveis de associações humanas usufruiria de um poder que Savonarola jamais presumiu. Mesmo uma abordagem distante ao exercício de tal poder representaria forma de tirania, ao mesmo tempo política e espiritual, mais terrível do que qualquer uma que já tenhamos experimentado. Ela iria contradizer as formas de vida e de pensamento às quais aspira a religião do futuro.

Sua identificação com um povo é igualmente inconcebível. O povo invocado como o sujeito e o objeto da religião do futuro é a raça humana. A adoção de abrangentes e contrastantes abordagens à existência por diferentes partes da humanidade não constitui o problema; é parte da solução. É nossa tarefa aumentar nossa capacidade de desenvolver essas abordagens e vê-las incorporadas não apenas em indivíduos fortes, mas também em formas de vida coletivas bem definidas (associadas ou não a nações soberanas). O gênero humano só pode desenvolver seus poderes quando os desenvolve em direções diferentes. Faz parte da religião do futuro organizar o mundo de forma que nosso poder de inventar essas diferenças, da vida e da consciência, seja incrementado.

O desafio às condições que a história tem exigido para o sucesso e a sobrevivência das religiões é intrínseco a sua mensagem. O conflito entre a integridade da concepção e o preço que o mundo cobra por sua influência –conflito que assola toda religião do passado – só pode, portanto, aumentar. Parece inevitável ter de escolher entre o desempoderamento da doutrina e sua perversão. Contra a aparente inescapabilidade dessa escolha, o único antídoto confiável é a concepção de quem somos e daquilo em que temos motivo e oportunidade de nos tornarmos, expresso na consciência em desenvolvimento da humanidade e sustentado pelas instituições, práticas e ideias que nos provêm instrumentos de invenção e de desafio.

FILOSOFIA E RELIGIÃO

No mundo, nenhuma religião foi estabelecida por seu fundador como filosofia sistemática. Toda religião, no entanto, baseou-se numa visão de uma realidade derradeira, mesmo que fosse uma visão negativa e abnegada, como a metafísica antimetafísica de Confúcio (depois substituída pela metafísica metafísica dos neoconfucianos). Frequentemente muito depois de seu surgimento e sua difusão inicial, toda religião importante continuou a ser a beneficiária ou a vítima de uma elaboração conceitual de suas doutrinas. O raciocínio especulativo, pressionado para o cumprimento dessa tarefa, é o que chamamos de teologia. É filosofia apenas na aparência.

Em oposição a uma sociologia ou a uma filosofia da religião, as marcas da teologia, são as que ela compartilha com outras disciplinas e outros discursos que foram sepultados na história do pensamento moderno: gramática em contraste com linguística, e doutrina legal como distinta de uma sociologia ou uma antropologia da lei. Hoje esses discursos parecem ser tão anômalos pelos padrões estabelecidos de pensamento que quase não conseguimos compreendê-los. As disciplinas de doutrina ou dogma combinam três conjuntos de traços que as colocam à parte de qualquer empreendimento puramente filosófico ou científico-social.

Em primeiro lugar, tratam seu assunto, as palavras e as movimentações de uma religião, uma ordem legal ou uma linguagem natural como expressões de uma visão e uma experiência que esses símbolos não chegam a exaurir. Os símbolos são o caminho, mas não são o destino. Em segundo lugar, elas não operam como discurso de uma ordem mais elevada: discurso sobre as crenças e as práticas que mantêm unida uma certa comunidade, respeitosa da autoridade e do poder revelador desses símbolos. Constituem discurso de primeira ordem e buscam influência no desenvolvimento do tema que professam expor: a lei, cumulativamente purificada por uma elaboração racionalizada na lei, numa comunidade política; prática linguística correta numa comunidade de fala; e crença ortodoxa numa comunidade de crentes. Em terceiro lugar, assumindo seu ponto de vista de dentro e não de fora da comunidade de crença e de discurso, ela lança sua sorte naquela comunidade. Como resultado, as disciplinas doutrinárias sobrepõem-se ao contraste entre o normativo e o descritivo. Além disso, suas alegações têm consequências para o exercício da autoridade, quer esta seja o Estado, a Igreja ou a comunidade de fala.

No entanto, por ser constitutiva da religião, a teologia possui atributo que a gramática e a doutrina legal não compartilham: ela exige um comprometimento de vida para o qual nunca poderá haver fundamentos conclusivos ou adequados. O cerne de energia e autoridade na religião reside numa experiência, representada e evocada pela combinação de ensinamento visionário com ação exemplar. Essa experiência se reflete, com certo afastamento, em teologia e em liturgia.

A prática de teologia nunca foi moldada apenas por essa relação relativamente remota com a experiência do sagrado que há no interior de cada religião e pelas características que ela compartilha com as outras disciplinas doutrinárias. Ela foi influenciada também pelos requisitos para o sucesso terreno da religião: o cânone escritural que ela adota para seu tema imediato, a coletividade de crentes na qual ela busca intervir, e até mesmo a vida nacional com a qual pode estar estreitamente conectada.

Como, mais utilmente, deveríamos compreender a vocação da filosofia? Qual é a relação da filosofia, assim entendida, com a religião do passado? Com o que deve contribuir para a religião do futuro? Que luz essas concepções de filosofia e de teologia lançam sobre o argumento deste livro?

Durante grande parte de sua história, a filosofia no Ocidente tem sido uma superciência a serviço da autoajuda. Como superciência, ela clama ter julgado formas particulares de vida e modos particulares de pensamento do ponto de vista da mais alta compreensão. Nesse sentido, é uma negação – uma falsa negação – de nossa falta de fundamentação. Sua verdadeira ambição – às vezes declarada, porém mais frequentemente oculta – tem sido a de derrotar o niilismo.

Essa suposta ciência fundacional tem sido comumente acionada em benefício da autoajuda. A ideia era nos armar contra as deficiências da condição humana – não só nossa falta de fundamentação (diretamente negada pelo programa da superciência), mas também nossa mortalidade e nossa insaciabilidade. Mesmo em sua mais pessimista (na obra de Schopenhauer) filosofia, ela nunca deixou de nos dar motivos para termos esperança. No entanto, enquanto prometia habitualmente resolver o enigma da existência e se oferecia para nos ensinar como escapar de nossa insaciabilidade, sua resposta a nosso maior terror, o medo da morte, era indireta. Ela negava a autoridade da revelação, usando quaisquer argumentos que pudesse arregimentar para ajudar-nos a nos recompormos diante da morte.

Contudo, essa superciência não existe. Nunca poderemos afastar definitivamente a ameaça do niilismo, apresentado pela perspectiva da morte no contexto do caráter enigmático de nossa existência e da realidade do mundo. Não podemos escapar mais de nossa mortalidade, nossa falta de fundamentação e nossa insaciabilidade por meio da filosofia do que por meio da religião. Uma metafísica de alto-astral não é mais justificada e persuasiva do que uma teologia de alto-astral, com a desvantagem adicional de que está desligada de uma comunidade de fé e de ritual. Tal comunidade pode ter menos necessidade de seduzir a imaginação com pensamentos sem autoengano; ela tem outros meios para suscitar crença e lealdade.

A ideia de uma superciência a serviço da autoajuda tem sido agora grandemente desacreditada e abandonada. Um de seus sucessores contemporâneos é o rebaixamento da filosofia para o indesejado papel de polícia do pensamento, pretendendo nos ensinar como pensar e como argumentar.

Cabe a nós, em nossa situação histórica, resgatar o valioso e recuperável resíduo da ideia insustentável do casamento da superciência com a autoajuda. Em vez de superciência, a filosofia pode se tornar exercício de pensamento sobre nosso poder definidor de transcendência. Ela insiste em nossa prerrogativa de abordar as questões que mais importam, e isso está à beira daquilo que somos capazes de pensar e dizer. Para atingir esse objetivo, ela cruza as fronteiras entre disciplinas e entre métodos, e subordina o método à visão. Portanto, continua seu trabalho em campos específicos de conhecimento, e busca visualizar cada um deles a partir do ponto de vista de outros, enquanto professa não ter nenhum ponto arquimediano do qual poderia examinar e acessar todos eles. Ela se esforça por desenvolver práticas de investigação que, ao facilitarem a própria revisão, atenuam o contraste entre ciência rotineira e revolucionária, entre trabalhar numa estrutura e trabalhar contra a estrutura. Seu poder é o poder de desafiar limites, não o de ver o mundo com os olhos de Deus.

A autoajuda que, sem ilusão, pode esperar informar não tem a ver com a negação de nossa mortalidade, falta de fundamentação e insaciabilidade. Está a serviço do aprimoramento da vida, da ampliação de nosso compartilhamento do mais importante atributo que conferimos à divindade: não sua onipotência ou onisciência, mas sua radical transcendência. Desse modo, ela dá expressão prática, no trabalho do pensamento, a nossa determinação de não aceitar o apequenamento como deficiência inescapável na condição humana.

Entendida desse modo, a filosofia não pode desempenhar os dois papéis que tem comumente desempenhado na história da religião. O primeiro papel tem sido o de servir à teologia. Um exemplo é a visão de Tomás de Aquino da razão natural como um caminho paralelo ao da revelação, levando-nos à metade do caminho para a verdade divina. O segundo papel tem sido o de suposta sucessora da religião. Um exemplo é a prática da filosofia moral de Kant como substituta não reconhecida da religião, aceitando como postulado o que quer que – a imortalidade da alma e a existência de Deus, bem como o livre-arbítrio – pareça ser necessário para sustentar a esperança diante da certeza da morte.

A filosofia tem de trocar esses dois papéis pelo de uma prática que combina dupla negação: a negação da autoridade definitiva das disciplinas estabelecidas e seus métodos e a negação de nosso acesso a um entendimento confiável da estrutura da existência. O apuro da filosofia torna-se então expressão no pensamento sobre a condição humana.

A filosofia não é nem a criada da teologia nem a sucessora da religião. Ela é poderosa, independente e verdadeira demais para ser a primeira e demasiadamente verdadeira, fraca e consciente de si mesma para ser a segunda.

A argumentação deste livro combina dois modos de pensar. Um modo de pensar é a filosofia, representada em sua relação com a religião tal como já foi abordado. Esse é o modo de pensamento exemplificado no relato das falhas irreparáveis na vida humana e na análise e crítica das três principais orientações espirituais.

O outro modo de pensar é um tipo de antiteologia. Neste capítulo e nos dois capítulos seguintes deste livro, tratando primeiro dos pontos de partida de uma revolução religiosa hoje em dia, e depois dos elementos de uma religião do futuro, desenvolvo um discurso dentro da religião, não apenas sobre uma religião. Contudo, não é uma religião que já existe. Se existisse, não seria uma religião no mesmo sentido das religiões do mundo no passado, nem mesmo aquelas que, como o budismo e o confucianismo, dispensam a ideia de uma deidade transcendente que intervém na história.

O que faz esse segundo discurso ser menos ou mais que filosofia é que, como toda religião, ele propõe mais do que pode justificar: seu programa excede o terreno daquilo que é capaz de prover. Ele não permanece "nos limites da razão pura". O que o conecta com a teologia é que ele assume o ponto de vista da religião ao responder aos fatos da morte, da falta de fundamentação e da insaciabilidade, ancorando orientação para a vida numa visão do mundo e defendendo comprometimento da existência com uma direção específica. Se existisse uma religião como a proposta pela argumentação deste livro, esse discurso representaria uma espécie de teologia dessa religião: espécie, porque o significado de teologia muda juntamente com o significado de religião.

No entanto, o que distingue esse discurso do que a teologia tem sido historicamente, e o torna uma antiteologia, é que ele não faz reivindicações e não reivindica conhecimento que não seja naturalista. Além disso, as formas de crença e de prática para as quais aponta, sob o nome de religião do futuro, não teriam nenhuma das características que ajudaram a garantir o sucesso histórico das religiões mais cultas: cânone escritural, comunidade de crença organizada e identificação com um povo ou com muitas nações.

Esse discurso não é por si mesmo a religião do futuro, nem mesmo parte do que essa religião deveria ser. Na ausência do vivificador casamento do ensino visionário com a ação exemplar e da transformação do pensamento individual em experiência coletiva, ele permanece sendo palavras mortas na página.

É um empreendimento perigoso. Seus perigos são contidos pelos rigores de sua veracidade e justificados pelo empreendimento que tenciona sustentar: uma ascensão não contaminada pela ilusão quanto a qualquer das falhas em nossa existência ou quanto ao alcance de nosso discernimento.

DIREÇÃO E INDIREÇÕES DA RELIGIÃO DO FUTURO

As razões para uma revolução religiosa, exploradas nas páginas precedentes, prefiguram sua direção. Os Capítulos 6 e 7 deste livro exploram essa direção. Um componente do argumento concerne ao modo pelo qual podemos nos desvencilhar do sonambulismo – o abandono a uma rotina apequenadora – no qual nos arriscamos a consumir nosso bem maior: a vida do momento presente. Um segundo componente tem a ver com nossa autotransformação: o modo como vivemos e como encaramos nossa existência. Um terceiro componente diz respeito à mudança na organização da sociedade e no caráter de nossas relações uns com os outros. Um quarto componente lida com nossa recompensa e com as desarmonias que temos de enfrentar na perseguição a esse prêmio: as contracorrentes que a acossam, como resultado da relação entre suas ambições e nossas situação e naturezas.

Seguindo a ordem da apresentação, eu abordo a terceira parte – reconstrução da sociedade – antes de me voltar para as três outras partes deste ensaio: despertar da diminuição da existência, afirmação da vida no modo de vivê-la e compreensão daquilo pelo qual temos o direito de esperar.

A religião do futuro

No centro da ideia de religião do futuro reside um anseio simples e poderoso: o anseio por uma existência melhor. Tal anseio pode ser equivocadamente direcionado de várias maneiras, que foram objeto de argumentação prévia neste livro. Essas indireções acompanham cada parte do programa espiritual que estou prestes a discutir.

Um deslize é interpretar o desejo de uma vida maior como autodeificação da humanidade. Tendo perdido a fé num Deus que intervém na história para nos resgatar, mas mantendo a fé na visão do eu que a luta com o mundo inspirou, podemos ser tentados a nos tomar, coletivamente, como sendo sucedâneos de Deus. Tem havido muitos exemplos dessas direções equivocadas na história da filosofia e da política, nenhum mais direto do que a "religião de humanidade" de Auguste Comte. No entanto, nossa tarefa não é cultuar a nós mesmos; é mudar a nós mesmos. O autoculto coletivo representa ameaça direta ao programa transformador e esconde o mal que há dentro de nós e a ambivalência, em relação à vida e em relação uns aos outros, que nos divide.

Estreitamente conectado com a autodeificação da humanidade está o ímpeto moral que chamei de prometeanismo. Ele expressa o desejo por uma vida maior como busca pelo poder. Assume sua forma mais perversa quando o poder sendo buscado é o poder sobre outros, e não empoderamento coletivo da humanidade. No entanto, o poder não é sua motivação mais forte e mais terrível; é o uso do poder para negar a verdade sobre nossa mortalidade, nossa falta de fundamentação e nossa insaciabilidade. Ao negar essa verdade, seja direta ou indiretamente, ela é falsa em relação a quem somos. Ao nos comprometer, em benefício dessa negação, com disputa entre nós mesmos por vantagem, ela corrompe nossos esforços, tanto individuais como coletivos, por ascender.

Outro caminho falso é o que está no centro tanto das religiões de salvação quanto dos programas seculares de libertação: a colocação do bem supremo no futuro, o que resulta em ficarmos alienados da vida no presente. A lógica essencial desse desvio é, erroneamente, tratar essa alienação como consequência inevitável ou condição de nossa transcendência sobre o contexto. Se a religião do futuro cedesse a essa tentação isso não faria sentido; seria reencenar a queda decisiva das religiões do passado.

Mas um erro adicional é confinar o desenvolvimento da religião do futuro ao modelo de revolução religiosa exemplificado pelos períodos de formação das religiões que representam as três orientações à vida que exerceram suprema influência nos últimos dois milênios e meio. A indispensável combinação de ensinamento visionário e ação exemplar é então falsamente associada a uma prática de relevância limitada para nossa condição atual: a do professor individual que reúne em torno de si um grupo de seguidores e está numa relação ambivalente com os poderes estabelecidos do lugar e do tempo.

Uma indireção final é conferir à filosofia e à teologia, mesmo quando reinterpretadas e redirecionadas ao longo das linhas sobre as quais argumentei previamente, uma prerrogativa da qual elas acabam não usufruindo. O que este livro apresenta é tanto argumentação filosófica quanto argumentação não teológica teológica. Essa argumentação não pode estar mais próxima dos anseios que seriam centrais numa religião do futuro – sua visão do sagrado – do que a filosofia e a teologia jamais estiveram da experiência do sagrado numa religião. Não podemos superar o distanciamento desse discurso em relação às experiências que são centrais para uma rebelião em nossa vida espiritual simplesmente desejando superá-lo. A filosofia e a teologia são tão impotentes agora para substituir a religião quanto jamais foram. Elas podem prefigurar e interpretar um caminho para mudança espiritual, mas não podem seguir por ele em nosso lugar. Tudo que têm são ideias. O que lhes falta é experiência incandescente.

CRISTIANISMO COMO RELIGIÃO DO FUTURO?

O restante deste livro desenvolve uma visão que responde aos incitamentos para a revolução religiosa que discuti nestas páginas. A visão não se baseia na família de crenças que no Ocidente tem sido vista há muito tempo como a marca de todas as religiões, mas que, na realidade, está associada principalmente aos monoteísmos semíticos: fé num Deus transcendente que, tendo criado o homem e o mundo, continua a intervir na história. Da perspectiva daqueles para quem a religião é definida por comprometimento com essa narrativa, a orientação à vida sobre a qual aqui argumento não é absolutamente uma religião, nem mesmo o elemento teórico numa religião.

Mesmo assim ela satisfaz todos os critérios que, anteriormente neste livro, aleguei serem característicos de uma religião. O princípio que governa esses critérios é que a religião deve ser definida de modo a ser inclusiva o bastante para acomodar todas as religiões de transcendência e as três principais orientações para a existência para as quais elas falam, mas exclusiva o bastante para definir uma parte distintiva de nossa experiência. Nessa visão, uma religião fundamenta um enfoque à existência numa visão do mundo ou de uma realidade derradeira. Ela responde às falhas irreparáveis na condição humana. Isso requer comprometimento da vida com uma direção determinada, para a qual os fundamentos que ela pode suprir sempre parecem inadequados, pelos padrões que estamos acostumados a aplicar em decisões menos importantes. Ao exigir de nós mais do que pode justificar com um argumento, ela também está exigindo que nos ponhamos, no decurso de ações motivadas pela fé, nas mãos de outros. Ao ultrapassar os limites da razão, a fé nos torna vulneráveis.

Por todos esses padrões, a mudança no pensamento e na conduta que aqui defendo é religiosa. Não é, no entanto, religiosa no sentido que lhe dão as crenças mais características dos monoteísmos do Oriente Próximo. Nesse sentido, ela fala numa voz profana e não numa voz sagrada, que é a voz da religião entendida segundo o modelo daquelas religiões.

Antes de abordar, no registro profano, a religião do futuro, considero em que medida aqueles monoteísmos – ou, melhor, um deles – poderia servir como o veículo para a reorientação que estou propondo. Uma religião estabelecida, reinterpretada ou reformada, reivindicaria então ser a religião do futuro, ou ao menos uma de suas expressões. Esse experimento conceitual nos habilita a comparar as versões sagrada e profana do programa da revolução religiosa. As diferenças entre elas serão reais, mas não serão tão grandes quanto as diferenças entre quaisquer delas e o humanismo secular convencional ou a fé e a prática familiar das religiões de salvação.

Revolução religiosa agora: ocasiões e instrumentos

Para essa finalidade, recorro ao exemplo do cristianismo e questiono por qual conjunto de mudanças o cristianismo poderia tornar-se a religião do futuro. Para se tornar a religião do futuro, ele teria de responder às experiências que dão ensejo à revolução religiosa hoje em dia. Não poderia fazer isso sem superar a alienação do presente que a marcou desde seu surgimento, dois mil anos atrás. O resultado não seria um pequeno ajuste na crença. Seria uma reforma do cristianismo mais radical do que a iniciada por Lutero.

As razões para escolher o cristianismo como a religião na qual se irá explorar uma voz sagrada para a religião do futuro são fáceis de entender. A luta com o mundo continua a ser a principal fonte da religião do futuro. Judaísmo, cristianismo e islamismo não apenas foram a principal escola da luta com o mundo; também continuaram a ser, apesar das concessões sociais e filosóficas que contaminaram sua mensagem e embotaram sua força, como fonte de resistência profética. Seu potencial subversivo e transformador está longe de estar exaurido. Entre essas religiões, o cristianismo é a que retém os laços mais íntimos e desenvolvidos com os projetos seculares de emancipação, tanto pessoal como política.

No entanto, a mesma pergunta, embora com respostas diferentes, poderia ser feita ao judaísmo e ao islamismo. Se as mudanças de visão e de experiência que chamo de religião do futuro forem de fato para envolver um grande número de pessoas no mundo, falando numa voz profana, judeus e muçulmanos seriam também levados a reconsiderar as promessas de salvação a eles feitas pelas próprias fés. Exploro isso agora em relação ao cristianismo.

Começo considerando mais uma vez uma inibição e uma confusão discutidas antes neste capítulo. A inibição é o tabu contra a crítica religiosa da religião. A confusão é a tentativa de escapar das dificuldades da fé adotando posição supostamente intermediária – uma casa no meio do caminho – entre crença e descrença. Uma vez tendo-nos livrado da inibição e tendo lutado contra a confusão, podemos abordar diretamente a questão dos fundamentos da fé e, assim, a razão para ouvir a mensagem da revolução religiosa numa voz sagrada tanto quanto numa voz profana.

A religião do futuro

Há muito tempo existe, em todas as democracias liberais, forte presunção contra a crítica de uma religião por questões religiosas, isto é: do ponto de vista de outra religião. Essa crítica é distinta de uma disputa quanto à definição de ortodoxia numa determinada religião. É amplamente considerada como sendo, no melhor dos casos, sinal de intolerância, beirando um ataque aos fundamentos da liberdade individual. Como a diferença religiosa ajudava a incitar ou justificar violência, começou a parecer ser vital privatizar a religião e construir um muro separando convicção religiosa da vida política.

Uma democracia liberal seria uma democracia na qual pessoas de convicções religiosas contrastantes pudessem viver juntas, e falar sobre o uso do poder governamental sem introduzir suas crenças religiosas no discurso público. As instituições e as leis deveriam ser neutras quanto a essas visões de uma realidade derradeira. Um corolário desse ensinamento é que a crítica da religião, por sua concepção de uma realidade derradeira e por sua orientação para a vida, não deveria ser parte legítima de um discurso público. Deveria ser banida do discurso, quer a crítica se forme a partir do ponto de vista de outra religião quer em nome de ideias que não se arrogam autoridade ou significância religiosa.

O tabu contra a crítica religiosa da religião não pode, no entanto, ser aceito. É inaceitável tanto para a religião, inclusive a religião do futuro, quanto para a democracia, especialmente para uma democracia mais real do que as existentes hoje.

O tabu contra a crítica religiosa da religião deveria ser intolerável a qualquer pessoa que expresse abertamente a fé numa dialética entre transcendência e imanência que informa todas as principais orientações espirituais dos últimos duzentos anos. Se o espírito tem de se tornar carne, e mudar o mundo, se negar essa corporificação é resistir ao espírito, então tem importância decisiva como essa corporificação de espírito é compreendida e alcançada. Silenciar a crítica religiosa da religião é dar um passo não justificado em direção a deixar o mundo entregue aos próprios dispositivos.

O tabu contra a crítica religiosa da religião é muito claramente, mesmo que menos obviamente, afronta à democracia. A causa da democracia é a de uma criação coletiva dos termos da vida social, informada por uma visão de nossos interesses e ideais. É na religião que nossa visão de quem somos e do que podemos ter esperança é mais poderosamente representada e desenvolvida. Negar uma voz pública à religião é enfraquecer gravemente o concurso de visões das quais depende o progresso da democracia. No entanto, dar uma voz pública à religião é admitir a crítica da religião como parte da prática da razão pública: nenhuma religião pode desenvolver sua visão de como devemos dispor nossas tratativas recíprocas na sociedade sem defender seu entendimento de nossa vocação e humanidade contra o de outras visões. Como resultado, ela entra em conflito com outras religiões.

A proibição da crítica religiosa da religião ganha injustificado suporte filosófico da ideia, característica da filosofia política liberal, de que as instituições da sociedade deveriam ser neutras entre as visões conflitantes do bem, e assim, da mesma forma, entre percepções religiosas opostas. Nenhuma ordenação da vida social é capaz de alcançar essa neutralidade; cada uma estimula certas formas de experiência e desestimula outras. O ilusório ideal de neutralidade ocupa o lugar do relacionado, mas distinto, ideal de corrigibilidade: de que uma forma de vida social deve estar aberta a um amplo âmbito de experiência e se permitir ser corrigida à luz da experiência.

Quando nos perguntamos se a religião do futuro é capaz de falar numa voz sagrada e cumprir seus objetivos dentro de uma das religiões de salvação, temos de enfrentar uma confusão, bem como uma inibição. A confusão resulta da falta tanto de coragem quanto de clareza ao avaliar a dificuldade que um número ainda maior de pessoas experimenta ao se obrigarem a acreditar nas narrativas da intervenção salvadora de Deus na história humana e na história natural. Elas querem acreditar, e se entregam à vontade sentimental de acreditar. Acreditam tanto quanto podem. Dão boas-vindas a qualquer reinterpretação minimalista de sua fé que as habilite a continuar a acreditar, com a menor perturbação possível a seu realismo cotidiano.

Essa reinterpretação vai fingir representar uma casa no meio do caminho entre crença e descrença. Vai traduzir a história da obra salvadora de Deus e de suas transações com a humanidade numa série de ideias seculares sobre nossas vidas e nossas tratativas uns com os outros. Nada que seja ofensivo à razão restará na fé, uma vez tendo suas narrativas sido interpretadas como alegoria de nossos comprometimentos e aspirações seculares. O crente, mesmo assim, insiste que a fé reduzida ou saneada é mais do que um compêndio de devoções seculares que inclui o texto de uma tradução redutiva.

Jesus Cristo, por exemplo, não era literalmente o Deus encarnado. Nem, contudo, era só um homem como eu e você; era uma incorporação concentrada de energia divina. O que é, no entanto, energia divina? É a atividade do espírito que encontramos em nossa experiência de transcendência e que redescobrimos funcionando na natureza em evolução. Não faz sentido a ideia de que seremos ressuscitados dos mortos como os indivíduos de carne e osso que somos, novamente instalados em nossos organismos, antes deteriorados, mas agora reconstituídos. No entanto, a morte não pode ser o fim. Uma sequela indescritível nos aguarda. E assim por diante.

A marca dessa casa no meio do caminho entre crença e descrença é a tentativa de escapar ao que é inacreditável sem se acomodar num humanismo abertamente secular. O pressuposto que atua nessa tentativa é a crença de que podemos descartar o fabuloso sem deixar de sermos crentes, num sentido ajustado, menos irracional. O problema é que uma vez tendo começado a traduzir a mensagem da religião de salvação em termos naturalistas – termos que se afastam dos escândalos da razão (aos quais retornarei em seguida) – não há lugar onde parar. Não há lugar onde parar que esteja aquém de uma visão da narrativa sagrada como alegoria de ideias e ideais que também poderiam ser afirmados sem essa narrativa.

Mas a pretensão de uma casa no meio do caminho é que, depois de toda a justificada tradução ter sido realizada, algo da história original permaneça, algo que não podemos tratar como sendo meramente alegórico e ao qual um discurso completamente naturalista não fará justiça. Qual é esse algo extra que distingue a religião supostamente decodificada de sua contrapartida racionalizante?

Os equívocos da casa no meio do caminho nunca poderiam ter sido ensaiados sem a ajuda de teólogos e filósofos. A forma canônica dessa ajuda é a pseudoteologia desmitologizante do século XX. Pouca coisa separa um cristianismo completamente desmitologizado do relato de Feuerbach da religião cristã como doutrina de autoconstrução da humanidade que dispensa um intervencionista divino.

Para avaliar por que e como crentes e incréus deveriam repudiar a casa no meio do caminho entre crença e descrença como sendo uma perversão tanto da razão quanto da fé, é importante distingui-la de uma posição com a qual pode ser facilmente confundida. Se Deus fala à humanidade por intermédio de Seus profetas, e mesmo por meio do homem-Deus, Seu filho, as palavras de Sua mensagem têm de ser tais que possam ser captadas por homens e mulheres nas circunstâncias históricas nas quais Deus fala ou se manifesta. Outras pessoas, noutros tempos, vão precisar reinterpretar a mensagem à luz de novas e mudadas circunstâncias e, à maneira de um jurista clássico, associar as palavras a seu espírito.

Contudo, uma coisa é prover tal interpretação contextual e outra é levar a cabo a desmitologização alegórica da religião no espírito de um inequívoco naturalismo. A crença de que Deus se encarnou num corpo humano foi pelo menos tão chocante e idólatra para um judeu palestino dois mil anos atrás quanto é para um semicrente sentimental hoje em dia.

Há duas importantes objeções à casa no meio do caminho entre crença e descrença. Cada uma delas é fatal. Juntas, condenam a casa no meio do caminho como sendo apostasia aos olhos de um crente e como autoengano a serviço da contemporização, na estimativa de um incréu.

A primeira objeção à casa no meio do caminho é cognitiva. É desonesta e autoiludida. Não existe uma casa no meio do caminho real ou legítima. A casa no meio do caminho é a perda de fé disfarçada de fé dentro dos limites da razão. A revelação de Deus não é autointerpretação porque foi dada e recebida em contextos históricos específicos. O que é devido ao contexto deve ser separado, quanto melhor o crente consiga distingui-lo, do que é instintivo na mensagem divina. Nada, no entanto, é capaz de transpor o abismo entre o mundo como ele parece ser sem a revelação de Deus e de sua obra salvadora, e o mundo tal como se torna e parece ser à luz de sua presença criativa e de sua atividade redentora.

A religião do futuro

A segunda objeção à casa no meio do caminho é prática, mas não por isso menos poderosa do que a primeira. Uma vez realizado o trabalho de desmitologização, irá se constatar que seu resíduo doutrinário é a moral convencional e as devoções políticas da época em que foi praticado. Ela é, consequentemente, supérflua. Ninguém precisa dessa tradução de uma voz sagrada para uma voz profana.

Tanto a forma sagrada quanto a profana da luta com o mundo têm o potencial de resistir a disposições e ideias estabelecidas. Elas não poderiam, não fosse isso, ter ajudado a inspirar os programas seculares da democracia e do romantismo que excitaram a humanidade nos últimos dois séculos. Embora a tradução da voz sagrada para a voz profana pareça plausível e persuasiva para muitas pessoas, ela só será abraçada com alívio por ser um resultado que já aprovaram e estavam esperando. Não vai despertar interesse nem exercer qualquer força se alegar que o Redentor simplesmente prefigurou o ensinamento de algum reformador moral ou político contemporâneo, ou antecipou os dogmas de nossa cultura e as ilusões de nossa época. Uma visão coletiva compartilhada tem de estar no outro lado: os padrões de bom comportamento adotados pelos prudentes e valorosos, o universalismo teórico, o altruísmo e igualitarismo dos filósofos políticos e morais, a devoção à família e ao país, o respeito ao trabalho – tudo que a religião do Deus crucificado, recebida sem as hesitações e indecisões do meio-termo entre crença e descrença, poderia ser tida como uma ameaça e uma contradição.

Tendo posto de lado as confusões da casa no meio do caminho entre crença e descrença, podemos enfrentar a principal objeção a levar a sério a voz sagrada da luta com o mundo, assim como a perspectiva de criar a religião do futuro dentro de uma religião já estabelecida, como o cristianismo. Seria requerida uma reconstrução radical da religião existente – tão radical que ninguém poderia saber de antemão se o resultado continuaria a ser visto como sendo a mesma religião ou como outra. A questão continua sendo, no entanto, se podemos imaginar a religião estabelecida como o ponto de partida para essa revolução em nossa vida espiritual. Qualquer resposta afirmativa a essa pergunta tem de levar em conta os escândalos da razão.

Os escândalos da razão que ensombrecem a religião de salvação são, como antes sugeri, três: o escândalo do supernaturalismo, o escândalo da particularidade (mensagem universal atribuída a trama particular: a narrativa da intervenção e revelação divinas em tempos e lugares específicos) e o escândalo da incoerência ou ininteligibilidade da ideia de Deus – não menos de qualquer versão dessa ideia que seja capaz de realizar o trabalho dela requerido por uma das religiões de salvação. Considere esses escândalos da razão a partir da perspectiva do argumento contra a casa no meio do caminho entre crença e descrença e num contexto cristão. A questão é determinar em que termos, ou em que sentido, alguém que confronta esses escândalos pode lhes dar seu devido crédito, sem o equívoco da casa no meio do caminho, e assim mesmo começar a requerida revolução religiosa dentro dos limites da religião estabelecida.

No fim, continua a haver um abismo entre os caminhos sagrado e profano para aquela revolução: um contraste entre visões que está prenhe de consequências para o modo de conduzir a vida. A persistência desse abismo é a única maneira segura de saber se não sucumbimos às seduções autoenganosas da casa no meio do caminho e que não estamos usando uma fé eviscerada para disfarçar uma fé diferente, ou, mais provavelmente, uma falta de fé.

O escândalo do supernaturalismo é o papel que é desempenhado na narrativa do cristianismo, assim como em todas as outras religiões de salvação, por iniciativas e eventos que desafiam o funcionamento normal da natureza: as conexões causais e as leis que a percepção comum observa ou que a ciência descobre. Tendo criado o mundo, Deus nele intervém periodicamente. Suas intervenções podem suspender todas as conexões causais normais, bem como atuar por intermédio delas. O poder de interromper ou mudar o funcionamento normal da natureza pode ocasionalmente ser investido em determinados indivíduos – santos – como sinal de seu maior compartilhamento na vida de Deus. A Encarnação, a imaculada conceição de Cristo e a ressurreição do corpo (começando com a ressurreição do corpo de Cristo) são todas instâncias, dentro do cristianismo, desse supernaturalismo. São opostas à concepção racionalista ou deísta de um Deus que permanece, silenciosa e passivamente, à parte do funcionamento da natureza por ele criada.

Se supusermos que Deus está fora do tempo, e que para ele todos os momentos naquilo que experimentamos como tempo são um eterno agora, não deve haver, considerando sua inteligência superior, nenhuma tal suspensão de causalidade ou das leis da natureza. Para nós, contudo, a eficácia da presença de Deus no mundo ultrapassa, perturba ou muda a relação de causa e efeito na natureza. Essa mudança é a característica distintiva do supernaturalismo.

Esse menor, mais tangível, supernaturalismo de perturbação está contido num supernaturalismo maior: o que tem a ver com a existência de Deus, com a vida interior de um Deus triúno, e com a atividade criativa e salvífica dessa divindade tríplice. Pois todas essas derradeiras realidades superam não apenas nossa compreensão natural como também o funcionamento normal da natureza, tal como somos capazes de observar de nossa perspectiva como organismos mortais, com equipamento sensorial limitado.

Podemos chegar ao ponto de oferecer um relato natural do supernaturalismo. A mudança muda. O fato de as maneiras de mudar, assim como os tipos de ser, mudarem é uma característica básica da natureza, para a qual nossas ideias convencionais sobre causalidade e as leis da natureza não fazem justiça. Longe de ser um princípio de realismo científico, a concepção de uma estrutura de imutáveis leis da natureza que subscrevem nossos julgamentos causais é, na verdade, uma superstição metafísica.

Em toda a extensão da história do universo, a mudança muda descontinuamente. Novos tipos de ser surgem e, concomitantemente, novas regularidades ou leis se desenvolvem. Na história primeva do universo atual, a natureza pode não ter se manifestado na forma de estrutura diferenciada ou de fenômenos distintos, como veio a ser descrita pela física de partículas. Pode ter sido impossível distinguir entre leis da natureza e os estados de coisas que elas governam. Pode até mesmo ter havido causalidade sem leis: uma conexão causal entre o antes e o depois como característica primitiva da natureza e não como instância de regularidades gerais e recorrentes.

Revolução religiosa agora: ocasiões e instrumentos

O supernaturalismo que nosso entendimento natural pode aceitar é um super-naturalismo, não um antinaturalismo. Ele reconhece livremente a radical variabilidade da natureza e a realidade inclusiva do tempo. Ele reconhece que há mais coisas entre o céu e a terra do que sonha nossa vã filosofia.

Contudo, embora esse super-naturalismo expanda os limites de nossa compreensão de como a natureza funciona, ele nunca pode ir longe o bastante para acomodar o supernaturalismo requerido para preservar o sentido da história da salvação, esse lado da casa no meio do caminho entre crença e descrença. Resta uma fenda intransponível entre o super-naturalismo que pode ser justificado na filosofia natural e o supernaturalismo que permite ao criador do universo e de suas regularidades atuar, surpreendentemente, dentro do mundo criado, abandonando seu regime em evolução.

Nenhuma dialética entre observação e teorização poderia nos conciliar com esse supernaturalismo. Somente um evento tremendo, com o poder de reconhecer personalidades e eventos que estabeleceram novas ordens de significado e experiência, poderia produzir tal efeito. É uma visão inspirada por um encontro que está no cerne dessas epifanias: ficar face a face com uma realidade ou ensinamento que é percebido como irresistível.

O segundo escândalo da razão é o escândalo da particularidade. Ele surge da estranheza da transmissão de uma mensagem universal por indivíduos particulares, em tempos particulares e em lugares particulares. Por que Deus atribui um papel importante aos judeus em Seu plano de salvação? Por que se encarnou num zelote palestino numa província de pouca importância do Império Romano durante o reinado de Augusto? Por que foi permitido ao encontro do judaísmo com o helenismo na história inicial dessa religião exercer influência além de toda proporção nos confrontos entre outras culturas noutras épocas? Por que a Encarnação humana de Deus não ocorreu antes, para o benefício espiritual de tantos mortos aos quais foi negada a luz, ou depois, numa época na qual a mensagem poderia ter menos probabilidade de ser corrompida por um compromisso com o poder imperial romano?

A trama é particular. A mensagem é universal. A tensão entre a particularidade da trama e a universalidade da mensagem é comum a todas as religiões de salvação. É agravada naquelas – cristianismo e islamismo – que negam qualquer participação especial a longo prazo na obra de salvação a um segmento da humanidade em oposição a outros segmentos.

Mais uma vez, podemos ir longe na ação de prover relato e defesa totalmente seculares dessa atribuição de um significado universal a uma trama singular. A narrativa da salvação é organizada em torno de pontos de inflexão e de ruptura nos quais Deus irrompe na história humana e traz novas notícias e novas oportunidades de experiência para a raça humana. As personalidades ativas nesses pontos de inflexão – o Deus encarnado e aqueles em cujas vidas Ele começa a tocar em círculos concêntricos cada vez mais amplos – são os autores de um novo modo de viver e de ver. Os eventos têm um significado que ultrapassa o de seu contexto imediato.

Podemos compreender o poder que pessoas e eventos particulares têm de serem portadores de uma mensagem universal de salvação como caso limite de um fenômeno pervasivo na experiência histórica da humanidade. Os revolucionários, em nossa experiência religiosa e estética, bem como em nossa vida política e econômica, são aqueles que reimaginam ou refazem alguma parte da estrutura estabelecida de pensamento ou sociedade e que nos oferecem novas concepções de nós mesmos. Os eventos têm significância exemplar, eles abrem caminho que outras pessoas, noutros lugares e tempos, podem seguir. O fato de estarem naquela situação e serem expressos na linguagem dessa situação ajuda a lhes dar uma força que nenhuma série de abstrações desarraigadas poderia ter. Eles constituem afirmações concentradas de nosso poder de reconfigurar os pressupostos institucionais e conceituais da vida.

A tensão entre a trama atrelada ao contexto e a mensagem que transcende o contexto tem sua base fundamental na dialética entre nossas naturezas, como atreladas ao contexto, e indivíduos que transcendem os contextos. Esse conflito cessa de ser constrangimento e passa a ser oportunidade quando se torna ocasião para iniciativas exemplares que inauguram novas ordens de pensamento e de sociedade.

A narrativa da salvação, no cristianismo, assim como em suas religiões irmãs, não diz respeito, no entanto, simplesmente à criação de novos regimes de pensamento e de vida social: novos métodos ou novas instituições. Não concerne simplesmente ao caráter descontínuo de mudança estrutural em nossa vida secular de pensamento ou cooperação. Ela comenta a irrupção de uma força originada além da história – a vida interior do Deus triúno –, no tempo histórico.

O agente fundador não foi simplesmente um ser humano exemplar – um profeta ou um santo; foi o Deus encarnado. Os eventos decisivos não são considerados como sendo, principalmente, a decretação de um modo de ordenar nossas ideias ou nossas relações uns com os outros que possamos reproduzir, por analogia, noutros contextos. Eles são por si mesmos a mensagem – a oferta de sacrifício, o sacrifício de Deus em forma humana, que vai além de quaisquer palavras. Não são tanto um exemplo quanto, assim se supõe que sejam neles e por eles mesmos, transformadores do mundo. Eles dão início a outro estágio ou nível da presença salvadora de Deus no mundo, não mediante a lógica do exemplo, estendida por analogia, mas mediante a ação direta de Deus, mantida pela presença contínua do Espírito Santo e a vida sacramental da Igreja. A doutrina, codificada no magistério da Igreja, não é a fonte e a inspiração da fé, mas apenas sua retroativa e refletida expressão em crença.

Há uma vasta, incomensurável distância entre essas alegações e a ideia de indivíduos e eventos exemplares na história. Nada pode transpor essa lacuna. A existência de contrapartidas naturais e históricas ao escândalo da particularidade não diminui seu poder de espantar e perturbar.

O terceiro escândalo da razão é o escândalo da existência divina. Diz respeito à inadequação e incoerência das ideias de Deus que estão disponíveis para o cristão assim como para o judeu ou o muçulmano. De cada uma das candidatas à ideia de Deus, temos de dizer que ou ela não é inteligível ou só se torna inteligível se perder sua capacidade de desempenhar a função que lhe é atribuída pela fé.

A ideia de Deus como pessoa é sugerida pela narrativa da salvação. No cristianismo, a Encarnação faz isso ser indispensável. O que nenhum crente consegue captar é como Deus pode ser tanto pessoa quanto ser radicalmente transcendente ao mundo e, portanto, incomparável com qualquer parte de nossa existência finita.

O teólogo cristão pode responder a esse dilema com uma ou outra variante de uma doutrina de analogia. Pelos termos dessa doutrina, podemos compreender as transações entre Deus e a humanidade por analogia com as tratativas entre pessoas. O envolvimento recíproco do gênero humano com Deus, por sua vez, empresta significado mais profundo a nossa experiência de personalidade e de encontro pessoal e suscita uma esperança maior do que qualquer esperança de aprimoramento moral e social.

O poder da ideia de Deus como pessoa é o de ressoar com nosso discernimento sobre nosso mais importante atributo: nossa inexorabilidade pelas ordens conceituais e institucionais que habitamos. No entanto, a deficiência dessa ideia é que ela reduz a ideia de Deus à dimensão de nossa experiência e de nossas capacidades, como se Deus pudesse ser simplesmente uma pessoa maior, um Gulliver, para os liliputianos que somos. A visão de Deus como pessoa nunca estará limpa da mácula de uma projeção antropomórfica. Nesse sentido, ela busca conter o infinito dentro do finito. Isso beira a idolatria.

A ideia de Deus como ser está livre dessa mácula. Contudo, alcança a liberdade somente à custa de conflitar com a narrativa da obra criadora e salvadora de Deus e de afirmar a primazia do impessoal sobre o pessoal. Essa narrativa não é uma característica acidental da religião, uma transposição de sua mensagem para a linguagem da experiência comum, para melhor fazer com que o incompreensível seja suscetível à compreensão. Pelo contrário, ela é o coração da fé, se alguma coisa o é.

Um ser impessoal não pode ser o Deus vivo. É o deus dos filósofos, não o Deus de Abrahão ou do Novo Testamento. A adoção da ideia de Deus como impessoal leva a uma ou outra forma de panenteísmo, se não de um panteísmo monístico. Para o monista ou para o panteísta, Deus e o mundo são uma e a mesma coisa. Para o panenteísta, Deus constitui o mundo ou mundo constitui Deus, mas Deus, como ser impessoal, é o mundo mais outra coisa. Esta outra coisa pode ser imaginada espacial e espiritualmente, como realidade que excede a natureza manifesta. Com maior força e plausibilidade pode ser representada temporalmente, como o ainda irrealizado e indeterminado futuro do mundo. Tudo que agora parece estar estabelecido será mexido e transformado no decurso do tempo.

O panenteísmo pode ser atraente para uma mente que não sabe mais onde investir a qualidade de sagrado a não no mundo, mas isso é um recuo da evidente inversão da dialética entre transcendência e imanência – uma dialética que informa as religiões mais cultas. No entanto, o panenteísmo é impotente para nos trazer a promessa de salvação que é central na fé cristã. Ele não pode se conectar com os eventos específicos que compreendem, nessa fé, a narrativa da redenção: do pacto com Israel para o advento, a paixão e a ressurreição do redentor e a continuação de sua obra pela Igreja. Toda essa história se dissipa, com a instigação de uma ideia impessoal de Deus, numa alegoria espiritual que o resíduo do fato histórico a ela subjacente não é capaz de sustentar.

Resta uma terceira ideia de Deus, à espera de supremacia: Deus como não pessoa e como não ser, um Deus que é a fundamentação do ser por ser radical negação. Essa é a ideia de Deus que sempre foi atraente para místicos no cristianismo, bem como no judaísmo e no islamismo. É menos uma concepção de Deus do que uma confissão de nossa incapacidade, como crentes, de adquirir tal concepção. Ela é limítrofe da heresia – primeiro, porque implica que à história da criação e da salvação, expressa, como realmente é, na linguagem da experiência e do encontro pessoais, tem de ser atribuído um significado que está longe de sua significação literal, e, segundo, porque a impotência da razão em constituir um paralelo, pelo menos a uma parte da fé na revelação, deixa a mensagem da salvação como recipiente vazio que podemos encher com o que quisermos, como se o pressentimento de nossa iminente aniquilação num mundo que somos incapazes de compreender pudesse ser afastado pela antecipação de um inexplicável resgate no último minuto.

A inadequação, ou incoerência, de cada uma dessas ideias de Deus representa uma ameaça fundamental à fé. Ela deixa a vontade que o crente tem em acreditar em conflito com seu entendimento. Inverte o argumento ontológico para a existência de Deus, minando as bases de uma crença num (não) ser que sequer é concebível. Na ciência natural, podemos encontrar motivo para acreditar em variações da realidade que ultrapassam os limites de nossa experiência perceptual. No entanto, estamos tomando nossas vidas intelectuais e espirituais em nossas mãos quando fabricamos uma abstração à qual nosso raciocínio é incapaz de dar sentido.

Não obstante, podemos dar às falhas dessas três ideias de Deus uma interpretação naturalista: interpretação que percorre certa distância para reproduzir, num discurso centrado no homem, uma visão teocêntrica. Contudo, aqui, como antes, permanece um abismo entre esse entendimento naturalista e a fé num Deus vivo. As concessões de uma casa no meio do caminho não conseguem superar esse divisor de águas. Nessa visão naturalista, a ideia de Deus representa um relato comprimido e combinado de dois elementos distintos em nossa experiência de vida.

O primeiro elemento que informa nosso esforço por conceber uma ideia de Deus é o reconhecimento de nossa incompletude. As irreparáveis falhas da condição humana são tais que não somos capazes de superá-las e, ao superá-las, nos tornarmos inteiros. Nossa falta de fundamentação nos nega qualquer esperança de fundamentarmos nossa existência numa base segura. Nossa insaciabilidade nos condena a buscar, para sempre, o infinito no finito. Nossa mortalidade faz com que seja urgente a busca por fundamentação e pelo infinito e nos confronta com o aterrorizante contraste entre nossa ilimitada fecundidade de experiência e o cunho definitivo de nossa aniquilação.

O segundo elemento que indica o esforço por invocar uma ideia de Deus é o surgimento, em meio a nossa aflição, da esperança de que nossa situação possa não ser tão desesperadora e desconcertante quanto parece ser, e que, de uma forma que podemos ser incapazes de perceber, seremos conduzidos a uma vida maior. Ao mudarmos nossa conduta assim como nossas crenças, prefiguramos essa vida maior em nossa efêmera e defeituosa existência.

As características de nossa experiência natural criam uma abertura para a ideia de Deus. Em nenhum sentido elas justificam uma versão particular dessa ideia. Além do mais, admitem muitas outras descrições e interpretações que dispensam qualquer noção de Deus. O problema para o cristão não é não selecionar e sustentar uma concepção de Deus ou não fazer nada para reparar a inadequação e a incoerência das três ideias de Deus que lhe são disponíveis. O problema é que existe uma distância infinita entre essas experiências de incompletude radical e de esperança radical e as alegações únicas de revelação e transformação que distinguem o cristianismo. Um cristão tem de sentir que esteve face a face com o Deus vivo quando de sua confrontação com a verdade revelada. Tem de divisar, no outro lado da escuridão do mundo, uma face humana – alguém que seja capaz de compartilhar de suas preocupações e de participar em sua vida – mas que é, mesmo assim, a fundamentação de todo ser.

Ao cristão, dificilmente bastará acreditar que não estamos sozinhos no cosmos quando, por tudo que é evidente aos sentidos, na realidade estamos. É essencial que o Deus que nos acompanha esteja aberto a compartilhar de nossa vida, mesmo a ponto de se encarnar entre nós, de modo que possamos nós compartilhar mais completamente da vida Dele. Essa abertura dele para nós e de nós para ele tem de se realizar mediante eventos singulares, em tempos e lugares determinados. Esses eventos representam uma mudança irreversível na condição humana.

Nunca podermos alcançar essas convicções por força da dupla experiência natural que descrevi. Só poderemos alcançá-las sob a força de ocorrências tão impressionantes em seu apelo que comandem nosso assentimento e silenciem nossas dúvidas. Elas têm de carregar consigo as marcas do poder transformador que lhes confere autoridade.

Para possuir esse poder, essas duas ocorrências devem concernir, e exemplificar, à ultrapassagem dessas fronteiras entre o humano e o divino; isto é, nossa capacidade como os seres mortais, sem fundamentação e insaciáveis que somos de alcançar além de nós mesmos, sob a sombra da morte e da absurdidade, e entrar na posse de uma vida que, conquanto não eterna, será ao menos mais elevada e maior. Essa vida nos dará, em termos de intensidade, aquilo que lhe falta em termos de eternidade. Não basta que os eventos exemplares da revelação e da redenção nos provejam outro modo de representar esses sofrimentos e essas aspirações. É necessário que supram um sinal tangível de nossa ascensão. Somente então farão surgir a fé na mensagem da salvação. Seu poder salvífico se manifestará – para alguns – em sua vivência bem como em seus efeitos. Nenhum motivo, salvo o cruzamento da fronteira entre o humano e o divino, será bastante para dotá-los desse poder.

Os mistérios da Trindade e da Encarnação demonstram quão grande é, no cristianismo, o salto dessas experiências naturais para sua improvável e ardente fé. Uma coisa é discernir no mundo, ao modo do panenteísmo, uma penumbra de realidade e possibilidade à qual nossa experiência perceptual e nossas ideias estabelecidas não fazem justiça. Outra coisa é subscrever as fórmulas do credo niceno sobre o Deus triúno e a atividade de cada pessoa da Trindade. Uma coisa é imaginar uma aceleração da dialética entre transcendência e imanência, ocasionada pela ação e pelo ensinamento de indivíduos inspirados e nos habilitando a nos fazermos mais divinos. Outra coisa é acreditar que Deus apareceu na Palestina como um santo homem judeu e herético sob o governo imperial romano. Nenhuma desmitologização e alegorização é capaz de reduzir a distância entre essas crenças.

A única resposta aos escândalos da razão que tenha qualquer chance de ser eficaz é uma experiência irrecusável de visão e de vida. Como Lutero, o crente deve ser capaz de dizer, "Não posso fazer outra coisa". O fato de que essa experiência pareça assoberbá-lo não o protegerá do risco de apostar sua vida em ilusão. É parte do acordo: uma característica duradoura da religião é requerer comprometimento de vida para o qual os fundamentos permanecem insuficientes.

Os três escândalos da razão não esgotam as objeções preliminares e fundamentais a qualquer tentativa de tomar o cristianismo (ou o judaísmo, ou o islamismo) como ponto de partida para a religião do futuro. Há mais uma objeção. Ela pode ser descrita como quarto escândalo da razão, exceto quanto ao fato de que tem caráter totalmente diferente. É tão familiar que podemos facilmente confundi-la com inconsequente trivialidade. Seu aparente assunto é a psicologia ou sociologia da crença e não a justificação da fé. Suas

Revolução religiosa agora: ocasiões e instrumentos

implicações para a verdade de nossa situação, ou para os incitamentos a ter esperança, são oblíquas e obscuras.

Não obstante, ela apresenta uma dificuldade da qual ninguém que leve a sério uma das religiões de salvação pode esperar escapar. O envolvimento com essa dificuldade ajuda a mostrar a maneira e o sentido pelos quais a fé cristã precisaria ser revolucionada para servir como ponto de partida para a religião do futuro.

É um fato óbvio demais para ser observado, e aparentemente natural demais para despertar curiosidade, o de que os seguidores das religiões do mundo – as religiões geradas pelas revoluções religiosas do passado – comumente mantêm sua fé porque seus pais e mães a mantiveram, ou porque vivem numa circunstância que faz com que a fé pareça ser parte da identidade de uma pessoa e de sua ligação com a família, sua comunidade ou sua nação.

Certamente, há indivíduos que se convertem a outra religião. Há religiões missionárias, especialmente o cristianismo, o islamismo e seus ramos. Bem no início da história dessas religiões todos eram convertidos. No entanto, nos credos estabelecidos, durante quase todo o tempo de sua existência, a experiência característica do convertido é a de estar se juntando a uma comunidade de fé, cuja maioria de membros pertence a ela porque seus pais também pertenciam.

As exceções a esse fato são poucas e limitadas. Hoje em dia, muitos milhões continuam a mudar de um ramo do cristianismo para outro. Muitos outros milhões escorregam lentamente da fé para uma meia fé e da meia fé para a falta de fé. Os que se mudam, no entanto, mudam entre e dentro de religiões para as quais a pertinência é estabelecida pelos acidentes do nascimento, da influência da família e das divisões históricas da humanidade.

Ninguém consideraria razoável que nossas crenças quanto à forma da natureza funcionar fossem determinadas, ou até mesmo influenciadas, pelas convicções de nossos pais. A psicologia e a sociologia da fé adquirem importância epistemológica; esses fatos desmoralizam todo crente que não queira incrementar a fantasia com autoenganação. Na medida em que uma religião alega oferecer caminho para a salvação que está aberto a toda a humanidade, com base na revelação e na aceitação da verdade fundamental e universal, ela não pode se equivaler a uma série de práticas convencionais e lealdades recíprocas para as quais um corpo de doutrinas compartilhadas provê coesão apenas secundária e acidental.

Mas após os primeiros dias do cristianismo, a esmagadora maioria dos cristãos, inclusive o imenso número de sacerdotes, santos e teólogos cristãos, era cristã porque seus pais eram cristãos e porque eles persistiam na fé de seus antepassados. Eram cristãos num mundo no qual, além das fronteiras de seus países, a maioria dos homens e das mulheres continuava não cristã.

O conflito entre a alegação de uma verdade universal quanto à salvação universal e o fato de uma influência hereditária tem de ser agudo numa religião que, como o cristianismo, corta toda conexão com distinção nacional e com história e se dirige, como o portador dessa verdade, a todo o gênero humano. Numa religião assim, a subordinação da fé à comunidade e à identidade é pura blasfêmia: paganismo e idolatria disfarçados de fé.

É por esse motivo, antes de todos os outros, que racionalistas e céticos que viveram nas civilizações nas quais as religiões de salvação deixaram suas marcas quiseram descartar as alegações dessas religiões de que representavam a única verdade e o único caminho para a salvação. Frequentemente tentaram reinterpretar os ensinamentos centrais da religião como sendo expressões circunstanciais de achados espirituais e comprometimentos aos quais se poderiam dar muitas expressões mais ou menos equivalentes noutras circunstâncias.

No entanto, essa deflação da ortodoxia está em litígio com a natureza dos monoteísmos semíticos. Como o cristianismo pode ser apenas um caminho entre muitos se Deus se encarnou apenas uma vez e encarregou seus seguidores de estabelecer uma Igreja universal e uma vida sacramental para todos os homens e todas as mulheres? Aceitar a deflação da fé, recomendada pelo racionalista ecumênico, é mudar a casa da fé para a casa no meio do caminho entre crença e descrença.

Não há, como argumento mais adiante neste capítulo, solução para esse problema – da efetiva subserviência da convicção religiosa aos poderes da família, da sociedade e da cultura – a não ser mudança radical nos termos do entendimento cristão quanto às alegações e ao conteúdo de sua fé. Sob os termos dessa mudança, o problema pode tornar-se parte da solução. O cristianismo só poderia se tornar o terreno para o desenvolvimento da religião do futuro transformando-se em algo diferente do que é agora.

Suponha que uma pessoa que encontrou luz e orientação no cristianismo levasse a sério a crítica da luta com o mundo e compreendesse as razões que argumentam a favor de uma revolução religiosa agora. Ela compreende que o principal objetivo dessa transformação espiritual é entrar mais completamente de posse da vida, ou alcançar uma vida maior, não apenas mais tarde e sim bem agora, de modo que viver para o futuro passe a ser uma maneira de viver no presente. Contudo, ela primeiro quer descobrir se essa mudança religiosa pode ser realizada se não nos limites de sua fé, pelo menos com os materiais que ela provê. Ansiosa por se libertar de possíveis erros quanto ao que mais interessa, ela se abre à crítica religiosa da religião – de sua religião – não importando quão radical seja. Está determinada a se livrar das hesitações da casa no meio do caminho; não se satisfará com interpretação de sua religião atual ou futura que transponha suas alegações perturbadoras para os lugares-comuns humanísticos de seu tempo. Ela encara, sem mentir a si mesma ou buscar refúgio em confusão ou brecha, cada um dos escândalos da razão cometidos por sua fé. Ela compreende como sua fé, interpretada e refinada, pode ser tida como menos escandalosa para a razão. Não obstante, estima que não pode deixar de ser escandalosa sem perder o vínculo com a visão e a experiência que a fez ser tão poderosa, em primeiro lugar. Ela se tornou mais sóbria ao refletir sobre a influência da circunstância na crença. A reflexão a levou a persistir em sua busca espiritual para não deixar que sua imaginação religiosa seja governada por acidentes como a família, a sociedade e a cultura, e que os mortos governem os vivos. Ela não vai tolerar tal perversão nisso, a parte mais abrangente de suas convicções: a parte que conecta sua visão de nosso lugar no mundo com sua escolha de um modo de vida.

Ela vai querer então compreender o que no passado e no presente do cristianismo atende, e o que impede, a necessária revolução religiosa. Se a religião resultante será considerada como sendo a antiga religião tornada nova, ou uma religião totalmente nova, é algo que ela – ao refletir sobre a história do cristianismo, de sua relação com o judaísmo, e de sua transformação, e sobre as fés que o judaísmo ajudou a inspirar – sabe ser incapaz de prever. Ela espera que o cristianismo possa se tornar a religião do futuro. E espera mais ainda que a experiência dessa luta possa ajudar homens e mulheres, não só no futuro, mas também agora mesmo, a se tornarem mais humanos ao se tornarem mais divinos.

Essa atitude é uma espécie de profecia. A atitude – essa pessoa terá motivo para pensar – é mais adequada a uma sociedade experimentalista e democrática do que é a religião petrificada ou o humanismo secular formular de hoje em dia. Pelo menos terá o potencial para nos mudar e nos ajudar a inventar uma nova forma de vida.

O crente que examina sua fé com esse espírito vai precisar lançar sua rede amplamente, considerando tanto a linha principal da ortodoxia cristã quando as principais instâncias da heresia, do cisma e da insurgência na história da religião. Seu objetivo não será a interpretação sistemática do corpo da doutrina, à maneira de um teólogo, de um apologista ou de um catequista. Será o de identificar o que na tradição da ortodoxia e da heresia atende a, ou acaba com, seu propósito revolucionário. Ele não ousa assumir que a ortodoxia é o problema e a heresia é a solução. Se a heresia, ou a reforma, na forma tradicional que ela tomou na história do cristianismo, fossem a solução, o cristianismo já seria a religião do futuro.

Considerada sob essa luz, a linha principal da ortodoxia cristã apresenta dois interconectados obstáculos à causa revolucionária que persistiram ao longo de grande parte da história da religião. O primeiro obstáculo é o compromisso da fé cristã, e da Igreja como seu agente, com os regimes prevalentes nas sociedades que acreditaram no cristianismo e o praticaram. O segundo obstáculo é o casamento da filosofia cristã, centrada na dramática intervenção de Deus na história, com a filosofia grega, organizada em torno da categoria do ser.

Como religião de imanência e transcendência, o cristianismo não pode deixar a sociedade sozinha. Ele deve ter uma proposta para a reformulação de nossa condição terrena e insistir que a obra de salvação comece em tempo histórico. Diferentemente do judaísmo após a destruição do Tempo e diferentemente do islamismo, o cristianismo não pode se apoiar num corpo de lei sagrada como sucedâneo dessa visão. O pensamento legal natural dos teólogos e juristas cristãos não é substituto de um sistema de lei sagrada: é uma especulação filosófica cujo conteúdo não é incontroverso e sem conexão íntima com o cerne da fé. O comprometimento com requisitos e proibições específicos, como os que concernem à santidade da vida desde o momento da concepção, ou à indissolubilidade da ligação sacramental do casamento, está longe de representar uma visão abrangente da forma que a nossa vida em sociedade deveria tomar. A doutrina social da Igreja, como exemplificada pelas encíclicas dos pontífices romanos ou pelo evangelho social das Igrejas Reformadas, não oferece modelo confiável de organização social. Ela tem oscilado regularmente entre defesa de direitos sociais e econômicos, desprovida de maquinaria institucional que assegurasse seu efetivo exercício, e esquema institucional, como o corporativismo comunitário das encíclicas papais no período entre guerras no século XX, que logo foi desacreditado e abandonado.

No entanto, o elemento antinomiano no cristianismo, tão próximo aos mananciais da fé, continua sendo uma força, e não uma fraqueza. O antinomianismo está intimamente relacionado com a concepção da pessoa como espírito situado e corporificado, transcendente às estruturas institucionais e conceituais que o configuram e incapaz de ser totalmente definido por sua circunstância. Por essa razão, o impulso antinomiano faz parte do caminho pelo qual o cristão pode buscar ampliar seu compartilhamento na vida de Deus. Ele salvaguarda a fé contra a heresia hegeliana: a busca de uma estrutura definitiva de vida e de pensamento que seja capaz de acomodar toda a experiência que tenhamos motivo para valorizar. Ele nos impede de usar nossa atração por essa estrutura como desculpa para evitar uma autotransformação. Dá uma consequência prática à consciência de nossa radical incompletude e da abertura permanente da experiência histórica a um pensamento subversivo e a uma transformação. Ajuda a explicar a incomensurável influência do cristianismo nos projetos seculares de libertação, política e pessoal, que mudaram o mundo nos últimos séculos.

Contudo, há um preço para o antinomianismo. Assim como a ausência de sistema de lei sagrada que sirva de modelo para a organização da sociedade protege a religião contra a tentação de adotar determinado esquema de ordem social, ele também nega à religião um contraponto pelo qual julgar e desafiar as instituições seculares existentes. A halaca e a sharia fornecem um padrão-ouro pelo qual acessar os méritos da ordem social, embora possam fazer isso à custa de uma forma de idolatria – a lei em lugar do espírito – suprimindo a busca por encontrar e estabelecer estruturas, de sociedade e de pensamento, que respeitem e incrementem nossos poderes desafiadores de estrutura.

Como comunidade de fé e organização religiosa, o cristianismo impactou dois mil anos de compromissos com uma série de regimes sociais e formas de consciência. Esses regimes e formas de consciência, e não as abstrações em grande parte vazias ou equivocadas dos filósofos morais, foram os principais modeladores da experiência moral em todas as sociedades e culturas nas quais o cristianismo exerceu influência suprema. A ética feudal do cavalheirismo e a ética vitoriana de piedosa autocontenção e responsabilidade representam dois exemplos, entre muitos, dessa transação entre a fé cristã e a ordem social. Em cada instância, a fé penetra na ordem, atenuando suas crueldades e elevando suas visões. Em cada uma, no entanto, a ordem também penetra na fé, embotando seu poder subversivo e transformador e a comprometendo com disposições que conflitam com os princípios da religião.

Não temos exemplo de um desempenho do cristianismo na sociedade que tenha deixado de tomar a forma desse arranjo. Sempre e em toda parte, o arranjo incluiu a aceitação das estruturas da sociedade de classes. Ele respeitou a estabelecida atribuição de papéis sociais como base de nossas obrigações recíprocas. Ele aceitou a forma atual de divisão de trabalho e a ordem social prevalente como o modelo para o cumprimento de nossas obrigações uns com os outros.

Nada nesses compromissos, ou em suas consequências, pode se conciliar com o cerne da fé, particularmente com suas ideias quanto à relação entre espírito e estrutura e com sua visão dos poderes transcendentes pelos quais a pessoa compartilha da vida de Deus. A não realização desses acordos – não de apenas um deles, mas de todos eles, isto é, da prática deles – importaria numa significativa mudança no caráter e na presença da fé. Isso transformaria o impulso antinomiano em fonte de resistência profética, e não da prostração terrena à qual ele tão frequentemente serviu. Esse cristianismo não existe, e nunca existiu, apesar das muitas ocasiões na história das sociedades cristãs em que a fé deslanchou movimentos coletivos de entusiasmo e insurreição, e apesar dos contramodelos de vida social e devoção pessoal nos quais (graças ao monasticismo e ao evangelismo) a história do cristianismo tem sido pródiga.

A questão fundamental que está em jogo nesse conflito entre fé religiosa e compromisso social é a medida de nossa esperança de viver no mundo como quem realmente somos e descobrimos que somos, não como figurantes num sistema de classes e papéis sociais. Se o triunfo sobre a experiência da suscetibilidade ao apequenamento é, juntamente com a superação da alienação da vida no presente, um grande incitamento a uma nova revolução religiosa, então o cristianismo só pode competir para ser a religião que essa revolução está buscando se puser fim à história de compromisso e a substituir por outra ideia de política. Descreverei, em voz profana, o que essa outra ideia pode ser no próximo capítulo deste livro.

Assim como o cristianismo comprometeu-se com a sociedade, ele também se comprometeu com a filosofia. Desde muito cedo na transição dos ensinamentos de Jesus de Nazaré, o cristianismo foi casado com a filosofia grega e com a tradição filosófica que descende dos gregos antigos. O casamento da fé cristã com a filosofia grega não é característica acidental ou periférica do cristianismo. Uma vez tendo deixado de ser o ensinamento original de Jesus de Nazaré, o cristianismo juntou-se à filosofia joanina e helenista do Logos. A filosofia informou a visão ortodoxa dos mistérios centrais da Encarnação e da Trindade, como estabelecida pelos primeiros conselhos que fixaram o caminho para a ortodoxia. Ela orientou os ensinamentos dos mais influentes expoentes da ortodoxia teológica. Hoje continuamos a não

A religião do futuro

ter uma clara apreensão de como seria a fé cristã expurgada de sua tradução para as categorias da filosofia grega.

O problema que esse acerto de contas com a filosofia grega apresenta para o cristianismo não está confinado ao platonismo e ao rebaixamento ao qual ele submete a realidade do tempo e o significado da história. O problema está, em vez disso, na afirmação mais fundamental da realidade superior e do valor do ser impessoal como estando acima da personalidade e do encontro pessoal. O que percorre toda a tradição filosófica e deixa sua marca no cristianismo, assim como na ciência moderna, é o projeto de ontologia clássica: o esforço por fundamentar nossa compreensão do mundo em estrutura básica e duradoura. É a mesma visão que descobrimos na concepção metacientífica segundo a qual o modelo padrão da física de partículas contemporânea representa um pagamento inicial numa conta abrangente que é a estrutura fundamental e permanente da realidade.

Para achar alternativas ao projeto de ontologia clássica, precisamos ir, na história da filosofia ocidental, a alguns dos pré-socráticos ou a uns poucos filósofos do Ocidente moderno. Precisamos evocar Anaximandro que escreveu: "Todas as coisas originam-se umas das outras, e desaparecem uma na outra, segundo a necessidade, [...] sob o domínio do tempo". Ou precisamos apelar a Pascal, a Kierkegaard, a Bergson, ou aos filósofos de ação e personalidade do século XX, dentro ou fora do cristianismo, como Blondel e Levinas. Estes não foram os tutores filosóficos da ortodoxia cristã.

Qual o lugar da pessoa humana no mundo como descrito pela ontologia clássica? Que espaço resta nesse mundo para a transformação da realidade, de cima a baixo, por meio das dramáticas interações entre Deus e a humanidade? A influência dos programas da ontologia clássica persistiu na história subsequente da filosofia ocidental. Ela frequentemente obscureceu e corrompeu a expressão da fé cristã.

Isso porque faz parte do impulso metafísico do cristianismo, como expressão da luta com o mundo, afirmar a realidade inclusiva do tempo e a ascendência do ser pessoal sobre o impessoal. Nenhuma divisão estrutural do mundo dura para sempre. Além do mais, não é um ser impessoal e sim a maneira de tratarmos uns com os outros assim como com Deus, concebida no modelo do encontro pessoal, que representa, nessa religião, os eventos decisivos na trajetória da humanidade.

O compromisso com a sociedade e a adoção da filosofia grega – em particular, do projeto da ontologia clássica – obscureceram a evolução da ortodoxia cristã. Obscureceram em tal medida que ninguém tem como saber com certeza como seria o cristianismo sem eles.

Eles são, no entanto, inaceitáveis; trabalham para minar a integridade e acabar com a eficácia, das ideias gêmeas que representam o legado mais importante do cristianismo à religião do futuro: os conceitos do eu e dos outros, e o espírito e a estrutura que exploramos antes neste livro. Verdade que essas ideias também estão presentes nas religiões afins, o judaísmo e o islamismo, assim como nos programas seculares de libertação pessoal ou política. Contudo, meu tema agora é a reforma do cristianismo e sua relação com a religião do futuro. É no pensamento e na arte inspirados no cristianismo que essas concepções, mesmo quando truncadas e pervertidas, adquiriram suas mais completas expressões.

Volte-se agora da linha principal da ortodoxia cristã para a fonte de tensão e de movimento há muito tempo existente dentro do cristianismo. Poderíamos chamá-la de o eixo da heresia, exceto pelo fato de ter sido uma das fontes da religião em cada período de sua história, remontando a própria origem.

Não estou me referindo à contrateologia do misticismo, com sua ideia de Deus como não ser e não pessoa, sua adesão filosófica a um monismo especulativo, e seu ataque a toda estrutura e repetição como sendo morte idólatra do espírito. Esse elemento na história do cristianismo, assim como nas histórias do judaísmo e do islamismo, sempre foi limítrofe de pura apostasia. Em sua concepção de Deus, ele transforma a narrativa da salvação na alegoria do Logos. Em sua antipatia pelo reconhecimento total da realidade do tempo e da distinção estrutural que evolui na natureza, se não da realidade da personalidade individual, ele ameaça abraçar o programa metafísico da superação do mundo. Em sua guerra contra estrutura e repetição, ele obscurece o que chamei de heresia sartriana (mas que poderia ter rotulado como heresia da *via negativa*, que ele compartilha com o romantismo). O que parece ser campanha contra a rotina é, na verdade, como compreendeu Kierkegaard, campanha contra a vida, agravando a alienação da posse do presente que já contamina as afirmações ortodoxas da fé.

A tendência à qual me referi como principal fonte de tensão e de radicalização na história da religião é a que começa com Paulo, continua com Agostinho, chega a uma espécie de consumação em Lutero e Calvino, e é explorada abrangentemente nas teologias de Schleiermacher e Barth, assim como na prática religiosa do protestantismo evangélico dos últimos dias. Ela acompanhou toda a história do cristianismo como a sombra da ortodoxia. Seria estranho chamá-la de eixo da heresia, porque Paulo, seu fundador, é considerado por muitos o real autor da religião: a religião sobre o Filho do Homem, que se distingue dos ensinamentos de Jesus de Nazaré. Mas se não é heresia, é a fonte perene de cisma, dado o pouco tempo que passa antes que o cristianismo convencional das igrejas organizadas seja tido como insuficiente, pelos seus padrões. Portanto, se apresenta com a dupla face de ortodoxia e de heresia.

Dois grandes temas persistem ao longo da evolução do pensamento religioso desses cismáticos. O primeiro tema é a prioridade da fé sobre a razão: não podemos racionalizar nossa salvação. Temos de ser levados por um furacão; temos de nos encontrar, sob os fardos da mortalidade, da falta de fundamentação e da insaciabilidade, confrontados por um assalto do divino a nossa experiência natural.

O segundo tema é nossa dependência radical do Deus vivo e ativo: nossa incapacidade de nos elevarmos acima de nós mesmos e de nos curarmos, por nossos próprios dispositivos, das feridas da morte, da escuridão e do anseio pelo absoluto. Assim como o primeiro tema é descrito pela fórmula da fé sobrepondo-se à razão, o segundo tema é representado como a graça sobrepondo-se a ações. No entanto, sua marca psicológica é de puro terror, seguido da descoberta de uma fonte de inexplicável e injustificada salvação.

O terror resulta da consciência de nossa impotência, não simplesmente em relação às forças da natureza, como era nas religiões que precederam no passado a onda de revolução religiosa, mas em relação às falhas irreparáveis na condição humana, à qual respondem todas as religiões resultantes dessas revoluções. Dessa radical vulnerabilidade podemos ser resgatados, se é que somos resgatados em geral, por um poder externo à natureza e a todo ser. Chamamos esse poder de Deus.

No entanto, o inescrutável caráter de seu ser, atestado pela incoerência ou inadequação de todas as concepções disponíveis de sua natureza, transmite a esse resgate caráter que para o crente permanece tão assustador quanto possa ser jubiloso. Ele é gratuito, não corresponde a nossos méritos. É insondável: não temos esperança de penetrar as fontes dessa dádiva. Quem será salvo? Como será isso? Que relação terá nossa vida após a morte com a vida terrena à qual estamos normalmente tão apegados e com a extinção que se aproxima, que a nós parece ser o mal absoluto? Assim, o terror que acompanha a experiência da impotência leva à expectativa do resgate, o período de espera, no qual passamos nossas vidas.

Considere quais recursos e impedimentos essa insurgência que ocorre dentro da religião e essa grande influência em seu desenvolvimento oferecem para a mudança religiosa discutida antes neste capítulo e no restante deste livro.

O primeiro elemento dessa contratradição precisaria ser radicalmente reinterpretado. O segundo elemento exigiria ser substituído pela extensão de uma ideia extraída do cerne da doutrina ortodoxa.

A parte de permanente verdade na prioridade da fé sobre a razão é o caráter circunstancial da convicção religiosa. Aquilo que representa o mais desmoralizante desafio à fé – o fato de comumente derivarmos nossa fé da família e da comunidade, e de que mesmo quando convertidos fazemos isso devido a um encontro acidental com professores inspirados de uma determinada fé – deveria assumir um significado modificado.

Para o crente, a experiência da revelação deve carregar as marcas da própria autenticidade e do próprio poder. Ela tem de compelir a um assentimento, e, mediante ação informada pelo assentimento, a uma autotransformação. Pela própria natureza, uma religião – qualquer religião, não somente as religiões de salvação semíticas – requer um engajamento com a existência para o qual os fundamentos têm de parecer sempre insuficientes. No fim do dia, permanece uma enorme desproporção entre o peso do comprometimento com a vida em determinada direção e a fragilidade ou contestabilidade das justificativas para uma escolha tão crucial.

Somente uma conexão que surgisse do amor poderia fazer a diferença. Originalmente no início da religião, essa conexão pode ser com o inspirado fundador ou professor e com o pequeno círculo em volta dele. Mais tarde, passa a ser com a comunidade dos fiéis, exemplificada na família, na nação ou em parte do povo. O converso voluntário, não influenciado por pressões de opinião de massa, terá ouvido a mensagem manifestada no ensinamento visionário e na ação exemplar de determinados indivíduos. A mensagem tem de ser incorporada e se tornar, para os que a transmitem assim como para os que a recebem, maneira de amar.

Suponha que perguntemos ao crente, educado desde a infância para crer, ou ao convertido, convertido por força de encontros casuais com uma fé estranha, por que ele acredita. Se ele for ingênuo e também ardente, se sua fé não for mera submissão aos ídolos de uma tribo, ele responderá como se segue.

Eu acredito porque amei e porque fui abalado. Amei minha família, minha comunidade ou meu professor, e recebi delas ou dele o conhecimento implícito sobre as grandes e pequenas coisas que não podem ser inferidas de abstrações. Não só porque eu pertencia, e sim pelo fato de que, por pertencer, vim a acreditar. Minha crença foi confirmada em minha experiência de ter chegado a um estado mais vibrante de ser, não só num futuro prometido, mas agora mesmo.

Para ser honesto quanto às fontes e quanto ao caráter de minha experiência, tenho de reconhecer que provavelmente eu teria crenças diferentes se tivesse nascido de pais diferentes e num lugar e tempo diferentes. A exclusividade da verdade que acabei abraçando importa menos do que sua proximidade e seu poder. Se você me perguntar como compará-la com a verdade sustentada por religiões rivais, não sei a resposta. Tudo que posso fazer é estudá-las de fora, ler sobre elas nos livros e descobrir coisas sobre elas de ouvir falar, em segunda mão. Não posso ter sobre essas religiões o conhecimento interior que tenho de minha própria fé, a menos que outro conjunto de influências circunstanciais e encontros convincentes me levem na direção dessas outras fés.

O que é sacrificado nessa noção de fé é sua reivindicação de exclusividade. Ela não é sacrificada porque o crente a substitui por um ideal ecumênico baseado na busca de uma religião comum que está por trás das distintas religiões do mundo. (O único elemento de verdade nessa busca é a existência de um mínimo cerne compartilhado entre as religiões e os filósofos que representam as três principais abordagens à vida.) Ela é sacrificada porque, neste relato, a intensidade da crença e a eficácia transformadora da fé assim abraçada nada fazem para validar a crença na verdade exclusiva da fé. Ao contrário, lançam dúvida quanto à reivindicação de exclusividade. Pois sabemos que uma experiência semelhante de conexão instigante e de crença transformadora pode ocorrer, e tem ocorrido, a incontáveis milhões, na história espiritual do gênero humano, com crentes de fés conflitantes.

No entanto, a reivindicação de ser uma verdade exclusiva sobre Deus e o caminho para a salvação está intimamente relacionada com o monoteísmo transcendente em todas as suas versões e, particularmente, com as três religiões de salvação do Oriente Próximo. Ela é qualificada, não abolida, somente no judaísmo: o pacto de Deus com os judeus e sua intervenção na história deles deixam em aberto a questão do status das fés dos gentios, especialmente aquelas fés – cristianismo e islamismo – que, em acréscimo a serem elas mesmas monoteísmos transcendentes, estão ligadas por sua história e sua mensagem à religião dos judeus.

O decisivo enfraquecimento ou a renúncia total à reivindicação de exclusividade não é, assim, mera acomodação com a religião. É mudança radical. É a única das mudanças radicais pela qual o cristianismo teria de passar se fosse se oferecer para o papel de religião do futuro.

O segundo elemento na rebelião de longa data dentro do cristianismo – a ideia de nossa dependência ilimitada de Deus – precisaria de mais do que reinterpretação e revisão. Teria de ser substituído. Surpreendentemente, essa requerida substituição viria do centro da ortodoxia.

A religião do futuro

A ideia de nossa dependência ilimitada de Deus é incompatível com a visão de qualquer fé que deseje que homens e mulheres se tornem mais humanos ao se tornarem mais divinos. Não porque ela tente nos dissuadir de nos esforçarmos por isso. Ao contrário, como argumentaram Weber e outros sociólogos de religião, a angústia da incerteza quanto a nossa própria salvação pode levar-nos a uma ação frenética na esperança de que nosso alvoroço nos sinalize que estamos entre os eleitos.

Não obstante, a ideia de que essa dependência radical de um Deus inescrutável conquanto cheio de amor é a característica mais decisiva da condição humana reduz a importância de nosso poder de transcender e reconfigurar contexto e, por meio dessa transcendência, aumentar nosso quinhão em alguns dos atributos da divindade. Ela não pode servir a uma revolução religiosa que adote como um de seus pontos de partida o aprimoramento da vida. Deixa-nos indefesos ante a experiência de alienação do presente.

Realmente, temos de parar de negar a morte, a falta de fundamentação e a insaciabilidade. Temos de pôr verdades desconfortáveis no lugar de historinhas para dormir, dispensar consolo, por ser um mau substituto de nossa ascensão a uma vida maior. Essa reorientação nos desperta de uma existência diminuída, de rotina e compromisso. Abre o caminho para nossa ascensão. O terror que cerca tanto a experiência de uma dependência não qualificada quanto a espera por nossa misteriosa salvação mina as ideias e desestimula as emoções que tal empreendimento requer.

No coração da ortodoxia cristã podemos encontrar o início de crenças que precisaríamos colocar no lugar da sensação de dependência radical. Podemos encontrá-las não na periferia da fé, mas na linha principal dos teólogos cristãos que, desde Atanásio (o principal autor do credo niceno) a Tomás de Aquino (o mais influente árbitro da correção teológica cristã durante séculos) e mais além, definiram o caminho da ortodoxia cristã. Essa ideia é mais frequentemente desenvolvida no cenário da teologia de Encarnação. Onde quer que a encontremos expressa, podemos ficar perplexos, pois ela parece, por sua aparência, ser blasfema.

Por exemplo, em seu sermão na celebração de *Corpus Christi*, Tomás de Aquino escreveu: "Como foi a vontade do único filho gerado por Deus que os homens deviam compartilhar sua divindade, ele assumiu nossa natureza para que, ao se tornar homem, pudesse fazer dos homens deuses". Não fossem a linguagem de adoração do pregador-teólogo cristão e o sentido de imperturbável ortodoxia no discurso que se segue sobre a Encarnação e a Eucaristia, poderíamos supor que estamos lendo Feuerbach ou Emerson, e não Tomás de Aquino.

Já não havia Máximo, o Confessor, escrevendo seiscentos anos antes desse sermão ser proferido, invocado o neoplatonismo a serviço de uma teologia de deificação, a qual ele – e muitos outros – considerava ortodoxa, e a qual veio a exercer mais tarde uma grande influência sobre o cristianismo ortodoxo do Oriente? De acordo com essa visão, há uma troca de naturezas entre Deus e o homem: se Deus torna-se homem por condescendência, o homem torna-se, e é chamado de, Deus por graça.

No desenvolvimento dessa concepção expressa por Tomás de Aquino e prenunciada por Máximo, entre muitos, o que distingue a voz sagrada da profana é o ensinamento (baseado em revelação e em experiência) de que o fato de nos tornarmos deuses é necessariamente precedido, e tornado possível, por Deus ter se tornado homem. Tornar-se deuses, se não significar tornar-se deuses como os dos gregos e dos romanos, imperturbados pelo desejo do infinito, deve significar compartilhar da vida de Deus. Deve significar que só nos tornamos presentes em nós mesmos ao nos tornarmos, e ao sermos, mais do que nós mesmos. Deve significar, para usar a linguagem de Nicolau de Cusa, que ao nos tornarmos Deus, isto é, ao participarmos de Sua natureza, tornamo-nos idênticos a nós mesmos. Se permanecêssemos sendo apenas nós mesmos, continuaríamos a estar separados de nós mesmos.

O fato de nos tornarmos deuses não é apenas transubstanciação instantânea e elusiva por que passamos como resultado ou de graça ou de ação. É uma luta que começa em nosso despertar de uma existência diminuída, de rotina e compromisso, e que continua na mudança tanto do eu como da sociedade. O conteúdo da mudança é pressagiado pelas doutrinas do eu e dos outros e de espírito e estrutura que estavam latentes, mas truncadas, nos ensinamentos do cristianismo histórico e de suas religiões irmãs. Ser-lhe-ia dado efeito mais completo mediante movimento na direção pessoal e política que exploro em seguida neste livro.

Tudo isso o novo cristão compartilharia com o revolucionário profano. O que distingue sua posição, para usar a linguagem do Sermão de *Corpus Christi* de Tomás de Aquino, é sua convicção de que os homens podem tornar-se deuses só porque Deus tornou-se homem primeiramente. É sua crença também que a transformação, que começa em tempo histórico, continua além do tempo histórico, numa vida cuja natureza nos é oculta, mas que, assim mesmo, podemos prefigurar em nossa existência terrena.

Se o cristão deixar de acreditar na divindade de Cristo e de crer na promessa de vida eterna, inseparável do eu, se não do corpo, se ele vir em Cristo simplesmente um professor visionário e um agente exemplar, inspirado pela proximidade de seu acesso ao divino, e se descartar a expectativa de ressurreição como sendo não mais do que uma metáfora de nossa sobrevivência no trabalho coletivo da humanidade, ele achou refúgio na casa no meio do caminho entre crença e descrença. Reduziu sua fé a um bordado feito de crenças que nada ganha com o acréscimo alegórico que ele lhe adiciona. Sua religião torna-se então uma evasão e declina para a irrelevância.

No entanto, se ele se mantiver firme quanto a isso, continuará a transmitir em voz sagrada uma mensagem irredutível à versão profana da religião do futuro. Ele alegará ver (para usar a distinção feita por Karl Rahner), além da esperança menor de uma mudança na vida, a esperança maior de vida eterna. Renunciará à reivindicação de acesso exclusivo à salvação sem aceitar os limites de um humanismo secular. Substituirá a ideia de nossa dependência radical de Deus por uma visão de nossa divinização, segundo a qual podemos nos tornar imediatamente mais humanos e mais divinos sem nos confundirmos com Deus. Essa religião seria uma religião distinta da versão sem Deus da religião do futuro que exploro no restante deste livro. Mas seria isso cristianismo?

***

Revolução religiosa agora: ocasiões e instrumentos

Nenhuma análise teórica é capaz de determinar se a religião resultante dessas revisões continuaria a ser cristianismo. No mínimo, equivaleria a uma reforma radical do cristianismo, diferente da Reforma Protestante em caráter, intenção e efeito. O protestantismo representou, entre outras coisas, um período no aprofundamento da tradição ou contratradição paulina e agostiniana dentro do cristianismo, com sua afirmação de nossa dependência radical da revelação e da graça. Ele manteve a intransigente reivindicação de que a fé oferece o caminho exclusivo para a salvação e afirmou que Cristo é a definitiva e única encarnação do Deus vivo. Persistiu na ideia, característica de todo o cristianismo histórico, de que o bem primordial fica além do tempo biográfico e do tempo histórico. Nossa experiência terrena permanece irreparavelmente rompida apesar da presença, em nossas mentes e nossos corações, da graça santificadora. Aquilo por que passamos e o que realizamos na Terra podem, no melhor dos casos, ser uma preparação e uma prefiguração de mudança maior que só será realizada depois que nossas vidas na Terra tiverem terminado. Em todos esses aspectos, a religião definida pelas mudanças discutidas nas páginas precedentes tomaria outro curso.

Se uma religião continua a ser a mesma ou se torna outra depois de passar por uma revisão radical é uma questão cuja resposta tem irredutível resíduo de escolha coletiva. Os revolucionários religiosos podem optar ou não por considerar a religião modificada como continuação, ou refundação, da religião que existia antes. Podem ou não ter êxito em conseguir que sua visão seja aceita pela comunidade de crentes. A análise das proposições teológicas é impotente para prevalecer sobre a escolha daquela comunidade. Se a religião permanece sendo apelo vivo à experiência, não poderá, persuasivamente, ser confinada a um esquema proposicional.

Como o melhor erudito atual discerniria, a religião de Jesus de Nazaré foi um movimento conduzido por um homem santo e um fazedor de milagres dentro do judaísmo. Foi direcionado a seus companheiros judeus. Ele sustentava, no contexto de sucessivas repressões e calamidades sofridas pelos judeus sob o domínio romano, a expectativa de um Reino de Deus, a ser estabelecido no futuro próximo. Mediante narrativa, parábola e preceito, ele ensinava um modo de vida e um conjunto de atitudes que apresentava como intimamente relacionados com nossa esperança de progressão nessa estrada para a redenção.

Depois, nas mãos de Paulo e de outros, a religião de Jesus foi transformada numa religião sobre Jesus. As fórmulas da filosofia helenística foram usadas para expressar a Cristologia da Encarnação e mais tarde, para o misterioso dogma da Trindade. O que tinha sido um movimento dentro do judaísmo começou a tomar os gentios como objetivo. Os preceitos morais, tão intimamente relacionados com um iminente futuro escatológico, foram tornados visão abrangente de como viver, em virtude da postergação indefinida desse futuro. A visão foi adaptada às realidades de organização e consciência nas sociedades nas quais a inventada ou reinventada religião exercia sua influência, ao mesmo tempo poderosa e relativa. A codificação da doutrina e a autoridade de uma Igreja organizada e estabelecida tornaram-se os esteios gêmeos da fé.

Se olhássemos essas duas religiões friamente, a religião de Jesus de Nazaré e a religião sobre Jesus de Nazaré, procurando perceber seu conteúdo proposicional, à luz dos contextos nos quais esse conteúdo foi produzido, teríamos problemas para nos convencer de que eram a mesma religião. Mas foram transformadas numa mesma religião pela semiconsciente escolha dos fiéis e de sua Igreja.

Por razões semelhantes, o cristianismo modificado que explorei nestas páginas pode parecer que não é absolutamente cristianismo. Em sua aparência, na leitura das proposições em contexto, ele equivale a uma religião diferente. Contudo, a conclusão quanto a se é a mesma ou outra religião depende de um debate que ainda não começou.

CAPÍTULO 6
LIBERDADE PROFUNDA: A POLÍTICA DA RELIGIÃO DO FUTURO

TEOLOGIA POLÍTICA SEM DEUS

Nenhuma forma institucional de vida de um povo – isto é, nenhuma lei – pode ser neutra entre ideais ou visões sociais do bem. Cada uma dessas ordens estimula algumas formas de experiência e desestimula outras. A alegação de neutralidade em favor de um determinado conjunto de disposições sempre será vista, em retrospecto, como servindo ao arraigamento de um ideal provinciano e exclusivo e inibindo nosso movimento em direção a uma vida maior. Além disso, o falso objetivo da neutralidade ajuda a nos impedir de avançar na realização dos objetivos gêmeos realizáveis: o de que o regime seja aberto a uma ampla gama de experimentos na vida individual e social, e que, acima de tudo, seja maximamente suscetível de correção à luz da experiência.

Ideais e visões sociais sobre o bem estão inseparavelmente conectadas com a visão de quem somos. Nossas ideias fundamentais sobre nós mesmos e sobre nossa situação no mundo compartilham algumas das características de uma religião: são imediatamente descritivas e prescritivas. Elas fazem parte do processo pelo qual iremos comprometer nossas vidas numa determinada direção sem jamais termos tido, para esse comprometimento, os fundamentos adequados. Um motivo pelo qual a política é, em última análise, religiosa em seu alcance é que as posições assumidas na disputa quanto a nossas instituições e práticas vão acender, totalmente ou em parte, nossas ideias sobre nós mesmos.

Ela não segue a não neutralidade de um regime de vida social, no que concerne a concepções do bem, assim como no que diz respeito a visões de quem somos e que regime deva ser ou tenha de ser associado unicamente a uma noção do bem ou de identidade humana. Suas disposições, com seus embutidos vieses em favor de certas formas de experiência e contra outras, caracteristicamente serão capazes de serem defendidas à luz de certo âmbito desses relatos. O âmbito de visões do bem e da identidade humana que uma sociedade politicamente organizada implica será diferente do âmbito de visões do bem e da identidade humana abraçado por outras sociedades políticas.

Dado o caráter parcial e defeituoso de todas as formas organizadas de vida social, é nosso interesse que nenhum esquema institucional e nenhum âmbito de concepções do bem e da identidade humana seja imposto à humanidade em todo o mundo. Contudo, é nosso interesse também que o concerto das nações ou de Estados imponha limites, conquanto limites amplos, às variações em formas de vida social que se possa permitir existirem. Na definição desses limites (convencionalmente descritos sob o rótulo quase vazio de "direitos humanos"), mais uma vez encontramos o mesmo problema que enfrentamos primeiro ao lidar dentro de uma sociedade política com a relação entre suas disposições institucionais e seus pressupostos quanto ao bem e quanto à identidade humana. Toda maneira de formular e justificar esses limites requer que pensemos e ajamos em nome de crenças sobre a natureza humana e o bem humano. O âmbito da dialética entre ideais ou interesses e instituições e práticas será, nesse momento, mais amplamente traçado, mas assim mesmo terá limites. Se não tivesse limites, não teria significado ou valor.

De onde devem se inferir esses limites? Não podemos responder a essa pergunta a partir de princípios primordiais, ou inferir a resposta do sistema de um filósofo. Só seremos capazes de responder à luz de experiência vivida. As ideias revolucionárias de democracia e de romantismo – o braço secular da luta com o mundo – despertaram a humanidade em cada canto do planeta.

Sacudiram o mundo inteiro em nome de uma ideia que é também uma esperança: o poder de cada homem e mulher, individualmente, de exceder sua circunstância e compartilhar de uma vida maior. Neste capítulo argumento que dessa ideia resulta uma série de consequências para a organização prática da vida social.

A ideia, não obstante, é religiosa em seu cerne. Dizer que é religiosa, à luz do modo como defini religião, é afirmar que ela é contestável e contestada: a despeito de sua incomparável autoridade, essa ideia de quem somos e em quem podemos nos tornar permanece em litígio com outras existentes concepções de nosso bem e de nossa identidade. Dizer que é religiosa é também reconhecer a desproporção que existe entre as contestáveis razões para abraçá-la e as consequências decisivas que resultam de sua adoção.

Se nenhum regime social é capaz de ser neutro entre relatos de nossa humanidade e de nosso bem, resultando na política tendo de ser religiosa, nenhuma religião que encontre inspiração nos motivos e objetivos discutidos no capítulo anterior pode abandonar a sociedade a os próprios dispositivos. Três forças, acima de todas as outras, trabalham para dar a qualquer dessas religiões conteúdo político.

A primeira força é o esforço por aprofundar e radicalizar a dialética da transcendência e imanência, marca de todas as religiões mais cultas, representantes das três orientações à existência discutidas anteriormente neste livro. Do ponto de vista da dialética, o regime social – a estrutura institucional e ideológica formadora de uma sociedade – importa, tanto porque ajuda a fazer de nós quem somos quanto porque não lhe deve ser permitido ter a última palavra quanto àquilo em que vamos nos tornar. Ele tem de nos habilitar a fazer da vida social sucesso prático. No entanto, também tem de nos permitir, na verdade nos estimular e empoderar para, reinventar toda peça de suas disposições institucionais e premissas ideológicas.

A segunda força é a exigência de estabelecer essas disposições e premissas sobre uma base que reconhece a verdade quanto a nossa mortalidade, nossa falta de fundamentação e nossa insaciabilidade. O lado reverso de nossos poderes de resistência e transcendência é nossa inerradicável finitude e ignorância, nossa condenação à morte e nosso anseio por um absoluto que não podemos possuir e projetamos incessantemente em objetos sem valor. As consequências políticas desse reconhecimento não são menos momentosas por serem, em primeira instância, negativas. Nenhum regime pode alegar estar autorizado pela fundamentação definitiva da existência (porque não existe nenhuma que possamos captar), contar com a paciência dos imortais (porque não somos eles) ou negociar para que nos contentemos com determinadas vantagens e papéis (porque não há vantagens e papéis que sejam suficientes para os seres que somos).

A terceira força é a ideia revolucionária de nossa fuga individual e coletiva (sem a ilusão e as perversões do prometeanismo) do mal do apequenamento, falsamente confundida com uma falha irreparável na condição humana: o aprimoramento da vida agora, e não num futuro histórico ou providencial do qual permanecemos alienados. A transformação política da sociedade não representa a totalidade da superação da alienação e do apequenamento. É apenas uma parte. Contudo, é uma parte que muda, para o melhor ou o pior, todas as outras partes.

O tema deste capítulo é o encontro da política com a religião, visto da perspectiva da religião e não do ponto de vista da política, que é o ponto de vista do qual geralmente tem sido visto na história do pensamento político ocidental, desde Maquiavel e Hobbes. Em vez de perguntar o que a política poderia fazer para a religião, como fizeram eles e a maioria de seus sucessores, eu pergunto o que a religião, a religião do futuro, poderia fazer para a política. Essa teologia política, ou antiteologia, começa com uma concepção religiosa: a concepção de uma sociedade livre. A revolução religiosa pela qual argumento inclui uma revolução política.

CONCEPÇÃO DE SOCIEDADE LIVRE

Sociedade livre é uma sociedade cujas disposições expressam e honram a verdade da personalidade como espírito corporificado, situado e transcendente – verdade sustentada numa ou noutra medida por todas as versões da luta com o mundo e desenvolvida mais radicalmente pela religião do futuro. Nenhuma concepção de sociedade livre é definitiva ou todo-inclusiva. Toda determinada concepção reflete o limite alcançado, em qualquer dado momento na história, pela dialética entre nosso autoentendimento e nossos experimentos institucionais reais ou imaginados.

À luz da concepção de uma sociedade livre que nosso lugar nas histórias do pensamento e da prática institucional tornam possível, as ideias de liberdade que herdamos são fragmentadas e incompletas. Elas expressam tanto visão limitada daquilo em que uma sociedade pode se tornar quanto entendimento limitado de nós mesmos. Como sempre, os limites da imaginação institucional e os limites de nosso autoentendimento se reforçam reciprocamente.

Por exemplo, a clássica ideia liberal de liberdade, desenvolvida no decurso do século XIX e que mesmo agora inspira muitos dos projetos seculares de libertação social e pessoal, combinou um ideal de empoderamento individual com um programa para a reconstrução institucional da sociedade. Tanto o programa quanto o ideal são defeituosos. O programa deposita uma confiança injustificada num sistema particular de direitos públicos e privados – um modo de organizar a economia e o Estado – que provou ser salvaguarda insuficiente contra a opressão e uma base inadequada sobre a qual desenvolver nossos poderes individuais e coletivos. Seu erro não foi simplesmente ter escolhido uma fórmula institucional em vez de outra; foi, acima de tudo, ter-se comprometido dogmaticamente com qualquer dessas fórmulas. Além disso, o ideal do empoderamento individual com o qual essa fórmula institucional estava casada permaneceu modelado num ideal aristocrático de autopossessão demasiadamente estreito para poder nos servir de guia para a conquista de uma vida maior.

Não obstante, esse casamento clássico de ideal de empoderamento com programa para reconstrução institucional representa um modelo daquilo de que precisamos agora que é melhor do que aquele que se seguiu na história do pensamento político. Ele foi amplamente sucedido por uma série de suportes filosóficos para uma social-democracia institucionalmente conservadora. Esses suportes sofrem de falta de visão institucional de todo tipo, a não ser uma não reconhecida aceitação do estabelecimento social-democrata de meados do século XX como o intransponível horizonte de nossos projetos de transformação. Seu impulso dominante é a justificação especulativa do que mais adiante neste capítulo eu chamo de igualdade rasa: uma maior igualdade de circunstância a ser alcançada, na ausência de reconstrução institucional mediante redistribuição compensatória.

Um modo simples de descrever a tarefa de desenvolvimento da concepção de uma sociedade livre é dizer que ela busca continuar a partir de onde os liberais e socialistas clássicos a deixaram. O objetivo tem de ser o de rejeitar seu dogmatismo institucional e rever, à luz da subsequente história do pensamento e da sociedade, nossas esperanças para o futuro. Ao fazermos isso, ensinamos nós mesmos a esperar por mais, e não por menos, como fomos persuadidos a fazer por aqueles que emprestaram o prestígio da filosofia para a interrupção e contenção da luta com o mundo. Esse esforço retoma com força redobrada a determinação dos liberais e socialistas no século XIX de casar a visão de vida maior (à qual subordinaram a busca de uma maior igualdade de situação) com o comprometimento de mudar, em benefício daquela visão, a estrutura institucional da sociedade.

O delineamento que se segue, de concepção de sociedade livre, deveria ser lido no contexto de minha subsequente defesa de um direcionamento para uma mudança institucional.

Considere primeiro a concepção de uma sociedade livre à luz de suas implicações para a relação do eu com a estrutura da sociedade e depois para a relação do indivíduo com outras pessoas. Em cada um desses aspectos, a concepção descreve um limite ou um ideal que adquire grande significado mediante a demarcação de um caminho de mudança institucional que leva até ela.

Entendo por estrutura de sociedade as premissas institucionais e ideológicas que configuram as práticas de rotina, os conflitos e as transações naquela sociedade, e que são amplamente tidas como certas, mesmo a ponto de serem invisíveis, como se fossem parte da natureza das coisas. Numa sociedade livre, essa estrutura institucional e ideológica não se apresenta como sina alienígena além do alcance de vontade e imaginação transformadoras. Ela está disposta de modo a diminuir a distância entre as ações com as quais operamos dentro dela e as ações com as quais nós a mudamos. Desse modo, ela se apresenta a nós livre de qualquer enganosa pátina de naturalidade e necessidade. Mostra-se como sendo a falha e revisável construção coletiva que realmente é.

À medida que a estrutura se torna acessível ao alcance da imaginação e da vontade transformadoras, ela declina em seu poder de configurar o que vem em seguida. Quanto mais livre uma sociedade se torna, mais fraco o poder que os mortos têm sobre os vivos.

Numa sociedade livre, o indivíduo tem o equipamento educacional, bem como ocasião econômica e política, para cruzar a fronteira entre as atividades que tomam a estrutura como certa e aquelas que a questionam. Ele foi educado de um modo que habilita a mente como imaginação a predominar sobre a mente como máquina. Aprendeu a filosofar mediante ação, no sentido de que reconhece em cada projeto a semente de alguma reforma, grande ou pequena. As práticas da sociedade e da cultura multiplicam oportunidades para a afirmação dessa proeminência da mente como imaginação sobre a mente como um dispositivo afeito a fórmulas.

Esse indivíduo está num porto seguro de interesses vitais protegidos e de dotes geradores de capacidades – acima de tudo, as de uma original e continuada educação – que o habilitam a enfrentar sem temor a inovação e a instabilidade no mundo social e econômico que ele habita. Seu senso de identidade e de segurança não está investido na permanência de uma forma particular de vida coletiva.

Ele não age ou pensa a mando de um roteiro social ou cultural que lhe atribua um papel e lhe diga como desempenhá-lo. Ele reconhece que o desempenho de papéis dá ensejo a expectativas e obrigações, mas nenhuma tão importante que automaticamente alardeie lealdade a pessoas ou devoção a tarefas. Papéis são para ser usados e às vezes esticados e torcidos, contanto que essa torção e esse alongamento não resultem na traição de indivíduos.

A religião do futuro

As chances da vida dele não são determinadas por transmissão hereditária, pela família, de vantagem econômica e educacional, isto é, por mecanismos que reproduzem a sociedade de classes. A igualdade em respeito e em oportunidade é sacrossanta. Desigualdades de circunstância são proscritas na medida em que surgem de desigualdades em respeito e oportunidade ou resultam nelas (como acontece universalmente numa sociedade de classes). Da mesma forma, são proibidas se refletem ou reproduzem forças privilegiadas dominadoras dos recursos políticos, econômicos ou culturais pelos quais definimos o futuro dentro do presente. Nenhuma sociedade livre pode ter uma estrutura de classes. Uma forma especialmente tóxica de tal estrutura é a que relega um grupo de pessoas a um grau de pobreza absoluta ou de relativa privação que não só solapa a igualdade de respeito e de oportunidade como também destrói as condições práticas de autoconfiança e de autoconstrução.

Um insulto mais sutil, mas não menos poderoso à liberdade resulta do culto e da recompensa a talentos excepcionais e dotes naturais que já encontram poderosos incentivos em seu próprio uso. É uma espécie de culto ao poder que, disfarçado de necessidade prática, ricocheteia sobre seus supostos beneficiários, bem como sobre suas vítimas manifestas – todos os outros – e prejudica a cooperação inclusiva da qual depende uma sociedade livre.

Numa sociedade livre, esses comprometimentos e constrangimentos são compatíveis com significativas desigualdades de circunstância. Uma sociedade livre busca uma vida maior para todos, um incremento de vitalidade difundido entre muitos, não uma vida menor tornada palatável pela insistência numa rígida igualdade de resultado. Qualquer métrica pela qual pudéssemos alegar estar julgando o grau permissível de desigualdade compatível com essa concepção seria fantasiosa.

O padrão não é que só toleramos a medida de desigualdade que possa ser justificada por uma maior riqueza para todos ou alguns dos mais desfavorecidos. O padrão é o efeito da desigualdade, dado o contexto histórico no qual ela surge, sobre a capacidade que tem a sociedade de superar a si mesma, em todo domínio de sua vida. Ela faz isso deixando de cooperar com o bastião de qualquer esquema entrincheirado de divisão e hierarquia social. Também faz isso desenvolvendo estrutura de crenças públicas e disposições institucionais que tenham a melhor chance de mobilizar e desenvolver os talentos de todos. Uma estrutura assim não sacrifica esses duradouros interesses morais e materiais a qualquer vantagem de curto prazo de uma desigualdade entrincheirada, representada quer em linguagem de incentivos econômicos quer em linguagem de extração coercitiva (com base na desigualdade) de excedente econômico. Ao desenvolvermos arranjos desse tipo, estamos afirmando nossa determinação em aproveitarmos a afinidade entre nosso interesse material na plasticidade dos arranjos sociais e nosso interesse moral na superação do apequenamento, pelos muitos assim como pelos poucos.

Em sua visão da relação entre o indivíduo e outras pessoas, a concepção de uma sociedade livre requer que o indivíduo não se submeta a nenhuma forma de coerção pelos outros, seja diretamente nas mãos de indivíduos ou indiretamente nas mãos de um Estado que atua como seu instrumento. (Um obstinado foco na opressão pelo Estado, em contraste com muitas outras formas de apequenamento, tem sido a marca de muitas concepções de uma sociedade livre.) Um homem ou uma mulher livre não deve ser coagido material ou espiritualmente. O atributo de transcendência definidor de sua humanidade deve ser respeitado e estimulado a todo instante.

Numa sociedade livre, o trabalho assalariado economicamente dependente é entendido (como o viam os liberais e os socialistas do século XIX) como a concessão temporária e defeituosa que ele é. Cada vez mais, ele dá lugar ao autoemprego e à cooperação, separados ou combinados, como formas superiores de trabalho livre. Assim que o permitam a relativa riqueza e o avanço tecnológico e científico da sociedade, não será exigido de ninguém a realização do trabalho repetitivo que é apropriadamente atribuído a máquinas. Nessa sociedade, usamos máquinas para tudo que aprendemos a como repetir, de modo que o tempo integral de nossas vidas possa ser reservado para o que ainda não é repetível.

A cooperação numa sociedade livre não requer mesmice nem acordo inclusivo. É energizada pela diferença e pelo desacordo. Diferenças são menos problema do que solução, porque geram o material com o qual os mecanismos seletivos da competição econômica e da rivalidade política organizada podem operar. As diferenças que criamos importam mais do que as que herdamos e lembramos; a profecia conta mais do que a memória.

É apenas por meio de sua extensão em experimentos institucionais reais ou imaginários que a concepção de sociedade livre ganha conteúdo detalhado e significado. Não deveríamos considerar o trabalho institucional como simplesmente a tradução de ideias e objetivos num projeto; uma engenharia instrumental social. É em virtude desse trabalho que desenvolvemos nossas ideias sobre o futuro da sociedade, inclusive as ideias resumidas nessa concepção de sociedade livre. É pela confrontação das escolhas entre modos alternativos de realizar, de forma institucional, nossos interesses reconhecidos e nossos ideais professados que revelamos as ambiguidades em nossos comprometimentos e definimos o que realmente queremos.

Não existe justificação única da concepção de sociedade livre, nem método pelo qual possamos pretender inferir seu conteúdo de premissas supostamente mais fracas, tendo contrabandeado aquele conteúdo para essas premissas em primeiro lugar. A ideia de uma sociedade livre pode ser justificada de baixo para cima, e de cima para baixo.

De baixo para cima, sua justificação reside no poder das práticas e instituições que ela informa, tanto para constatar quanto para mudar nosso entendimento atual de nossos interesses e ideais. É justificada na medida em que muda nosso entendimento de nossos ideais e interesses de maneira a lhes dar mais de um futuro, e a pô-los numa comunhão mais direta como nossas mais poderosas aspirações e ansiedades.

De cima para baixo, a base da concepção de uma sociedade livre é a ortodoxia revolucionária da luta com o mundo. Chegamos a essa concepção quando somos convertidos às crenças sobre quem esse enfoque do mundo propõe que sejamos, reconhecemos que essas crenças têm implicações para a reordenação da vida social, e nos rebelamos contra as concessões e os equívocos que agora circunscrevem sua decretação e esvaziam seu conteúdo. O adepto dessa concepção é uma pessoa para a qual as formas prevalentes e herdadas dessas crenças são insuficientes: insuficientes para manter viva a mensagem dessa abordagem à existência fazendo-a viver em nossa efetiva experiência de vida social.

A religião do futuro transforma essa atitude em visão abrangente de nossa identidade e vocação. Ao fazer isso, ela dá mais suporte à concepção de sociedade livre que acabei de delinear. O valor desse suporte é, no entanto, relativizado pela inerradicável contestabilidade de qualquer visão assim abrangente.

Tem sido tema constante neste livro que nosso comprometimento com qualquer abordagem ao problema da existência (sendo a superação do mundo, a humanização do mundo e a luta com o mundo as primeiras entre elas) não pode usufruir de uma justificação definitiva. Exige sempre que se excedam, incomensuravelmente, seus fundamentos para isso. Ele diz "Sigam-me". Nunca é capaz de oferecer uma razão conclusiva para que se faça isso. Tudo que pode fazer é apresentar um argumento incompleto e um apelo revogável. Não pode escapar à circularidade em todos os nossos projetos transformadores de grande escala: para o bem ou para o mal, cada um deles é em parte uma profecia que se autorrealiza. Se é adotada e se funciona, ela refaz parte da experiência à sua imagem.

A concepção de uma sociedade livre, e da religião do futuro da qual ela pode extrair energia e autoridade, não é uma exceção a essa regra. São, por própria natureza, empreendimentos que pedem para ser julgados pela forma de vida e pelo tipo de humanidade que eles tornam possíveis.

A contestabilidade de toda abordagem ao mundo tem a consequência política declarada no início deste capítulo. Nenhuma ordenação da vida social pode alegar ser neutra em relação a ideais sociais, concepções do bem ou visões de humanidade. Nenhum tal ideal, concepção ou visão pode reivindicar ser definitivo. Nem mesmo podemos ter certeza de que serve como guia para a melhor direção. Esse fato é um dos fundamentos do direito sacrossanto da apostasia, bem como do pluralismo das forças políticas, que as disposições políticas de uma sociedade livre têm de estar organizadas para sustentar.

A concepção abrangente de uma sociedade livre que aqui delineei pode abrir caminho para ideias de liberdade ainda mais expansivas e ambiciosas do que aquela que ela incorpora. Haverá outras, mais limitadas, ideias de liberdade, enfatizando alguns aspectos daquela concepção, mas desconsiderando e até descartando outras. A cultura pública de uma sociedade livre beneficia-se desses desacordos, bem como da oposição a suas intenções mais básicas e pervasivas.

Em virtude dessa divergência e desse embate de ideias, a concepção de uma sociedade livre fica sujeita a um teste, em duas partes, para seu poder e sua autoridade. A primeira parte do teste é que, apesar dessa diversidade de concepções mais abrangentes e mais limitadas, ou devido a isso, e independentemente do caráter defeituoso de sua decretação institucional, ela se torna uma segunda natureza para a maioria de homens e mulheres comuns. Tem de prevalecer, em seu apelo e sua influência, sobre aqueles que a rejeitam totalmente. A segunda parte do teste é que as versões mais amplas e mais radicais da ideia de liberdade vêm predominar, na cultura pública da sociedade, sobre as versões mais fragmentadas. Esse caminho de aprofundamento de nossas esperanças é o que a religião do futuro busca, e é o que ela espera.

QUATRO PRINCÍPIOS

A tarefa agora é formular e justificar os princípios que deveriam governar os comprometimentos políticos da religião do futuro e informar a organização de uma sociedade livre. É compreender as implicações práticas, para a vida política, da sobreposição entre religião e política, tornada evidente pelo papel central, tanto na política quanto na religião, de uma concepção da natureza humana que é ao mesmo tempo descritiva e prescritiva. É ver como podemos estabelecer nossa liberdade em vez de estabelecer nossa religião, mas fazer isso de um modo que permaneça fiel à dúplice verdade da transcendência e da falta de fundamentação. É descobrir como podemos melhor preservar e incrementar a abertura da vida política ao futuro, uma vez que tenhamos abandonado a miragem de uma ordem institucional neutra entre ideais sociais conflitantes e entre concepções de humanidade.

Assumo essa tarefa declarando e defendendo quatro princípios. Juntos, eles marcam o terreno no qual uma democracia que preserva a liberdade pode se conciliar com as crenças que são centrais na religião do futuro, sem apoio na tentativa ilusória de estabelecer disposições institucionais neutras entre concepções do bem.

Esses princípios apoiam-se em dois tipos distintos de justificação. A primeira ordem de justificação é a força das ideias sobre quem somos e no que deveríamos nos tornar, ideias que têm sido desenvolvidas, de diferentes maneiras, pelas religiões de salvação e pelos programas seculares do romantismo e da democracia. Essas ideias demonstraram sua força em sua inesgotável fecundidade: em seu poder de penetrar e transformar cada aspecto de nossa experiência, de derrubar as concepções que até então eram ascendentes nas altas culturas de todas as grandes civilizações, e de incitar em cada quadrante do globo o impulso da revolução. Tal teste de experiência, encontrado em amplo âmbito de sociedades ao longo de muitas gerações, é uma vindicação das ideias que têm mais peso do que argumentos especulativos e tentativas de imitar em filosofia os métodos da ciência natural e da matemática.

A segunda ordem de justificação desses princípios é o amplo âmbito de interesses práticos, morais e espirituais servidos pela forma de vida política e social que suportam. Mesmo antes da discussão, mais adiante neste capítulo, dos distintivos atributos institucionais dessa forma de vida, suas características mais visíveis e pervasivas deveriam estar claramente à vista. Essas características sugerem o âmbito desses interesses. Incluem a relativa deliquescência das estruturas fixas, institucionais ou conceituais, às quais habitualmente nos rendemos; a marca, na vida comum, daquele nível de excitado esforço e envolvimento que só esperamos ver em meio a grandes crises; e o aproveitamento de todas as fontes de inspiração e desafio, começando com a religião, que o liberalismo clássico e o humanismo secular tão zelosamente quiseram excluir da política democrática. Reconhecer o que está em jogo no comprometimento representado por esses princípios é reconhecer o caráter religioso da política e as implicações políticas da religião.

A democracia de alta energia que aqui é prenunciada, com a diminuição de sua dependência à mudança em meio a uma crise, e com sua relativização do contraste entre as ações comuns que fazemos numa estrutura tida como certa e as ações extraordinárias pelas quais mudamos as peças da estrutura, é a contrapartida política da ideia moral do aprimoramento do bem da vida. Ao aprofundarmos a democracia, continuamos nossa ascensão, ampliamos o âmbito do que é proximamente possível e lidamos com nossa mortalidade e nossa falta de fundamentação de um modo que não se apoia em nenhuma ilusão. Resolvemos, da única maneira pela qual pode ser resolvido, o problema de nossa alienação do presente. Fazemos isso exercendo nosso poder de viver, de pensar e de sentir sem considerar qualquer fórmula imposta a nós pelos papéis sociais que desempenhamos e pela sociedade e cultura a que pertencemos.

A preeminência dos princípios que discuto em seguida tem um cenário histórico particular. Esse cenário equivale a um aspecto da mesma situação que clama por uma revolução religiosa. Para Maquiavel e Hobbes, escrevendo no início do período moderno na Europa, o que estava acima de tudo na vida política era união social e conflito cívico. Eles viam o conflito tanto como ameaça à união quanto como instrumento de união. A primeira missão do Estado era livrar homens e mulheres da morte pelas mãos de outra pessoa e impor ordem na sempre renascente desordem da vida social.

Paz interna e união deixaram de ser, em grande parte, um problema central da política, salvo em condições excepcionais. A exceção ocorre quando a vida civil é envenenada pela forma de conflito étnico ou nacional que se tornou característica de nosso tempo: a raiva que uma vontade vazia tem de uma diferença coletiva, tornada ainda mais violenta e intransigente com o esvaimento de uma diferença real.

Contudo, o problema que era central para esses pensadores persiste numa forma especial e mais terrível: uma contradição no desenvolvimento político da humanidade. A humanidade só pode desenvolver seus poderes em direções diferentes. Não só não existe regime social incontestável, tampouco existe forma autoevidentemente justificada de uma sociedade livre (fato explorado pelo segundo dos quatro princípios). A existência de Estados separados, ou de blocos de Estados separados, é de valor imenso para a humanidade; o Estado representa o escudo político para a formação de uma forma de vida distinta. Nenhum governo no mundo, projetado como federação, jamais poderia garantir a divergência de formas de vida tão completamente quando pode a existência de Estados separados.

Esses Estados, no entanto, estão armados. Seu soberano poder de possibilitar divergência radical é o lado reverso de sua capacidade de fazer a guerra. A combinação de uma diferença radical nas formas de vida, inclusive as formas de uma sociedade livre – com a paz universal, a extinção da guerra –, é, portanto, um requisito para o desenvolvimento moral da humanidade. Essa combinação exige ordem mundial política e econômica que não faça com que o envolvimento pacífico de um Estado no regime global dependa da aceitação de qualquer fórmula institucional, mesmo qualquer esquema para a organização de democracia política, economia de mercado ou sociedade civil livre.

Se a abertura econômica e a segurança política tiverem que depender da submissão de Estados-nação a essa fórmula, então o Estado, se não puder ou não quiser optar por isolamento, terá de escolher entre rendição e guerra. A ordem política e econômica global tem de se estabelecer com base em princípio de minimalismo institucional: tem de permitir o máximo de envolvimento com outros Estados, mas exigir somente o mínimo de restrição nas disposições institucionais da sociedade nacional. Minimalismo institucional faz com que seja possível conciliar divergência com paz.

Quando conflito interno e união deixam de ser problemas centrais na vida política e a ameaçadora contradição entre paz e divergência é dissolvida, a tarefa suprema da vida política de um povo muda de conteúdo. Ela passa a ser a de satisfazer as condições distintamente políticas para o desenvolvimento de uma vida maior: não só para uma elite dos privilegiados ou agraciados, mas para a massa de homens e mulheres comuns. A democracia cessa de ser apenas um governo dos muitos qualificados pelos direitos dos poucos e torna-se a prática mestra pela qual criamos o novo e afrouxamos o controle, pelo estamento institucional e ideológico estabelecido, de como podemos viver e do que podemos fazer.

Os quatro princípios declarados e defendidos nas páginas que se seguem marcam a fundamentação de uma sociedade livre à luz da religião do futuro. Para isso, os princípios descrevem, para homens e mulheres que compreenderam que a política é afinal religiosa e que a melhor religião é também política, como política e religião estão conectadas.

O PRINCÍPIO DA APOSTASIA

O primeiro princípio da vida política, visto da perspectiva da religião do futuro, é a salvaguarda da apostasia; isto é, não só uma dissidência da religião do futuro, mas também uma veemente oposição a ela.

Uma vez tendo abandonado o irrealizável e contraproducente objetivo da neutralidade de uma ordem política em meio a concepções do bem e ideais de humanidade, temos de nos perguntar como poderemos evitar que as visões e ideais que informam o regime se tornem religião estabelecida. Não basta que os cidadãos sejam livres para desafiar as suposições assim promulgadas. Eles têm de ser ativamente livres para se opor a elas, mediante ação coletiva bem como individual. A única restrição aceitável ao exercício dessa prerrogativa é a exclusão da violência e da guerra civil. Há três razões para salvaguardar o privilégio da apostasia.

A primeira razão é reconhecer e honrar, na organização da vida política, a dialética de transcendência e engajamento que ajuda a definir nossa humanidade. Não podemos nos tornar mais humanos nos tornando mais divinos se encontrarmos entrincheirado nas disposições da sociedade um ideal social que não possamos atacar. Teríamos de ser capazes de distinguir disposições institucionais, suscetíveis à crítica e à mudança, de uma ideia que se mantém acima da crítica. Não somos capazes de fazer essa distinção. A lei é a forma institucionalizada da vida de um povo, entendida e elaborada tendo como referência o entendimento dos ideais e os interesses que lhe dão sentido.

Liberdade profunda: a política da religião do futuro

Se a rejeição do ideal da neutralidade não fosse acompanhada das salvaguardas da apostasia, teriam razão aqueles que temem que um fracasso da neutralidade acabe solapando a liberdade.

A segunda razão para assegurar a prerrogativa da apostasia é garantir que o regime possa ser corrigido. Só os inimigos internos da ordem estabelecida podem garantir sua corrigibilidade, pois são eles, e somente eles, que podem submetê-la a uma radical, não apenas superficial, oposição.

A corrigibilidade não é um atributo menor do regime, é uma de suas mais importantes características. Sua centralidade resulta da consciência do caráter deficiente e efêmero de todo projeto institucional. A proteção da apostasia está assim estreitamente conectada com a integridade de uma sociedade livre: seu continuado poder de se renovar, para melhor criar o novo.

A terceira razão para blindar a prerrogativa da apostasia tem a ver com a relação que, sob a orientação da religião do futuro, gostaríamos de ter com a ordem institucional de nossa sociedade. Essa terceira razão combina a ideia do eu, subjacente à primeira razão, e o valor atribuído à corrigibilidade de instituições, crucial para a segunda razão.

Temos de rejeitar a heresia hegeliana, com tentativa de tratar um esquema institucional específico como sendo o lar definitivo do espírito corporificado e como a consumação da história. A aparente alternativa a esse erro torna-se, então, tratar todos os regimes como sendo provincianismos históricos. Temos, segundo essa visão, de escolher um desses provincianismos e aprimorá-lo por quaisquer padrões que nossa experiência e nossa educação tornem disponíveis para nós. Não podemos esperar, cumulativamente, mudar a relação entre o eu e as estruturas institucionais ou conceituais que ele habita.

Se, no entanto, formos capazes de transformar o caráter assim como o conteúdo dessas ordenações da vida social, vendo-as como as construções coletivas revisáveis que realmente são e mantendo-as abertas ao desafio e à revisão em meio a nossos negócios comuns, então a prerrogativa de apostasia dos princípios do regime torna-se sacrossanta. Pois é somente com a persistência do conflito e da controvérsia quanto aos fundamentos do regime que somos capazes de manter vigorosamente diante de nós a tarefa paradoxal de desenvolver estruturas de vida e de pensamento adequadas a um ser ao qual nenhuma estrutura pode fazer justiça.

Considere agora o conteúdo prático do privilégio de divergir do regime assim como das visões e ideais que o suportam. Parte do conteúdo dessa prerrogativa é o direito não só de criticar o regime e atacar seus fundamentos espirituais como também o de agir contra ele por meio de toda forma de ação individual e coletiva, menos violência e guerra civil. Não é bom o bastante exigir lealdade às disposições constitucionais enquanto se professa que se permita uma vigorosa crítica a suas premissas. As premissas importam porque estão incorporadas nas disposições. As disposições são entendidas e defendidas à luz das premissas.

Regras não merecem lealdade; somente pessoas merecem lealdade. Exigir lealdade a regras constitucionais ou a quaisquer outras normas impessoais é invadir o santuário interior da personalidade para melhor cometer ato de idolatria: a projeção, para uma forma de organização transitória e falha, da reverência que devemos apenas à coisa em si: a pessoa vivente, sofredora, transcendente e situada.

Não basta proteger a apostasia negativamente. É desejável também equipar uma consciência dissidente com os meios práticos com os quais sustentar uma forma de vida e advogar suas virtudes, inclusive o acesso a meios de comunicação de massa. O federalismo deveria ser estendido para permitir que diferentes partes do país ou setores da sociedade desenvolvesse contramodelos de futuro social. Esses instrumentos afirmativos têm, no entanto, de estar sujeitos a duas limitações vitais.

Uma primeira limitação é que ao grupo dissidente não seja permitido, em nome de sua visão distintiva, oprimir seus membros ou negar-lhes, quando crianças, a educação pública que pode empoderá-los a se rebelar contra a comunidade de fé na qual ocorre terem nascido.

Uma segunda limitação é que o indivíduo seja livre para fugir para outro país, constituído de maneira diferente, com base em entendimentos diferentes. Assim, a divisão do mundo em Estados independentes não é apenas condição para o desenvolvimento dos poderes da humanidade; é também salvaguarda indispensável da liberdade. Ela pode, no entanto, levar repetidamente à guerra, cujo perigo é mitigado pelo minimalismo institucional que descrevi anteriormente.

A proteção radical da apostasia que esses argumentos e propostas expressam pode parecer demasiadamente extrema para ser compatível com a estabilidade de uma ordem política e com a coesão de uma sociedade. Na verdade, não vale a pena salvar regime incapaz de fazer frente a esse desafio e prosperar em meio a seus inimigos internos desarmados. Ao nos comprometermos com a proteção da apostasia, estamos fazendo uma aposta dupla. Apostamos que dissidência e inovação caminhem de mãos dadas e que a inovação é a condição mais importante do sucesso terreno. Também nos aventuramos à ideia de que, uma vez usufruídos, os benefícios de uma maior liberdade, desenvolvida em prol de uma vida maior, se mostrem irresistíveis.

Aqui está um exemplo do conteúdo e das complicações de um comprometimento para salvaguardar a apostasia dos ideais não neutros que animam a ordem de uma sociedade livre. É o exemplo de nações indígenas que continuam a viver, esparsas, na Amazônia brasileira, agora, nessa primeira metade do século XXI, em graus amplamente diferentes de assimilação e isolamento.

O Estado reserva grandes tratos de terra para os povos indígenas. No entanto, em nome da preservação de suas culturas, lhes é negada regularmente oportunidades econômicas e educacionais; teme-se que sua provisão compulsória pelo governo central seja uma ameaça a suas identidades coletivas.

A administração de políticas públicas para os indígenas tem sido atribuída tradicionalmente aos antropólogos, que sucederam aos sacerdotes de períodos históricos anteriores como os principais especialistas em assuntos indígenas e os não indígenas mais comprometidos com os interesses indígenas.

A principal linha da antropologia representa uma heresia na civilização do Ocidente: tendência de pensamento em conflito com as grandes premissas da luta com o mundo. De acordo com essa heresia, os principais protagonistas na história do mundo não são indivíduos; são culturas organizadas como formas distintas de vida e de consciência. A identidade do indivíduo e seus supremos interesses morais são inseparáveis, segundo essa visão, da preservação dessas culturas.

Os indígenas – dizem esses hereges – inscrevem-se numa teologia da imanência e num pragmatismo da suficiência. A teologia da imanência é outro nome para paganismo: o culto a um mundo natural que nos aterroriza e também nos arrebata. O pragmatismo da suficiência é a disposição de só trabalhar o quanto for necessário para assegurar o padrão de vida costumeiro, sem nenhum impulso para incessante acumulação e nenhum esforço para acelerar a dialética da autotransformação e da transformação do mundo. A tese dos hereges é que uma forma de vida e de consciência marcada por essas características é tão digna de preservação quanto qualquer outra, e que sua ruptura em nome de autonomia e empoderamento individuais equivale a um inadmissível ataque a uma versão da vida humana que merece proteção permanente. A principal obrigação da república em relação aos indígenas é, à luz dessa doutrina, deixá-los em paz.

Não se requer da religião do futuro que denuncie essa visão dos indígenas, de seus interesses materiais e morais, e das obrigações de uma república livre em relação a eles. A rejeição dessa heresia e de suas consequências práticas para a concessão de direitos é exigida de toda versão – sagrada e profana – da luta com o mundo. Os indígenas não deveriam ser coagidos, seja como coletividades seja como indivíduos, a abandonar a teologia da imanência e o pragmatismo da suficiência. Tampouco, no entanto, lhes deveriam ser negados os meios com os quais poderiam se rebelar contra suas culturas e mudá-las. Se insistimos em ter esses meios para nós mesmos, não estamos autorizados a negá-los a eles.

Nenhum ser humano adulto de posse de suas faculdades deveria ser tratado como criança. Nenhuma cultura – inclusive a nossa – tem mais do que um valor relativo e efêmero. Nós nos tornamos nós mesmos indo contra os contextos institucional e cultural que nos moldaram. Precisamos dos instrumentos econômicos e educacionais com os quais fazer isso.

É convicção do adepto da luta com o mundo, ou de seu sucessor na forma da religião do futuro, que, uma vez experimentadas, as alternativas à teologia da imanência e ao pragmatismo da suficiência se mostrarão irresistíveis. Além disso, nas circunstâncias reais do presente, os indígenas entrarão em contato com o homem branco, quer nós ou eles queiramos ou não. Privados de equipamentos econômico e educacional, os indígenas, como povos e como indivíduos, são indefesos.

A implicação desses argumentos para a coletividade é que dois problemas distintos têm de ser resolvidos por meios diferentes: o do empoderamento da coletividade e o do empoderamento do indivíduo. Para a coletividade, o governo tem de assegurar oportunidades econômicas e educacionais de modo adequado ao grau de isolamento ou assimilação do grupo. Quanto mais isolado é um povo, maior a necessidade de cuidados para assegurar que a maneira de proporcionar oportunidades econômicas e educacionais à nação indígena não predetermine o resultado, acarretando, pelo próprio fato de sua disponibilidade, a assimilação ainda mais completa (e a consequente destruição da cultura distintiva) que os indígenas deveriam ser coletivamente empoderados para abraçar ou rejeitar.

O indígena individual, no entanto, é um cidadão da república. Da república ele tem de receber, se assim o desejar, as ferramentas econômicas e educacionais com as quais possa divergir do caminho da coletividade. Reiterando, essas ferramentas não podem ser nem tão inacessíveis ao indivíduo que deixem de ser opções reais nem tão à mão que sua fácil disponibilidade solape a escolha coletiva de seguir um caminho em separado.

Os acertos e os erros na política em relação aos indígenas em tal circunstância são os acertos e os erros da empoderada dissidência, numa sociedade livre, da doutrina dessa sociedade. O que devemos a eles devemos a nós mesmos.

O PRINCÍPIO DA PLURALIDADE

A estrutura institucional de uma sociedade é decisiva para todos os nossos empreendimentos materiais e morais. Nossos interesses e ideais são sempre reféns das instituições e práticas que de fato os representam. Se a religião do futuro for comentar a condição da sociedade, deve fazer mais do que defender e apoiar uma determinada concepção de sociedade livre. Tem de ter um programa institucional. Em vez de tratar o projeto institucional da sociedade como uma circunstancial reflexão tardia sobre o enunciado de seus princípios políticos, ela tem de reconhecer que existe uma relação interna entre nosso pensar sobre ideais e interesses e nosso pensar sobre instituições e práticas.

A direção esboçada pelos princípios remanescentes de uma sociedade livre revela as consequências políticas da religião do futuro. Também é uma sugestão do caráter geral das instituições políticas, econômicas e sociais sobre cujas bases podemos hoje ter a melhor esperança de satisfazer o desejo por uma vida maior. A tarefa aqui não é descrever essa direção de uma mudança institucional. É abordar o problema e a resultante oportunidade de uma variedade de regimes pelos quais a concepção de uma sociedade livre pode ser, plausivelmente, tornada efetiva. Não existe uma forma única, autoevidente, que uma sociedade livre, ou uma sociedade fiel às aspirações da religião do futuro, deveria assumir.

Sociais-democratas contemporâneos estão equivocados ao tratar o estamento institucional estabelecido e herdado como cenário mais ou menos natural e necessário para o prosseguimento de seu esforço característico por conciliar flexibilidade econômica com proteção social, e eficiência com equidade. Muitos filósofos políticos estão errados ao tratar a estrutura institucional da sociedade como preocupação periférica na enunciação dos princípios da vida política.

Os liberais e os socialistas do século XIX estavam livres dessas ilusões. No entanto, eles, por sua vez, erraram ao confiar suas esperanças políticas a uma fórmula institucional dogmática: o estabelecimento de um sistema de direitos privados e públicos, inclusive uma versão particular da economia de mercado e de democracia (para os liberais) ou o controle governamental da economia, acompanhado de outro estilo de democracia (para os socialistas). Em toda instância, seu programa institucional mostrou-se inadequado a seus objetivos.

Seu erro não foi simplesmente ter escolhido uma fórmula institucional e não outra. Foi também ter deixado de perceber o caráter falho, circunstancial e transitório de toda forma institucional outorgada a uma sociedade livre. Temos de escolher uma direção de mudança institucional em vez de escolher um esquema definitivo. Além disso, temos de escolhê-la na consciência de que sempre existem outras direções e de que podemos ter motivo para mudar nosso juízo quanto a qual direção, no todo, deve ser preferida.

Não basta respeitar a prerrogativa de apostasia a partir de visões do bem e dos ideais de humanidade que informam o regime. É necessário também organizar experimento permanente, tanto em âmbito mundial quanto no espaço dos Estados independentes do mundo, em relação às disposições institucionais de uma sociedade livre. Os apóstatas podem divergir dos ideais e das visões associadas à ordem livre, às versões sagrada e profana da luta com o mundo, ou à radicalização e reforma pela religião do futuro. Os devotos desses projetos vão divergir, e deveriam divergir, entre si em seu entendimento das implicações institucionais de seus comprometimentos. Essa divergência não é um estorvo acidental ou passageiro nas ideias revolucionárias, a ser superado por convergência e consenso; é uma característica permanente da verdade quanto à política e da verdade quanto à liberdade. Esse princípio de pluralidade é o segundo princípio que informa a concepção e o projeto de uma sociedade livre. Ele complementa o primeiro princípio, de proteção da apostasia.

Do princípio de pluralidade seguem-se três consequências.

A primeira consequência do princípio da pluralidade é que a organização do mundo deveria ser receptiva a uma experimentação coletiva com as formas alternativas de uma sociedade livre. Não deveria fazer com que as disposições para segurança ou para comércio dependessem de submissão a determinada fórmula institucional. Deveria ser marcada por minimalismo institucional e não por maximalismo institucional – o maior envolvimento econômico e cultural das pessoas entre si, com base na menor restrição a seus experimentos institucionais domésticos.

Disposições para o comércio mundial, por exemplo, não deveriam impedir experimentos para a reformatação de uma economia de mercado, inclusive os que associam governo com firmas privadas ou que inovam nas regras básicas de propriedade e contrato, no esforço por organizar múltiplas maneiras de descentralizar a iniciativa econômica e organizar o acesso aos recursos de oportunidades de produção.

Contudo, deve ser feita distinção entre experimentos institucionais que, plausivelmente, representam formas alternativas de sociedade livre e aqueles que suprimem a liberdade. A apostasia dos ideais de uma sociedade livre é sacrossanta em qualquer Estado livre. Sua santidade não implica exigir que se tolerem regimes que negam tanto a indivíduos quanto a povos os meios políticos, econômicos e culturais pelos quais julgar a estrutura na qual se encontram.

Esses regimes desonram os atributos essenciais da humanidade. Também buscam se entrincheirar, em nome de uma visão distinta, contra qualquer teste das alegações nas quais se baseiam, a não ser os testes da ruína econômica e da derrota militar. Os motivos para não intervir neles em dada circunstância são meramente práticos. Mesmo assim, podem ser preponderantes. Num mundo no qual as grandes potências são incapazes de distinguir seus interesses dos interesses da humanidade, ou distinguir a concepção de sociedade livre das disposições institucionais falhas que elas abraçam e que frequentemente buscam impor ao resto do gênero humano, a intervenção em nome de liberdade pode simplesmente servir à hegemonia de uma grande potência.

Deveríamos impor somente as restrições ao experimentalismo institucional que ajudassem a fazer do mundo um concerto de povos livres. Quanto menos permitirmos que o acesso aos bens públicos globais da segurança política e da abertura econômica dependa da obediência a uma única fórmula institucional de âmbito mundial, e quanto mais vigorosamente sejam estabelecidas no mundo variedades divergentes de uma sociedade livre, maiores serão nossas probabilidades de atingir esse objetivo.

A segunda consequência do princípio da pluralidade é que deveríamos dar preponderância especial às ideias e capacidades, bem como às disposições institucionais, que tornam possível essa experimentação com as formas institucionais alternativas de uma sociedade livre. Não basta estabelecer instituições que exibam, de modo mais completo do que nossas instituições atuais, o atributo da corrigibilidade e que incrementem nossa capacidade de criar diferença em vez de meramente lembrá-la e preservá-la.

Um dos recursos que habilitam o futuro é uma educação que equipe a mente de modo que a mente como imaginação se sobreponha à mente como máquina. Essa educação transforma a escola em instrumento de acesso à experiência e à visão mais amplas do que as que a ordem estabelecida é capaz de conter. Ela impede que a escola sirva de ferramenta para a família ou para o Estado. Reconhece em cada criança um profeta tartamudo.

Nossa autocompreensão ao longo de todo o campo de estudo social e histórico, das ciências sociais, das ciências da mente e do comportamento e das humanidades precisa suprir-nos de ideias que possam informar a imaginação de alternativas. Para tal finalidade, cada uma dessas disciplinas tem de ser reformada para exemplificar a conexão entre a compreensão do que essa sociedade tem sido e o entendimento daquilo em que, para o bem ou para o mal, ela pode se tornar. Análise legal e economia política – as disciplinas gêmeas da imaginação institucional – têm de cessar de servir à racionalização retrospectiva da vida social e abandonar o hegelianismo de direita, a racionalização retrospectiva do existente, que tem sido há muito tempo sua filosofia secreta.

A terceira consequência do princípio da pluralidade é que cada área da vida de uma sociedade livre deveria ser organizada de modo a empoderar divergência experimental naquele domínio. A capacidade de uma sociedade livre de inovar em formas institucionais tem de se manifestar na organização de cada setor do regime, segundo os problemas e oportunidades que distinguem cada um deles. Cada área de vida social deveria exemplificar e incrementar a desnaturalização do regime social: o enfraquecimento do contraste entre nossas ações ordinárias, preservadoras de estrutura, e nossos esforços extraordinários, transformadores de estrutura. Cada domínio de nossa experiência deveria ser organizado de maneira a abordar, segundo as restrições e as oportunidades especiais desse domínio, o ideal regulador de uma sociedade no qual nenhum aspecto da estrutura institucional e ideológica fica além de nosso poder de desafiar e de reformatar.

A religião do futuro

Essa consequência do princípio da pluralidade tem um corolário para a relação entre a convergência institucional e a divergência dentro de cada país ou região do mundo. Quanto ao modo como configuram mercados, democracias e sociedades civis, as sociedades livres têm de usufruir do poder de inovar e de divergir dentro delas mesmas, e não apenas entre elas mesmas. Têm de possuir os meios tanto institucionais quanto conceituais de criar novas variedades de pluralismo político, econômico e social. As formas estabelecidas de economia de mercado, de democracia representativa e de sociedade civil independente são hostis a essa experimentação. Esse objetivo ajuda a informar uma agenda, dado o próprio escopo limitado de disposições institucionais e ideias que estão agora em oferta no mundo, seja na prática ou como doutrina, e o relativamente inelástico caráter do acervo de alternativas institucionais a qualquer momento.

Economias de mercado permanecem atreladas a uma versão particular da ideia de uma ordem de mercado, incorporada em seus sistemas de lei privada e frequentemente justificada como a expressão natural e necessária de uma ordem espontânea na vida econômica. Regimes alternativos de propriedade e contrato deveriam, em vez disso, vir a coexistir experimentalmente, ganhando maior ou menor presença em diferentes partes da ordem econômica. Como resultado, a liberdade para recombinar fatores de produção dentro de uma estrutura incontestável de produção e troca seria estendida à liberdade para inovar continuamente nas disposições que compreendem essa estrutura.

Sociedades civis permanecem desorganizadas ou desigualmente organizadas sob as provisões de leis de contrato, corporação e trabalho, e lhes é negada, como resultado de sua desorganização, a oportunidade de compartilhar diretamente da criação de futuras alternativas sociais. Não podem criar lei de baixo para cima, nem mesmo lei relativa à própria organização. Tudo que podem fazer é competir por voz e influência na feitura de lei pelo Estado. As ligações de solidariedade na vida social, em vez de se apoiarem na base sólida da responsabilidade direta por ajudar a cuidar dos outros, inclusive outros que estão fora da própria família, dependem do frágil cimento de transferências de dinheiro organizadas pelo governo.

Liberdade profunda: a política da religião do futuro

A sociedade civil deveria ser organizada, independentemente do Estado e fora do Estado, para melhor participar ativa e diretamente no desenvolvimento de futuros sociais alternativos. Não deveria, e não precisa, fazer isso simplesmente mediante trabalho de funcionários eleitos e de partidos políticos. Uma ocasião para essa participação é o envolvimento na provisão de serviços públicos, sendo a educação o primeiro entre os serviços que equipam o indivíduo transcendente ao contexto. Outra oportunidade é a generalização do princípio de que todo adulto saudável deveria em algum momento ter a responsabilidade de cuidar de outra pessoa fora de sua família, promovendo assim solidariedade social com fundamento mais forte do que dinheiro.

Democracias continuam a ser estabelecidas de maneiras em que mudanças dependam de crise, reiterem o poder dos mortos sobre os vivos e permitam que uma estrutura estabelecida mantenha, até a próxima crise, seu semblante de naturalidade, necessidade e autoridade. Para uma política democrática, a tarefa é compreender e organizar a democracia como a descoberta coletiva e a criação do novo na vida social, não simplesmente como a regra da maioria, limitada pelos direitos das minorias políticas e sociais. Disposições constitucionais deveriam apressar o ritmo da política – o dispositivo para mudança estrutural –, bem como elevar sua temperatura – o nível de envolvimento popular na vida pública. Deveriam explorar o potencial experimentalista do federalismo para gerar contramodelos do futuro social e estabelecer no Estado um poder de resgatar grupos de situações de exclusão ou desvantagem que são incapazes de superar pelos meios de ação coletiva a eles disponíveis. Deveriam conferir à democracia representativa características de democracia direta. Mediante todos esses dispositivos deveriam expandir vastamente nosso poder de criar o novo e o diferente, sem necessitar de uma crise como condição para mudança.

Assim, compreender o princípio da pluralidade não basta para assegurar que versões diferentes de uma sociedade livre sejam estabelecidas sob a égide de Estados separados e soberanos e incorporadas nas ordens legais desses Estados. É preciso que cada nação tenha a sua disposição os arranjos e as ideias que lhe facultem reinventar mercados, democracias e sociedades civis.

Pois é somente pelo poder e pela prática dessa reinvenção que o peso das estruturas estabelecidas, destruidor de liberdade, pode ser aliviado, o poder do passado sobre o futuro diminuído e a profecia habilitada a falar mais alto do que a memória.

O PRINCÍPIO DA LIBERDADE PROFUNDA

No projeto de instituições, a liberdade profunda tem prioridade sobre qualquer forma de igualdade de circunstância. A igualdade de oportunidade é aspecto fragmentário da liberdade profunda.

A liberdade e a igualdade podem ser superficiais ou profundas. São superficiais na medida em que tomam como certa a estrutura institucional estabelecida e são entendidas e implementadas dentro dos limites daquela estrutura. São profundas na medida em que avançam mediante reorganização daquela estrutura.

A liberdade profunda é, pois, liberdade apreendida e realizada mediante mudança de nossas instituições e práticas, não só mediante única mudança uma única vez, mas por meio de prática capaz de engendrar mudança futura, continuada, na ordem institucional da sociedade. Liberdade profunda também é liberdade entendida nos limites do que antes descrevi como a concepção de uma sociedade livre. A ideia de liberdade profunda desenvolve-se em interação entre a concepção de sociedade livre e as disposições institucionais requeridas para fazer essa concepção ser real. A concepção informa a criação das alternativas institucionais. A criação das alternativas nos incita a enriquecer e revisar a concepção.

Segundo crença difundida na época em que este livro estava sendo escrito, a distinção entre esquerda e direita, entre progressistas e conservadores na política, é principalmente a diferença entre os pesos relativos que eles atribuem à igualdade e à liberdade. Os esquerdistas ou progressistas seriam aqueles que dão prioridade à igualdade, equidade ou justiça social; os conservadores ou liberais (no sentido da Europa contemporânea), os que põem a liberdade em primeiro lugar. Esse conjunto de identificações resulta de uma

Liberdade profunda: a política da religião do futuro

confusão entre liberdade superficial e profunda, ou igualdade. É, além disso, falso, na história de ideias progressistas ou esquerdistas. Deveríamos rejeitá-lo; ele revela e reforça uma direção equivocada tanto na política prática quanto no pensamento político.

Os liberais e os socialistas do século XIX, quase universalmente, consideravam a igualdade aspecto da liberdade. Seu comprometimento essencial era com o empoderamento tanto do indivíduo quanto da espécie – a formação de uma humanidade maior e de um eu maior. Eles diferiam na compreensão dessa grandeza, assim como nas fórmulas institucionais em que, erradamente, depositavam suas esperanças. Compreendiam que nenhum homem ou mulher sadios que pudessem ter uma vida maior se acomodariam, em vez disso, numa rígida igualdade de resultado ou circunstância. Consideravam a abolição das injustiças de uma sociedade de classes e de trabalho assalariado economicamente dependente como parte importante da luta por uma liberdade maior. Nunca aceitariam a noção de que podemos reparar os maiores males da vida social mediante redistribuição compensatória e retroativa de renda por meio de transferência de dinheiro ou programas de exercício de direitos sociais organizados pelo Estado. Ao professarem essas crenças, eram revolucionários, como deveríamos ser hoje e amanhã, opondo-se ao regime estabelecido e profetizando uma vida maior para o gênero humano.

Os que consideram que a prioridade da igualdade sobre a liberdade é a tônica da causa progressista estão assumindo sem saber uma premissa decisiva: eles aceitam o estamento institucional estabelecido. Se vivem nos países ricos do Atlântico norte, o estamento que estão aceitando principalmente é o compromisso social-democrata de meados do século XX (com sua contrapartida nos Estados Unidos, o New Deal). Se estão noutra parte do mundo, provavelmente, assim mesmo, verão esse compromisso como o horizonte e o limite de nossas esperanças democráticas.

Os progressistas ou os esquerdistas tornam-se então aqueles que, dentro dos limites do estamento social-democrata, vão querer mais igualdade. Com o devido respeito às disposições institucionais estabelecidas, isso, na maioria dos casos, significa uma redistribuição *post factum* e uma regulação, em vez de qualquer reconfiguração, seja da produção seja da política. Segundo os termos dessa barganha, qualquer tentativa de alterar fundamentalmente as disposições produtivas e políticas foi abandonada. Ao Estado foi permitido ganhar poderes de amplo alcance para regular, redistribuir e gerenciar a economia contraciclicamente.

Os conservadores são, segundo a mesma maneira de pensar, aqueles que querem voltar o peso desse compromisso histórico na direção da liberdade e da eficiência. Para eles, a liberdade é um espaço maior para manobrar dentro dos termos dispostos pelas formas estabelecidas de economia de mercado e de democracia constitucional: menos regulação e menos redistribuição de modo que haja mais espaço para a iniciativa individual e a autodeterminação, livres da tutela do Estado.

Essa estrutura ideológica primitiva convida a um estreitamento do escopo da política, apresentado como uma síntese. O objetivo passa a ser reconciliar a flexibilidade econômica com a proteção social.

Liberdade superficial e igualdade superficial são liberdade e igualdade vistas dentro das restrições impostas pelo estamento institucional prevalente. A efetiva experiência da vida política provê uma infindável série de pistas da inadequação dessa ideia. Por exemplo, no fim do século XX e início do século XXI, alguns dos países mais admirados como exemplos da social-democracia experimentaram iniciativas que acabaram sendo denominadas "flexissegurança": dotações universais em vez de estabilidade em determinados empregos, o que, numa escala muito pequena, resultou no que parecia ser possível usufruir ao mesmo tempo de mais equidade e mais flexibilidade. No entanto, ninguém imaginou que esforço semelhante pudesse ser conduzido em escala muito maior mediante a reforma das disposições institucionais, inclusive a da propriedade, a do contrato e a das relações entre poder público e iniciativa privada, que configuram uma economia de mercado.

Liberdade superficial e igualdade superficial são opções falsas. São baseadas em injustificada aceitação da estrutura institucional existente: o resultado contingente daquela última grande reforma institucional. Pressupõem a validade de um simples e ilusório modelo hidráulico de debate ideológico:

Liberdade profunda: a política da religião do futuro

mais mercado, menos Estado; mais Estado, menos mercado; ou uma combinação de Estado e mercado projetada para assegurar que as desigualdades geradas pelo mercado sejam corrigidas pela atividade redistributiva e regulatória do Estado.

É esse esquema simples e falso que é tido pelas filosofias da justiça distributiva como exercendo a maior influência nessas mesmas sociedades. O caráter abstrato e a-histórico dessas filosofias não pode ocultar sua intenção operativa: a justificação da redistribuição compensatória sob uma social-democracia institucionalmente fechada. Como seu igualitarismo teórico é o lado reverso de sua vacuidade institucional ou seu conservadorismo, não são capazes de ter sucesso em seus professados objetivos. Elas argumentam em prol da humanização de um mundo que os próprios adeptos se julgam incapazes de reimaginar e refazer, e definem estreitamente essa humanização, para que seja adequada aos dispositivos com os quais estão comprometidos.

Quando exigimos mais do que uma tentativa de humanizar o que é supostamente inevitável, saímos da liberdade superficial e igualdade superficial para igualdade profunda e liberdade profunda. A igualdade profunda, no entanto, opõe-se aos ideais e aos interesses que têm sido centrais no socialismo, no liberalismo e na democracia. Os primeiros a rejeitá-la seriam aqueles que permanecem fiéis aos maiores e mais duradouros objetivos da esquerda. Na religião do futuro, eles encontrarão mais motivo para pô-la de lado.

A igualdade profunda é a prioridade concedida a alguma forma de igualdade de circunstância ou de resultado, alcançada mediante qualquer reforma de instituições que venha ser requerida para atingir esse objetivo. Igualdade de respeito e igualdade de oportunidade são intrínsecas à liberdade e à concepção de uma sociedade livre; não só à concepção radical antes proposta, mas também a qualquer concepção que permaneça em estreita conexão com os ideais sustentados pelas versões profana ou sagrada da luta com o mundo. Igualdade superficial e profunda convergem na primazia que concedem à igualdade de circunstância. O comprometimento igualitário pode ser formulado diretamente como proibição de desigualdades extremas nos padrões de vida, de renda ou de riqueza. Alternativamente, pode ser ratificado por uma disposição de admitir quaisquer desigualdades que possam ser justificadas por sua contribuição às circunstâncias de quem está em piores situações, contanto que os princípios fundamentais de igualdade de respeito e de oportunidade permaneçam invioláveis.

A igualdade profunda distingue-se da igualdade superficial por sua recusa em ter como certas as disposições institucionais estabelecidas, inclusive as que configuram a economia de mercado. Seu dispositivo característico não é, como na igualdade superficial, a redistribuição compensatória por meio de imposto e transferência. Ele é uma mudança nas disposições institucionais, especialmente aquelas que organizam produção e permuta, para melhor influenciar a distribuição primária de riqueza e renda.

Uma vez tendo as instituições básicas ficado suscetíveis a repensamento e reforma, as formas restritas de igualitarismo – as que justificam descumprimentos da igualdade de circunstância por sua contribuição à melhora das circunstâncias de um grupo particularmente necessitado, como os que estão nas piores situações – deixam de ser ideias bem formadas. Redistribuição compensatória produz seus efeitos imediatamente, na forma de transferência de recursos. Mudança institucional produz esses efeitos no tempo histórico. A menos que o período de tempo relevante seja arbitrariamente restringido, as desigualdades mais extremas poderiam agora ser justificadas em princípio por sua contribuição especulativa à melhora das condições dos mais desfavorecidos em tempo muito posterior. Esta é, em certo sentido, a justificativa da sociedade de classes no materialismo histórico de Karl Marx: a extração coercitiva de excedentes, possibilitada pela hierarquia de classes e opressão de classe, cria as condições materiais que permitem a superação da escassez muito tempo depois de as vítimas de opressão de classe estarem mortas.

Um igualitarismo que justifica descumprimentos de igualdade de resultado ou de circunstância somente devido a seu efeito benéfico na situação de certos grupos, como o dos mais desfavorecidos, só pode, por esse motivo, ser igualdade superficial. A igualdade superficial é, na verdade, a província das teorias contemporâneas de igualitarismo de justiça. Seu implícito conservadorismo institucional reduz seu igualitarismo teórico a suas verdadeiras proporções; elas têm de alcançar o que querem realizar na forma de uma redistribuição e regulação corretiva, deixando a estrutura do mercado e da democracia intacta. O igualitarismo profundo não pode permitir essa limitação.

Igualdade profunda é o que, por exemplo, os espartanos tinham entre eles, mas não em relação aos hilotas. É o que quiseram Proudhon, William Morris e muitos outros socialistas do passado. Só se pode assegurá-la impondo-se restrições radicais à venda de propriedade e à acumulação de capital. Há duas principais instâncias históricas para tal projeto.

Um exemplo foi o esforço por alcançar equalização, empreendido, notadamente via reforma agrária e em detrimento de grandes proprietários de terra, em muitos dos antigos Estados imperiais. Quando tinha êxito, ele produzia igualdade relativamente maior naquelas sociedades ainda amplamente agrícolas. No entanto, o que movia os reformadores instalados nos assentos do poder imperial não era o ideal de igualdade profunda. Seu motivo era assegurar que o status de uma fonte de recursos oriundos de impostos e o recrutamento militar não estivessem sujeitos ao controle de magnatas proprietários de terra e senhores da guerra. As restrições ao poder de uma oligarquia de proprietários de terra e de senhores da guerra de subjugar uma classe de pequenos agricultores tiveram êxito, quando tiveram, dentro de uma ordem social e histórica maior, que permaneceu acentuadamente hierárquica. Essa ordem resistiu à influência da tentativa – compartilhada pelos visionários fundadores das religiões mais cultas – de negar a realidade ou a autoridade das divisões dentro da humanidade.

Uma segunda instância histórica de comprometimento com igualdade profunda é o socialismo de Estado no século XX, nos períodos (como do impulso para coletivização rural de Stalin ou da Revolução Cultural de Mao) em que o igualitarismo prevaleceu. A coletivização, bem como a nacionalização dos meios de produção, a proscrição de toda acumulação privada de capital, a disseminada restrição à alienação ou à aquisição significativas de propriedade e a insistência em suprimir trabalho assalariado privado, tudo era parte dessas experiências. Na ausência da invenção de novas e desagregadas formas de propriedade, nem mesmo o sistema de autogerenciamento dos iugoslavos foi capaz de tornar estável o regime de seu empreendimento sem recorrer a amplas restrições a alienação e a expansão. Mesmo assim, nesse socialismo de Estado do século XX, a desigualdade radical continuou a existir, se não na circunstância econômica, então no que concerne a poder e educação. As desigualdades políticas e culturais quase sempre têm consequências econômicas diretas ou indiretas.

Quem quer igualdade profunda? Não as centenas de milhões que fugiram do campo para a cidade, mesmo quando não havia trabalho os aguardando lá. Não as multidões sentadas e petrificadas diante de suas telas assistindo a fantásticas narrativas de empoderamento e escape da cultura romântica popular. Não quem estava em busca de mais consumo, mais excitação, mais diversão ou mais capacitação. Não a ninguém que possa ter, com certa medida de abundância, qualquer outra coisa. E quando a querem, se realmente a compreendem, a querem somente como consolo, na falta de bens mais atraentes. Austeridade, labuta enfadonha e monotonia, alternativas de ação cada vez mais estreitas podem parecer uma forma aceitável de existência somente quando se mostram como a única alternativa a uma forte opressão. A antiga Esparta tem poucos adeptos.

A igualdade profunda não pode ser o cerne do programa dos progressistas. Ela não capta as preocupações e aspirações que o impulsionaram historicamente. A noção comum de que a esquerda se distingue por priorizar a igualdade à liberdade só se mantém plausível enquanto nos limitamos a comparar liberdade superficial com igualdade superficial: somente quando o horizonte do argumento programático se estreitou a ponto de equilibrar flexibilidade econômica e proteção social uma em relação à outra, dentro de um sistema institucional que as forças políticas não têm ímpeto para reconstruir. A abdicação dessa reforma institucional, no entanto, equivale ao apequenamento da causa progressista, deixando-a incapaz de abordar qualquer dos grandes problemas das sociedades contemporâneas.

A liberdade profunda é o único objetivo defensável dos progressistas, daqueles que compreenderam as implicações políticas da luta com o mundo e querem resgatar essa orientação à existência das concessões e rendições que continuam a circunscrever seu alcance. É também, portanto, princípio político dos que se movem em direção à religião do futuro. Liberdade profunda, em seu sentido mais pleno, é a dialética entre a concepção de sociedade livre e as inovações institucionais cumulativas que podem tornar essa concepção real.

Esses dois elementos – a ideia e as instituições da liberdade – desenvolvem-se juntos. O processo transformacional que resulta de sua conexão recíproca é mais importante e mais revelador do que qualquer momento no casamento da concepção com as disposições. A concepção ganha significado por referência a desenvolvimentos institucionais reais ou imaginários. As inovações institucionais, no entanto, não são simplesmente a tradução técnica, para uma realidade social, de uma ideia estabelecida independentemente. Em vez disso, as escolhas institucionais revelam as ambiguidades e as possíveis direções alternativas que, a qualquer momento, estão ocultas na ideia.

Não existe sortimento de disposições institucionais que, uma vez promulgadas, faz com que a concepção de uma sociedade livre ganhe vida na realidade social. Há uma variedade aberta de aprimoramentos institucionais, muitos deles grosseiros e falhos, equivalentes funcionais de outras disposições como essas. O que importa é a direção, definida com precisão pela interação entre a compreensão e suas expressões institucionais.

A distinção entre direita e esquerda não perdeu seu significado. Não obstante, precisa ser redesenhada. Confiná-la nos limites do contraste entre igualdade superficial e liberdade superficial é reduzi-la a um contraste entre duas versões do pensamento contrarrevolucionário, ambas antagônicas às aspirações políticas que são propulsoras da luta com o mundo, a serem mantidas e levadas avante pela religião do futuro.

Em vista disso, os conservadores são aqueles que perdem a crença em nosso poder de nos erguer, por meio da transformação de nossas disposições, a uma vida maior, não para um grupo favorecido pela sociedade (na forma de vantagem econômica e educacional hereditária) ou pela natureza (na forma de melhores dotes genéticos), mas para todos. Os progressistas são aqueles que insistem em transformar a estrutura institucional da sociedade com a finalidade de alcançar uma vida maior para todos. Eles não querem meramente substituir uma estrutura por outra. Querem mudar o sentido no qual a estrutura é uma estrutura, fazendo a ordem social ser receptiva a uma estrutura que desafia a estrutura, isto é, tornando-a amigável à liberdade. Essa transformação pode ser gradual e fragmentada em seu método, mas nunca radical em seu resultado se persistir, informada por uma ideia de liberdade em desenvolvimento, numa determinada direção.

A significância prática da liberdade profunda torna-se clara quando se enunciam detalhadamente suas implicações para a desigualdade de circunstância.

Primeiro, não se deveria tolerar nenhuma desigualdade de circunstância que ameace ou a igualdade de respeito ou a igualdade de oportunidade. Esses dois aspectos da igualdade fazem parte da liberdade. Só podem ser assegurados pela combinação da defesa pública de uma ideia inclusiva de liberdade (à qual a religião do futuro dá o mais abrangente suporte) com institucionalizada ampliação de acesso à oportunidade econômica e educacional. É como resultado da força de disposições institucionais resistentes a revisão que essas desigualdades exercem seu efeito. É apelando para uma ideia defeituosa, parcial, de liberdade que elas mantêm sua autoridade. A correção dessas desigualdades deveria, portanto, se basear primeiro e principalmente na mudança de instituições e na crítica a crenças, e só secundariamente na redistribuição compensatória.

Segundo, desigualdades de circunstância que resultam em desigualdades de oportunidade ou respeito tornam-se especialmente danosas quando são expressas como manutenção privilegiada de recursos econômicos, políticos ou culturais com os quais criamos o futuro dentro do presente. Se, por exemplo, o resultado de uma desigualdade de circunstância for permitir que certa classe da sociedade exerça influência decisiva sobre o governo, sob o disfarce de instituições democráticas, e adquira efetivamente influência política, o sistema de liberdade estará violado. Reiterando, um envolvimento inclusivo na criação do futuro dentro do presente exige, acima de tudo, inovação em nossas disposições e crenças quanto à organização da economia de mercado, da política democrática e da sociedade civil.

Terceiro, as desigualdades de circunstância que têm como consequência de sua expressão a subversão do trabalho livre; ou a predominância da forma inferior de trabalho livre – o trabalho assalariado – sobre as formas superiores – o autoemprego e a cooperação; ou a atribuição às pessoas de um trabalho que poderia ser realizado por máquinas, tudo isso é, por si mesmo, suspeito. A conjectura que pesa contra eles é, contudo, relativa e refutável. A existência de alternativas, factíveis nas condições prevalentes de desenvolvimento científico e tecnológico, determina se a conjectura pode ser descartada. No entanto, mesmo que possa, o que importa é a trajetória: a abertura de um caminho para mudança de instituições e de crenças que pressionam para além delas, aproveitando as possibilidades criadas por ciência e tecnologia e seguindo numa direção determinada.

Quarto, desigualdades de circunstância que resultam da reprodução de classe social pela transmissão hereditária familiar de desigual vantagem econômica ou educacional devem ser combatidas. Somente a ampliação institucionalizada de oportunidade econômica e educacional pode efetivamente superá-las. Um problema mais renitente resulta de qualquer parte da desigualdade de circunstância que possa ser atribuída à desigualdade de dotes naturais. Como o desenvolvimento de um dote é comumente sua própria e principal recompensa, a tentação de recompensar ainda mais sua expressão deve ser combatida dentro dos limites do que é razoável e factível para os indivíduos imitadores e buscadores de elogios que somos.

Quinto, desigualdades de circunstância podem ser defendidas por sua suposta contribuição ao desenvolvimento da riqueza e dos poderes práticos da sociedade. Contudo, nunca se deve permitir que as desigualdades assim justificadas se acumulem a ponto de transgredir as preocupações expressas pelas primeiras duas ideias (a primazia da igualdade de respeito e de oportunidade e uma exclusão de desigualdades que resulte em privilegiada fortaleza na construção do futuro). Elas têm de ser impedidas de relegar a massa de homens e mulheres comuns a depender de trabalho assalariado ou

A religião do futuro

de trabalho mecânico, formular (a terceira ideia). Além disso, não deveria se permitir que elas sirvam de disfarce para a legitimação de uma sociedade de classes ou para a veneração de dotações excepcionais sob a bandeira do mérito. Essa veneração é uma espécie de culto ao poder, um prometeanismo às avessas. É tóxico para a cultura pública ou para uma sociedade livre, e incompatível com a visão de humanidade que essa cultura compartilha com a religião do futuro.

Sexto, deveríamos abordar a conciliação da quinta ideia com as outras quatro, no espírito de uma busca, de mente aberta, experimental e esperançosa, por disposições que jazem na zona de potencial interseção entre as condições institucionais para o desenvolvimento de capacidades produtivas da sociedade e os requisitos institucionais para a superação do domínio e da dependência, numa sociedade. Tendo abandonado a fé dos liberais e socialistas do século XIX numa fórmula institucional que fizesse avançar simultaneamente essas duas famílias de bens, deveríamos cuidar de não a substituir pela igualmente dogmática e falsa crença numa trágica contradição entre elas. Em vez disso, deveríamos prosseguir, com base na esperança, na identificação e no desenvolvimento de um subconjunto de condições institucionais do primeiro bem, que serve ao segundo, e de um subconjunto das exigências institucionais do segundo, que faz avançar o primeiro. A primazia há muito estabelecida da inovação e da capacidade sobre o tamanho, em qualquer dado momento, a do excedente econômico preservado sobre o consumo corrente, como restrição ao crescimento econômico, é argumento poderoso a favor da razoabilidade e fecundidade dessa esperança.

O ideal da igualdade – igualdade de respeito e de oportunidade, e maior igualdade de circunstância somente na medida em que ela aumenta a igualdade de oportunidade e de respeito ou é requerida por elas – é mais bem defendido quando subordinado ao maior e mais inclusivo ideal da liberdade profunda. Pois é esse ideal que mais diretamente toca nosso interesse de nos tornarmos mais humanos ao nos tornarmos mais divinos. A busca revolucionária desse ideal fica clara assim que insistimos em equipá-la com seu mais útil instrumento: a reorganização institucional da sociedade.

Liberdade profunda: a política da religião do futuro

Ficará desapontado quem esperar das ideias sobre os limites permissíveis de desigualdade de circunstância, como as seis proposições anteriormente citadas, uma métrica para justiça distributiva. As instituições da sociedade, e as ideias predominantes em sua cultura pública, valem mais do que a realocação instantânea que só pode ser alcançada, se é que pode, por uma redistribuição retroativa e compensatória. A direção da mudança social e pessoal importa mais do que a aritmética de curto prazo da redistribuição. Nossa oportunidade de nos elevamos a uma vida maior, sem abandonar alguns ao apequenamento, e de começar nossa elevação agora mesmo, num presente do qual não precisamos mais ser alienados, é o padrão pelo qual deveríamos afinal distinguir entre as formas permissíveis e as não permissíveis de desigualdade.

O PRINCÍPIO DE UMA COOPERAÇÃO MAIS ELEVADA

A prioridade da liberdade profunda sobre a igualdade de circunstância tem como complemento mudança no caráter de nossas práticas cooperativas.

A ideia de cooperação forma parte da concepção de sociedade livre. Se outras coisas continuam iguais, quanto mais formos capazes de organizar nossas atividades por meio de uma divisão de trabalho não contaminada por subjugação e dependência, mais livres nos tornaremos. Na medida em que alcancemos esse objetivo, podemos fazer mais e nos tornarmos mais, tanto individual como coletivamente. Suavizamos o conflito entre as condições que habilitam a autoafirmação: o imperativo da conexão e o imperativo da agência independente. Baixamos o preço, em perda de autonomia, que temos de pagar pela conexão. Aliás, fazemos isso fora do âmbito das relações pessoais íntimas nas quais o amor oferece a forma consumada dessa reconciliação. A cooperação substitui o amor na vida entre estranhos.

A capacidade de cooperar é, ao mesmo tempo, a mais poderosa e pervasiva influência no desenvolvimento de nossas aptidões práticas. Juntamente com o recrutamento da ciência e da tecnologia na produção, ela é o fator prevalente no progresso material da sociedade. Embora essa capacidade seja moldada por disposições institucionais, ela adquire vida própria, sustentada por hábitos de ação e de mente. As práticas e instituições nas quais a cooperação, como uma divisão do trabalho, está incorporada definem um regime cooperativo. Um regime cooperativo pode favorecer ou inibir o desenvolvimento de capacidades de cooperação.

Na longa varredura da história econômica, podemos distinguir três estágios no desenvolvimento de nossas aptidões para produzir bens e serviços – as mais fundamentais de nossas aptidões práticas se quisermos eliminar da vida humana os fardos da pobreza, enfermidade e labuta enfadonha. No primeiro e mais primitivo estágio, o tamanho de um excedente econômico sobre o consumo corrente permanece sendo uma poderosa restrição à expansão da produção e ao aumento da produtividade. Grandes Estados, como os impérios agrários-burocráticos que predominaram em grande parte da história do mundo, puderam encontrar nessa restrição razão para organizar a extração coerciva desse excedente, contra o pano de fundo de fortes hierarquias e divisões sociais. Os teóricos da economia podem ser tentados, no entanto, a exagerar a importância e persistência dessa restrição. Ela é uma limitação logo superada, em sua importância econômica, pela capacidade de inovar tanto em instrumentos tecnológicos de trabalho como em disposições institucionais de cooperação. Karl Marx exagerou em seu relato da história da divisão social do trabalho quando explicou sociedade de classes funcionalmente como necessitando de uma indispensável extração coercitiva de excedente. Adam Smith exagerou em sua análise da divisão técnica do trabalho quando descreveu a hiperespecialização do trabalho e a consequente brutalização do trabalhador numa fábrica de pregos como consequência da necessidade, sob a tecnologia então disponível, de realizar economias de escala.

Num segundo estágio de desenvolvimento de capacidades produtivas, a produção vem a ser sustentada pela ciência, incorporada em tecnologia. A produção industrial em massa, do tipo que veio a prevalecer nas economias mais avançadas nos séculos XIX e XX, é um exemplo característico. Sob esse regime, o trabalhador opera a máquina como se ele fosse a máquina. A formulação e supervisão das tarefas produtivas são rigidamente distinguidas de sua execução, e cada tarefa o é de todas as outras.

Liberdade profunda: a política da religião do futuro

Num terceiro estágio da história da produção, a produção, em vez de ser apenas sustentada pela ciência, torna-se materialização da ciência: um experimento contínuo, uma prática de constante inovação, uma transformação de nossas atividades cooperativas numa expressão de operações analíticas e sintéticas da mente. Nesse estágio, o trabalhador usa máquinas para melhor não atuar como se ele fosse uma máquina: isto é, ele trabalha, não de modo formular, revendo continuamente o plano de produção à medida que o implementa.

Essa é a promessa do que hoje é frequentemente descrito como a nova, criativa, ou pós-fordiana economia. Na época em que este livro estava sendo escrito, esse estilo de produção estava em grande parte confinado a vanguardas, debilmente conectadas com outros setores de cada economia nacional. A maior parte da força de trabalho, tanto em países ricos como nas maiores economias em desenvolvimento, permanecia excluída desse vanguardismo econômico. Suas práticas eram, não obstante, aplicáveis, em princípio, a todo setor.

Se olhamos para trás nessa história de produção, a partir da perspectiva desse terceiro e último estágio, podemos ver que o princípio prevalecente nessa evolução tem sido a relação entre experimentos sobre a natureza, informados pela ciência e implementados em tecnologia, e experimentos sobre a forma de cooperação. Quanto mais estreitamente conectados esses dois conjuntos de experimentos, mais cada um deles se torna uma incitação para o outro, quanto maior o êxito na atenuação da tensão entre a necessidade de cooperar e a necessidade de inovar, projetando as disposições cooperativas como mais receptivas à inovação permanente, no que concerne tanto à natureza quanto à cooperação em si mesma, e provendo oportunidade e equipamento material e conceitual ao maior número possível de pessoas, mais rapidamente se desenvolvem as capacidades produtivas da sociedade.

No entanto, em cada viravolta dessa história duas forças se enfrentam. Por um lado, há a vantagem funcional proporcionada por uma maior facilidade de inovar, no que tange tanto à natureza quanto à própria cooperação. Por outro lado, existe a pressão para fazer isso de maneiras que perturbem menos os interesses e as crenças predominantes. Essa perturbação atenuada é o que podemos descrever, em cada circunstância histórica, como o caminho de menor resistência. Por exemplo, o atual confinamento das práticas da nova economia em setores avançados relativamente isolados tem sido o caminho de menor resistência para o desenvolvimento de um emergente estilo de produção. O trabalho de um pensamento e de uma política transformadores é criar alternativas ao caminho de menor resistência.

A vantagem funcional pode sempre ser conseguida de mais de uma maneira. Sua conquista, em acréscimo a ser regularmente (mas não necessariamente) reduzida ao caminho de menor resistência, é feita com os materiais institucionais e intelectuais que ocorrer estarem à mão, gerados por muitas sequências frouxamente relacionadas de mudança e compromisso no passado. Não existe cardápio atual de opções institucionais, muito menos sucessão predeterminada de sistemas institucionais indivisíveis, impulsionados à frente por leis de mudança histórica, como supunham muitas clássicas teorias sociais europeias.

Alguns países prosperaram mediante disposição circunstancial de conjuntos radicalmente diferentes de arranjos institucionais. Por exemplo, os Estados Unidos, cuja cultura pública padece da tentação de isentar suas disposições institucionais do alcance do impulso experimentalista que, fora isso, é tão vigoroso em sua vida, mesmo assim puseram de lado uma visão fetichista da economia de mercado, durante a Segunda Guerra Mundial, e gerenciaram a produção, assim como a guerra, por princípios opostos a sua ideologia pública prevalente. Outros países têm tentado muitas maneiras alternativas de organizar a economia, e fracassaram em todas. A relativa difusão de uma aptidão para colaborar atravessando as linhas de todas as divisões de classe, credo, cultura, raça ou gênero ajuda a determinar a extensão em que qualquer modelo institucional pode ser disposto com êxito para conduzir o trabalho prático da sociedade.

Instituições, assim como a educação, podem ou estimular ou inibir o desenvolvimento de nossas capacidades cooperativas. No entanto, uma ideia faz o mesmo efeito: a ideia, inspirada pela onda de revolução religiosa no passado, da superficialidade das divisões dentro do gênero humano. Não há uma relação simples entre a autoridade exercida por essa ideia e a estrutura de classes da sociedade. A força da ideia pode levar à negação de classe em sua plena existência, e suportar, por si mesma, a disposição para cooperar cruzando as linhas de classe. Ao seguir da desvalorização das divisões sociais para a rejeição da sina do apequenamento, a religião do futuro estabelece a disposição para cooperar com estranhos na mais forte fundamentação que ela pode ter: a base de nossa compreensão de quem somos e no que podemos nos tornar. Nenhuma fórmula institucional definitiva é capaz de capturar o potencial para cooperação, porque nenhuma, mais genericamente, é capaz de fazer justiça a nossos poderes de experiência e de criação. Contudo, um estamento institucional pode ser melhor do que outros, porque, ao facilitar a própria correção, ele permite que inovemos, também, em nossas práticas cooperativas.

O fato de a cooperação poder ser parte da ideia de liberdade e também parte – uma grande parte – do caminho para o sucesso terreno deveria nos estimular na esperança de identificar uma zona na qual as condições institucionais para o avanço de nossos interesses materiais se sobrepõem aos requisitos institucionais para a promoção de nossos interesses morais.

Para seguir na direção da liberdade profunda, um regime cooperativo tem de exibir quatro características. Cada uma delas precisa se manifestar nas instituições que definem o regime, assim como nas práticas e crenças que o reproduzem. Essas características modificam tanto a organização como a experiência da divisão de trabalho na sociedade.

Pode parecer estranho considerar o conteúdo desse regime, inclusive suas consequências para a organização da atividade econômica, num livro sobre religião que também é um livro religioso. A religião do futuro, no entanto, tem de se assemelhar às religiões dos últimos dois milênios e meio em seu impulso para informar nossa experiência em seu todo. Além do mais, não pode permanecer fiel à imagem da pessoa como um espírito corporificado, que ela herda da luta com o mundo, se abandonar nossa vida material na sociedade a práticas e crenças que enfraqueçam e neguem nosso poder de resistir e rever esse contexto.

* * *

A religião do futuro

Uma primeira característica de cooperação mais elevada é que, na maior medida possível, o regime cooperativo e o escopo das tarefas que cada participante assume não deveriam ser predeterminados por qualquer roteiro já pronto, resultante da estrutura de divisão e hierarquia na sociedade ou da tradução dessa estrutura para um sistema de papéis sociais estereotipados. Cada pessoa e cada situação social têm uma história. Contudo, a cooperação será mais perfeita quanto menos os mortos governarem os vivos e quanto menos os vivos tenham de seguir, em suas atividades cooperativas, um conjunto de fórmulas que são implícitas na atual organização da sociedade e da cultura.

Quer sejam membros desta ou daquela classe social (enquanto a sociedade de classes não tenha sido destruída) ou desta ou daquela comunidade de sentimento ou de crença, sua respectiva condição de membro em qualquer das divisões da humanidade deve ser considerada o menos possível quando se encontram para cooperar. Deveriam se encontrar, na medida em que o permita a realidade da sociedade e da cultura, não como Robinson Crusoé encontra um subordinado Sexta-Feira, mas como se encontrassem um *alter ego* de si mesmos.

Assim como em qualquer atividade no mundo, a cooperação requer um conhecimento implícito e, portanto, também local. É importante, contudo, que esse conhecimento implícito e local esteja dissociado do papel ou das injunções específicas de classe que normalmente o acompanham. Quão difícil ou fácil é obter esse resultado depende do grau em que a estrutura institucionalizada da sociedade seguiu em direção ao ideal de uma estrutura negadora de estrutura, isto é, uma estrutura institucional que multiplica ocasiões e instrumentos para a própria revisão, e, portanto, enfraquece a dependência que a mudança tem de que haja uma crise e a influência do passado no futuro. Não obstante, nossos experimentos em cooperação podem seguir à frente dessa evolução institucional, servindo como sua vanguarda.

Um segundo traço a ser buscado no regime cooperativo é ele ser disposto e compreendido como moderador da tensão entre cooperação e inovação. Se outras coisas continuam iguais, o melhor regime de cooperação é aquele que é mais favorável ao aprendizado coletivo e à inovação permanente.

Não basta cooperar; também é necessário inovar. Assim como a facilidade para cooperação, a facilidade para inovação tem um aspecto moral e material. A capacidade de inovar em organização e em ideias, assim como em tecnologias, logo se sobrepõe ao tamanho do excedente econômico sobre o consumo corrente como a principal limitação ao crescimento econômico. É imperativo central em todo âmbito de atividade prática, da administração à guerra. É também um chamado para combinar pessoas, recursos e máquinas de maneira a ultrapassar os limites impostos por premissas e disposições estabelecidas. Ela usa a transformação da natureza como incitamento à autotransformação da humanidade.

Inovação requer cooperação. Todo passo num processo de inovação requer atividade cooperativa, tanto para desenvolver a inovação quanto para implementá-la. No entanto, toda inovação também prejudica a cooperação, porque ameaça perturbar os direitos legalmente garantidos e as expectativas a que o regime cooperativo estabelecido dá lugar.

Considere o simples caso de uma inovação tecnológica. Ela irá beneficiar alguns segmentos da força de trabalho de uma firma ou um setor, e ameaçar outros, dadas a atual divisão técnica do trabalho e a estrutura de direitos, expectativas e práticas na qual está inserida. Consequentemente, provavelmente seguir-se-ão tensão e conflito, primeiro quanto a sua introdução, depois quanto a suas consequências distributivas. Consequência semelhante resulta, com cada vez mais força e expansão de escopo, quando seguimos da inovação tecnológica para a inovação organizacional.

A medida em que os requisitos de cooperação e inovação se contradizem entre si varia segundo as disposições e práticas da sociedade. Um regime cooperativo pode diferir de outro na medida em que conduz à inovação e ameniza a tensão entre a necessidade de cooperar e a necessidade de inovar.

A condição mais importante para o sucesso do esforço de conciliação desses dois imperativos é que a segurança do indivíduo num refúgio de interesses e dotações vitais protegidos seja combinada com incrementada plasticidade do espaço social e econômico circundante. É um movimento dialético: algo é protegido, para melhor abrir grandemente outra coisa a experimento e mudança.

Considere, novamente, o exemplo das reformas no mercado de trabalho escandinavo e holandês no fim do século XX e início do século XXI, e imagine que essas reformas foram mais além de aonde de fato foram. O indivíduo trabalhador e cidadão beneficia-se de um aumento na compensação pelos efeitos de insegurança econômica, bem como de dotações econômicas e educacionais fortalecidas. As proteções não são específicas a um tipo de trabalho, nem assumem a forma de direitos de posse para a preservação do emprego atual. Elas são universais, portáveis, e compatíveis com frequentes rearranjos de relações entre pessoas, máquinas e recursos. O incremento de suas dotações educacionais e econômicas, garantido universalmente pelo Estado, independentemente da posse de qualquer emprego específico, faz ser mais provável que ele seja capaz de progredir em meio à instabilidade que resulta de uma inovação permanente. Em tal circunstância, a cooperação será mais receptiva à inovação do que seria não fosse isso. O conflito entre os imperativos de cooperação e os de inovação será moderado, em âmbito limitado da vida social.

Esse exemplo representa um caso especial de um fenômeno muito mais geral e menos conhecido. Uma vez tendo percebido seu alcance, podemos começar a identificar suas implicações revolucionárias. Tanto a generalidade como as implicações são mais claramente exibidas nos contrastantes caracteres e efeitos de regimes de direitos diferentes.

A identidade, a segurança e as dotações econômicas e educacionais do indivíduo podem estar profundamente entrelaçadas na proteção de certa forma de vida. Em tal circunstância, não existe qualquer distinção entre a imunidade do indivíduo e a defesa, ou mesmo petrificação, daquele espaço social. Nenhum sistema assim será seguro a menos que seja representado na consciência como necessário e pleno de autoridade. Nenhuma tal representação é mais agressiva em suas alegações do que aquela que clama prover uma disposição social estabelecida com base cosmológica ou teológica.

Liberdade profunda: a política da religião do futuro

Assim foi o sistema de castas escritural na Índia antiga, embora saibamos que o sistema histórico de castas sempre foi muito mais aberto a variação e revisão do que essa representação poderia sugerir.

No entanto, podemos imaginar, no espectro de possibilidades sociais, uma circunstância oposta. Proteções e dotações do indivíduo projetadas de tal maneira que deixem a sociedade aberta ao máximo à transformação. Algo é tirado do terreno da experimentação aberta – as regras que definem as proteções e as dotações dos indivíduos – para melhor abrir mais do restante da vida social.

Seguro em sua proteção e empoderado por suas dotações, o indivíduo é capaz de confrontar instabilidade, sem medo, e prosperar em meio a ela. Esse projeto revela o recuperável conteúdo prático da ideia dos direitos fundamentais, uma vez que dele expungirmos seu verniz metafísico e teológico. Um experimento projetado para conciliar flexibilidade e segurança na organização do trabalho representa não mais do que uma prefiguração fragmentária dessa visão maior.

As disposições das economias de mercado contemporâneas e das democracias representativas, sequelas do liberalismo protodemocrático e dos sistemas de lei privada do século XIX, não servem de exemplo a essa reconstrução. Em vez disso, elas estão num incerto espaço intermediário entre os contrastantes casos limites do sistema de castas escritural e de seu oposto imaginário. Para seguir em direção ao segundo limite, precisamos mudar, passo a passo e peça a peça, as instituições que configuram mercados, democracias e sociedades civis.

Um terceiro atributo de uma colaboração mais elevada é que ela combina multiplicidade de estímulos ao que é novo com implacável mecanismo para a seleção competitiva dos resultados. Um estímulo prospectivo tem de dar lugar a um julgamento retrospectivo. Filtragem deve seguir-se a fecundidade.

Essa ideia é imediatamente exemplificada no trabalho do pensar e na distinção entre as lógicas da descoberta e da justificação. As inspirações para uma descoberta no pensamento são múltiplas e estão em aberto; não obedecem a fórmulas e não respeitam limites. Inventar uma ideia, no entanto, não é justificá-la. Tendo convocado os espíritos, esperamos para ver se eles virão. Submetemos as criaturas da inspiração aos testes que transformam conjectura em justificada crença.

Esses testes são, normalmente, aqueles estabelecidos numa disciplina específica. Quanto mais revolucionária a invenção intelectual, no entanto, maior se torna a probabilidade de que sua aceitação e seu desenvolvimento requeiram mudança na prática da disciplina e, portanto, também em nossa abordagem à justificação de ideias. Quanto mais profunda e fértil nossa prática intelectual, mais a ciência normal adquire características de ciência revolucionária, e mais provável será uma frequente mudança de método à luz da descoberta.

Nossas práticas e nossos regimes de cooperação ficam mais ricos em seus efeitos práticos e mais próximos dos atributos da imaginação quando são marcados por uma combinação semelhante de fecundidade prospectiva com seletividade retrospectiva.

A reprodução de bens e serviços no domínio da vida social é o que mais prontamente exemplifica as implicações práticas desse princípio. O Estado deveria estimular um fervor de atividade empreendedora e de inovação. No entanto, também deveria trabalhar para assegurar que os resultados desse fervor estejam sujeitos a uma draconiana seleção competitiva no mercado. Quanto mais o Estado se envolver em estimular atividade produtiva, mais motivo para agudizar a subsequente seleção competitiva.

Considere o exemplo da política industrial, entendida como termo técnico que denota qualquer forma de ação coordenada entre governos e firmas privadas em qualquer setor da economia. Produção normalmente se desenvolve por extensão analógica: novas linhas emergem de linhas estabelecidas. Quando a situação é de relativo atraso – de um setor de produção ou de toda a economia nacional – ou as novas linhas estão bem à frente das linhas existentes, a cadeia de analogias pode ser rala. O governo pode compensar isso, facilitando acesso aos insumos que faltam, de crédito, tecnologia, capacidades e pessoal. Suas ações provavelmente serão mais benéficas se usarem de

Liberdade profunda: a política da religião do futuro

agnosticismo na escolha de setores ou linhas específicas (é o futuro que escolhe quais linhas e produtos são portadores do futuro) para iniciativas projetadas para contrabalançar o esgarçamento da cadeia de analogias.

Essas iniciativas, empreendidas num amplo âmbito de economias contemporâneas, ricas ou pobres, muito provavelmente podem permanecer fiéis ao espírito desse casamento entre agnosticismo, estímulo e fervor, se resistir à escolha entre os dois modelos de relações governo-negócios hoje disponíveis no mundo: o modelo americano de regulação dos negócios pelo governo à distância e o modelo do nordeste asiático de formulação de uma política comercial e industrial unitária, imposta de cima para baixo pela burocracia governamental. A forma de coordenação estratégica entre governos e firmas deveria ser descentralizada, pluralista, participativa e experimental. Firmas de tamanho mediano ou pequenas, mas assim mesmo negócios de vanguarda, podem ter a melhor oportunidade de desenvolver uma cultura de inovação permanente se construírem entre elas práticas de competição cooperativa: fundo comum de recursos, pessoas e ideias, enquanto competem entre si.

Coordenação pluralista estratégica e, por sua vez, competição cooperativa prefiguram inovações nas disposições institucionais da economia de mercado – inovações projetadas para possibilitar mais inovações. A integridade e a eficácia desse esquema de incitamento prospectivo requerem que ele seja seguido de radicalização da seleção competitiva. As inovações institucionais que propiciam o despertar antes do fato tornam-se então parte do cenário institucional da competição de mercado pós-fato. É uma conexão que reencena na vida material a experiência da inovação no pensamento.

Dessas inovações nas disposições que governam as relações entre governos e firmas podem surgir, por sua vez, regimes alternativos de contrato e de propriedade. Cada um desses regimes organiza acesso descentralizado aos recursos de produção e às oportunidades de iniciativa econômica de maneira diferente. Cada um atinge de forma diferente o equilíbrio entre o ato de dar voz a múltiplos intervenientes em recursos produtivos específicos e de assegurar a empreendedores o poder de fazer sua aposta contra a opinião dominante. A variação vai aumentar dentro das economias nacionais, assim como entre elas. Mais pessoas terão mais probabilidade de ter mais acesso, por mais caminhos, a mais mercados, capacidades e capital. Diversidade, em organização bem como em experiência e perspectiva, servirá como incitamento a fecundidade. Uma vez que, com isso, se alcançará escala, pela mesma razão e da mesma forma, de muitas maneiras diferentes em vez de unicamente de um modo que põe o poder do capital diretamente num pequeno número de mãos, a competição pode mais facilmente exacerbar-se sem pôr a escala em perigo. O que o fervor cria a competição irá julgar.

Uma combinação semelhante entre provocações prospectivas para inventar e procedimentos retrospectivos para selecionar pode e deve ser estabelecida na organização de políticas democráticas, assim como na organização da sociedade civil. No entanto, as formas políticas e sociais dessa combinação são menos óbvias e mais sutis do que as econômicas.

As disposições constitucionais de uma democracia de alta energia têm de favorecer a criação de uma ampla gama de experimentos: por exemplo, permitindo que determinados lugares e setores criem contramodelos de futuro nacional (a radicalização dos usos experimentais do federalismo). Mas o poder de governos e de eleitorados de superar impasses e escolher, à luz desses experimentos, um caminho a seguir em frente pode ser incrementado por outras disposições que impeçam ou superem o impasse entre os ramos políticos de governos e envolvam as pessoas numa conversa contínua sobre alternativas futuras para seu país.

A contrapartida, em políticas democráticas, de uma seleção competitiva na economia é, pois, a escolha provisória e reversível de uma direção para o país ou para um grupo de países. O instrumento mestre dessa deliberação é o Estado.

O Estado importa por dois motivos: um, trágico, o outro, esperançoso. O motivo trágico é a necessidade da proteção política para formas de vida distintas, das quais resulta o perigo da guerra. Esse perigo é amenizado, mas não evitado por uma ordem mundial que desassocie os bens de uma segurança política e de abertura econômica de quaisquer requisitos de convergência para disposições institucionais semelhantes.

Liberdade profunda: a política da religião do futuro

O motivo esperançoso é que um comprometimento no sentido de organizar cooperação com base em liberdade profunda não tem uma única e autoevidente expressão institucional. Falta-lhe essa determinada expressão não porque seja vazia de conteúdo e sim porque está cheia de conteúdo alternativo defensável e promissor. Nunca se podem inferir de um ideal de livre cooperação as instituições de um regime cooperativo específico. Um Estado é necessário não apenas para proteger uma forma de vida distintiva, mas também para definir na lei o escopo de um conteúdo escolhido e de uma direção nacional. Essa escolha será cega, a menos que informada por uma riqueza de variação experimental.

Para que a política nacional sirva como lugar dessas escolhas tão decisivas, as disposições constitucionais do governo têm de ser tais que o princípio liberal da fragmentação do poder no Estado não seja confundido com o princípio conservador da desaceleração da política: a deliberada inibição da transformação política da sociedade que resulta, por exemplo, do esquema de Madison de freios e contrapesos [*checks and balances*], no regime presidencial americano. O princípio liberal deveria ser reafirmado mesmo quando o conservador é repudiado. Uma multiplicidade de fontes de iniciativa e de poder não deveria resultar, por projeto, num governo dividido, incapaz de agir com decisão.

Um poder para ação decisiva, informado por ampla gama de variação experimental no governo, na economia e na sociedade civil, mas toda vez submetido a desafios que podem resultar em mudança de direção, é o que deveríamos querer. A dialética entre os experimentos num lugar ou num setor e a luta ampla da sociedade por uma direção serve como contrapartida, na política nacional, à sequência de estímulo prospectivo e seleção retrospectiva na vida econômica. Atuar sob essa analogia é fazer tanto a produção quanto a política se parecerem mais com pensamento.

Um quarto aspecto de uma maior cooperação segue-se da necessidade – e da oportunidade – de estreitar a distância entre as características do pensamento experimental e as de nossas práticas políticas e produtivas. Um regime cooperativo deveria ter como ideal regulador o de tornar-se uma corporização da imaginação no funcionamento da divisão do trabalho. A relação entre a reconfiguração do regime cooperativo e o trabalho da mente em seu segundo aspecto, o imaginativo, pode ser menos do que uma homologia. No entanto, é mais do que uma metáfora.

Ao remodelarmos nossas práticas cooperativas pelo modelo da imaginação, estamos servindo a muitos de nossos interesses mais fundamentais. Estabelecemos um cenário favorável à inovação em todo domínio de experiência. Contrapomo-nos à força e influência de qualquer esquema entrincheirado de divisão social e hierarquia, uma vez que o poder de qualquer tal esquema é o inimigo da imaginação na vida social. Mudamos, decisivamente, nossa relação com estruturas estabelecidas adquirindo o poder de repensá-las e refazê-las em meio a nossas atividades normais. Como resultado, melhoramos nossas chances de avançar na zona de interseção entre os requisitos institucionais de nossos interesses materiais e os de nossos interesses morais.

Um modo de dar substância à analogia entre cooperação e imaginação ocorre em âmbito abstrato, relacionando características de cooperação com traços da imaginação. Funciona de cima para baixo, do geral para o particular. Outro modo tem como ponto de partida a análise de uma circunstância histórica, relacionando a analogia com mudanças que já estão ocorrendo em nossas práticas e disposições cooperativas. Funciona de baixo para cima. Exploro agora, em sequência, cada um desses modos de se dar bem no esforço por tornar nossas práticas cooperativas a expressão social de nossos poderes imaginativos.

A imaginação é o aspecto da mente que não é modular, que não é formular, que exibe um poder de infinidade recursiva, e que usufrui de um poder de capacidade negativa. Mediante o poder de infinidade recursiva, a imaginação pode combinar ideias ou interpretar percepções num número indefinido de maneiras. Mediante o poder de capacidade negativa, pode descobrir ou inventar mais do que é capaz de justificar prospectivamente, desafiando e transgredindo os métodos e as premissas nos quais normalmente se baseia.

Podemos ver e compreender mais do que nossas práticas e regras admitem. Então nós os revemos retrospectivamente derivando, do desafio, poder.

O fato de a prática da cooperação não ser modular significa que, nela, uma especialização de papéis a serem desempenhados nunca é mais do que relativa. A relatividade da atribuição de papéis está estreitamente relacionada com a abertura da fronteira entre a concepção e a execução de tarefas específicas. Sob uma forma superior de cooperação, a compreensão de uma tarefa é continuamente revista no decurso de sua execução. A fluidez de papéis e as distinções entre eles seguem-se como corolário dessa revisão experimental.

A plasticidade do cérebro – a capacidade que têm porções distintas da estrutura do cérebro de adquirir nova função – é uma característica física que propicia o caráter não modular da mente como imaginação. Nenhum arranjo institucional e ideológico representa mais do que um reparo relativamente superficial e temporário em nossas possibilidades de associação. Nenhum papel social, e nenhum lugar numa divisão técnica do trabalho, define um ser humano. De modo mais geral, temos de escolher determinado curso na vida, submetendo-nos à mutilação que essa escolha nos impõe. Contudo, somos menos do que plenamente humanos, e interrompemos nossa ascensão a uma vida maior se não conseguimos resistir em ato e em pensamento às consequências dessa inescapável parcialidade.

O fato de uma prática de cooperação não ser condicionada a fórmulas significa que ela pode admitir uma constituição não definitiva. Tem de ser organizada para ser eficaz na conquista de seus objetivos práticos imediatos. Contudo, sua organização tem de ser aberta a ajustes à luz da experiência. Não pode haver distinção absoluta entre o trabalho de cooperação e a reforma de um regime cooperativo; esta última tem de surgir, frequente e facilmente, do primeiro.

Esse ideal não pode ser honrado na prática enquanto o regime cooperativo estiver conforme com um esquema estabelecido de divisão e hierarquia na sociedade. Dizendo, noutras palavras, a divisão técnica de trabalho não pode refletir passivamente e reforçar as hierarquias e divisões da divisão social do trabalho. Tem de seguir à frente delas, incorporando a primeira característica de cooperação numa sociedade livre – a de que nossa maneira de cooperar uns com os outros não está circunscrita a um plano preexistente de hierarquia e divisão social.

O fato de a prática de cooperação usufruir, em conformidade com o modelo da imaginação, de um poder de infinidade recursiva significa que ela confirma sua vantagem por meio da fertilidade das combinações e inovações que ela possibilita. É capaz de operar com sucesso em amplo âmbito de circunstâncias. Nessas circunstâncias, pode inovar mais frequente e mais radicalmente. Muitas dessas inovações começarão na recombinação de elementos que já são familiares, ou, em sua extensão analógica, indo do que é mais familiar para o que é menos familiar.

O fato de uma prática de cooperação exibir, como faz a imaginação, um poder de capacidade negativa significa que está se confirmando como o dispositivo coletivo mediante o qual podemos fazer mais do que aquilo que a ordem estabelecida de sociedade e cultura parece acomodar ou que as circunstâncias existentes parecem possibilitar. Desafiando qualquer fórmula, ela transforma transgressão em vantagem.

Uma prática de cooperação marcada por esses traços da imaginação tem mais probabilidade de florescer numa sociedade que já foi longe na direção do ideal de uma estrutura de não estrutura. Em vez de ser a consequência dessas disposições institucionais, ela pode servir como sua precursora.

A tentativa de remodelar um regime cooperativo no modelo da imaginação pode parecer estar provendo apenas a mais genérica e remota orientação a nossos esforços de reconstrução institucional. Mas ela tem uma riqueza de implicações para a ordenação de uma vida social prática. Para compreender essas implicações, considere o que essa tentativa tem de rejeitar na organização da vida econômica e política.

Primeiro, ela tem de se opor a qualquer modo de organizar a economia de mercado que atrele o mercado a uma única e dogmática versão de si mesmo, ainda que essa versão seja falsamente representada como a cristalização institucional de uma ordem econômica espontânea. Um tal congelamento das disposições para permuta e produção conflita com a natureza da imaginação,

Liberdade profunda: a política da religião do futuro

que prossegue se distanciando do fenômeno e o incluindo, uma vez distanciada, num âmbito de transformação.

Segundo, pelo mesmo motivo, ela tem de se rebelar contra qualquer forma de vida política que, baixando a temperatura da política (o nível de envolvimento popular organizado na vida política) e desacelerando seu ritmo (particularmente mediante uma projetada perpetuação do impasse entre os ramos políticos do governo), inibe a transformação política da sociedade. As democracias de baixa energia de hoje não podem servir como corporificações políticas da imaginação. Uma das marcas da imaginação é ela fazer o trabalho de uma crise sem que haja crise. Outra é diminuir os tropismos na percepção e no discernimento. No entanto, as democracias existentes continuam a fazer de uma crise a condição indispensável para mudança e para renovar o poder do passado sobre o futuro. Elas fazem isso ao deixar de desenvolver uma forma de vida política capaz de trazer a estrutura estabelecida da sociedade para o domínio da vontade transformadora.

Terceiro, ela não pode aceitar uma ordem política e econômica mundial que seja hostil aos experimentos e heresias dos quais depende o desenvolvimento dessas alternativas econômicas e políticas. Essa ordem assume em vão o nome de liberdade política e econômica para impor ao mundo inteiro uma conformidade com um esquema institucional restritivo como requisito de acesso aos bens públicos globais da segurança política e da abertura econômica. Ela busca dar a coisas e ao dinheiro liberdade para vagar pelo mundo, enquanto deixa pessoas aprisionadas no Estado-nação e inibidas de construir, por seu próprio movimento perpétuo, a unidade e a diversidade do gênero humano. Essa ordem equivale a uma conspiração das grandes potências contra o lugar da imaginação no mundo. O sucesso dessa conspiração depende tanto da falta de imaginação quanto depende de interesse e de medo.

Quarto, não pode permitir que as forças que mais possam ameaçar essa estrutura – as forças visionárias e proféticas que jazem adormecidas na religião, na alta cultura e na cultura popular – sejam privatizadas e eliminadas da conversa pública da democracia. O resultado dessa privatização do sublime, só reversível por catástrofe, é produzir um discurso público que é incapaz de subordinar o existente a um âmbito de possibilidades alternativas, como requer o trabalho da imaginação. É um efeito reforçado pelos métodos e pelas ideias das práticas prevalentes de estudo social e histórico, que servem de conexão entre o discernimento do que existe e a imaginação de alternativas acessíveis.

Quinto, ela tem de insistir que nenhum homem e nenhuma mulher sejam forçados, para poder trabalhar e ganhar a vida, a fazer o trabalho repetitivo que pode ser realizado por uma máquina. Uma máquina é uma engenhoca governada por uma fórmula que descreve algo que aprendemos a como repetir. Sendo assim, ela é o oposto da imaginação. Nossa libertação de trabalhos que se assemelham aos de uma máquina depende das massivas mudanças econômicas e culturais que nos permitiriam criar grande número de trabalhos não formulares. É pouco provável que essas mudanças, por sua vez, cheguem muito longe enquanto o trabalho assalariado não comece a dar lugar a alguma combinação de autoemprego e cooperação como a forma predominante de trabalho livre. A grande massa de homens e mulheres comuns poderá então tornar-se senhora de si mesma, em oposição aos interesses daqueles que, em nome ou da propriedade privada ou do Estado, os controlariam.

Esses objetivos, que deixam explícito o que significaria reconfigurar o regime cooperativo à imagem da imaginação, estão tão distantes de nosso presente ou das forças de que dispomos para uma implementação próxima que podem ser facilmente descartados como sonho utópico. O papel deles, no entanto, é sinalizar uma direção, tornada totalmente mais clara pela intransigência de suas intenções. Marcar uma direção é o primeiro atributo de um argumento programático, informado pela compreensão de uma oportunidade transformadora. O segundo atributo é identificar, em determinada circunstância, os passos iniciais com os quais começar a seguir naquela direção.

No espírito de considerar esses passos, leve em conta a afinidade que existe entre nossas práticas cooperativas e nossa vida imaginativa, a partir das momentosas mudanças que já ocorrem na organização do trabalho e da produção. Uma nova maneira de colaborar começa a emergir em todo o mundo. Embora tenha sido estudada em grande medida como uma forma de produção industrial, ela também se aplica a outros setores da economia e a atividades extraeconômicas, da administração à educação.

Suas marcas caracterizantes são o enfraquecimento de todo contraste rígido entre concepção e execução, a reinvenção permanente de trabalhos especializados, a mistura de cooperação com competição nos mesmos domínios, a revisão em curso do modo como identidades e interesses são entendidos, e a transformação da atividade prática, seja dentro ou fora da produção, numa prática de aprendizado e de inovação coletivos.

Será que os setores de atividade prática marcados por essas características continuarão sendo arquipélago de ilhas de experimentalismo, das quais a grande maioria de homens e mulheres continuam excluídos tanto nos países mais ricos quanto nos mais pobres? Ou irão essas práticas avançadas penetrar e transformar cada vez mais amplas áreas da sociedade e da economia? A resposta a essas questões vitais depende da reorganização institucional de economias de mercado, democracias representativas e sociedades civis independentes. Essa reorganização não pode ocorrer dentro dos limites do estamento institucional e ideológico estabelecido.

A forma socialmente exclusiva dessa mudança – a forma que ela agora assume predominantemente – é o caminho de menor resistência: aquele que podemos mais facilmente seguir porque é o que menos perturba a estrutura preexistente de poderosos interesses. Qualquer alternativa que suporte a difusão dessas novas formas de vida prática por grandes setores da economia e da sociedade requer o casamento de inovações institucionais cumulativas na organização da economia de mercado e de políticas democráticas com uma reinterpretação de nossos interesses e de nossos ideais.

A emergência dessa nova maneira de fazer coisas não é como um cavalo com que possamos galopar para a liberdade profunda. Não obstante, podemos usá-lo para nossas finalidades maiores, mas somente se o redirecionarmos e reconfigurarmos. Radicalizado no método, ampliado no escopo, e tornado mais inclusivo em sua base social, ele pode servir para a dissolução de estruturas rígidas e para o triunfo da imaginação sobre o destino.

A religião do futuro

E assim acontecerá em toda circunstância histórica. Na teologia política sem Deus da religião do futuro, a transcendência não mais toma a forma de projetar o bem – nossa ascensão a uma vida maior ou à vida eterna – num futuro histórico ou providencial que nos deixa alienados da vida no presente. A transcendência assume a forma de uma rejeição do caminho de menor resistência na circunstância de nosso tempo: trabalhando com os instrumentos da circunstância contra a lógica da circunstância e, por intermédio desse envolvimento e dessa resistência, começando a fazer de nós, agora mesmo, aquilo em que esperamos nos tornar.

CAPÍTULO 7
TORNANDO-SE MAIS HUMANO AO SE TORNAR MAIS DIVINO: A CONDUÇÃO DA VIDA NA RELIGIÃO DO FUTURO

O APRIMORAMENTO DA VIDA

Toda religião fundamenta uma orientação à existência numa visão abrangente de quem somos nós, de em que podemos nos tornar e de nosso lugar no mundo. Ela faz isso mesmo que a visão abrangente enfatize os limites de nossa compreensão do mundo e de nosso lugar dentro dele. O significado de qualquer relato assim inclusivo só se torna claro por meio de suas implicações no modo como iremos viver. É, acima de tudo, pelo juízo que temos quanto ao peso que a religião exerce na condução da vida que lemos a sua mensagem. E isso não pode ser diferente para uma religião do futuro.

O argumento mais primevo quanto às ocasiões e aos objetivos da revolução religiosa tem como tese central a alegação de que as religiões mais cultas, produtos de inovações espirituais alcançadas muitos séculos atrás, fornecem uma base inadequada para nossas decisões quanto a como viver e o que fazer com nossas vidas. Uma reorientação da existência, contra o pano de fundo de uma reconstrução da sociedade, é o cerne profético de uma mudança em nossas crenças religiosas.

A primeira tarefa é descrever a ideia central dessa reorientação hoje em dia. A segunda tarefa é alcançar clareza quanto à forma que devem assumir argumentos e propostas sobre a condução da vida numa religião do futuro.

A religião do futuro

A mudança na vida que deveríamos buscar, à luz de argumentos antes apresentados neste livro, é viver de tal maneira que morramos apenas uma vez. É também aumentar nosso compartilhamento de alguns dos atributos que conferimos ao divino enquanto renunciamos a todo esforço por compartilhar de outros determinados atributos. A ampliação de nossa parte nas marcas da divindade tem de começar com o reconhecimento da incalculável distância a ser percorrida no decurso de sua busca. Se a vocação do homem é ser divino, o homem, como tem sido, é, como escreveu Emerson, um Deus em ruínas. Às feridas que nunca saram da mortalidade, da falta de fundamentação e da insaciabilidade, a indiferença da natureza, a crueldade da sociedade e a corrupção da vontade acrescentam o fardo do apequenamento – tanto o imposto quanto o autoinfligido.

Desperdiçamos o bem da vida ao nos resignarmos a um diminuído modo de ser no mundo. Aceitamos a rotina e as concessões. Cambaleamos, semiconscientes, pelo mundo. Ansiosos pelo futuro, perdemos a vida no único momento em que a temos, o presente. Esse desperdício é morrer muitas vezes. Nosso interesse é parar com essa morte contínua, para que possamos viver até morrermos de uma vez por todas.

Para captar o que está em jogo no aprimoramento da vida, temos de reconhecer as marcas da vitalidade: excesso, fecundidade e espontaneidade, e, portanto, também a capacidade de causar surpresa e ser surpreendido.

Excesso é o que excede a estrutura; a superação dos limites que uma ordem estabelecida impõe ao entendimento, à experiência e à visão. Ordem pode ser entendida como as disposições institucionais da sociedade, incorporadas numa visão das formas possíveis e desejáveis de associação humana. Pode ser também a versão enrijecida do eu no próprio caráter de alguém. O excesso é expresso em fatos e feitos que não são admitidos pelas ordens vigentes de sociedade ou de caráter.

Fecundidade é o vigor, a variedade e o âmbito do que fazemos e realizamos na possessão da vida. Seu sinal exterior é uma incessante exuberância, uma energia que só termina na morte.

Espontaneidade é o enfraquecimento da influência do passado no futuro – a atenuação da dependência do caminho em nossa experiência. É confirmada pala capacidade de surpreendermos a nós mesmos, e de surpreender os outros.

Visto de um ângulo complementar, o propósito de nossa autotransformação é aumentar nosso compartilhamento de alguns dos atributos que conferimos ao divino enquanto denegamos qualquer esforço por possuir, ou imitar, outros desses atributos. Podemos nos tornar mais divinos no sentido do primeiro conjunto de atributos. No entanto, não podemos nos tornar Deus – o segundo conjunto de atributos não só está para sempre além de nosso alcance como também é incompatível com nossa condição humana.

As qualidades às quais não podemos nem deveríamos aspirar são as da eternidade, da onisciência e da completude. Não podemos aspirar à eternidade porque somos mortais. Não podemos aspirar à onisciência porque nos falta fundamentação. Não podemos aspirar à completude porque somos insaciáveis. Todas as nossas atividades têm lugar num mundo finito, no qual usufruímos de capacidades limitadas. O fortalecimento de nossos poderes nunca nos levará ao limite da onipotência.

É porque não temos e não podemos ter esses recursos que talvez odiemos Deus, ou então odiamos em nós mesmos a falta dos poderes divinos que nos são negados. Esse ódio e essa autoabominação podem se tornar obstáculos à possessão e ao aprimoramento da vida. Eles deixam sua marca em nossa recusa a reconhecer as falhas irreparáveis na existência humana. É uma recusa que se expressa, por subterfúgio, na crueldade, nascida do ódio a si mesmo e do desespero, que permanecem como um impulso subcorrente em todas as religiões históricas mundiais, mas especialmente nas religiões de salvação. Pois são essas religiões, com sua concepção de um Deus transcendente, todo-poderoso e onisciente, que intervêm na história, que nos mostram, por contraste, o que não podemos esperar nos tornar jamais.

A essência do prometeanismo, como uma sequela da luta com o mundo, é a tentativa de nos tornarmos mais divinos exatamente nesse sentido: o sentido dos atributos que nos são proibidos. O triunfalismo, o ressentimento e a crueldade que acompanham o prometeanismo classificam-se entre as consequências psicológicas dessa compreensão equivocada de nossa condição.

Nosso compartilhamento do divino está noutra direção: a direção do espírito corporificado. Nós transcendemos a circunstância finita. Também somos incompletos: é somente mediante uma conexão com outros que incrementamos o sentimento de ser e desenvolver um eu. O fato de que todas essas conexões também nos ameaçam com a perda da distinção e liberdade individual é uma contradição inerente a nosso ser. Essa contradição é mais completamente resolvida, se é que pode sê-lo totalmente, no amor, livremente dado e livremente rejeitado. Também é resolvida, embora menos plenamente, pelas formas mais elevadas de cooperação.

Os poderes para transcender uma estrutura definida e para responder a nossa incompletude por meio de amor e cooperação são características complementares, não contraditórias, de nossa experiência. Na medida em que nos experimentamos, e agimos, como fantoches de um estabelecido regime de vida, pensamento ou caráter, não somos capazes de nos envolver completamente com outras pessoas ou com o mundo. Nas religiões de salvação, até mesmo o Deus transcendente é representado como sendo incompleto: ele precisa do homem, que ele criou – uma noção desconcertante para os teólogos e filósofos que se esforçam por representar o Deus transcendente nas categorias da filosofia grega.

Ao transcendermos a estrutura finita e ao vivenciarmos, por meio do amor e da cooperação, as implicações de nossa incompletude, estamos nos abrindo para outras pessoas e também para o mundo. Isso, e apenas isso, é a experiência do divino da qual podemos esperar compartilhar, não os poderes não humanos que os prometeanos querem reivindicar para o gênero humano. É no que concerne a esse segundo conjunto de atributos do divino que podemos aspirar a nos tornarmos mais divinos pelos mesmos meios, e do mesmo modo, que nos tornamos mais humanos.

O aprimoramento da vida e o compartilhamento de algumas (mas não outras) das qualidades que atribuímos a Deus representam duas descrições convergentes do objetivo ao qual nossa autotransformação é dirigida.

MÉTODO E VISÃO

Tendo afirmado a ideia central que informa a visão que aqui desenvolvo, passo a considerar o método pelo qual desenvolver essa visão e argumentar a seu favor. Faço isso na forma de quatro preliminares metodológicas para a declaração e a defesa de uma visão de como conduzir a vida. Essas preliminares demonstram que os métodos convencionais da filosofia moral e da casuística moral são inadequados para a tarefa. Precisamos, para esse propósito, de outra maneira de pensar e argumentar.

A primeira preliminar trata da objeção a que qualquer argumento do tipo que aqui proponho desconsidera a distinção entre o que é e o que deveria ser: entre a descrição do que nossa circunstância é ou em que pode se tornar e a defesa de um modo de vida, dada essa circunstância. Ao inferirmos uma concepção prescritiva de uma visão dos fatos como realmente são – a verdade sobre nossa identidade e nossa situação no mundo –, estaríamos violando uma distinção indispensável para a clareza do pensamento. Essa suposta regra de inferência é atribuída, com justificativa apenas limitada, a Hume, que derivou, ele mesmo, uma ética de altruísmo e sentimento de camaradagem de uma visão da natureza humana, mas que corretamente recusou deixar a inferência passar indisfarçada com o uso equívoco de palavras sobre o que é e o que deveria ser.

À medida que nossas crenças quanto a nossas identidades e nossa situação no mundo se tornam mais abrangentes, a distinção entre descrição e prescrição começa a perder pertinência. Os únicos motivos gerais que jamais poderíamos ter para conduzir nossas vidas de uma maneira e não de outra são aqueles que nos dão uma causa para aceitar, resistir ou rever nossas carências, nossos desejos e nossas aspirações, quando os experimentamos. Esses motivos nos dão fundamentos para ação, ao propor ou pressupor uma visão de nossa natureza e de nosso lugar no mundo. Arraigar um imperativo existencial – uma orientação para a vida – numa visão de quem somos em relação ao mundo (mesmo se for uma metafísica antimetafísica, como a visão que anima o confucianismo clássico) é característica pervasiva e persistente de nossa experiência religiosa, tanto depois quanto antes do surgimento das religiões mais cultas. Torna-se também característica de filosofia na medida em que a filosofia vem participar nas preocupações de uma religião ou conceber a perigosa ambição de substituí-la.

O esforço por distinguir rigidamente o que é do que deveria ser faz sentido num cenário de argumentos locais quanto ao que fazer ou não fazer em certa circunstância, num determinado momento. No entanto, essa distinção começa a se fragmentar quando chegamos a um horizonte de visões abrangentes sobre nossa situação no mundo e sobre como melhor responder a ela. Uma maneira de compreender por que ela se fragmenta nessas condições é lembrar a analogia com a filosofia natural sugerida no primeiro capítulo deste livro.

Uma prática de explicação dominante na tradição da ciência inaugurada por Galileu e Newton é a distinção que ela faz entre condições inicialmente estipuladas e espaço de configuração definido por essas condições. Dentro desse espaço, leis imutáveis da natureza governam fenômenos naturais recorrentes. Esse paradigma newtoniano pode funcionar quando usado para explicar partes da natureza. No entanto, ele falha quando tentamos aplicá-lo ao todo do universo e sua história. Então, não conseguimos mais distinguir entre fenômenos explicados e condições iniciais, observar ou preparar cópias dos fenômenos, ou imaginar o observador situado, como se fosse Deus, fora do espaço de configuração. Essa falácia cósmica – a injustificada universalização de um estilo explanatório que é adequado a usos locais – representa um equivalente cósmico à falácia, na teoria moral, de transformar objeção a usos locais de um contraste entre o que é e o que deveria ser proibição total de qualquer passagem de descrição para comprometimento.

Se considerarmos a questão a partir da perspectiva oposta – isto é, do ponto de vista de onde poderíamos encontrar suporte para uma orientação à vida, e não da perspectiva de perguntar que autoridade tem nossas visões abrangentes para orientar como conduzimos a vida – chegamos à mesma conclusão. Não pode haver outro suporte a essa orientação que não um relato inclusivo de nossa identidade e nosso lugar no mundo. Esse sempre será um fundamento defeituoso e revogável. No entanto, é o único tipo de base que jamais podemos esperar encontrar. As religiões de salvação não constituem exceção a essa regra, pois elas também ancoram uma visão de como viver na compreensão de uma realidade derradeira, mesmo se for uma compreensão que a razão, sem a assistência da revelação, é impotente para atingir.

A reclamação de uma passagem ilegítima da descrição para a prescrição contém, não obstante, um elemento de verdade. Ao se tornar abrangente, uma concepção torna-se também contestável. Qualquer que seja o grau de convicção interior que possamos experimentar ao sustentá-la, nunca temos razão suficiente para fazer isso. Ela sempre pode ser desafiada – e permanece sujeita a dúvida e a perda de fé – à luz de outros aspectos de nosso conhecimento e nossa experiência.

Além disso, ela funciona como uma profecia autorrealizada. Pede-nos que mudemos o mundo – ao menos o nosso mundo – de acordo com seus ditames. Ao fazermos isso, estamos fazendo o mundo se aproximar do que, segundo essa visão abrangente, ele já é. No entanto, os fatos da realidade natural, social ou psicológica devolvem combate contra a profecia autorrealizada, provendo um teste, conquanto inconclusivo, para o que sempre continua a ser ideia vulnerável a um ataque.

A contestabilidade da concepção contamina a abordagem à vida que tem de se basear nela. Uma visão abrangente exige que comprometamos nossas vidas com uma direção, e não outra. Permanece uma assustadora desproporção entre o peso do comprometimento e a adequação de seus fundamentos. Essa desproporção é a limitada verdade que há na objeção – não fosse isso, injustificada – a uma passagem, intrínseca à religião, do que é para o que deveria ser.

A segunda preliminar é identificar o que estamos buscando mudar quando falamos, em tal argumento, em transformar a nós mesmos: se é nossa constituição ou nossa natureza. Mas que tipo de realidade é nossa natureza? Só nos conhecemos como aquilo que somos agora, formados pela história de nossas sociedades e nossas culturas.

A autotransformação buscada pela religião do futuro faz duas cruciais pressuposições de fatos. Ambas são controversas quando consideradas do ponto de vista de ideias que exerceram influência no pensamento durante os séculos recentes. Essas ideias fazem parte do pano de fundo metafísico da luta com o mundo. A religião do futuro explica e aprofunda esse pano de fundo em vez de substituí-lo.

A primeira e efetiva suposição é que o eu é contínuo, do nascimento à morte, e tem profundidade indefinida. Qualquer crença que contradiga ou relativize a continuidade do eu, e que dissolva o eu em estados efêmeros do ser, é incompatível com a religião do futuro.

A segunda suposição efetiva é que todos nós compartilhamos a natureza da nossa espécie, a raça humana. Não há uma simples distinção entre aspectos invariantes e variáveis da natureza humana. Todo aspecto de nossa experiência é permeado pela história da sociedade e da cultura.

Lembre-se, por exemplo, do contraste entre os dois lados da mente: a mente como máquina e a mente como antimáquina ou imaginação. Embora a estrutura física do cérebro prefigure e faculte o funcionamento da imaginação, ela não determina a relação e a força comparativa desses dois lados da mente. A relativa ascendência de um sobre o outro depende do caráter da educação, assim como da organização da sociedade e da cultura, que podem ampliar ou estreitar o espaço da imaginação.

O mesmo acontece com toda parte de nossa constituição, inclusive a condição fundamental do espírito corporificado, como situado e como transcendente, e o conflito entre o imperativo da conexão com outras pessoas (que encontra as formas de se consumar no amor pessoal e as formas mais elevadas de cooperação) e nosso esforço por escapar à subjugação e à perda do sentimento do eu e da autodireção. Assim como a história da política é interior à história da mente, também é interior à história de todo aspecto primordial da existência.

Tornando-se mais humano ao se tornar mais divino

Toda a nossa experiência, não apenas parte dela, está na linha da história. Toda forma de vida, institucionalizada na sociedade e conceitualizada na cultura, interfere, estimulando a expressão e o desenvolvimento de algumas variedades de experiência enquanto inibe outras. Contudo, não somos massa plástica de disposições revisáveis, livremente abertas a reengenharia radical feita por projetos políticos e morais transformadores. Nós mudamos, com dificuldade, ao longo do tempo e pelas margens. Como escreve o poeta, preferimos ser arruinados do que mudados.

Dadas essas características contrastantes da relação da natureza humana com a história, só podemos, com segurança, compreender a natureza humana por aquilo que somos agora, ou que fomos, individual e coletivamente, e por aquilo em que poderemos nos tornar em seguida, na penumbra do possível adjacente, graças a nossos esforços de mudar a nós mesmos e a sociedade.

Nós somos – para voltar à ideia central do eu como espírito moldado pelo contexto, mas assim mesmo revisor do contexto e transcendente ao contexto – incapazes de sermos totalmente reduzidos ao regime de sociedade ou de pensamento no qual acontece estarmos situados. A próxima experiência incongruente, pensamento rebelde ou experimento transformador, conquanto não intencional, pode pôr fim à pretensão daquele regime, de seus devotos e apologistas, para circunscrever o perímetro de nossos poderes. O regime pode estar organizado para suprimir essa nossa capacidade residual – ampliando a distância entre nossas ações preservadoras de regime e as reformadoras de regime, fazendo, assim, a mudança depender de crise, e fortalecendo o domínio dos mortos sobre os vivos. No entanto, essa supressão nunca estará completa – o poder de ver, pensar, sentir, agir, conectar, produzir e organizar de um modo que as ordens atuais da sociedade e do pensamento não admitem vai permanecer, mesmo que somente residual. O resíduo pode então ser saudado como profecia, e considerado um caminho.

Daí se segue, no que diz respeito à sociedade, que o argumento normativo nunca precisa ser apenas contextual ou interno, julgando um regime por seus próprios critérios, criticando instituições e práticas à luz das concepções prescritivas de associação humana que se tem que elas incorporem, e depois reinterpretando essas concepções à luz de nossos experimentos em sua reforma, reais ou imaginários. Segue-se, no que concerne ao pensamento e à ciência, que nossos métodos de argumentação e critérios de justificação são sempre contestáveis e revisáveis, e lhes faltam autoridade e poder para conter descobertas e para limitar achados quanto a nós mesmos ou quanto ao mundo; o que descobrimos só pode ser justificado retroativamente.

As concepções abrangentes de nossa identidade, vistas em relação a nosso lugar na natureza, não são, neste relato, para serem compreendidas como meramente ou principalmente conjecturas quanto a um fenômeno natural, como se a natureza humana fosse uma coisa. Elas não se parecem com o pensamento que produziu o modelo padrão da física de partículas ou a tabela periódica. São profecias. Na verdade, profecias imperfeitamente autorrealizadas, como argumentei em minha defesa do conceito de religião.

Não obstante, são profecias, inseridas em, ou conectadas com, pelo menos dois conjuntos de conjecturas empíricas. Um conjunto de conjecturas avalia quão longe podemos ir no ato de mudar a nós mesmos (o que vale dizer, mudar aquilo que somos agora). Quando, por exemplo, os fundadores das três orientações à existência consideradas anteriormente neste livro clamaram pela substituição de um *ethos* de orgulho e implacável autoafirmação por um de benevolência sacrificial, em conflito frontal com a experiência dominante e com as ideias prevalentes, estavam afirmando aquilo em que podemos nos tornar. Um segundo conjunto de conjecturas trata do poder e duração comparativos de nossos desejos contraditórios. Fazia parte do ensinamento de alguns daqueles mesmos profetas (mas não de outros) a ideia de que aceitação é melhor do que triunfo; de que amor, quer dado ou recebido, conta mais do que altruísmo; e de que nenhum prosperar na vida pode se conciliar com o aprimoramento da vida se for baseado em não reconhecer e respeitar nosso anseio pelo infinito e pelo incondicional.

A autotransformação buscada pelo programa da religião do futuro tem como tema nossa constituição humana. Ela procede de uma visão de quem nós somos, como corporificados e situados, mas também das forças dentro e em torno de nós que solapam e corrompem a afirmação de nossa identidade.

Ela quer que nos tornemos quem somos, se apenas pudermos compreender essa expressão de um modo que dê à história e à transcendência seu devido valor, e consequentemente ponha no lugar de uma teleologia racionalizante a dialética da dependência do caminho e da inovação profética.

A terceira preliminar tira as conclusões corretas da quase inutilidade dos métodos e metadiscursos favorecidos pela filosofia acadêmica contemporânea. A agenda da autotransformação que aqui exploro e defendo é uma proposição de primeira ordem. Ela não produz regras e padrões para aplicação em casuísmo moral. No entanto, ela resulta em visão de como conduzir a vida.

Esse argumento sobre a condução da vida baseia-se em prática de pensamento que insiste na conexão entre discurso de ordem mais elevada sobre métodos e premissas e discurso de primeira ordem sobre o que fazer com eles. Para tal prática, o valor de todo discurso de ordem mais elevada tem de ser justificado por sua fecundidade de primeira ordem. A busca e o poder de proposições de primeira ordem são revelados por suas implicações para a mudança de nossas premissas e nossos métodos de ordem mais elevada.

Não podemos ficar satisfeitos com um modo de fazer filosofia que explore os contrastes entre metadiscursos apresentados para alcançar os mesmos resultados de primeira ordem, ou não chegar de todo a nenhum resultado de primeira ordem. Nem deveríamos aceitar uma prática filosófica que usa discursos de ordem mais elevada apenas negativamente, para atacar todos os outros tais discursos, como se o problema de como pensar pudesse se resolver sozinho espontaneamente.

Olhe e veja o que encontramos na filosofia de escola atual. Na filosofia política, poucos discordam quanto ao resultado pretendido: democracia social-liberal, uma versão melhorada do estamento social-democrático de meados do século XX. Discordam apenas quanto ao vocabulário filosófico (contrato social, utilitário ou comunitário) no qual a linha política predefinida deve ser defendida. Eles dão um lustro filosófico de humanização em disposições que não acreditam serem eles mesmos capazes de reimaginar e recriar.

A religião do futuro

Abram os livros equivalentes de filosofia moral, com seu suposto contraste entre abordagens consequencialistas (especialmente utilitaristas de regras), kantianas e contratualistas à obrigação moral. É fácil conciliá-las: elas têm em comum a ideia de que a tarefa da filosofia moral é definir nossa obrigação um com o outro e fazer isso com base numa visão que vê o autointeresse como o problema e o altruísmo legalista ou a desinteressada universalidade do dever para com os outros como a solução. Essa ideia equivale a um tríplice erro.

É um erro, primeiro, porque a restrição da universalidade nunca é suficiente para destacar um curso de ação em relação a outros. Ele é sempre compatível com muitos. Só ganha conteúdo se seu conteúdo for escolhido independentemente por outras razões e motivos, e depois expresso retrospectivamente na linguagem da universalidade. Considere, por comparação, a ideia marxista de ideologia: os interesses de uma classe têm de ser representados como interesses universais da humanidade para adquirir a força da legitimação. É verdade que para ganhar a autoridade que vem com a universalidade eles se permitem serem restringidos de algum modo. Talvez tenhamos esperado inferir nossos mais autênticos interesses (sem saber nada sobre eles) somente da ideia da própria universalidade. No entanto, somos de fato capazes de inferir dessa ideia apenas o que primeiro nela colocamos secretamente. Essa colocação secreta é a principal significação operacional das metateorias morais.

É um erro, em segundo lugar, porque a escolha do altruísmo como o princípio para a organização da vida moral, embora seja ato comum entre as religiões do mundo, é crença que a luta com o mundo rejeitou – corretamente, como argumentei antes. Rejeitou essa crença tanto na voz sagrada de seus ensinamentos teológicos como na voz profana do romantismo. Na dialética entre a ideia do homem como o infinito aprisionado no finito e a noção da primazia do amor sobre o altruísmo como o princípio para a organização da vida moral, tal abordagem à existência estabeleceu visão mais profunda da humanidade. Essa visão adquiriu substância e influência ajudando a informar os projetos revolucionários da emancipação política e pessoal que sacudiram o mundo inteiro durante os últimos séculos. A volta à ideia da predominância do problema do altruísmo, afirmada nas linguagens mais ou menos equivalentes de doutrinas benthamitas e kantianas, representa uma tentativa de retroceder dessa revolução e diluir sua mensagem. Em vez de argumentar a favor dessa reação pietista, os contrarrevolucionários da teoria moral disfarçam a reação como sendo racionalidade.

É um erro, em terceiro lugar, porque nossas ideias de obrigação funcionam de fato – isto é, adquirem significado e direção – somente ao serem incorporadas, primeiro nas visões latentes, inarticuladas, não desenvolvidas e não defendidas, mas assim mesmo abrangentes, de quem somos e de como nos encaixamos no mundo, e depois nas concepções de sociedade, juntamente com os programas institucionais que as sancionam.

Abaixo um estilo de filosofar que separa discursos de ordem mais elevada de proposições de primeira ordem, e paga por sua vacuidade com sua esterilidade.

A quarta preliminar é compreender e desenvolver os ensinamentos suprimidos e mal-entendidos da luta com o mundo sobre a relação do espírito com a estrutura e a do eu com os outros. Esses ensinamentos sugerem o que o aprimoramento da vida significa, bem como o que ele exige, por meio de nossa atividade no mundo.

Todas as religiões de transcendência, cada uma à sua maneira, insistem em substituir a ética do valor marcial, do orgulho e da autoafirmação, tão cara às classes combatentes e governantes do passado, por uma ética de solidariedade inclusiva e sentimento de camaradagem. Essa substituição encontrou suporte na negação da realidade, ou autoridade, de todas as divisões no gênero humano. Tal era a verdade proclamada no budismo e no confucianismo, bem como no judaísmo, no cristianismo e no islamismo. Os filósofos morais, com sua ênfase no universalismo ético, mantêm esse foco, no modo exangue e desanimado da falsa concorrência entre suas metateorias.

A conquista distintiva da luta com o mundo, em suas formas teístas e seculares, especialmente o cristianismo, a democracia e o romantismo, foi ter subordinado seu universalismo ético a outra visão moral: uma visão na qual nossa capacidade de imaginar e aceitar uns aos outros (no amor e nas formas mais elevadas de cooperação) e nossa capacidade de enxergar e agir além dos limites das estruturas de vida e de pensamento estabelecidas tornaram-se os impulsos dominantes. Essa visão permanece nas religiões organizadas e nas ordens sociais estabelecidas, cercada por, e comprometida com, crenças, práticas e instituições que contradizem seus entendimentos e inviabilizam suas intenções. Uma vez dispostos a confrontar e superar esses obstáculos, estaremos prontos para uma revolução em nossas crenças.

O elemento crucial na virada feita pela luta com o mundo é o casamento de suas ideias sobre conexão e cooperação com nossas ideias sobre o anseio pelo infinito: o empenho pelos entendimentos e pelos poderes que nos são negados pelas estruturas limitadoras de vida e de pensamento que temos de habitar. A busca por esses entendimentos e poderes leva, por sua vez, a uma decisiva preocupação com o caminho para uma existência maior. Esse caminho tem de se fundamentar no reconhecimento, e não na negação, de nossa mortalidade, falta de fundamentação e insaciabilidade. Tem de reafirmar nosso desejo de viver para o futuro como seres não determinados pelas condições atuais de sua existência. Tem de representar, no entanto, uma luta para escapar da alienação do bem mais alto, da vida, que só podemos ter no momento presente.

Esses temas estabelecem pontos de partida para a religião do futuro. Não geram regras que nos digam quem deveríamos jogar no mar quando o barco está afundando devido a seu peso, ou como deveríamos resolver qualquer dos outros enigmas que ocupam o tempo de quem pensa que livros de regras e casuísmo podem compensar a falta de visão quando se delibera o que fazer da vida.

As ambições que fomos ensinados a cultivar pela tradição da luta com a vida nos apresentam dois problemas distintos, mas relacionados entre si. Um deles tem uma descrição conhecida, mas enganosa da história do Ocidente. O outro é ao mesmo tempo pervasivo e tácito.

O problema conhecido é aquele inadequadamente descrito como o da conciliação do amor cristão com a grandeza pagã. A ideia de que nossa capacidade de imaginar e aceitar outras pessoas, em amor pessoal e nas formas mais elevadas de cooperação, tem precedência sobre o altruísmo na organização da vida moral é central na fé cristã. Contudo, é igualmente básica para tudo que é mais profundo e mais poderoso na cultura secular do Ocidente e no programa de libertação política e pessoal que ressoou em todo o mundo durante os dois últimos séculos.

O que estamos inclinados a chamar de ideia pagã de grandeza não precisa ser, em absoluto, pagã. Pode ser outro nome que damos ao exercício de nosso poder de virar a mesa em nossas disposições e pressuposições. Ao nos elevarmos da tutela para uma vida mais elevada, concebemos o objetivo de mudar a natureza, bem como o conteúdo, de nossas estruturas de existência e pensamento de modo a podermos cessar de viver como exilados no mundo, e não mais obedecer a instituições e doutrinas que insultam nossa condição de espírito corporificado.

Nossos esforços por solidariedade são penetrados e transformados por nossa rebelião contra o apequenamento e por nosso anseio pelo infinito, que mudam sua natureza e redirecionam seu curso. Uma coisa é conexão entre seres que são capazes de aceitar o status social a eles designado, dar crédito aos dogmas da cultura estabelecida e ter proximidade com mesmice ou convergência. Outra coisa é solidariedade entre pessoas que acreditam não estarem representadas nem acomodadas por todas as estruturas estabelecidas de vida e de pensamento. Dizer o que exatamente essa outra coisa é e o que ela requer, mediante a reorientação da vida e a reconstrução da sociedade, é um modo de descrever o conteúdo da religião do futuro.

O que está além da estrutura estabelecida também está além do momento presente. Nós buscamos aquilo que não temos e desprezamos o que temos. Assim surge, durante a tentativa de conciliar solidariedade com empoderamento, o assustador problema de nossa alienação da vida na única forma em que podemos vivê-la, no presente.

A visão da autotransformação na religião do futuro afeta diretamente esse problema. A reconstrução da sociedade ocorre em tempo histórico. Nós não controlamos a relação de nosso tempo de vida com esses eventos sociais; no melhor dos casos, podemos aspirar a um antegosto, em nossa própria experiência de vida, do futuro social que buscamos.

A religião do futuro

A reorientação da vida, no entanto, é uma tarefa que recai diretamente nos limites do tempo biográfico. Cabe a nós a realizarmos ou não. Começa na clareza quanto ao que somos e não somos capazes de mudar. Não podemos escapar a nossa mortalidade, ou nossa falta de fundamentação ou nossa insaciabilidade. A tentativa de negá-las ou superá-las equivale a uma luta vã contra a natureza de nossa existência ou a uma recusa de nossa humanidade.

Ao enxergarmos essa verdade, no entanto, nos livramos de confrontar outra faceta de nossa experiência, que podemos facilmente confundir com uma quarta falha irreparável da vida humana: nossa suscetibilidade ao apequenamento. A principal forma de suscetibilidade ao apequenamento é o fracasso no exercício de nossos poderes de transcendência sobre os regimes estabelecidos de sociedade e de pensamento, e a disposição para permitir que esses regimes configurem definitivamente nosso modo de lidar uns com os outros.

Essa falha pode ser remediada, com a reconstrução da sociedade e com a reorientação da vida. Esses dois remédios se sustentam reciprocamente. Uma sociedade cujas instituições são receptivas às formas mais elevadas de cooperação e cujas cultura e educação públicas reconheçam e suportem nossa condição de espírito corporificado é uma sociedade na qual a necessária reorientação da vida pode mais prontamente ocorrer e mais rapidamente avançar. Na ausência das mudanças institucionais e culturais que permitam esses resultados, a reorientação da vida torna-se de pronto mais difícil e mais importante. Numa ampla margem, a autotransformação pode substituí-las no refazimento da sociedade e da cultura. As virtudes, redefinidas, podem ajudar a suprir o déficit em nossas instituições estabelecidas e em nossas crenças prevalentes.

Nossa alienação da vida no presente torna-se perversamente uma fonte de apequenamento. Assim, a orientação para o futuro, que a luta com o mundo estabeleceu em cada departamento de nossas experiências política e moral como sendo o caminho para a salvação de nossas almas ou o aprimoramento de nossas sociedades, volta-se contra ela mesma.

Viver para o futuro, seja o futuro providencial do plano de Deus ou o futuro histórico de uma vida maior para a humanidade, é resistir à finalidade das disposições estabelecidas e das premissas dominantes. É nos afirmarmos como seres cujas possibilidades de visão e experiência não são limitadas pelas circunstâncias em que nos encontramos. Essa declaração que fazemos a nós mesmos é uma profecia de grandeza em meio ao que é comum, e uma intimação para nosso ascenso a um estado mais elevado de ser.

No entanto, a orientação para o futuro toma então de volta o que nos tinha dado quando se torna, como se tornou na história da sagrada e da secular luta com o mundo, alienação do presente. Agora, A repulsa à vida diminui nossa consideração por nosso bem maior e nos nega orientação para sua preservação. Ela nos priva dos meios para evitar que morramos antes de morrer. Desperdiçamos, sem saber, o tesouro que nos caiu nas mãos.

Assim, a religião do futuro deriva três tarefas inter-relacionadas de sua estreita afinidade com a luta com o mundo. A primeira tarefa é conciliar transcendência com solidariedade, não nas abstrações de filosofia, mas na condução da vida e na organização da sociedade. A segunda tarefa é redirecionar a orientação para o futuro de forma a que supere a alienação do presente. A terceira tarefa é dar efeito ao impulso que as versões sagrada e profana da luta com o mundo implantaram no coração de homens e mulheres: o de que temos de viver e compreender nossas vidas de um modo que faça justiça a quem somos. Vamos renunciar ao anseio de ser Deus e nos tornar, em vez disso, mais divinos. Deixaremos de lado a esperança de vida eterna, para melhor possuir a vida mortal que é a nossa vida.

A DERRUBADA: DA AUTOSSUBVERSÃO À AUTOTRANSFORMAÇÃO

Um modo de vida que seja fiel a essas preocupações, experiências e ideias tem de começar na derrubada de nós mesmos. Com o inabalável reconhecimento da morte, da falta de fundamentação e da insaciabilidade, nós despertamos para a vida.

Em nosso avanço para uma vida maior, confrontamos um obstáculo inicial. A menos que removamos ou superemos esse obstáculo, não somos capazes de ascender mais. Passamos nosso tempo no atordoamento de uma existência diminuída, nem despertos nem adormecidos. Resignamo-nos a concessões e rotina, vendo o mundo por meio das categorias da cultura prevalente ou dos métodos de formas de pensamento estabelecidas. Reconciliamo-nos com a mutilação de nossa experiência, que começamos a aceitar quando entramos em determinado percurso na vida. Permitimo-nos sermos subjugados pela carapaça de experiência diminuída que se formou a nossa volta à medida que ficamos mais velhos. Para a grande maioria de homens e mulheres, devastadora necessidade econômica e labuta enfadonha esmagam e disfarçam uma estupefação que, não fosse isso, seria aparente. Para o número cada vez maior de pessoas que, com o progresso material da sociedade, estão livres de uma triturante restrição material, não existe esse disfarce.

Dessa maneira, cessamos de viver como espírito corporificado: como os agentes condicionados ao contexto, mas resistentes ao contexto que realmente somos. Aquilo que é mais precioso – a própria vida – nós jogamos fora em troca de nada. Nós nos apequenamos, confundindo equivocadamente nosso apequenamento com um destino tão inescapável quanto nossa mortalidade, nossa falta de fundamentação e nossa insaciabilidade.

O antídoto para esse apequenamento é enfrentar a aterrorizante verdade de nossa situação. Nossa confrontação com os três grandes terrores da vida humana nos sacode e nos estimula se apenas conseguirmos reempreendê-la, sempre e até o fim.

O primeiro terror é a certeza da morte, adquirida no contexto de nossa falta de fundamentação. Cada um de nós será aniquilado. Nenhum de nós poderá, sem mentir a si mesmo, alegar que esse aniquilamento é menos real ou definitivo do que parece ser: que vamos viver noutra pessoa de algum modo que não o de um sentido metafórico, ou como se nossos compromissos, apegos, interesses e ideais, defeituosos, parciais e acidentais como são, pudessem substituir a tremenda, ilimitada e, portanto, incomparável experiência de estar vivo. Nosso senso de fecundidade – tudo que poderíamos ser e poderíamos fazer – colide com a consciência de que somos destinados a morrer.

Tornando-se mais humano ao se tornar mais divino

O fato de estarmos cercados de enigmas por todos os lados e de permanecermos para sempre impotentes para decifrar o mistério de nossa existência, e da realidade do mundo e do tempo, só torna a certeza da morte ainda mais desesperadora; não somos capazes de colocar nem a vida nem a morte numa estrutura que as explique de um modo que se comunique com nossa experiência e nossas preocupações. A natureza, indiferente a essas preocupações e funcionando numa escala incomensuravelmente desproporcional à duração da vida humana, opera como se aquilo que nos interessa decisivamente não represente absolutamente nada para ela. À medida que aumenta nosso conhecimento do universo, essa desconexão entre as visões de dentro e de fora da pessoa humana parece só se ampliar. Quer exista um só universo ou uma pluralidade ou uma sucessão de universos, nossa parte na história nos deixa apenas com o contraste entre aquilo que acreditamos que somos e esperamos nos tornar e aquilo que sabemos que nos espera. Nos espera num universo quanto ao qual só podemos, sempre, descobrir o que menos interessa, e não o que mais interessa.

O segundo terror é o reconhecimento de nossa falta de fundamentação, contra o pano de fundo de nossa mortalidade. Que era para nascermos e depois morrermos, que a vida era para ser tão cheia de incidentes e terminar em nada, que a sucessão do tempo e de mundos sobre mundos era para ser o que é e não outra coisa, e que o progresso de nosso entendimento sobre a natureza nunca nos levaria mais próximo do conhecimento da fundamentação da realidade – realidade do ser de absolutamente qualquer coisa – tudo isso empresta a nossa existência seu caráter de sonho.

Se, em meio a nosso estado ordinário de semiconsciência, pararmos por um momento para considerar o caráter impenetrável não só de nossa existência, mas também a de todos os seres, a qualidade fantástica de nossa situação torna-se para nós momentaneamente aparente. Incapazes de dissipar o enigma, deveríamos mergulhar na vida, se não preferíssemos mais frequentemente nos agarrar, numa meia crença, a uma das religiões ou filosofias que falsamente alegam revelar a fundamentação da existência.

Nunca podemos remover, com segurança ou definitivamente, a ameaça do niilismo: a apreensão de que nossas vidas e o próprio mundo possam ser

A religião do futuro

desprovidos de significado – vale dizer, não abertos a qualquer explicação que seja abrangente o bastante para elucidar por que existe o que existe ou formulada em termos que se comunicam com nossas preocupação quanto a nossa efêmera e misteriosa existência.

Todas as nossas compreensões são fragmentárias. Tudo se apoia em pressuposições contestáveis. Nossos métodos e nossas disciplinas são triviais. Nossos entendimentos não são apenas parciais e precários; eles também não se combinam numa única visão abrangente. Ou, então, podemos fazê-los convergir em tantas visões alternativas que sua convergência, ou consistência, não servirá para nos trazer mais perto da verdade quanto à fundamentação da existência.

Ao final de nossos esforços, encontramo-nos tão distantes do prêmio quanto estávamos no início. A princípio exaustos e atemorizados, mas depois escolados na indiferença alimentada por nossa esmaecida consciência do mundo, podemos abraçar um dos relatos disponíveis sobre a fundamentação da existência que foram gerados incessantemente na história da religião e da filosofia. Contudo, uma vez tendo rejeitado o consolo dessa falsa fundamentação como ilusória e covarde e incompatível com nossa luta por uma vida maior, enfrentamos, indefesos, a natureza enigmática de nossa existência.

O fato de termos de enfrentá-la à sombra da morte implica seguramente que não somos capazes de nos consolar na esperança de uma revelação posterior. A coação da mortalidade fecha o círculo em torno de nós, emprestando a nossa existência e a sua escuridão sua concentração decisiva.

O terceiro terror que temos de experimentar é o caráter ilimitado de nossos desejos. Queremos, especialmente um do outro, mais do que o mundo ou qualquer pessoa viva pode dar. Queremos o impossível, o absoluto representado no finito. Um do outro, queremos a garantia de um lugar incondicional no mundo. Queremos diferença e união ao mesmo tempo.

A inquietude do desejo aparece primeiro nos ritmos do querer, da saciação, do tédio e de mais querer. Adquire uma qualidade frenética na obsessão e no vício. Torna-se vasta em nosso desejo um pelo outro e deixa uma marca indelével em nossa vida erótica.

Tornando-se mais humano ao se tornar mais divino

Tem-se dito frequentemente que essa visão do desejo e do amor é uma invenção do cristianismo, recriada pelo romantismo. Segundo essa visão, somente em culturas que foram penetradas por essas crenças o desejo pelo absoluto combinou-se com o desejo por outra pessoa, com o resultado de despertar uma expectativa que pessoas e sociedades reais não são capazes de alcançar.

O cristianismo e o romantismo, no entanto, abriram caminho para a descoberta da natureza do eu como espírito corporificado: a pessoa ligada ao contexto e transcendente ao contexto. Tudo na história da crença e da política funciona na mesma direção: o desenvolvimento e aprofundamento da individualidade transformam eus aprofundados em objetos de ilimitada potência, fascinação, e um perigo um para o outro, e desperta a esperança de formar apegos nos quais somos capazes de atenuar o conflito entre as condições que habilitam autoafirmação: entre sermos abraçados por outra pessoa e nossa separação dela. Nesse abraço, buscamos certeza quanto a nosso próprio ser que seja capaz de fazer frente à perspectiva da morte e à inescrutabilidade da existência.

No entanto, nenhuma circunstância ou apego finitos podem carregar o peso desse ilimitado anseio pelo infinito. O próprio atributo que faz de nós os principais candidatos a servirmos, um ao outro, como seu substituto para o absoluto inacessível – a profundez e obscuridade indefinidas do eu – assegura que não podemos satisfazer nosso desejo de aceitação tão incondicional que seria capaz de eximir de seus terrores tanto a morte quando a falta de fundamentação.

A vida de desejo – de coisas e depois de pessoas – é uma inquietude da qual só temos o falso resgate de uma vida e uma consciência diminuídas. Quanto mais descobrimos e afirmamos o caráter do eu como situado e transcendente, mais nos encontramos acorrentados à roda do desejo insaciável e condenados a demandar o absoluto do que é relativo, o incondicional do que é condicional, o infinito do que é finito.

Aterrorizados pela certeza da morte, forçados a reconhecer nossa incapacidade de compreender a fundamentação do ser e da existência, e atormentados pelo desejo insaciável por pessoas, se não por coisas, temos motivo para despertar, para a vida, do atordoamento de nossa resignação com o apequenamento. Um inabalável reconhecimento desses incuráveis defeitos na existência proporciona três amplos e distintos benefícios.

O primeiro benefício é o serviço que a veracidade dos fatos fundamentais de nossa existência presta à autocompreensão e o que a autocompreensão presta a nossa ascensão a uma vida maior. Na história da luta com o mundo, todo discurso sagrado e profano nele encerra, numa ou noutra medida, uma ilusão a serviço do despertar da vontade.

Para as versões sagradas – as religiões de salvação –, a ilusão tem sido uma negação direta do caráter irreparável dos defeitos na vida humana e a crença de que podemos repará-lo com a ajuda de um Deus transcendente que intervém na história. O fortalecimento da vontade, alcançado com o estímulo dessas crenças, nos facultaria conquistar uma combinação de paciência e empenho diante da morte e do sofrimento: não só para nos compormos como também para aprimorarmos a nós mesmos e a sociedade.

As formas profanas da luta com o mundo – os programas seculares de libertação política e pessoal – buscaram frequentemente fortalecer a vontade por meio de apelo à providência histórica, ocupando esta o lugar que a providência divina ocupa nas religiões de salvação. Tome o exemplo do marxismo, a mais importante influência intelectual na esquerda nos últimos 150 anos. A ideia de que a história tem um plano parece reduzir a vontade a nada. No entanto, a crença que a história funcionará como invencível aliado nosso pode incitar a vontade a se empenhar contra obstáculos que, não fosse isso, pareceriam insuperáveis.

Ou considere o romantismo. Nesse caso, a ilusão é que podemos nos salvar sem ter de mudar as estruturas da sociedade e do pensamento; uma estrutura é tão inimiga de nossa humanidade quanto outra qualquer. Somente a ruptura, empreendida por ação individual ou coletiva (segundo os programas distintos do romantismo individualista e do romantismo político), cria os interlúdios nos quais a humanidade pode florescer. A ruptura das estruturas nos dará ao menos um gosto de existência não diminuída.

As ideias que informam essas campanhas seculares de emancipação não negam diretamente nossa mortalidade, falta de fundamentação e insaciabilidade. No entanto, elas evocam um mundo de ação heroica, política ou pessoal, fundamentada apenas em si mesma, e totalmente dentro do poder que tem a vontade de realizá-la. Nesse mundo, podemos esquecer a verdade de nossa circunstância. Se formos marxistas revolucionários, por exemplo, podemos tentar mudar nosso foco do indivíduo mortal para a relativamente imortal espécie. Se formos românticos, podemos esperar descrever a insaciabilidade como aventura e a falta de fundamentação como autofundamentação. Somente a morte derrotará nossos esforços nessa redescrição, e exigirá que lidemos com ela da única maneira que, segundo o romântico, pode nos estar disponível: com uma demonstração de poder e de invulnerabilidade.

Seja direta ou indireta, a negação da verdade quanto a nossa circunstância infecta com autoengano nossa luta por uma vida maior. A mistificação é um preço alto demais a pagar pelo despertar da vontade. Em toda instância, ela resulta em erro de direção, como sugerem os exemplos do marxismo e do romantismo.

O segundo benefício do reconhecimento de nossa mortalidade, falta de fundamentação e insaciabilidade é que ele impede que o esforço por ter uma possessão mais plena da vida degenere em prometeanismo ou culto ao poder. A única salvaguarda confiável contra nossa autodeificação é o incondicional reconhecimento de que somos destinados a morrer, sempre no escuro quanto à fundamentação de nossa existência e da realidade, e condenados a ansiar incessantemente por um incondicional e um absoluto que não podemos ter e que estamos sempre tentados a confundir com coisas finitas e falhas a nossa volta. Nenhum triunfo pode ser celebrado por um ser que logo será aniquilado, que tem de viver sem ter captado a estrutura de sua vida, e cujos desejos excedem incomensuravelmente as satisfações que é capaz de alcançar.

Por maiores que possam ser essas duas vantagens, elas não são tão significativas quanto o terceiro benefício a ser usufruído com o abandono da negação da verdade quanto à nossa circunstância. O terceiro benefício é a quebra do feitiço do sonâmbulo, a impensável rotina e repetição, a rendição da consciência às categorias pré-fabricadas da cultura estabelecida, nas quais habitualmente passamos nosso exíguo tempo.

Assim como um homem que é despertado no meio da noite por seus executores e cujos minutos finais parecem se estender e estar povoados de incidentes, enquanto por seus olhos bem abertos passa toda a sua vida, assim podemos ficar quando finalmente decidimos não mais negar a realidade de nossa situação. Somos, então, o derrubador e também o derrubado; ao nos ser negada a proteção dos hábitos e ilusões que sustentaram a vontade à custa de sua direção equivocada, passamos a enfrentar e a possuir a vida enquanto ela puder ser nossa.

Nossa aterrorização de nós mesmos, mediante consciência aumentada de nossa situação no mundo, não tem sequela estabelecida. Pode servir, e na história do pensamento e da experiência ela serviu, como preliminar de próximos passos muitos diferentes. O que é notável é que a maioria dos filósofos tenha imaginado a sequela a essa derrubada de um modo que tem pouca relação intrínseca com a experiência que a motivou. Ela aparece em seu pensamento como epílogo sem conexão estreita com a história à qual se segue. Lembre dois exemplos da história da filosofia ocidental, Pascal e Heidegger, ambos focados no primeiro e mais poderoso dos três terrores que enumerei: o medo da morte.

Para Pascal, a condição da qual temos de despertar a nós mesmos é a de *divertissement*, a diversão, ou desvio, de nossos esforços e devoções para objetos que são, por natureza própria, desmerecedores de nossa atenção fundamental. Nós suprimimos a perspectiva da morte e a passagem do tempo, nos entregando a um desvio após outro. Cada desvio é uma instância de falsa transcendência, uma venda a descoberto de nós mesmos.

Começamos a escapar dessa danação autoinfligida apresentando contra nós mesmos o aterrorizante argumento de que vamos morrer, perdidos no que parece ser um vasto e assustador vazio. Nesse relato, o que fazemos em seguida é nos jogarmos nas mãos de um Deus remoto e sem voz, que olha dentro de nossos corações por trás de uma nuvem impenetrável. Somente ele pode nos dar aquilo que mais queremos: vida eterna. A consequência de nossa autoaterrorização é mostrar nossos desvios como eles são e subordinar todos os nossos esforços, após o terror, nessa breve passagem pelo mundo, ao obstinado objetivo de cair nas graças daquele que tem as chaves para a vida eterna.

Para Heidegger, a aterrorização e sua sequela são abordadas em diferentes momentos da evolução de seu pensamento. Em seu livro *Ser e tempo* ele transmite, sem qualificação ou compensação, a mensagem do terror. Estamos perdidos em dispersão ou em desvios. O termo *Zerstreuung* faz o papel de *divertissement*. Nossa existência é inautêntica – rendemos nossos pensamentos e experiências às fórmulas coletivas da sociedade e da cultura.

Esses automatismos coletivos nos roubam de nós mesmos, sujeitando nossos cuidados e nossos poderes a seus tropos. Eles confrontam, no entanto, um limite em nosso antegosto da morte. Cada experiência de morte de um homem, e de sua marcha para a morte, permanece sendo só sua. Ao perseguirmos as implicações desse fato e começarmos a reler o que é o ser à luz da existência humana, e a existência humana à sombra da morte, nossa disposição de nos entregarmos a uma vida inautêntica é abalada.

Uma vez mais, como em Pascal, o foco recai no primeiro e mais terrível dos defeitos na vida humana: o medo da morte no contexto da falta de fundamentação. O que deve se seguir a esse despertar? Por um momento, na trajetória de Heidegger, pareceu que o despertar para a verdade quanto à condição humana – e quanto ao ser, captada do muito importante ponto de vista de nossa existência – seria seguido pela política. Isso acabou se revelando uma espécie de violento romantismo político sem conexão estreita com a precedente análise da existência (a não ser uma afinidade de atitudes e de símbolos) e sem conteúdo institucional definido (a não ser os vieses anti-institucionais da imaginação romântica).

O fracasso e o abandono dessa conversão política foram seguidos pela "reviravolta" da filosofia tardia de Heidegger: a tentativa direta de reverter as revoluções religiosas, que resultaram nas religiões mais cultas, em favor de um culto pagão do ser. Um politeísmo deveria substituir a dialética da imanência e transcendência que foi central em toda versão da luta com o mundo. Sob a dispensação desse paganismo, mais uma vez nós nos empenhamos por serenidade, pela sensação de estar em casa num mundo radiante, como os filósofos pagãos sempre nos ensinaram a fazer. Nós nos curamos da enfermidade que aflige todas as versões sagradas e profanas dessa abordagem espiritual, a alienação da vida no presente, e nos abrimos às revelações da experiência imediata. No entanto, nós o fazemos somente sob a condição de renunciar ao atributo que de fato nos faz ser tanto humanos quanto divinos: nosso poder de resistência aos contextos de vida e de pensamento que nos modelam.

A melhor sequela para um confronto com a verdade quanto à condição humana não é a de Pascal ou Heidegger ou qualquer outra resposta que só esteja conectada obliquamente com a fonte e o tema de nossa subversão de nós mesmos. A melhor sequela é nossa conversão a uma vida clara, não obscurecida. Os terrores da morte, da falta de fundamentação e da insaciabilidade concernem a defeitos na existência. Ao enfrentá-los, o que obtemos como recompensa é existência, vista como realmente é, que podemos viver como ela poderia se tornar.

Despertos de nosso atordoamento, começamos a recobrar o bem mais alto: a vida agora. Nós então confrontamos o dilema que as conquistas e as descobertas, assim como os fracassos e as ilusões da luta com o mundo, nos ensinaram a valorizar. Temos de achar uma maneira de viver para o futuro sem estarmos alienados da vida no presente.

Viver para o futuro significa viver como seres cuja consciência e trajetória não são determinadas de maneira final pelas circunstâncias atuais de sua existência. Particularmente, eles não estão restringidos pela estrutura estabelecida da sociedade e do pensamento. Esses seres são capazes de divisar uma vida maior e de projetar o caminho pelo qual a alcançarão. Todos os seus feitos e pensamentos têm como premissa um discernimento da desproporção entre quem eles são, como agentes moldados pelo contexto, mas também transcendentes ao contexto, e a situação na qual se encontram. Como resultado, não consideram sua suscetibilidade ao apequenamento defeito a ser aceito juntamente com sua mortalidade, falta de fundamentação e insaciabilidade. Compreendem a importância decisiva de traçar no lugar certo a linha entre as circunstâncias imutáveis da vida humana e a alterável organização da sociedade.

Se, no entanto, todo o objetivo de sua subversão com eles mesmos é ter posse de sua vida, não vão se resignar à visão de um bem que jamais poderão ter porque está relegado a um futuro que sempre está além de seu alcance. "Serás rei daqui em diante", dizem a Macbeth. Ele não compreende o significado das palavras: o de que nunca será rei num presente que ele pode possuir. Daqui em diante é nunca. Viver para o futuro de tal modo que nossa almejada ascensão comece bem agora, depurando do exercício de nosso poder de transcendência a mancha da alienação da vida no presente, torna-se uma preocupação definidora da religião do futuro.

Há um último benefício que obtemos de um reconhecimento incondicional dos defeitos irreparáveis na vida humana. Ao despertarmos para a vida, sacudidos pela consciência da verdade quanto a nossa condição, deveríamos ser invadidos pela exultação de estarmos vivos. Os filósofos nos disseram que não somos mais capazes de encarar a morte do que somos capazes de olhar diretamente para o Sol. No entanto, é a vida, mais do que a morte, que não podemos contemplar diretamente: o fato de termos nascido, de termos tido vida e individualidade, é a única alegria incomensurável. Se fôssemos incapazes de contrabalançar essa alegria, ela nos paralisaria.

Há duas maneiras pelas quais podermos assimilar isso. Uma maneira nos priva do bem mais elevado; a outra nos ajuda a possuí-lo. Uma maneira tem como premissa o ato de esquecer ou negar nossa mortalidade, falta de fundamentação e insaciabilidade; a outra depende de as reconhecermos tais como são.

A primeira maneira é se acomodar com as diminuídas existência e consciência – dissipação e desvio – nas quais comumente passamos nosso tempo e dilapidamos o bem mais valioso. Estamos com isso nos protegendo da exultação de estarmos vivos, experimentando uma vida menor. A condição crucial para essa abordagem é a negação da verdade quanto à condição humana.

A religião do futuro

A segunda maneira é afirmar essa verdade, tão franca e constantemente que ela é capaz de obscurecer a visão que temos da vida. Podemos então esperar viver e ver no espaço marcado por essa grande luz e pela sombra que a acompanha.

Ideias e histórias não bastam para assegurar que vamos despertar do atordoamento de uma existência diminuída para possuir a vida em sua totalidade. Para atingir esse objetivo, temos de suplementá-las ou com práticas que a sociedade e a cultura estabelecem ou com virtudes que compensam sua ausência.

Os soldados alemães que levavam consigo o livro *Ser e tempo*, de Heidegger, durante a Primeira Guerra Mundial não precisavam das ideias desse filósofo para tirá-los do sonambulismo em sua experiência cotidiana. Eles tinham a guerra para lembrá-los a cada momento de que eram destinados à morte. As palavras escritas nas páginas importavam para uns poucos, porque pareciam dar voz a uma experiência de terror que muitos experimentavam sem as terem lido.

Como vamos configurar nossa experiência de não mais requerermos as devoções da guerra – ou qualquer outra experiência limitadora e aterrorizante – para nos sentirmos vivos? A sociedade e a cultura têm de estar organizadas de modo a diminuir a distância entre as ações normais que fazemos dentro de uma estrutura institucional ou ideológica que temos como certa e as ações excepcionais com as quais desafiamos e mudamos peças dessa estrutura. Nossa ciência normal, por exemplo, tem de adquirir algumas das características da ciência revolucionária. Nossa educação tem de ser projetada para educar a mente em ideias e visões que são distantes das que prevalecem na cultura estabelecida e para libertá-la da passividade e da subserviência ao expô-la, a todo instante, a pontos de vista contrastantes. Nossas democracias têm de ser dispostas de modo a elevar a temperatura da política (o nível de envolvimento popular organizado na vida política) e apressar seu ritmo (a capacidade de romper um impasse e levar a uma reforma estrutural), diminuindo a dependência de uma crise para se ter mudança. Nossas economias de mercado têm de favorecer uma organização de trabalho na qual as tarefas são redefinidas à medida que são executadas e uma organização de economia de mercado na qual estamos livres para inovar nas disposições de produção e permuta, assim como em combinações de pessoas, tecnologias e capital.

É dessa maneira, e de muitas maneiras como essa, que seguimos em direção à criação de estruturas que transmitem a nossa experiência ordinária às qualidades que estamos acostumados a ver somente em nossas experiências excepcionais de revisão de estrutura. Essa mudança no caráter da experiência ordinária confirma e sustenta o despertar para vida que podemos alcançar inicialmente de nosso reconhecimento da morte, da falta de fundamentação e da insaciabilidade.

Mas e se essas disposições institucionais, assim como as práticas que se baseiam nelas e as reproduzem, estiverem faltando? Então, certas disposições habituais para a ação – as virtudes – têm de fazer o trabalho que, não fosse isso, seria feito pelas práticas e pelas instituições. Instituições políticas fazem virtudes políticas serem não desnecessárias, e sim menos necessárias. Nós estabelecemos instituições políticas de modo a podermos depender menos dessas virtudes.

A mesma relação entre nossos arranjos e nossas disposições reaparece no âmbito da moral, começando com sua parte mais importante: a consciência e a afirmação da vida. Se nos faltarem instituições e práticas que diminuam a distância entre a reprodução e a revisão de estruturas institucionais e conceituais, teremos então de compensar sua ausência com certas formas de ação e de consciência. Elas sempre serão importantes para nossa ascensão. Na ausência de estruturas com esses atributos, no entanto, tornar-se-ão ainda mais vitais. Sem elas, não seremos capazes de manter o que adquirimos quando encaramos a realidade de nossa situação.

VIRTUDES COMO AUTOTRANSFORMAÇÃO

Com essas preliminares em mente, considere dois relatos complementares da mudança no modo de conduzir a vida que a religião do futuro requer. Uma perspectiva toma a forma de uma doutrina das virtudes. Uma segunda perspectiva é uma concepção do curso da existência: dos incidentes formativos pelos quais preservamos ou desperdiçamos o bem da vida.

Uma virtude é uma disposição habitual para agir. O papel legítimo do hábito e da repetição em nossa experiência é formar um cenário no qual o novo se torna possível nessa experiência. Assim como não é para sermos escravos do regime estabelecido de sociedade e cultura, tampouco é para sermos prisioneiros da forma enrijecida do eu, nosso caráter.

O objetivo, no entanto, não é travar uma guerra contra toda rotina e repetição. Essa guerra equivaleria a uma campanha contra a própria existência. Agravaria nossa alienação do presente em vez de superar essa alienação. Estaríamos cometendo o erro dos românticos, e reencenando a heresia sartriana sobre o eu e sobre estrutura. A questão é mobilizar a repetição e a rotina a serviço do poder de transcendência, assim como os aspectos modulares, formulares e maquinais da vida da mente ajudam a explicar o funcionamento da mente como imaginação. Pode até ser o caso que uma dessas disposições habituais seja o aprimoramento de nosso poder de divisar e decretar o novo, isto é, o inabitual.

Um ensinamento característico na tradição da filosofia moral que associamos ao discurso da virtude ("ética da virtude") é o da importância da formação de um caráter que seja inclinado a praticar certas ações. Caráter economiza em deliberação moral (recurso escasso) bem como em virtude cívica ou, na verdade, em virtude total (recursos igualmente escassos).

No entanto, para qualquer visão que se desenvolva a partir da luta com o mundo, inclusive a visão que eu aqui chamo de religião do futuro, o caráter torna-se um bem questionável – a ser abraçado e negado, ou a ser aceito num sentido novo e limitado. Duas coisas são fatais à mente, escreveu Friedrich Schlegel: ter um sistema e não o ter. Um caráter é o sistema de uma personalidade. Para nosso desenvolvimento moral é fatal ter e não ter um caráter. É fatal não ter um caráter porque nossa transcendência sobre a circunstância requer uma agência pessoal efetiva, o que por sua vez depende de uma personalidade coesa com um conjunto de disposições recorrentes, ou seja, um caráter. É fatal ter um caráter porque o eu enrijecido funciona como um inimigo do eu em transformação.

Tornando-se mais humano ao se tornar mais divino

A solução para esse aparente dilema é o equivalente, na organização de nossa experiência moral, ao que uma estrutura aberta à revisão e ao experimento representa na organização de nossa experiência social. Deveríamos buscar em nossas instituições e práticas que elas facilitem a própria revisão, diminuindo a distância entre nossas ações que preservam estruturas e nossas ações que revisam estruturas, enfraquecendo, como resultado, a dependência da mudança a uma crise, assim como a influência do passado sobre o futuro. Essa estrutura destruidora de estrutura priva a si mesma da aura de naturalidade e necessidade. Cessa de se apresentar a nós como um destino não escolhido, como parte de como as coisas são.

Ao mudarmos as ordens institucional e ideológica da vida social nessa direção, obtemos um grande benefício: podemos avançar melhor na zona de interseção entre as condições institucionais de nossos mais básicos interesses materiais e morais – o desenvolvimento de nossas capacidades práticas, tanto como indivíduos quanto como coletividades, e a liberação da cooperação do íncubo que é a sociedade de classes.

Um princípio análogo aplica-se à ordenação de nossa experiência moral. O endurecimento de um caráter nega cada um dos atributos da vida: suas qualidades de excesso, fecundidade e espontaneidade. Ele nos impede de morrer apenas uma vez.

No entanto, a solução não é existir sem um caráter, tentando assim rejeitar, na natureza da personalidade, a dialética entre hábito e rebelião. É formar um caráter que se distingue por sua abertura à experiência e por sua disposição à mudança. Um tal caráter tem a marca de uma paciente e esperançosa disponibilidade, salvaguardando a vitalidade, em vez de a sufocar. O poder de transcendência, que é a condição de um espírito, nos faculta imaginar e aceitar outras pessoas como mais do que produtos de circunstância ou figurantes num esquema de divisão social e hierarquia. Mais genericamente, ele nos permite nos contrapormos a nossa autoabsorção e recebermos, mais ampla e intensamente, as impressões da realidade. Torna nossa visão mais inclusiva e universal. Ao fazer isso, oferece uma espécie de salvação.

A religião do futuro

Um dos sinais de sucesso na formação desse caráter desafiador de caráter é que nos tornaremos mais capazes de surpreender a nós mesmos assim como a outros. Em sociedade, a estrutura mais suscetível à revisão diminui a força da dependência do caminho, mesmo ao fazer com que um trauma seja menos necessário para a transformação. Na ordenação de nossa experiência moral, a contrapartida dessa intensificação da vitalidade é que, sujeitos às restrições da sociedade e ao declínio do corpo, tornamo-nos mais capazes, a cada momento da experiência, de ver e fazer mais do que nosso curso de vida anterior parecia guardar para nosso futuro.

A história das ideias morais no Ocidente tornou comum as metáforas de viagem, peregrinação e aventura. Para a mente cristã, elas dão alguma indicação de como a vida numa sociedade secular deveria ser vivida. Para a imaginação romântica, essas mesmas metáforas assumem o aspecto de guerra contra repetição e estrutura e, assim, contra a própria vida, como pode ser experimentada no decurso de uma existência real em sociedade real. Para os ideólogos e militantes dos programas políticos que, ao longo dos dois últimos séculos, se propuseram a alterar radicalmente a sociedade, a guerra contra a rotina foi substituída pela luta por uma futura ordem social em que todas as nossas relações uns com os outros parecessem transformadas pela superação da subjugação social e econômica.

O que sempre permaneceu deficiente nessa história de nossas ideias morais é qualquer visão detalhada das disposições habituais – as virtudes – de uma pessoa que tenta viver fora da visão das possibilidades de vida que essas metáforas, conquanto obscuramente, transmitem. Existem ao menos dois lugares em nossa tradição nos quais podemos buscar um entendimento maior dessas matérias. Ambos são inadequados.

Uma dessas fontes de entendimentos é a doutrina cristã das virtudes teologais – fé, esperança e caridade – geralmente entendida como estar acrescentando uma nova dimensão de liberdade e possibilidade às virtudes pagãs exaltadas tanto pelos filósofos antigos quanto pelos filósofos modernos do Ocidente. A interpretação de fé, esperança e caridade tem quase sempre sido comprometida pelo fracasso das religiões de salvação em formular o que eu descrevi no Capítulo 4 como as suprimidas ortodoxias sobre espírito e estrutura e sobre o eu e os outros – ortodoxias que, uma vez compreendidas e aceitas, revolucionariam a ideia do que essas religiões geralmente são tidas como significarem. Como resultado, a doutrina nas virtudes teologais não se desenvolveu numa visão detalhada de como podemos e deveríamos transformar nossa experiência de vida: de como cada uma das virtudes seculares mudaria como resultado do advento das virtudes teologais. Essa visão torna-se ainda mais necessária quando, tendo perdido a fé numa narrativa de intervenção divina, buscamos desenvolver, sem o suporte dessa narrativa, um relato de nossa humanidade que faça justiça a nossos poderes de transcendência.

Outra fonte de entendimento é o romance do século XIX e do século XX. Essa forma de arte repercute as mudanças em nossas experiências, de viver e de fracassar em viver, como espírito corporificado em sociedades que nos tratam como sendo outra coisa. Arte, no entanto, não é filosofia. Não é capaz, sem violentar sua natureza, de transformar suas descobertas num ensinamento de como conduzir a vida. Pode apenas ampliar o campo de visão do qual se pode extrair esse ensinamento.

Uma doutrina das virtudes serve como um dispositivo, entre outros, com o qual podemos compensar esse silêncio.

VIRTUDES DE CONEXÃO

O obstáculo com que deparamos no limiar da construção de um eu é nossa autocentralidade. Ao descobrir na infância que o mundo não está organizado a sua volta, o indivíduo resiste a renunciar a sua centralidade e a se submeter à disciplina da sociedade. Da perspectiva da moralidade respeitada em todo regime social e cultural, a premissa daquilo que devemos um ao outro é a de que cada um de nós é simplesmente um entre muitos. Mesmo a ordem mais hierárquica insiste em envolver aqueles que ocupam os mais altos postos da hierarquia numa rede de obrigações recíprocas.

A superação de nossa autocentralidade se manifesta, na primeira instância, em restrições que o indivíduo tem de reconhecer e observar, ao perseguir os próprios interesses, no que concerne aos interesses de outros – quer sejam estranhos ou pessoas com quem temos ligações estreitas. Filósofos morais geralmente tomaram a justificativa e a orientação dessa tarefa – a dominação do autointeresse devido à obrigação com os outros – como sendo todo o objeto da moralidade e, portanto, todo o objeto de sua filosofia. Esse preconceito é responsável pelo modo como a filosofia moral moderna equivaleu amplamente a uma série de variações de universalismo ético. Contentou-se em representar, de forma fria e anódina, o resíduo moral das revoluções religiosas do passado – a defesa de um altruísmo inclusivo, reduzido, em sua maior parte, a uma doutrina de obrigação impessoal e desinteressada.

Na verdade, no entanto, a superação da autocentralidade representa apenas uma superação preliminar, conquanto indispensável, na organização e direção de nossa experiência moral. Qualquer visão que atribua a isso – como a filosofia moral geralmente faz – um papel central ou mesmo exclusivo nos parecerá representação crua e infantil do que está envolvido na configuração de nossas relações com outras pessoas. É por isso que o empenho dedicado à elaboração dessa visão parece se referir a um tipo de ser muito mais simples e estúpido, mais deficiente em sua capacitação para a vida do que aquele representado na literatura que tanto apreciamos.

O primeiro elemento que falta nesse retrato de nossa humanidade é uma apreciação daquilo que mais queremos um do outro: sermos imaginados e aceitos pelo que somos e pelo que podemos nos tornar. Essa é a direção de um amor maior ou, na ausência de amor, de formas mais elevadas de cooperação, não de um perfeito altruísmo. Seu requisito é a aceitação de nossa incrementada vulnerabilidade. O obstáculo que isso tem de superar é nossa obscura percepção um do outro, sendo ela mesma consequência da ilimitada profundidade do eu. O tema que isso toca é o conflito entre as condições de nossa autoafirmação: entre as nossas necessidades de conexão e as de uma personalidade que se autossustenta.

Esse conflito se resolve não por altruísmo – com sua postura de superior benevolência –, mas pelo desenvolvimento de todas essas formas de ligação e associação que exigem menos em forma de rendição e subjugação.

Tornando-se mais humano ao se tornar mais divino

A invenção e o desenvolvimento dessas formas são a prevalente tarefa da imaginação moral. É uma tarefa que adiantamos quando tratamos altruísmo remoto e desinteressado como algo inferior ao amor pessoal e envolvido, ou quando rejeitamos, em benefício de um regime de cooperação com os atributos que descrevi antes, as disposições estabelecidas da divisão de trabalho na sociedade.

O segundo elemento que falta nesse relato do que devemos um ao outro é um acerto de contas com a sombra que recai em nossas ligações: nossa ambivalência para com outras pessoas. Essa ambivalência é, em certo sentido, fonte de nosso fracasso em atribuir maior peso aos interesses de outras pessoas. Ela é, noutro sentido, complicação que acomete nossas conexões, independentemente da ascendência do altruísmo sobre o autointeresse.

O ódio surge dentro do amor, e o amor dentro do ódio. Toda emoção concebida no contexto de conexão torna-se rapidamente seu oposto. Somente indiferença oferece relativa proteção contra a ambivalência. Contudo, ela faz isso à custa de inibir nosso progresso em direção à atenuação do conflito que existe entre os requisitos que habilitam a autoafirmação. Os outros são, imediatamente, nosso céu e nosso inferno.

O que essa ambivalência revela é o caráter definitivamente insolúvel do problema apresentado por aquilo que exigimos de outras pessoas. O problema não é acharmos difícil dar a elas o que lhes é devido. Na verdade, muito da vida humana normal é, e sempre foi, sacrificial – pela família, pelo Estado e pelo futuro. O problema é que queremos dos outros mais do que eles podem nos dar: uma garantia de nosso lugar no mundo, um antídoto para a mortalidade e a falta de fundamentação. Assim, a insaciabilidade que caracteriza toda a nossa experiência de desejo é excitada a um grau febricitante e irrefreável em nossas relações com outras pessoas. Nossa tácita apreensão dessa verdade manifesta-se em nossa ambivalência em relação aos outros, dos quais buscamos, já sabendo que somos incapazes de obter, o que mais importa.

O terceiro elemento que falta nessa concepção de nossas ligações com outras pessoas é um discernimento das implicações da relação entre os dois problemas que têm sido centrais no pensamento sobre a vida, na tradição da luta com o mundo: o problema do eu e os outros e o problema de espírito e estrutura. O que quer que nos deprecie, ao fazer de nós os peões e os fantoches de uma ordem estabelecida de sociedade e de cultura, ou em prisioneiros de nossos caracteres, também diminui a profundeza e o valor de nossos apegos.

Não podemos reconhecer e aceitar um ao outro no amor e em comunidade de diferenças, ou trabalhar um com o outro nas formas mais elevadas de cooperação, se não conseguirmos virar as mesas do contexto e do caráter, nem dar efeito prático à ideia do espírito corporificado. O exercício de nosso poder de transcendência impregna e transforma nossa experiência de solidariedade; nosso anseio pelo infinito deixa uma marca indelével em nosso anseio um pelo outro. O enfraquecimento de nossos poderes de transcendência ao contexto, à sociedade e ao pensamento também consome nossa capacidade de atenuar o conflito entre nossa necessidade de outras pessoas e nossa resistência ao risco em que elas nos põem.

Por essas razões, não deveríamos compreender as virtudes da conexão, como fizeram os gregos e os romanos e os filósofos morais continuam a fazer, como simples restrições ao egoísmo: os hábitos de um altruísta reflexivo. Deveríamos compreendê-las à luz das complicações que são inseparáveis de seu lugar e seu potencial na experiência moral. Para esse fim, temos de tomar emprestadas as palavras da filosofia moral pagã, mas esticando e torcendo seu significado.

A primeira das virtudes de conexão é o respeito. O respeito é mais bem compreendido como o reconhecimento de nossa humanidade comum: nosso compartilhamento da condição de espírito corporificado. Esse reconhecimento permanece incompleto até ser penetrado pela imaginação da experiência subjetiva de outras pessoas. O desenvolvimento dessa experiência, como entenderam muitas das religiões do passado – o confucianismo a primeira entre elas –, representa uma das mais elevadas tarefas da civilização. Esse é, particularmente, o trabalho das humanidades.

A expressão prática mais importante do respeito é uma capacidade de ver e tratar outra pessoa como sendo mais do que aparenta ser: isto é, como mais do que um ocupante de uma certa posição na sociedade e até mesmo mais do que o caráter que ela exibe em suas ações. Respeito é uma variedade de reverência, um culto daquilo em nós que nos habilita a renunciar ao ódio a nós mesmos por não sermos Deus, enquanto nos estimula em nossa esperança de nos tornarmos mais divinos. Essa atitude descarta a arrogante e autodefensiva benevolência que oculta o inconfesso e ressentido impulso por trás da filosofia do altruísmo.

O respeito pelos outros é incompatível com o culto a qualquer conjunto de disposições institucionais ou com a inequívoca aceitação de qualquer papel social. Nenhuma forma institucionalizada de vida social provê um ser humano de um cenário adequado a sua natureza, embora alguns regimes institucionais sejam abrigos menos inadequados do que outros para o espírito corporificado. Nenhum papel social tem dimensão proporcional à de uma pessoa.

Parte do trabalho de autotransformação é tornar-se mais ambivalente nos papéis que temos de ocupar e nos regimes sob os quais temos de viver, para melhor nos tornarmos menos ambivalentes para os indivíduos que encontrarmos. Se nos identificarmos totalmente com um papel social convencional e com as expectativas que ele desperta, ou se nos conduzirmos como obedientes servidores do regime estabelecido de sociedade e cultura, não seremos capazes de reconhecer a nós mesmos ou outras pessoas como aqueles que somos e que elas são. Nós então falhamos no respeito e no autorrespeito. Nenhuma medida de benevolência sacrificial pode compensar essa falha. Podemos então aumentar nossa semelhança com generosos, abnegados insetos sociais, não com espíritos corporificados. A falta de imaginação irá diminuir e corromper nossa solidariedade.

A tarefa tem de vir antes do papel interpretado. Teremos de começar usando os papéis que existem, até que outros possam resultar, com o tempo, das disposições e crenças que a ação transformadora faz surgir. Ao desempenhá-los, no entanto, devemos começar a reinventá-los. Enquanto a compreensão tradicional do que é cada papel gera expectativas de conduta, esses pequenos atos de reinvenção suscitam questões perturbadoras. Serão esses atos movidos por autointeresse ou por solidariedade? Serão simplesmente uma desculpa para uma traição e um dispositivo de autoengrandecimento? Ou estão abrindo um caminho para o refinamento da solidariedade pelo entusiasmo da transcendência? O imperativo do autossacrifício, e, assim, do altruísmo, mantém sua autoridade e sua importância. No entanto, só descreve parte do que é requerido de nós se quisermos honrar o dever, e cultivar a virtude, do respeito.

A segunda virtude de conexão é a indulgência: a restrição que impomos à expressão de nossas ideias e à reivindicação de nossos interesses, de modo que outros possam ter espaço no qual expressar e desenvolver os deles. Para praticar essa virtude de indulgência, temos de dominar nossa ambivalência em relação aos outros, bem como nossa autocentralidade. A indulgência requer o casamento da autonegação com a imaginação: discernimento do mundo interior de outra pessoa. Uma generosidade desprovida desse discernimento é, na verdade, uma forma de crueldade e subjugação, incompatível com nosso respeito um pelo outro, como seres originais resistentes ao contexto.

O envolvimento com quem professe uma visão de nossa humanidade que nega nosso poder de transcendência põe em teste nossa indulgência. Ela torna-se então o equivalente moral do princípio político da apostasia. Assim, as razões que dão força à virtude da indulgência contêm grande parte da verdade moral do liberalismo político: uma verdade limitada, unilateral, mas assim mesmo uma verdade.

O poder dessa verdade reside em dois fundamentos conectados, porém distintos. Sua primeira base é que se atribuam ao respeito as condições de uma agência independente. Na ausência da indulgência, até mesmo o altruísmo torna-se uma luta pelo poder. Sua segunda base é a contestabilidade de todos os compromissos, inclusive aqueles que definem a religião do futuro. Toda vida humana individual, como toda sociedade e toda cultura, é um experimento em humanidade. Nossa situação é tal que devemos estabelecer uma direção, individual e coletivamente, sem ter fundamentos que sejam proporcionais ao caráter fatídico da escolha. A indulgência salvaguarda nossa margem de experimentação com maneiras de ser humano ao mesmo tempo que expressa reverência pela condição de espírito corporificado.

Tornando-se mais humano ao se tornar mais divino

A terceira virtude de conexão é senso de justiça. Não devemos entender isso como o ato de dar a cada um o que lhe é devido. Embora cada um de nós tenha obrigações e compromissos com outros, nenhum de nós pode determinar os limites do que devemos uns aos outros; nossas obrigações são proporcionais a nossas esperanças bem como a nossas promessas e transgressões. Tampouco existe um grande livro de relatos no qual os créditos e débitos morais de cada ser humano estão registrados. Raciocinar como se esse cômputo existisse é uma perversão que finge dotar um ser humano comum de um poder de julgamento que as religiões de salvação reservam a Deus. Essa pretensão desvia nosso esforço legítimo por nos tornarmos mais divinos para ser uma tentativa de pôr um moralismo legalista no lugar de uma perda de fé.

Em vez disso, deveríamos entender que tratar os outros de maneira justa é tratá-los de maneiras que reduzam o preço da subjugação com a qual toda conexão nos ameaça. Desse modo, ajudamos a atenuar o conflito entre as condições que habilitam uma autoconstrução: entre nossa necessidade de nos ligarmos a outros e nosso esforço por escaparmos ao risco no qual todas essas ligações nos colocam.

No entanto, fazemos isso não por nós mesmos, mas pelos outros, como gostaríamos que eles fizessem por nós. Colaboramos com a autoconstrução deles. Senso de justiça, praticado dessa maneira, é uma espécie de compaixão, estreitamente ligada a respeito e indulgência. Não farei você desnaturar a si mesmo em nenhum grau, nem vou esperar que atenda à minha vontade, é o que suas ações comunicam a outra pessoa quando a tratamos com justiça e equidade. Em consequência, você estará um pouco mais livre, um pouco mais seguro no sentimento de ser, do que estava antes.

Há quatro contextos principais nos quais essa justiça e equidade podem ser praticadas. Cada um deles permite e requer uma variante distinta dessa virtude. O primeiro contexto é o amor pessoal, fundamentado na imaginação do outro e numa incrementada aceitação de vulnerabilidade, e resultando, quando sobrevive, em nossa mais completa experiência de sucesso ao conciliar os requisitos contraditórios da autoafirmação. O segundo contexto é participação conjunta numa comunidade para a qual a igualdade ou similaridade

A religião do futuro

de interesses e mentalidade deixaram de ser uma premissa para envolvimento recíproco. Nosso interesse é substituir essa premissa por comprometimentos com um ideal e por lealdades pessoais que floresçam em meio à diferença. O terceiro contexto é uma forma mais elevada de cooperação: uma forma que, entre outras características, não mais contraste rigidamente a concepção e a execução de tarefas. O quarto contexto é um modo de tratar estranhos – fora de qualquer contexto de amor, comunidade ou cooperação – que expresse reverência e que não exija, em troca, nada além de respeito.

A quarta virtude de conexão é coragem, disposição para superar o medo, especialmente o medo dos danos que temos de enfrentar para nos tornarmos mais livres e maiores. Tornamo-nos mais livres e maiores enfrentando as estruturas da sociedade, do pensamento e do caráter, e recusando, em nossas relações com outros, nos acomodarmos na meia distância.

A princípio, a coragem pode não parecer ser de todo uma virtude de conexão. Ela toca todo aspecto da existência, não simples ou diretamente nossas tratativas com outras pessoas. Coragem não é simplesmente a primeira virtude do cidadão e do pensador. É também a virtude habilitadora, sem a qual todas as outras virtudes, inclusive o respeito, a indulgência e o senso de justiça, tornam-se estéreis.

A coragem tem uma importância decisiva em nossas conexões com outras pessoas. Não podemos nos tornar maiores se não formos corajosos. Não podemos transformar nossos laços com outros, na direção buscada pela religião do futuro, sem nos tornarmos maiores. A covardia é um apequenamento. A aceitação do apequenamento nega um objetivo definidor da transformação espiritual em prol da qual fala a religião do futuro, e corrompe todas as nossas relações uns com os outros.

Nas formas de consciência moral que prevaleceram antes do surgimento das religiões mais cultas, a coragem foi associada com a ética de valor marcial que as religiões do mundo rejeitaram em favor de uma ética de um universalmente inclusivo sentimento de camaradagem e de desinteressada benevolência sacrificial. Ao assim fazerem, elas também redefiniram o que significa ser corajoso e o que faz a coragem ser tão importante. Elas separaram coragem de luta e de dominação, e a associaram, em vez disso, a *agape* e a atenção plena aos outros.

É essa reinvenção da coragem que a religião do futuro tem de reafirmar e também desenvolver. O que ela tem de reafirmar é a rejeição da antiga ética de orgulhosa autoafirmação e vontade de ser dominante. O que ela tem de desenvolver é a relação interna da coragem com a experiência e as virtudes de conexão. No vocabulário moral da civilização ocidental, esse esforço pode parecer tentativa de conciliar mais totalmente o ideal pagão de grandeza com o ideal cristão de amor, e, dentro do cristianismo, o ideal do amor com a ideia do espírito corporificado como o infinito dentro do finito.

Essas categorias, carregadas como estão com uma bagagem de mais de dois mil anos de conflito espiritual e história intelectual, não fazem justiça à experiência humana que está em jogo na reinvenção da coragem. O mesmo tema é recorrente no relato de cada uma das virtudes de conexão – a qualidade de nossos apegos é modificada pela decretação de nossos poderes de transcendência. A solução que damos ao problema de espírito e estrutura deixa sua marca no modo como avaliamos o problema do eu e dos outros. Quanto mais êxito temos na ascensão a uma vida mais elevada, menos esses dois domínios de nossa experiência nos parecem estar separados um do outro. Nós os reconhecemos como dois aspectos do mesmo movimento.

No que concerne a nossos apegos, a forma mais importante de coragem é a aceitação de uma maior vulnerabilidade, tão indispensável ao amor quanto desnecessária ao altruísmo. O amor não pode se sustentar sem que se baixe a defensividade com a qual habitualmente confirmamos nossa ambivalência em relação aos outros. Reconhecer e receber amor exige não menos aceitação de vulnerabilidade do que o oferecimento de amor – ao oferecê-lo, corremos o risco de rejeição e fracasso. Ao recebê-lo, nos desnudamos de parte da parafernália da sociedade e nos pomos nus diante do olhar do outro. Uma forma menos radical de vulnerabilidade também é requerida pelas formas mais elevadas de cooperação e pelas variedades de comunidades que se constroem com base em diferença e envolvimento recíproco, e não em mesmice e imitação.

A religião do futuro

No que tange a nossa resistência à circunstância e ao contexto, a coragem começa em nossa disposição para desafiar o roteiro que nos é repassado pela ordem estabelecida de sociedade ou de pensamento, e para arriscar sofrer desilusão, assim como isolamento. Nosso ascenso é incompatível com a segurança oferecida por uma postura de irônica distância de qualquer exigente fé moral ou política. À autoproteção da ironia, a coragem requerida pela religião do futuro prefere a condoída dialética da fé e da desilusão. Essa dialética torna possível tanto a autodescoberta como a descoberta do mundo. Ela dissolve as rotinas e concessões que nos roubam, pouco a pouco, a vida.

É mediante uma prática semelhante de coragem que lutamos contra nosso próprio caráter. Incapazes de mudar o caráter por meio de ação direta da vontade, nós nos queremos em circunstâncias que nos roubam de nossas defesas. A derrubada que apresentei na primeira parte da religião do futuro generaliza o sentido e o escopo desse esforço além dos limites da tentativa de afrouxar as ligações do eu petrificado. Isso exige que enfrentemos, sem negação ou compensação, a verdade quanto a nossa mortalidade, falta de fundamentação e insaciabilidade, e que busquemos o aprimoramento da vida à sombra dessa verdade. Exige que abandonemos nossa inveja do Deus no qual deixamos de acreditar. Requer que distingamos, sem ilusão, nossa parte nos atributos de divindade.

Ao reinventarmos a coragem para mudar a nós mesmos, estamos criando a base para uma solidariedade que não se baseia em apequenamento.

VIRTUDES DE PURIFICAÇÃO

Um segundo conjunto de virtudes não teve lugar nas tradições filosóficas e religiosas que precederam o surgimento revolucionário das religiões mais cultas. Nem tem lugar hoje no criptopaganismo que é comum entre os filósofos morais, inclusive aqueles que professam serem cristãos. Quando essas virtudes são, de todo, levadas em conta, elas são vistas da obstinada perspectiva dos comprometimentos com altruísmo e universalismo ético – vale dizer, do ponto de vista de nossas obrigações para com outras pessoas. Não são vistas, na profundeza de sua emoção e sua experiência, como valiosas por si mesmas ou como requisitos para o desenvolvimento de uma forma de vida mais elevada. Assim, por exemplo, o altruísta ou o universalista ético nos admoestará a não consumir uma quantidade desproporcional de recursos da terra não renováveis, pois ele considera nossa prodigalidade uma forma de tomar dos pobres e dos que ainda não nasceram.

O problema abordado pelas virtudes de purificação é o apequenamento resultante de nosso fracasso em distinguir o que é central do que é periférico na existência, e nossa consequente absorção em preocupações que nos separam de nós mesmos e nos desviam do aprimoramento da vida. Essa absorção no que é periférico equivale a um aspecto da diminuída experiência de vida, o de que ela tem de ser o propósito da superação de nossa autossubversão.

A autoabsorção inibe o exercício de nosso poder de transcendência sobre a estrutura da sociedade, do pensamento e do caráter. Ao nos aprisionar, ela debilita nossa capacidade de receber as impressões do mundo manifesto e de identificar as possibilidades transformadoras de nossa circunstância. A abertura a essas impressões é inseparável de uma disposição para resistir a e transgredir os esquemas institucionais, conceituais e psicológicos que moldam nossa experiência de vida comum.

A perda dupla e conectada do poder de transcender e do poder de enxergar mais equivale a um ataque à condição de espírito corporificado. Ela interrompe nossa ascensão a uma vida maior. Essa conexão entre transcendência e objetividade é parte daquilo que nos faz tanto humanos quanto divinos. Ao termos mais dessa conexão, nos tornamos imediatamente mais humanos e mais divinos.

O objeto das virtudes de purificação é o aprimoramento da vida, alcançado por meio do que os teólogos patrísticos do início do cristianismo chamaram de *kenosis*: esvaziamento, realizado em benefício de elevação de nossas faculdades de resistência e de recepção, valorizadas como elevação da vida. Um dos testes da eficácia dessas virtudes é, portanto, se elas suportam cada um dos atributos de vitalidade: excesso, fecundidade e espontaneidade O inimigo com o qual as virtudes de purificação contendem é a morte, sempre à espreita na vida – sermos dotados de algo que não só é indigno de nós como é também inimigo da intensificação da vida.

Quando o fardo da escassez material começa a ser tirado da humanidade, o trabalho das virtudes de purificação torna-se mais importante. Contudo, ele está longe de estar confinado a nossa existência material. Podemos fracassar na prática das virtudes de purificação em cada aspecto de nossa existência. Nossas tentativas de usar a acumulação de coisas como alternativa a nossa dependência de pessoas, como consolo por nossa mortalidade e falta de fundamentação ou como esforço vão por aquietar um desejo insaciável, representam apenas a forma mais visível desse fracasso.

A primeira virtude de purificação é a simplicidade. Simplicidade é a disposição para renunciar às bugigangas materiais e imateriais da experiência ordinária em benefício de um foco naquilo que importa: nossa devoção aos outros e nossa luta com os cenários institucionais, conceituais e caracterológicos de nossa existência. O comprometimento da consciência com o que é trivial equivale a uma pequena idolatria. Ele desperdiça nosso recurso fundamental – tempo – em esforços que não têm relação com nenhum dos dois aspectos principais de nossa experiência: conciliação com outras pessoas e derrubada da ditadura do contexto – seja da sociedade, do pensamento ou do caráter – dentro do qual nos movemos. Ao praticarmos a virtude da simplicidade, estamos expressando nossa intenção de reconhecer o valor de cada momento e de nos prepararmos para superar a alienação da vida no presente.

A segunda virtude de purificação é o entusiasmo. Entusiasmo é a disposição para se dedicar a uma atividade que, uma vez constatado que não despreza as virtudes nem viola as obrigações de conexão, nos absorve por tempo sem resíduo ou reserva e parece ser eterna enquanto dura. Na experiência do entusiasmo temos um antídoto parcial para os sofrimentos da mortalidade, da falta de fundamentação e da insaciabilidade, o qual não depende de autoengano nem requer indiferença.

As atividades às quais somos capazes de nos dedicar fervorosa e obstinadamente interrompem a sensação da passagem do tempo e nos oferecem uma imortalidade temporária. Elas nos introduzem numa experiência que provê as próprias justificativas e estabelece os próprios termos, sem pretender oferecer uma solução para o enigma do mundo e da existência. Elas fixam o desejo não num objeto, nem mesmo numa pessoa, mas numa atividade na qual somos capazes de reconhecer a nós mesmos como espíritos corporificados. Elas interrompem por um instante a triste sucessão de anseio, saciação, tédio e mais anseio. Por meio do entusiasmo, o relógio para, a experiência parece validar a si mesma, e a realização do desejo parece trazer empoderamento, e não apequenamento, do eu. O que mais poderíamos pedir? Apenas algo que não podemos ter: que isso dure.

O entusiasmo é uma virtude de purificação porque reproduz em sua estrutura interna a relação entre nossa transcendência ao contexto e nossa receptividade ao mundo. Essa relação forma um atributo definidor da condição de espírito corporificado. Uma marca do entusiasmo é sua liquefação de disposições, ideias ou hábitos nos quais o entusiasta se movimenta no momento do entusiasmo; eles parecem dissolver-se sob o calor de um impulso visionário. É como se, por aquele momento, os instrumentos e as ocasiões de uma atividade fossem finalmente adequados a suas intenções.

O resultado aparentemente paradoxal dessa dissolução incandescente do contraste entre estrutura e visão é que nos tornamos relativamente mais abertos a impressões de alguns aspectos da realidade. Antes de nosso entusiasmo, enxergávamos através das lentes, e agíamos a mando das estruturas como se outra pessoa pudesse ocupar nosso lugar no mesmo serviço idiota. Agora, as escamas são removidas de nossos olhos. Ou assim nos parece, pois esquecemos, enquanto está acontecendo, que isso equivale a uma moratória e não à salvação.

Compare a sequela do entusiasmo com o legado de momentos de refundação em política. Uma reforma do regime político ou econômico, adotada tipicamente sob a pressão de uma crise, suspende ou enfraquece temporariamente o poder de disposições institucionais preexistentes. Para ter êxito, uma reforma assim tem de deixar um legado institucional duradouro. Em acréscimo à parte que muda no estamento institucional e ideológico estabelecido, ela pode, no ponto culminante de sua ambição transformadora, ajudar a mudar a qualidade, bem como o conteúdo, da estrutura estabelecida. Pode contribuir para uma circunstância subsequente na qual parte da reforma – a ampliação da penumbra do que é proximamente possível, o enfraquecimento que ela acarreta ao poder dos mortos sobre os vivos – se passa na rotinizada sociedade pós-reforma.

O mesmo acontece com o entusiasmo. Alguma parte do sistema comum de experiência se derrete no calor daquela alegria do tempo suspenso. Mas o que acontece em seguida? Quando o entusiasmo retrocede, a parte duradoura da experiência terá mudado? Alguma parte dos atributos do entusiasmo terá entrado em nossa existência normal? O legado do entusiasmo, no ponto mais alto de seu poder transformador, é a conversão para a vida no presente e a evitação da morte antes da morte, na longa prosa da vida cotidiana.

A fenomenologia do entusiasmo religioso, artístico ou político pode ser facilmente interpretada, equivocadamente, como uma revelação sobre o mundo, quando na verdade é uma revelação sobre nossa humanidade. Mal interpretada dessa maneira, pode servir como indutor ou desculpa para o culto da radiância do ser (como na filosofia tardia de Heidegger), tal é a mensagem de um paganismo que reverteria as revoluções religiosas do passado. Nossa tarefa, no entanto, não é revertê-las, mas fazê-las avançar ainda mais na direção à qual levaram o gênero humano.

Uma terceira virtude de purificação é a atenção. A atenção completa o trabalho da simplicidade e do entusiasmo. É sua consumação e sua recompensa. Por intermédio da virtude da atenção, nós nos voltamos para o mundo manifesto e abordamos o ideal de uma mente na qual nada se perde. O imediatismo perceptual do mundo na infância, celebrado pelo poeta como paraíso perdido, é recapturado pelo homem adulto como visão intensificada e discriminadora. Um aspecto da recuperação desse imediatismo é nossa capacidade de recuperar o senso de estranheza do que parece ser natural, bem como do excesso da natureza em relação ao pensamento estabelecido.

Se simplicidade e entusiasmo servem mormente como instrumentos mediante os quais cessamos de estar escravizados a contexto, a atenção descreve principalmente nossa relação com a realidade que está além do eu e seus contextos de sociedade, pensamento e caráter. Nossa relativa abertura às deixas do mundo manifesto é marca do espírito corporificado e sinal do aprimoramento da vida num ser humano. Se é o gênio, e não o pensamento, que vê mais e melhor, a atenção habilita o atento a compartilhar da experiência do gênio.

No entanto, a atenção não é apenas um prêmio, ela também é luta. Sua disciplina é a luta contra o preconceito: o inescapável preconceito que todo conjunto de métodos, premissas e categorias incorpora. Não podemos fazer nada sem eles; precisamos deles para dar sentido a nossa experiência. Contudo, ao nos rendermos a qualquer versão deles, perdemos toda perspectiva de ampliar nossa visão, e de recuar de nossa porção universal no poder do gênio. Resistir a eles, mesmo enquanto os usamos, é uma definição de transcendência no domínio da percepção e do pensamento. Assim, a conexão entre transcendência e objetividade, que penetra e unifica as virtudes de purificação, aparece também na estrutura interna da atenção.

VIRTUDES DE DIVINIZAÇÃO

As virtudes de conexão e de purificação criam a base para um terceiro conjunto de virtudes, que por sua vez modifica sua natureza e seu efeito. A essas virtudes falta qualquer contrapartida no antigo eudaimonismo. Entre as religiões do mundo, elas não têm lugar seguro a não ser a concepção cristã das virtudes teologais: fé, esperança e caridade. Contudo, mesmo aqui, uma mudança importante é requerida. O amor toma o lugar do *agape*. O eixo da esperança passa a ser a relação entre viver para o futuro e mudar nossa experiência de vida no presente, do qual não devemos mais estar alienados. A fé aparece com seu semblante humano: primeiro, como a necessidade de comprometer nossas vidas em determinada direção sem jamais ter fundamento adequado para esse comprometimento, e segundo, como o impulso de nos colocarmos nas mãos dos outros para honrarmos esse compromisso.

O problema ao qual as virtudes de divinização respondem é aquele que a religião do futuro toma como primeira inspiração: a correção de nosso apequenamento, a superação da lacuna entre nosso autoentendimento como espírito corporificado e as circunstâncias comuns da existência, o esforço por ampliar nosso compartilhamento dos atributos do divino que nos são acessíveis, enquanto renunciamos aos poderes infinitos e à vida eterna que nos são negados.

Ensina-me como o homem se faz eterno, escreve o poeta. Se substituirmos, nessa expressão, eterno por maior, mais realístico, mais divino e, portanto, mais humano, teremos descrito o trabalho das virtudes de divinização.

Elas são análogas às virtudes teologais da doutrina cristã. Abertura a outras pessoas é o equivalente de caridade. Abertura ao novo é o equivalente a esperança. Aceitação da vulnerabilidade requerida pelo sempre inadequadamente justificado comprometimento da vida em determinada direção é o equivalente da fé. Isso se manifesta numa esperançosa e paciente disponibilidade aos riscos do envolvimento e do apego. Assim entendidas, as virtudes da divinização são ao mesmo tempo o caminho e o resultado de uma ascensão. Elas prometem uma vida maior, mas só a oferecem mediante formas de experiência e envolvimento que nos dão essa vida agora mesmo. O prêmio que oferecem, e entregam, é nos permitir que morramos apenas uma vez.

Considere primeiro a última dessas três virtudes: a aceitação do risco e da vulnerabilidade que estão implícitos na escolha de qualquer comprometimento de nossa existência em seguir numa certa direção. Começam com o que é verdadeiro, não importa que direção escolhamos. Temos de assumir o comprometimento de nossas vidas. Comumente, homens e mulheres não fazem isso explicitamente e conscientemente. Em vez disso aceitam, numa meia crença, as ideias prevalentes em sua circunstância. Não obstante, seu percurso na vida mostra a escolha que fizeram, mesmo se for uma escolha nunca vivenciada como uma série de atos de livre vontade.

Um indivíduo compromete sua existência, de um modo ou outro, não só quando escolhe, na medida em que as restrições da sociedade o permitem, um determinado curso na vida, mas também e acima de tudo nas atitudes e crenças que ele traz ao curso de vida que a sociedade possa lhe ter imposto. Se, num caso extremo, ele é escravizado, ainda assim tem de decidir como reagir à escravidão. Além disso, ele tem de reagir a isso de um modo que também revele sua visão de nosso lugar no mundo. Isso faz parte da condição do espírito corporificado que nenhuma sociedade e cultura estarão tão firmemente entrincheiradas e naturalizadas que possam se tornar seus ventríloquos, e nos transformar em fantoches.

Porém, embora possamos assumir nosso comprometimento sob o domínio de crenças que nos parecem autoevidentes, ou de signos que temos como irresistíveis (como aqueles com que a revelação religiosa se apresenta aos olhos do crente), continua a haver uma brecha insuperável entre o caráter fatídico do comprometimento e a adequação dos fundamentos sobre os quais nós podemos assumi-lo. Os fundamentos são sempre incomensuravelmente fracos em comparação com a significância do objeto. Espere só um pouco, talvez digamos ao tempo, enquanto eu investigo mais, como se dispor de mais tempo nos habilitaria a concluir. Siga a moralidade objetiva, ensine aos filósofos morais, como se a justaposição de suas abstrações vazias com seu casuísmo arbitrário pudesse prover qualquer orientação na condução da vida.

Podemos nos esforçar por aprender de experiência, e rever nosso comprometimento de acordo com isso. No entanto, estaremos enganando a nós mesmos se supusermos que essa reflexão cumulativa nos levará mais perto de uma justificação conclusiva de nossa escolha. A falha de nossas razões para suportar o peso da escolha de um curso na vida reflete, na formação de nossas crenças essenciais, a falta de fundamentação da existência.

Temos não só de aceitar esse assustador desequilíbrio entre comprometimento e razão como também aceitar a primeira consequência de um comprometimento inadequadamente fundamentado: estamos nos colocando nas mãos de outros. O déficit de razão é provido pela sociedade – as crenças compartilhadas que informam todas as nossas iniciativas. Todas as nossas atividades tomam a forma de contratos incompletos, baseados em premissas que são imediatamente compartilhadas e inexplícitas. Como todo contrato incompleto, elas outorgam discrição e poder a outras pessoas – aquelas com quem temos de cooperar nos empreendimentos coletivos espirituais e práticos que dão sentido e direção a nossas vidas.

A religião do futuro

A primeira virtude de divinização é aceitar o risco e a vulnerabilidade que essa desproporção entre nossos comprometimentos e suas fundamentações implica, e responder a essa desproporção indo em direção à vida e não se afastando dela – mais envolvimento, mais conexão, mais comprometimento, mais risco, mais vulnerabilidade. É preferir a vivificante dialética de fé, desilusão e fé revisada à postura, estreitadora de vida, de uma irônica distância e autoproteção. O resultado se manifesta no cultivo de uma esperançosa e paciente disponibilidade: disponibilidade a essa dialética e ao sofrimento que ela exige.

A abertura a outras pessoas e a abertura ao novo são outras duas virtudes de divinização. Assim como a coragem é uma virtude habilitadora em relação a todas as virtudes, nossa aceitação de uma aumentada vulnerabilidade aos riscos do apego e do envolvimento serve como habilitador desse par de virtudes de divinização. Delas pouco se precisa dizer, porque muito já foi dito antes neste livro.

Abertura ao outro é o que ensina a doutrina da relação do eu com os outros. A religião do futuro toma essa ideia da luta com o mundo e vai buscá-la livre dos equívocos que a cercam naquela tradição. Sua forma suprema é o amor pessoal entre iguais, e não a benevolência oferecida do alto ou à distância. Suas expressões mais difusas, fora do círculo de nossos apegos mais próximos, são comunidades cimentadas por diferença e não por mesmice, e por altas formas de cooperação, organizadas institucionalmente nas práticas de produção, política e sociedade civil. Seu trabalho é o mesmo que sua premissa: atenuação do conflito entre nossa necessidade de outras pessoas e nossa necessidade de fugir do risco em que elas nos colocam.

Abertura ao novo é a virtude que descreve a consequência moral da doutrina da relação de espírito com estrutura. A religião do futuro herda essa doutrina da luta com o mundo, e a radicaliza. Essa virtude se expressa na verdade humana de nossa relação com contextos estabelecidos de nossa vida e nosso pensamento. O fato de que eles são efêmeros e defeituosos, de que não são capazes de acomodar toda a experiência e todo o entendimento que justificadamente valorizamos, de que sempre existe mais em nós, individual e coletivamente, do que existe ou jamais poderá haver neles, nos dá um persistente motivo de nos rebelarmos contra estruturas.

Aos nos rebelarmos contra elas, temos de tentar mudar seu caráter, assim como seu conteúdo: sua relação com nossa liberdade para desafiar estruturas. Se nos rendermos a elas e lhes permitirmos ter a última palavra, em vez de guardarmos a última palavra para nós mesmos, estaremos interrompendo nossa tentativa de aumentar nosso compartilhamento nos atributos de divindade. Deixamos de ser completamente humanos.

O grau em que um regime conceitual ou social se apropria de seus participantes e os reduz à condição de seus fantoches depende do caráter desse regime, assim como dos poderes de discernimento que esses supostos fantoches desenvolveram, com o apoio do regime ou em desafio a ele. Contudo, não importa até onde chegou uma ordem institucional ou conceitual estabelecida ao se entrincheirar contra desafio e mudança, e ao cercar-se da aura de uma ilusória necessidade ou de inquestionável autoridade, ela, na verdade, não é capaz de suprimir experiências que contradizem suas suposições. Nem pode apagar a história de ordens alternativas: a de caminhos que não foram tomados, e a de soluções rejeitadas ou subordinadas, na história do pensamento e de instituições.

Essas experiências contrastantes fornecem o material com o qual a profecia política e a visão intelectual têm de trabalhar. Usamos caminhos que foram renegados para visualizar alternativas na penumbra dos próximos passos exequíveis. O fato de podermos todos agir assim, de acordo com nossos temperamentos e circunstâncias, não só é parte do credo da democracia; também é parte da outra verdade sobre quem somos. Abertura ao novo é abertura a nós mesmos e de cada um ao outro.

Dessa maneira, surge o novo na vida e no pensamento. O fato de o novo ser capaz de surgir é consequência tanto daquilo que somos quanto de como a natureza funciona. Resulta daquilo que somos: nós excedemos os cenários organizados da vida e do pensamento. Também é consequência de como a natureza funciona: se o tempo é real e inclusivo, nem mesmo as leis da natureza e os componentes básicos do universo observado podem estar além de seu alcance. Eles, também, têm, em princípio, de ser mutáveis. Numa extensão longa o bastante do tempo cosmológico, as leis da natureza podem evoluir juntamente com os fenômenos que elas governam.

Se alguma coisa pode realmente ser nova no mundo, não tem de ser a decretação de um possível estado de coisas que estava simplesmente aguardando as condições para que essa decretação fosse realizada. Não tem de ser um horizonte fechado de possíveis estados de coisas, reais, mas não efetivos, na condição fantasmagórica de possuir todos os atributos da realidade exceto o atributo final de estar incorporado no que é atualmente efetivo. Nossa visão do possível tem de ser subsequente à criação do novo, não anterior a ela. Quando o novo surge na natureza ou é criado por nós, mudamos retroativamente nosso entendimento do possível. Esse relato do funcionamento da natureza provê a concepção do novo de uma segunda fonte, fora da constituição do ser humano.

Nossa abertura ao novo está relacionada com nossa abertura um ao outro. Ambas podem encontrar inspiração na mesma visão abrangente e em impulsos convergentes. Se concedêssemos a última palavra às estruturas da sociedade e do pensamento, elas sugariam de nós a vida, pois o primeiro atributo da vida é o fato de excedermos a essas estruturas. Elas exigiriam de nós que víssemos uns aos outros e tratássemos uns aos outros de acordo com os lugares que ocupamos nelas ou com os papéis que elas atribuem a cada um de nós. No entanto, somos o que somos exatamente porque não somos simplesmente os protagonistas de seus roteiros. Não podemos respeitar uns aos outros sem desrespeitá-los.

A prática das virtudes da divinização modifica o significado e o conteúdo das virtudes de conexão. Ela transforma o respeito em compaixão ou sentimento de camaradagem (não contaminados pelos estratagemas autodefensivos de uma arrogante benevolência), indulgência em autossacrifício, e senso de justiça em misericórdia. Também muda a experiência – central nas virtudes de purificação – de perda do eu para a de melhor recuperá-lo. A ascensão do eu mediante simplicidade, atenção e entusiasmo passa agora por uma reorientação decisiva. Em vez de se guardar de problemas para adquirir compostura, o eu agora procura problemas para encontrar, afirmar e expressar sua própria infinitude.

O DECURSO DA VIDA: DESCENTRAMENTO

Cada um de nós nasceu num tempo e num lugar específicos, de pais que não escolhermos e com dotações genéticas que serão para sempre nossas. As circunstâncias de nosso nascimento e de como somos criados favorecem certas posições na sociedade e colocam outras amplamente a nosso alcance. A maioria decisiva da raça humana continua a trabalhar sob esmagadora restrição material, em pobreza, labuta enfadonha e doença. Todos permanecemos à mercê da sorte e do azar em nossos apegos e nossas iniciativas, bem como em nossa sobrevivência e vitalidade físicas. Qualquer espaço que houvesse para autoconstrução é depois diminuído pelos regimes de sociedade, de pensamento e de caráter. Podemos ser aniquilados num instante, e sabemos (embora as religiões de salvação o neguem) que a aniquilação nos espera, mas não antes que até mesmo o mais afortunado e o maior entre nós tenha se submetido a um longo apequenamento e à humilhação.

Nossa existência de sonho vai passando enquanto estamos muito ocupados em lidar com suas restrições. Elas nos parecem estar soldadas juntas e ameaçando dar à vida humana a forma de uma sina, imposta à vontade. Enquanto isso, somos atormentados por desejo insaciável, desde nossas ânsias físicas até nosso desejo um pelo outro (envenenado por nossa ambivalência) e até nosso anseio pelo absoluto (frustrado e desorientado devido à falta de objetos que valham isso). Qualquer discernimento da fundamentação da realidade e da existência, que parece estar relegado à necessidade e à sorte nos é negado (exceto em fantasia metafísica ou teológica).

Nossas alegrias, conquanto possam ser intensas e mais fortalecidas do que minadas por uma reflexão, são de curta duração e tão misteriosas quanto nossas atribulações de longa data. Sabemos, mesmo quando as vivenciamos, que elas nunca serão acompanhadas de qualquer solução para o enigma da realidade, e que todo excesso e fecundidade da experiência terminarão em morte.

A religião do futuro

É contra esse pano de fundo, variável segundo os caprichos da sorte, mas constante em seus elementos básicos, que temos de conceber e implementar a esperança de entrar na posse mais completa da vida. O domínio da contingência e da restrição pode ser circunscrito tanto pela reorganização da sociedade quanto pela reorientação do indivíduo. Existem certos incidentes recorrentes, ou pontos de inflexão na vida humana, não menos universais do que as falhas irreparáveis na condição humana.

Apresentei anteriormente a agenda moral da religião do futuro como doutrina das virtudes. Eu a reitero agora como concepção de nossa resposta a esses pontos de inflexão na existência humana. As duas declarações pretendem ser convergentes e complementares.

Cedo na infância todo ser humano descobre ser um eu distinto e que esse eu não é o centro do mundo. Descobre que há outros seres humanos e que ele é um entre muitos.

Essa descoberta ocorre tão cedo que parece ser coetânea ao surgimento da consciência. Pois a consciência tem dois aspectos fundamentais. O primeiro aspecto da consciência é atenção plena em relação ao corpo, ou melhor, ao corpo vivido como mente. Foi essa característica fundamental da consciência que levou Spinoza a fazer sua exagerada declaração de que a mente é a ideia do corpo. Toda modulação de nossa condição corporal nos está presente como experiência imediata, isto é, como consciência. É apenas mediante essa presença do corpo como mente que usufruímos da sensação e da percepção, encontrando o mundo.

O outro aspecto da consciência é a experiência de uma fronteira entre cada um de nós e outras pessoas. Muitas doutrinas metafísicas, especialmente as associadas à superação do mundo, negaram a realidade derradeira da distinção entre eus dotados de mente e afirmaram a existência de uma mente ou um ser unificados e universais. Para muitas dessas doutrinas, a vida consciente de um ser humano individual é uma peça efêmera de uma mente universal.

Devemos distinguir nessas doutrinas elemento de verdade e elemento de falsidade. A falsidade é tão intimamente mesclada com a verdade que a primeira corrompe a segunda. O elemento de verdade é que aquilo que comumente tomamos como a condição eterna e geral da natureza acaba mostrando ser, em nossa melhor compreensão contemporânea do universo e de sua história, apenas uma de suas variações – a única prevalente no universo maduro, esfriado. Nessa variação, a natureza existe como uma estrutura diferenciada, como descrito tanto nos níveis mais fundamentais (como na física de partículas) quanto nos níveis menos fundamentais (como na química).

As leis da natureza podem então ser representadas, na linguagem da matemática, separadamente dos fenômenos que elas governam, fato que nos faz supor equivocadamente que relações causais são derivadas de leis da natureza como sendo suas instâncias. Na verdade, é o contrário: relações causais são características primitivas da realidade natural e adquirem a regularidade de lei somente quando, no universo esfriado no qual nos encontramos, a natureza adquire a forma de uma estrutura diferenciada e duradoura. Aqui há apenas uns poucos graus de liberdade e um escopo limitado de possibilidades adjacentes – do que pode acontecer em seguida – cercando qualquer estado de coisas.

Contudo, a natureza usa outros disfarces. Ela também existe em formas que não apresentam nenhuma dessas características. Nos primórdios da história de nosso universo (ou, em alguns modelos cosmológicos, no fim de sua história, ou repetidamente na sucessão, ou "repiques", de universos, se é que de fato existe essa sucessão), tudo era diferente. Os fenômenos eram excitados a temperaturas e densidades de energia muito altas (embora finitas), com muitos graus de liberdade, e deram acesso a uma ampla gama de possibilidades próximas. A natureza ainda não era, ou tinha deixado de ser, organizada como tipologia de tipos naturais, na forma de blocos de construção distintos. Estados de coisas não podiam ser distinguidos das leis da natureza que os governavam; na verdade, eles poderiam ainda não ter adquirido, ou poderiam ter perdido, a repetitividade que dá à causalidade o formato de lei. A verdade nas doutrinas de uma mente ou um ser universal é o reconhecimento de que a natureza, como a conhecemos, não é para sempre e que todas as distinções, inclusive as distinções entre eus e mentes, viajam, de aniquilamento em aniquilamento, pelo mar do tempo.

A falsidade nessas doutrinas é o descarte ou o rebaixamento da realidade das distinções entre mentes, entre eus, e entre coisas vivas e sem vida nessa variante da natureza de longa data na qual surgimos e exercemos nosso ser. A descoberta da realidade da existência individual e de nosso fracasso em nos manter no centro é, portanto, uma descoberta daquilo que realmente importa no mundo e de nosso lugar dentro dele.

Essa descoberta entra desde o início de nossa existência na natureza da insaciabilidade. Na experiência humana do desejo insaciável podemos distinguir três elementos. O primeiro elemento é a dinâmica da privação. Essa dinâmica é modificada por nossa compreensão progressiva de como a natureza funciona, o que por sua vez é inseparável de nosso discernimento de como ela pode mudar, em circunstâncias diferentes ou como resultado de diferentes intervenções. Nossos interesses práticos impulsionam nosso desenvolvimento cognitivo, que por sua vez os informa e os excede. Como somos capazes de ter um discernimento relativamente desinteressado, podemos nesses momentos escapar, temporariamente, à pressão do desejo insaciável. Schopenhauer compreendeu essa nossa capacidade de nos sobrepor à vontade na contemplação da realidade como forma de salvação do sofrimento que é inerente à implacabilidade do desejo. Na verdade, isso não pode ser mais do que uma moratória temporária. Não fosse assim, solaparia o vigor da vida e nos negaria seus atributos de excesso, fecundidade e espontaneidade. Estar vivo é ser insaciável; tanto mais insaciável quanto mais vivo. "O mundo não é o bastante", é o mote dos viventes.

O segundo elemento da insaciabilidade surge da natureza contraditória e ambivalente de nossas relações com outras pessoas, que se seguem diretamente da descoberta primeva de nossa descentrada individualidade. Tendo descoberto que ela é apenas uma entre muitas e que a consciência de outra pessoa não só é distinta da nossa como também quase inacessível a nós, ansiamos por aceitação e reconhecimento de nosso valor e de nossa simples existência no mundo. Esse desejo é insaciável: não tem limite e nunca pode ser completamente satisfeito. Todo sinal de aceitação e reconhecimento, mesmo quando sustentado e ampliado pelo amor, é um símbolo de um bem que só pode ser entregue com reservas, sob a perspectiva de ser tomado de volta. Representa um pagamento inicial numa transação que nunca pode ser completada.

Nosso anseio ilimitado pelo que outros nunca serão capazes de nos dar completamente penetra e modifica toda a vida de desejo, mesmo quando os objetos do desejo próximos são coisas e não pessoas. Às vezes, buscamos na acumulação de coisas um fútil substituto para nossa dependência de outras pessoas e outras vezes projetamos em determinadas coisas o anseio ilimitado que nos é inspirado por indivíduos. O resultado é o incremento do caráter insaciável até mesmo de nossos desejos mais materiais, tornando-os sucedâneos e peões da experiência do encontro pessoal.

O terceiro elemento na experiência do desejo insaciável surge mais tarde, da descoberta da morte e da falta de fundamentação. A descoberta nunca pode ser completamente evitada, apesar dos encantos das filosofias e teologias de alto-astral. Na medida em que se foi submetido, apesar de negado, isso inspira no indivíduo o anseio pelo absoluto, que as religiões de salvação apresentam como uma deidade transcendente e intervencionista, e as religiões de superação do mundo associam a um ser impessoal, oculto e unificado. Assim como o anseio ilimitado por outros (acompanhado de medo e ambivalência) penetra e modifica nossos desejos materiais, assim o anseio pelo absoluto, inspirado por nossa confrontação com a morte e com a falta de fundamentação, entra em toda parte da vida de desejo e muda seu caráter. No vício ou no desejo obsessivo ele é desviado para objetos materiais. Em nossas tratativas com outras pessoas, aparece como a condenada tentativa (tornada explícita e extrema no romantismo) de usar nossos apegos como salvação da experiência da facticidade – a pura sensação de "assim é que é" – de nossa existência.

O segundo elemento do desejo insaciável – nosso anseio ilimitado por outras pessoas – é modificado por sua justaposição aos outros dois elementos, e segue-se diretamente à consciência de nossa situação como um, limitado, eu situado entre muitos outros eus, cujas profundezas ou cuja experiência subjetiva não podemos ter a esperança de sondar. Esse anseio ilimitado por outras pessoas, que funciona tanto por meio quanto além de nossa vida erótica, é rompido pela ambivalência que mencionei anteriormente. Só obtemos alívio dessa ambivalência quando nos estabelecemos, com dificuldade, a meia distância da indiferença. Nessa meia distância, no entanto, nunca obteremos o prêmio da certeza incondicional que estamos buscando.

A ambivalência não é uma perversão menor e passageira. Ela ameaça obscurecer toda a experiência social. Combinada com o permanente renascimento de nossas necessidades e carências corporais, e com a inevitável frustração de nosso anseio pelo absoluto, ela ameaça nos negar o poder de entrar mais completamente na possessão da vida. Essa falha transforma-se prontamente em ódio a si mesmo e em ódio ao Deus no qual não podemos mais acreditar.

A ambivalência que escurece a vida do encontro expressa verdade sobre o eu. Essa verdade é o caráter contraditório das condições de uma individualidade independente. A natureza e a resolução dessas contradições são o tema da ortodoxia não desenvolvida e suprimida sobre o eu e sua relação com outros eus na tradição da luta com o mundo.

O altruísmo não é capaz de servir como antídoto suficiente para esse envenenamento da vida social por nossa ambivalência um para com o outro. Pois o altruísmo que proveu a filosofia moral de seu principal tema e sua principal tese está mais perto de ser parte do problema do que de ser parte da solução. Em sua obstinada preocupação com a restrição a ser imposta a seu próprio interesse, ele deixa de abordar o conflito entre nossa necessidade dos outros e o risco em que eles nos colocam. Silencia quanto ao requisito fundamental de nossa reconciliação com outros: a capacidade de imaginá-los. Ele sustenta uma benevolência condescendente, oferecida à distância, que pode representar, por si mesma, um exercício de poder e uma forma de crueldade.

O único eixo de nosso desenvolvimento moral que pode oferecer a perspectiva de atenuar nossa ambivalência e de moderar o conflito entre as condições que habilitam a autoafirmação é aquele que vai do amor, em nossa experiência mais íntima, a uma comunidade baseada em envolvimento recíproco e em diferença reconhecida, e não em semelhança ou mesmice, em nossos apegos contínuos. Daí, ele se estende à reforma da divisão do trabalho no espírito das formas mais elevadas de cooperação.

O atributo definidor do amor é o reconhecimento e o abraçar do ser amado como complemento e afirmação da própria existência de alguém. O teste essencial de seu poder transformador é a capacidade de florescer em rotina e repetição em vez de continuar sendo o que o romantismo tem que ele seja: um desvio extático do teor de uma experiência normal.

A marca que distingue a melhor forma de comunidade é a capacidade de fazer frente à diferença (de origem, experiência e perspectiva) e até mesmo ao conflito, e fazer com que comprometimentos prevaleçam sobre memórias. O teste decisivo de seu sucesso é o aprofundamento de seu envolvimento recíproco ante as múltiplas formas de diferença e a transformação do conflito numa fonte de união.

Lembre as características das formas elevadas de cooperação: a capacidade de conectar pessoas independentemente de seu lugar num esquema estabelecido de divisão social e hierarquia, o enfraquecimento de qualquer contraste entre as responsabilidades de definir tarefas e implementá-las, o uso de máquinas para nos livrar de atividades que ainda não aprendemos a repetir e o incremento da zona de imunidades e capacidades protegidas como estímulo para pôr tudo o mais em disputa. Toda instância de uma forma assim elevada de cooperação equivale à profecia prática de um modo de organizar a sociedade. O teste vital de seu sucesso é seu poder de se reformar e se renovar ante o mais amplo âmbito de circunstâncias variadas e em mutação.

Essas três instâncias de reconciliação – amor, comunidade e cooperação – estão no mesmo *continuum* de experiência moral. Todas as três se apoiam no mesmo duplo requisito. O primeiro requisito é a aceitação de elevada vulnerabilidade a outras pessoas: ao ser amado, a outros membros de uma comunidade de diferença, àqueles com os quais alguém coopera quando a cooperação não pode mais estar conforme a um esquema invariante e hierárquico. O segundo requisito é o cultivo de nossa capacidade de imaginar experiência alheia, a experiência daqueles cuja alteridade nós descobrimos quando passamos por nosso doloroso descentramento. Desenvolver essa faculdade é um dos poderes da poesia, da literatura imaginativa e das humanidades.

É somente quando tomamos esse caminho – o único real e confiável sentido da salvação – que podemos ter esperança de um altruísmo isento de crueldade. Somente então a generosidade pode ser orientada e redimida pela imaginação da alteridade.

O DECURSO DA VIDA: QUEDA

O segundo incidente formador no decurso da vida é nosso evasivo encontro com a mortalidade e a falta de fundamentação. Ele ocorre não muito tempo após nosso descentramento, e resulta numa segunda e mais decisiva queda. Em vez de procurar, em vão, revertê-lo, nosso interesse é reconhecer nele uma das condições para uma existência mais elevada.

Nossa falta de fundamentação teria, argumentei no início deste livro, um significado completamente diferente não fosse acompanhada pelo fato e reconhecimento da morte, bem como pela antecipação da morte no declínio físico e mental. Se ignorássemos a fundamentação definitiva da realidade, e do início e fim do tempo, poderíamos existir num infindável e desapressado vaguear. A vida perderia sua dramática concentração. Nossa experiência se pareceria mais com a de um animal. Seria sem a memória seletiva que possuímos. Não incluiria o conhecimento prévio da aniquilação que nos espera. Nós vivenciaríamos a experiência de um eterno presente, não na forma como podemos estar conhecendo-a agora – a de atividade que nos consome por inteiro e que nos livra temporariamente de preocupações quanto ao passado e o futuro –, mas como persistente e normal característica da existência.

Poderíamos deixar a questão da fundamentação da realidade em suspenso ou indefinidamente postergada, na esperança de que possamos ser um dia capazes de responder a ela ou simplesmente desconsiderá-la em meio a nosso infindável presente. Nossa eternidade reduziria radicalmente o peso de nossa falta de fundamentação.

Tornando-se mais humano ao se tornar mais divino

Suponha, por outro lado, que fôssemos capazes, apesar de nossa mortalidade, de discernir a fundamentação do ser e de contemplar o começo e o fim do tempo, mas assim mesmos permanecêssemos condenados a morrer. A fundamentação da realidade não poderia ser tal que negasse a realidade da morte, pois a morte faz parte da hipótese. Não podemos considerar as implicações de tal circunstância em nossa experiência sem o conteúdo de supostas soluções para o enigma da realidade e da existência. Uma coisa, pelo menos, parece clara: não importa qual a resposta, ela nos deixaria irreconciliados com o mundo – nem riquezas do universo nem maravilhas guardadas no âmago do tempo que possam jamais nos compensar por não sermos parte do futuro. Ao contrário, quanto mais maravilhoso o futuro do universo possa ser, mais terrível será a punição nos imposta pela certeza da morte.

Contudo, na história do pensamento, o conjunto dessas compreensões de nossa situação é um conjunto vazio. Toda filosofia ou teologia que alegou ter revelado a natureza da realidade derradeira negou a morte. As religiões de salvação a negam prometendo vida eterna. A superação do mundo (seja no budismo, nos vedas ou nas filosofias de Schopenhauer e Platão) a nega quando nega a profundidade da realidade do eu distinto ou ao nos descrever como seres acorrentados a uma roda de infindável renascimento. Elas também são teologias e filosofias de alto-astral exatamente porque nos trazem as boas-novas de que não precisamos temer o que, na verdade, mais tememos: nossa pendente dissolução. Não precisamos temê-la porque ela na realidade não existe; a vitória da morte é ilusória ou temporária.

A humanização do mundo, com sua metafísica antimetafísica (como exemplificado nos ensinamentos de Confúcio ou no humanismo secular convencional contemporâneo), não nega diretamente nossa mortalidade e falta de fundamentação. No entanto, ela se afasta delas decisivamente para um mundo que podemos construir e controlar. Um homem sábio, observou Spinoza (cuja filosofia é, sob outros aspectos, uma versão limitada da superação do mundo), pensa na vida, não na morte. Nesse espírito, a humanização do mundo põe de lado o horror da morte e do niilismo para melhor se focar em seu esforço por inspirar uma forma de vida na sociedade que carregue a marca de nossas preocupações. Ao fazer isso, no entanto, ela apresenta falso testemunho de nossa condição e descarta um instrumento indispensável a nossa ascensão.

Tampouco podemos buscar na ciência natural uma concepção que alegasse demonstrar a fundamentação da existência enquanto continua a reconhecer a realidade e a inevitabilidade da morte. A ciência natural funciona exatamente na direção oposta. O avanço de nosso conhecimento, mesmo em cosmologia, não nos aproxima da compreensão de por que existe alguma coisa, em vez de não existir, ou por que o universo é o que é, e não outra coisa. Toda descoberta de como a natureza funciona ou do curso que ela toma apresenta a pergunta: por quê? E toda resposta a cada uma dessas perguntas instiga mais um por quê. A incapacidade da ciência natural de lançar uma luz na fundamentação da realidade e da existência não a impede, no entanto, de perguntar a si mesma não apenas como se pode postergar a morte e o declínio, mas também até mesmo como se poderia escapar deles.

A morte e a escuridão aparecem cedo e juntas em nossa experiência, como dois lados de mesma e não desejada verdade. Cada uma é modificada por sua combinação com a outra. No entanto, quanto mais refletimos na relação entre elas, mais claramente vemos que em seu efeito na configuração de nossa experiência a falta de fundamentação é subserviente à mortalidade. Nossa falta de fundamentação amplia a significância de nossa mortalidade, mas perderia muito de seu caráter assustador se fôssemos imortais.

É, portanto, juntos, e nessa combinação desigual, que enfrentamos a descoberta da morte e o enigma do mundo e de nossa existência mortal dentro dele. Nosso primeiro interesse nessa descoberta é reconhecê-la, imprimi-la com clareza na mente todo dia de nossas vidas, para resistir, por conta disso, aos encantos das filosofias e teologias de alto-astral, e pôr a ciência natural em seu devido lugar.

Lembre os três grandes benefícios dessa consciência da verdade sobre a morte e a falta de fundamentação. O primeiro benefício é nosso resgate do autoengano quanto às características mais básicas de nossa circunstância. Se incitarmos uma vontade heroica de resistir recorrendo apenas a uma historinha para dormir, é de se temer que o autoengano sobreviva a seu suposto papel, contaminando e desorientando o subsequente exercício da vontade. O segundo benefício é ajudar a nos despertar de uma meia-vida para a total consciência da existência e do tempo e, assim, para a posse de nosso bem mais elevado. Ao dirigirmos o argumento *ad terrorem* contra nós mesmos, nos abrimos a uma mudança de vida – acima de tudo, a uma mudança que nos dá a própria vida. O terceiro benefício é a guarda contra um perigo que resulta de nossa abertura ao futuro. Nossa abertura ao futuro ameaça alienar-nos do presente. Uma resposta equivocada a essa alienação é o prometeanismo: o cultivo do poder, pelo indivíduo autoconfiante, na esperança de fazer de si mesmo algo diferente da criatura defeituosa e morrente que ele é. Outra resposta inadequada é o romance da ascensão da humanidade: nosso compartilhamento vicário dos futuros triunfos do gênero humano. Essas duas respostas nos deixam iludidos e inalterados. Felizmente, não são páreo para a antecipação da morte, experimentada contra o pano de fundo de nossa falta de fundamentação.

A consciência da morte nos salva de nos perdermos num infindável presente e nos protege contra a deturpação e perversão de nossa humanidade pelo triunfalismo e pelo culto ao herói. Nos guarda da idolatria, na forma de autodeificação.

A consciência de nossa falta de fundamentação solapa qualquer tentativa de atribuir valor incondicional a qualquer organização específica da sociedade ou do pensamento, e neutraliza a idolatria na forma de qualquer tentativa de conceder valor absoluto a uma organização da sociedade e do pensamento historicamente contingente. Nossa luta com o niilismo torna-se um dispositivo pelo qual expungimos de nossas crenças o elemento da superstição idólatra.

Podemos responder a nossa mortalidade, falta de fundamentação e insaciabilidade de maneiras que nos ajudem a entrar na possessão da vida. Uma resposta assim é o envolvimento em atividades que comandam toda a nossa paixão. Nessas atividades, o domínio que têm os irreparáveis defeitos da vida sobre nossa experiência de vida é temporariamente suspenso. Por um momento, o desejo se apazigua – ele encontra um objeto e uma expressão que parecem adequados a nossa humanidade transcendente a contexto.

Nesse envolvimento, respondemos a nossa falta de fundamentação mediante atividades que tomam conta de nossa atenção e geram os próprios termos de referência e de justificação. Se alguma vez houve verdade na ideia de criar significado num mundo sem significado, teria sido numa circunstância assim.

Nessa situação de abandono completo a uma atividade que nos consome totalmente, ficamos livres, por um momento, das ligações do tempo. É o conhecimento mais próximo que podemos esperar ter do atemporal. No limite, ele abole a memória seletiva do passado e a antecipação, ou apreensão, do futuro e nos coloca num eterno presente, do qual nossa vida consciente obcecada com o tempo nos expulsa.

No entanto, o reparo dos incuráveis defeitos da existência humana por essas experiências ocasionais de autoabandono ao que provoca paixão não é permanente. Na verdade, não abolimos, em virtude dessas experiências, nossa mortalidade, falta de fundamentação ou insaciabilidade. O senso de superação que pode estar presente nessas atividades é, na verdade, uma alucinação. Uma vez a paixão tendo passado e o feitiço sido quebrado, na prosa da realidade, a vida espera lá fora. É somente na condição de reconhecimento e aceitação de nossa mortalidade e nossa falta de fundamentação que podemos possuir uma realidade não diminuída. O que vemos e experimentarmos nos momentos de absorção tem de, para aprimorar essa vida, passar no teste da visão transformadora – tem de sobreviver à rotina e à repetição na experiência do indivíduo, e penetrar e mudar as disposições da sociedade.

O DECURSO DA VIDA: MUTILAÇÃO

As marcas da vida – excesso, fecundidade e espontaneidade – revelam o escopo indefinido da experiência e da iniciativa das quais, a não ser por grande infortúnio, todo ser humano individual é capaz. Parte da condição do espírito corporificado é usufruir desse conhecimento de muitas maneiras de ser e muitas formas de consciência.

Cada um de nós tem de determinar como irá viver em sociedade de tal modo que sua existência não venha a representar uma negação e subversão de sua natureza como espírito transcendente ao contexto. Com esse objetivo, ele enfrenta um terceiro incidente decisivo no curso normal da existência. Ele não pode ser qualquer coisa ou cada coisa, qualquer um ou cada um. Tem de se tornar alguém específico. Para se tornar alguém específico ele tem de renunciar a muitas outras formas de humanidade que poderiam se tornar coisa sua. Hegel observa que o apuro característico do adolescente é "estar perdido em particularidade", isto é, na riqueza informe da existência e da sociedade. No entanto, poderíamos descrever melhor esse dilema como estar perdido em universalidade – uma universalidade de experiência que não assume a forma de direção específica e relativamente exclusiva de atividade.

Esse imperativo de deixar de ser muitas coisas para poder se tornar uma coisa só, de abandonar muitas possibilidades de existência para melhor desenvolver uma, é mutilação. Enfrentamos essa mutilação em duas grandes variações: a necessidade de desenvolver, ou aceitar, um curso de vida e a exigência de ocupar, ou abraçar, uma posição na sociedade. Um curso de vida e uma posição na sociedade são tão estreitamente conectados que pode ser difícil distinguir entre eles. Não obstante, eles nos apresentam o problema da mutilação em registros diferentes. O curso de vida tem a ver com a trajetória de uma existência, começando nos sonhos da juventude e terminando na morte, e com a relação dessa trajetória com nossa compreensão de nós mesmos e dos outros. A posição social é a posição que assumimos na divisão de trabalho na sociedade. Ela levanta o problema de nossa mutilação na forma da relação entre nossos mundos interior e exterior: entre nossa ideia de nós mesmos como divinos e nossa experiência contínua de apequenamento.

É por meio de certa resposta a esse conflito que lidamos com a mutilação de nossa multilateralidade. Mediante essa resposta, afirmamos nossa natureza bilateral, como envolvidos e resistentes. Chegamos mais perto de viver como os espíritos corporificados que somos.

As simplificações e exclusões radicais do curso de uma vida e de uma posição social ameaçam reduzir o universal que existe em nós a algo particular, ou deixar o universal como sendo um espírito – de ressentimento e arrependimento – flutuando sobre as realidades inalteradas de uma existência

A religião do futuro

individual e de seu lugar na sociedade. Nossa mutilação nos traz a mensagem e a realidade de nosso apequenamento. Ela, consequentemente, torna-se um assunto do maior interesse para a religião do futuro.

O curso de uma vida resulta muito comumente dos efeitos cumulativos das decisões individuais tomadas contra o pano de fundo do que podem ser as implacáveis restrições da sociedade. Essas restrições distribuem de forma desigual oportunidades de vida em toda sociedade que existiu até agora. Até hoje, toda sociedade tem sido uma sociedade de classes, que usa a família como instrumento para a distribuição desigual de vantagens econômicas e educacionais. Em nenhuma ordem social, até agora, a meritocracia foi algo mais do que contrapeso ou complemento aos mecanismos de vantagens de classe. Na medida em que a meritocracia enfraquece esses mecanismos, ela só faz isso para fortalecer a influência dos dotes naturais desiguais com os quais cada um de nós nasce.

Dentro dessas assustadoras restrições, o indivíduo tropeça, semiconsciente, numa direção, que começa a tomar forma e a adquirir força restritiva, enquanto ele abandona possibilidades de ação em prol de determinado caminho. Ele pode continuar a conceber outras vidas e as possibilidades de experiência que as acompanham. Mediante vontade heroica, ou por jogo da sorte ou do azar, pode ocasionalmente ter êxito em mudar o curso de sua vida.

Um dia, no entanto, ele começa a se dar conta de que a vida que está vivendo será a única que jamais viverá. Pode se resignar a essa realidade, confirmando a redução do universal para o particular e o insulto à condição de espírito corporificado. Pode dignificar o curso de sua vida mediante sua associação com forma de trabalho socialmente reconhecida (ofício ou vocação honrosa) e se comprazer com quaisquer oportunidades de proficiência ou virtuosidade que isso proveja. Ou, incapaz de encontrar consolo em qualquer dessas alternativas, pode se sentir preso numa armadilha. O sentimento de estar numa armadilha é uma das experiências características presentes na mutilação imposta ao eu pelo decurso da vida.

Primeiramente, pode parecer haver duas atividades que nos resgatam – se é que alguma atividade é capaz disso – da mutilação: a filosofia e a política.

Elas lidam com todas as coisas, e não com algo em particular: a primeira, em pensamento; a outra, por meio de ação. Seu verdadeiro tema é a estrutura à qual o espírito se arrisca a ser escravizado: seja ela a ordem institucional da sociedade (bem como a visão da possível e desejável associação que essa ordem decreta), sejam as não reconhecidas e injustificadas pressuposições do pensamento. Elas exigem, por conta de suas ambições totalizantes, um implacável envolvimento de nossas faculdades e energias.

Contudo, nem a filosofia nem a política oferecem esse resgate. Em primeiro lugar, elas lidam com tudo somente em seu ideal regulador, não em sua prática e sua presença históricas. Os que se chamam de filósofos são, em sua maior parte, professores de filosofia, especialistas numa prática intelectual que lida com uma agenda dependente de trajetória, configurada pela história de tradições filosóficas particulares, mesmo quando não se rebaixa a funcionar como polícia do pensamento. Políticos são geralmente candidatos a, ou ocupantes de, cargos públicos, e, no que lhes diz respeito, especialistas na representação de interesses e aspirações particulares, dentro das convenções de um determinado sistema político.

Apenas uma filosofia reinventada, compreendida e perseguida como a mente em guerra contra toda restrição disciplinar e metodológica, realizaria esse ideal. Hoje, no entanto, é um ideal que pode ser abordado, na medida em que é capaz de ser abordado de todo, a partir do ponto de partida de qualquer disciplina ou discurso. Essa filosofia não pode ser decretada na forma de uma superciência filosófica, sobranceira a modos especializados de investigação.

Apenas uma política transformadora, livre das ilusões de teorias sociais necessitaristas, e indesejosa de aceitar a crise como condição para mudança, poderia realizar esse ideal na vida política. Tal política é hoje mais um projeto do que uma prática. É um projeto que pode ser empreendido em todo domínio da vida social, não apenas na competição para obter e usar poder governamental.

Em segundo lugar, mesmo quando a filosofia e a política vão em direção ao ideal de lidar com tudo (ou com o que é formativo e fundamental) e não com alguma coisa em particular, elas permanecem separadas uma da outra. A separação é em si mesma uma forma de mutilação. Hegel foi capaz de conceber a

A religião do futuro

união de uma vida de pensamento (como a filosofia) com uma vida de ação (como a política) apenas no sonho de um imaginário duo do filósofo com Napoleão. Assim, o casamento da filosofia com a tirania revolucionária tornou-se, como frequentemente foi na história da filosofia, o atalho imaginário para um casamento idealizado, mas não consumado. A união da filosofia com a política não pode ser a fonte de uma vida maior. Tem de ser, no melhor dos casos, uma de suas muitas consequências. Sua realização fragmentária na vida de indivíduos hoje depende mais de sorte extraordinária do que de dons excepcionais.

Temos, portanto, de olhar noutra direção para obter uma resposta fiel à religião do futuro. Existem três antídotos à mutilação que reafirmam e fortalecem a condição de espírito corporificado. Cada um deles aborda somente parte do problema, mesmo assim de modo imperfeito. Cada um depende de mudanças na organização da sociedade e na direção da cultura e da educação, sobre as quais o indivíduo não tem controle. Quanto mais distante permanece a sociedade dessas três mudanças, maior a exigência de uma autotransformação do indivíduo. A resistente vontade, escarnecida pelas doutrinas da superação do mundo e convertida, pelos ensinamentos da humanização do mundo, de servir à sociedade, tem de ser reconhecida como instrumento indispensável a nossa ascensão.

Um primeiro antídoto ao apequenador efeito da mutilação é a aceitação de uma ideia de trabalho: trabalho como vocação transformadora. Três ideias de trabalho hoje competem por influência. Uma ideia é a do trabalho como vocação honrosa: um lugar reconhecido na divisão de trabalho, frequentemente organizado como especialidade, ofício ou profissão, sob a égide de padrões de grupo desenvolvidos historicamente e com o benefício da honra concedida pela sociedade. A identidade do indivíduo acaba se ligando ao desempenho de seu papel. Ele ganha a vida de um modo que também o enobrece. Aqui não pode haver solução para o problema da mutilação forjada pelo curso de uma vida. A sociedade ensina o indivíduo a abraçar sua posição contingente e particular e a definir sua identidade pelos parâmetros dessa posição.

A segunda ideia de trabalho é instrumental. O trabalho perde sua santidade e seu encanto. O indivíduo trabalha apenas para obter os meios com os quais sustentar valor noutro âmbito: tipicamente, a família. A combinação do papel profano do trabalho e o do refúgio da família torna-se todo o universo do indivíduo. Ele pode ter a esperança de amenizar sua faina diária, nunca a de transformá-la ou transcendê-la.

Uma terceira noção de trabalho é a ideia da vocação transformadora. Sua marca distintiva é a relação que ela estabelece entre autotransformação e reconstrução social. Esforçamo-nos por reconfigurar alguma parte de nosso cenário institucional ou conceitual, e frequentemente fracassamos. Apesar de nosso fracasso, podemos ter êxito em mudar a nós mesmos.

Não podemos exercer nossa autotransformação por força de vontade. No entanto, podemos exercer uma mudança em nossa relação com o cenário que habitamos, recusando conceder-lhe a última palavra. Desse modo, lhe subtraímos a particularidade de sua fisgada. Cessamos de permitir-lhe ser a prisão do espírito. Resistimos à tentação de descrever essa prisão como sendo um lar.

A ideia da vocação transformadora tem sido, amplamente, o privilégio de uma elite de gênios, heróis e santos. Uma aspiração da democracia, abraçada e generalizada pela religião do futuro, é fazer dessa ideia uma possessão comum da humanidade. Sua generalização, no entanto, depende de mais do que a autoridade de uma crença moral. Requer também a reforma da sociedade. Em particular, pressupõe o desenvolvimento de disposições políticas e econômicas que rompam o contrato entre reprodução normal e revisão extraordinária de um contexto. Uma economia de mercado democratizada, libertada de uma versão única e exclusiva dela mesma, e uma democracia de alta energia que não requer crise para que uma mudança seja possível são os grandes projetos gêmeos institucionais que servem a esse objetivo. São os aliados indispensáveis de uma prática educacional que equipe a mente para analisar, decompor e reconstruir, informada e inspirada por experiência e ideias distantes da circunstância atual.

Um segundo antídoto ao efeito apequenador da mutilação é o envolvimento em atividades que suscitem obstinação e entusiasmo. Seus objetivos e suas ocasiões podem ser desproporcionais a suas devoções. A lacuna entre intensidade e seus objetos foi desde o início o principal sinal de nossa suscetibilidade ao apequenamento. No entanto, uma intensidade desperdiçada e mal dirigida é melhor do que nenhuma intensidade de todo: ela afirma e incrementa o bem da vida, diante da morte, e nos oferece um alívio temporário a nossa falta de fundamentação e nossa insaciabilidade. Podemos recrutar, a serviço de um esforço por modelar objetos mais valiosos, a força que ela engendra.

Contudo, aqui também, a organização da sociedade facilita ou inibe nossa autotransformação, atribuindo maior ou menor peso à virtude como substituto da política. A organização do trabalho nos assiste em nossa resistência ao apequenamento na medida em que se ajusta a três princípios.

O primeiro princípio é que ela relativiza a distinção entre atividades de supervisão e de implementação, entre fazer planos e implementá-los, bem como entre tipo de trabalhos especializados em geral. A medida em que práticas avançadas de experimentalismo produtivo e cooperação penetram amplos setores da economia e da sociedade depende da direção da inovação institucional, inicialmente nas relações entre governos e firmas e depois nos regimes de propriedade e contrato.

O segundo princípio é que o uso de tecnologia seja disposto de maneira que as máquinas façam para nós tudo que aprendemos a repetir. Expressamos essas descobertas em fórmulas que podemos, por sua vez, incorporar em máquinas. Na maior medida possível, a sociedade nos ajuda a reservar nosso tempo para aquilo que ainda não aprendemos a como repetir. As atividades não formulares têm mais probabilidade e também são mais dignas de despertar o envolvimento apaixonado que provê uma moratória temporária de nossa mortalidade, falta de fundamentação e insaciabilidade. Elas ajudam a assegurar que essa intensidade permaneça não contaminada pelo transe da repetição.

O terceiro princípio é que o trabalho assalariado economicamente dependente dê lugar de modo gradual a cooperação e autoemprego como formas predominantes de livre trabalho. A relação contratual de emprego, com sua embutida combinação de requisitos de coordenação e as prerrogativas de propriedade, não provê cenário receptivo à generalização do experimentalista, à produção flexível ou ao trabalho não formular. Somente quando o trabalho assalariado der lugar à combinação de autoemprego e cooperação como o regime predominante de livre trabalho a imaginação poderá se tornar mais completamente, e para mais pessoas, o modelo no qual nossas atividades práticas e produtivas são organizadas.

Na ausência dessas mudanças, nossas experiências de abandono a uma atividade totalmente absorvente correm o risco de continuar a ser anomalias extáticas: escapes e desvios. Sua significância moral e social ativa seu uso como pontos de partida para revisões de alguns aspectos do contexto no qual ocorre envolvimento entusiasmado e obstinado.

Um terceiro antídoto para as apequenadoras consequências da mutilação é o desenvolvimento de nossa capacidade de imaginar os eus em que podemos nos ter tornado: não somente os eus que podem ter resultado de caminhos que abjuramos, mas também aqueles que, dada nossa constituição genética ou destino social e histórico, estiveram sempre além de nosso alcance. Ao escolhermos um curso de vida, estamos renunciando a muitos outros. Ao renunciarmos a eles, deixamos de nos tornar os indivíduos que esses cursos de vida teriam moldado. No entanto, podemos cultivar a imaginação de formas de experiência às quais renunciamos, como que desenvolvendo o poder de sentir os movimentos fantasmagóricos de membros que estão faltando.

Esse poder de imaginar a experiência à qual renunciamos tem uma história entremeada às histórias das três grandes orientações espirituais discutidas anteriormente neste livro. A religião do futuro reafirma uma premissa compartilhada pelas religiões mais cultas: a desvalorização da realidade e a autoridade das divisões dentro do gênero humano. Isso empresta a essa desvalorização um sentido mais tangível como resultado da importância atribuída a nosso domínio sobre as estruturas da vida e do pensamento. Essas divisões dependem de sua força sobre essas estruturas.

Uma tese característica das doutrinas da superação do mundo é que o verdadeiro fundamento da simpatia reside na irrealidade do eu distinto, uma ideia à qual Schopenhauer deu expressão sistemática na história da filosofia ocidental. Para as filosofias e teologias da luta com o mundo, o eu não é apenas real – ele também tem insondáveis distinção e profundidade. Essa visão representa parte do patrimônio que a religião do futuro herda das versões secular e sagrada dessa abordagem à vida. É uma premissa da revolta contra o apequenamento e da tentativa de aumentar nossa parte nos atributos de divindade acessíveis aos humanos.

Filósofos como Hume, trabalhando nas tradições de pensamento configuradas por essas crenças, buscaram assim mesmo basear o sentimento de camaradagem no reconhecimento de nossa afinidade com outros por meio das barreiras que separam os eus individuais. Nessa visão, a simpatia depende da existência e do reconhecimento de uma natureza compartilhada.

A base do sentimento de camaradagem, no entanto, é ao mesmo tempo mais profunda e mais ativa do que qualquer natureza das espécies. Ela ganha força da experiência formadora de todo indivíduo: a de que ele poderia ter tomado outro curso e se tornado outro eu, e que essas outras possibilidades de experiência, às quais ele renunciou, são versões de uma humanidade da qual poderia ter compartilhado. Alguns desses caminhos negados do eu podem parecer inacessíveis, por conta de classe, gênero ou qualquer número de outros traços inscritos em seu corpo ou em sua circunstância. Não obstante, ele foi ensinado, pela resposta da imaginação à mutilação, que essas outras humanidades poderiam também ter sido dele, se a loteria biológica e social tivesse produzido outro resultado.

Goethe observou que não havia crime que ele não pudesse ter cometido se ocorressem ligeiras variações de circunstância. Assim nos encontramos todos em relação a nossos camaradas, uma vez reconheçamos o efeito de nossa inescapável mutilação em nossa humanidade compartilhada.

Mesmo a resposta que a imaginação pode dar à mutilação depende, para ter força, da sociedade. Depende, acima de tudo, do sucesso da educação no desenvolvimento de nossa capacidade de imaginar a experiência subjetiva de outras pessoas, noutros tempos e noutras situações. Na poesia, no romance, e no estudo das vicissitudes históricas de formas de vida e de consciência, incrementamos nossa capacidade de apreciar a diversidade da experiência humana. E chegamos a captar a verdade de que o gênero humano está desenvolvendo seus poderes quando os desenvolve em direções diferentes, expressas em regimes institucionais distintos.

O DECURSO DA VIDA: MUMIFICAÇÃO

Outro incidente decisivo na vida humana é nossa habitual rendição às rotinas de nossa circunstância social, bem como à versão enrijecida de nosso eu: o caráter. Caráter e circunstância atuam juntos. Quando ficamos mais velhos, eles formam em torno de cada um de nós uma múmia, dentro da qual morremos muitas pequenas mortes. A essa diminuição da vida podemos dar o nome de mumificação. A ameaça dessa rendição de dois lados ocorre tão regularmente que ela forma na vida humana um incidente tão constante e decisivo quanto a mutilação que discuti anteriormente. Não podemos ascender, afirmando o bem da vida e aumentando nossa parte em alguns dos atributos que conferimos ao divino, a menos que evitemos essa ameaça.

A mumificação tem dois lados diferentes. É crucial entender a relação entre eles, se quisermos derrotar o mal e assumir mais completamente a posse da vida.

Um lado da mumificação é nossa rendição a um papel e a uma prática rotinizados numa particular circunstância social. Em tal circunstância, uma pessoa assume uma série de papéis. Cada papel vem completo, com um roteiro embutido, instruindo-a a como falar, sentir e agir. Ela assume e desempenha esse papel numa parte da vida social que é configurada por densa rede de solicitações que outros fazem a ela, e que ela faz aos outros.

O modo como o indivíduo se envolve na circunstância é moldado segundo uma série de compromissos e restrições que aparam as asas da fantasia, inclusive suas fantasias de escape e empoderamento. Ele se resigna à concha da rotina e da repetição. Nesse momento, a mutilação torna-se mumificação. Ao fracassar na esperança, ele desperdiça a vida.

Existe, no entanto, um outro lado na mumificação. O eu se fixa em hábitos da mente e do comportamento. No limite, esse eu enrijecido, assim como faz no papel social, provê roteiro que instrui o indivíduo a como pensar, sentir e agir. Ele destrói a espontaneidade e a surpresa que figuram entre as marcas da vida. Ele os substitui pelo eu indefinido, com seus implacáveis anseios e sua não conformidade com a circunstância. Se alguma vez isso fora apenas uma máscara, a máscara torna-se um rosto. Quando Heráclito disse que caráter é destino, ele estava descrevendo essa calamidade como parte inerradicável da condição humana. Seu lugar na experiência da vida, no entanto, é menos um destino inalterável do que é a consequência de um modo de vida e de uma visão de nosso lugar no mundo.

De acordo com uma ideia que prontamente nos ocorre, não existe calamidade. A pessoa pode ser rígida demais (e a rigidez pode ir se tornando o que a psiquiatria atual chama de transtorno obsessivo-compulsivo) ou a personalidade pode ser deficiente na integração e ordenação de seus impulsos contrastantes (como, num extremo, na histeria e na esquizofrenia). Num modo de pensar reminiscente da ética de Aristóteles, o caráter seria um feliz ponto mediano entre esses extremos destrutivos.

O enrijecimento do eu, no entanto, já está manifesto no que esse reconfortante eudaimonismo toma como feliz ponto mediano. Ninguém adquire tal ordenação do eu e toca seu eu ordenado como se fosse um instrumento musical, sem ter rendido a ele – seu eu imobilizado, seu caráter – grande parte de sua humanidade. Ninguém obtém essa harmonia, exceto por estreitamento do horizonte da experiência. O mal da rigidez extrema e da compulsão é pressagiado no fenômeno que Heráclito descreveu como sendo o destino de todo ser humano. A questão que se apresenta nesse aspecto da religião do futuro é o que temos de fazer quanto a isso, além de descrevê-lo como o modo como as coisas são e aceitá-lo como parte de nosso destino.

Os dois lados da mumificação – resignação aos papéis que desempenhamos em determinada posição social e rendição ao caráter como sendo a versão fixa do eu – podem parecer estar em tensão um em relação ao outro. Rigidez inibe adaptação. Se o eu fosse simplesmente um agente da ordem social, e a ordem social, como Deus na teologia da predestinação, tivesse um plano para cada eu, então toda falta de flexibilidade equivaleria a uma restrição no desempenho de nosso serviço. Deveríamos, por conta disso, ter apenas a medida de rigidez que permita que nossas ações sejam inteligíveis e previsíveis aos outros, mas também uma medida de flexibilidade que nos facultasse mudar nossos hábitos de mente e comportamento de acordo com a circunstância. Parece ser impossível conciliar os compromissos da sociedade com as compulsões do caráter.

E, no entanto, eles se conciliam. Essa conciliação é o que forma em torno de cada um de nós a múmia que ameaça negar a nós o bem da vida e nos impedir de morrer apenas uma vez. O modo como agimos é projetado pelas compulsões do caráter. O conteúdo de nossos desejos, no entanto, é só nosso. Nossos desejos, como nossas crenças, são em grande parte obtidos por imitação de outras pessoas. Comumente, desejamos o que os outros desejam. Nossos desejos, diferentemente dos desejos dos animais, são indeterminados, mas seu conteúdo, em vez de ser deixado vazio para que nós lhe demos forma, é em grande parte preenchido pela sociedade. Assim, tudo acontece como se o caráter mimético do desejo fosse suficiente para mitigar toda tensão existente entre as demandas da sociedade e as compulsões do caráter. Uma pessoa pode ser introvertida, outra, extrovertida; uma cautelosa, outra, impulsiva; uma facilmente abatível, outra, resiliente. Cada uma usará e será usada de acordo com sua circunstância e sua sorte, mas todas cantarão uma canção que foram ensinadas a cantar. Vão cantá-la para a sociedade, mesmo acreditando que a cantaram, e até mesmo a compuseram, para si mesmas.

A vacuidade e a indeterminação de nossos desejos, que são, em princípio, uma expressão de nossa transcendência sobre todo contexto limitado, se voltarão contra nós. Elas serão o crivo pelo qual a sociedade, ou a história, se apodera de nós e nos nega o que supúnhamos ser o lado positivo de nossa rigidez: nossa autonomia. Quando a sociedade invade a vida do desejo, perdemos qualquer perspectiva de entrarmos na posse total de nós mesmos.

Desse modo, os dois lados da múmia – nossa adaptação à sociedade e nossa rendição ao caráter – chegam a coexistir e até mesmo a convergir. Sua convergência nos diminui. Ele nos nega o poder de entrar completamente na posse da vida no presente, e nos condena a um sonolento simulacro de existência. Nos prepara para a morte apenas nos matando aos poucos. Como resultado, cessamos também de aumentar nosso compartilhamento das marcas de divindade. Ao cedermos à múmia nossa divindade, estamos também abandonando à múmia nossa humanidade.

Em grande parte da experiência histórica do gênero humano, a força da mumificação permanece velada. Opressão econômica e cultural obscurece todos os outros constrangimentos, acorrentando a grande maioria de homens e mulheres comuns à roda da produção e os condenando a um trabalho repetitivo e humilhante em prol de seu sustento. Ao mesmo tempo, arregimenta a autoridade da religião e da filosofia para a aceitação da subjugação.

Se ao menos a ordem social pudesse ser revirada de cabeça para baixo e expungida da pecha de uma entrincheirada divisão social e hierarquia, então – imaginam o crítico e o profeta – estaríamos finalmente livres. Em vez dessa esperada libertação, podemos descobrir que o enfraquecimento da estrutura de classes da sociedade, tornado possível pela democratização do mercado, o aprofundamento da democracia e o trabalho libertador da educação, pode, no entanto, nos deixar sujeitos à múmia. Sentiríamos então que fomos enganados pela liberdade que supuséramos ser a recompensa pela reconstrução social, e que despertamos de uma escravização só para sermos vítimas de outra. Essa constatação não dá nenhum motivo para não se rebelar e não reformatar as instituições da sociedade. Em vez disso, nos dá motivo para compreender que a reforma da ordem social constitui uma base incompleta para nossa ascensão.

Numa sociedade e numa cultura nas quais nossas esperanças continuam a ser influenciadas pelas tradições sagradas e profanas da luta com o mundo, o único recurso contra a mumificação pode parecer ser o bem de uma vida maior que esperamos do futuro – um futuro de reconstrução política ou de salvação oferecida por Deus. Essa projeção de uma vida maior num futuro histórico ou trans-histórico representa, no entanto, uma aceitação da alienação da vida no presente. A mumificação lacra essa alienação do presente. Ela faz isso na forma de uma autoinfligida diminuição da vida, à qual, em desespero, medo e exaustão, nos rendemos.

Tornando-se mais humano ao se tornar mais divino

Assim, a vida vem a ser vivida como movimento entre duas variedades de sua diminuição. Conspiramos contra nós mesmos ao desperdiçarmos nosso bem mais alto. Por meio da mumificação, matamos tempo: o fugaz, incomparavelmente precioso tempo de nossas vidas. Mediante a projeção de algo mais elevado num futuro que somos incapazes de agarrar, transferimos a vida que nós rendemos a um tempo no qual nunca iremos viver. Entre nosso sonambulismo e nossa ansiedade, começamos a nos sepultar vivos, o tempo todo alimentando a esperança de uma ressurreição profana ou sagrada na qual, lá no fundo do coração, há muito tempo deixamos de acreditar. Passando entre os tropismos do caráter e da conformidade à circunstância, e buscando consolo em nossas fantasias negadoras do presente, estamos conspirando para a destruição do bem que deveríamos ter mais motivos para prezar e preservar. Abalados pelos terrores da morte, antecipamos a morte pelo modo em que, como múmias e como fantasistas, continuamos a viver. Resgatar-nos dessa condição e reafirmar nossa reivindicação do prêmio mais alto, a vida enquanto a vivemos, são as preocupações centrais da religião do futuro.

O início de uma resposta está em avaliar o papel da repetição em nossa experiência. Render-se às compulsões do caráter e aos compromissos da circunstância é a marca definidora da mumificação. Os dois lados da mumificação têm em comum a ascendência da repetição sobre a experiência. Essa ascendência ameaça roubar da vida seus traços distintivos de excesso, fecundidade e espontaneidade.

Mas Kierkegaard tinha razão ao ver na guerra total contra a repetição uma campanha contra a existência. Repetições organizadas e trazidas à luz de uma concepção definem a estrutura institucional e ideológica de uma sociedade e as disposições habituais de fazer o bem que chamamos de virtudes. Não existe vida – nem existência coletiva – sem repetição.

Uma ilimitada antipatia à repetição é uma característica do que, numa discussão anterior da relação entre espírito e estrutura, chamei de heresia sartriana. Um momento dessa heresia foi o dos elementos místicos e monísticos nas religiões semíticas de salvação. Para essas contracorrentes às ortodoxias das religiões do Oriente Próximo, o caminho para a salvação passa por uma interminável negação. Paradoxalmente, essas tendências também representam o mundo inteiro como componente, conquanto não exaustivo, de Deus – não, entretanto, o mundo numa forma tangível e diferenciada, apenas o mundo como unidade que está além de toda diferenciação.

Um segundo movimento na guerra contra a repetição ocorre com o movimento romântico do século XIX e suas sequelas pós-românticas. Agora, toda repetição, seja institucional, conceitual ou caracterológica, é vista como inevitável e destruidora do espírito, se por espírito entendemos aqueles de nossos poderes que nenhuma dessas estruturas de sociedade, pensamento ou caráter pode exaurir. O romântico está resignado à recorrente e persistente reafirmação das estruturas. Ele perdeu a esperança em nossa capacidade de alterar permanentemente nossa relação com elas, mudando sua qualidade bem como seu conteúdo. Não obstante, ele acredita que podemos periodicamente abalar seu domínio – por meio de insurreição popular, pensamento irracionalista, amor romântico e imprudente aventura. É somente nesses intervalos, segundo o romântico, que viemos realmente, e totalmente.

O momento existencialista chega quando a esses temas se acrescenta a descrença na unicidade do eu ou no valor de um eu unitário. O agente da rebelião contra a estrutura deixa de ser o eu como espírito, no exercício de seus poderes desafiadores de estrutura, e torna-se em vez disso a pessoa em sua situação temporal, identificada com sua fugaz experiência.

Em todos esses três momentos, essa visão deixa entrever seu fracasso em captar um aspecto importante de nossa condição: nossa capacidade de virar a mesa das estruturas, não só nos rebelando contra elas, mas as tornando mais abertas aos poderes mediante os quais resistimos a elas e as reformatamos. Podemos fazer justiça a esses poderes sem subscrevermos a heresia hegeliana: crença na existência de uma estrutura que acomode toda experiência que tenhamos razões para valorizar, seja na sociedade, no pensamento ou no caráter.

Para lidar corretamente com a presença pervasiva da repetição em nossa experiência, temos de tornar explícita e radicalizar a suprimida ortodoxia de espírito e estrutura na luta com o mundo. Três princípios revelam as implicações dessa ortodoxia para nossa resposta ao papel da repetição na experiência.

O primeiro princípio é que a repetição seja usada para escapar da repetição. Considere duas instâncias amplamente contrastantes desse princípio: a desejável relação da máquina com o trabalho, e a relação entre consonância e dissonância na música.

O que quer que tenhamos aprendido sobre como repetir, podemos expressar numa fórmula. O que que quer que tenhamos aprendido sobre como expressar em fórmulas, podemos incorporar numa engenhoca física, uma máquina. O uso mais elevado de uma máquina no desenvolvimento de nossos poderes é ela assumir em nosso benefício um trabalho que aprendemos a como repetir, de modo a que possamos preservar nosso maior e, em certo sentido, nosso único recurso – o tempo de nossas vidas – para aquilo que aprendemos a como não repetir. Ao aumentarmos o papel do não repetitivo em nossa experiência, tornamo-nos mais humanos ao nos tornarmos mais divinos. O ato de pôr a repetição em seu lugar está associado ao rompimento do feitiço que nos condena a uma vida menor.

Uma característica formativa de música é o movimento da repetição para a novidade. A repetição é ouvida como consonância, e o movimento de saída da repetição, como dissonância. Se a música fosse somente, ou mesmo principalmente, repetição, ela também seria um feitiço, parecido com a hipnose, nos enfeitiçando em estado esmaecido de consciência, enquanto esperamos a morte. Um estilo na música, como o estilo clássico do período de música europeia de cerca de 1770 a 1820, é, em primeira instância, uma forma particular de gerenciar a coexistência entre consonância e dissonância. O incremento de nossa capacidade de apreciar a dissonância e de expandir nosso senso de o que se conta como consonância é, se é que algo é, a regra da progressão na história do estilo musical. Desse modo, o desenvolvimento de nossas faculdades musicais se junta ao projeto da divinização da humanidade.

Assim também quanto às virtudes: como disposições habituais, elas se baseiam em repetição. Não obstante, o papel da abertura ao novo entre as virtudes de divinização e sua conexão com a abertura a outra pessoa sugere que a repetição adquire seu valor somente por intermédio de sua conexão com o que não se repete.

A significância psicológica da não repetição é a agudização da consciência, inclusive nossa consciência da passagem do tempo, numa vida humana que se move decisiva e irreversivelmente para seu fim. A repetição é a antecipação da morte, se permanecer no comando da experiência. É a amiga da vida se lançar uma base para o que não se repete.

O segundo princípio é a importância do esforço para mudar a natureza da repetição e também para a atrelar ao objetivo de ampliar o espaço para aquilo que ainda não aprendemos a como repetir prontamente. Já descrevi o que essa mudança na natureza da repetição significa para a organização institucional da sociedade: uma estrutura que facilita sua própria revisão, multiplicando ocasiões e criando instrumentos para sua fragmentada reformatação. Esse modo de organizar a economia de mercado, o Estado democrático ou a sociedade civil independente estreita a distância entre nossas atividades comuns de preservação de estrutura e nossos atos excepcionais de preservação de estrutura. Ao fazer isso, ele nos habilita a nos engajarmos com entusiasmo numa forma de vida sem nos rendermos a ela, permitindo assim que vivenciemos mais completamente a verdade da relação entre espírito e estrutura.

Uma mudança semelhante ocorre na prática de pensamento quando uma ciência normal começa a adquirir atributos de ciência revolucionária. O discurso de uma determinada disciplina começa a considerar as próprias premissas. Acelera a dialética, característica da história do pensamento, entre mudança de conteúdo e mudança de método. Não precisamos mais esperar por raras "trocas de paradigmas". Elas ocorrem gradativamente, em meio a tentativas comuns de avançar em nosso conhecimento do mundo. O poder de gerá-las deixa de estar reservado a um pequeno número de gênios; difunde-se mais amplamente pela raça humana.

Essa mudança na qualidade e não na substância de uma ordem institucional ou de um campo de pensamento equivale a um caso especial de um modo mais geral de experiência. Não só estamos fazendo a repetição servir à inovação; estamos mudando a maneira como a repetição funciona. Nós reformatamos seu funcionamento de modo a que ela leve mais prontamente para além de si mesma. O que essa reformatação significa para a condução da vida é uma questão a ser considerada no próximo passo desta argumentação. Por enquanto, basta dizer que exige a formação de um caráter (se o caráter é para a pessoa o que a ordem institucional e ideológica é para a sociedade e o que uma teoria abrangente ou paradigma é para a ciência) que usa repetição contra repetição e hábito (mesmo um hábito virtuoso) contra hábito, com o fim de habilitar-nos a possuir a vida de modo mais completo no presente.

Um terceiro princípio sustenta que existe uma relação íntima, tanto de dependência recíproca como de substituição parcial, entre nosso avanço coletivo em direção a esse ideal na política e no pensamento e nossa progressão para isso no modo como vivemos. Numa sociedade e numa cultura cujas estruturas institucionais e cognitivas mudaram na direção aqui descrita, para aliviar o fardo da repetição e arregimentá-lo a serviço do que é único e novo, será, correspondentemente, mais fácil ao indivíduo resistir à rendição da personalidade ao caráter e à circunstância. A conquista coletiva facilitará a libertação do indivíduo e intensificará a experiência da vida. Haverá uma distância menor a percorrer na reorientação da existência.

Em contraste, quanto menos a sociedade e o pensamento tiverem sido reformados desse modo, mais nosso esforço moral terá de compensar as deficiências da ordem social. A história lança sua sombra na biografia, mas o que a história não nos deu podemos, ainda assim, agir para dar a nós mesmos. A recusa em conceder à história a última palavra faz parte do elemento heroico na experiência moral.

A organização da sociedade pode fortalecer imensamente a ação do indivíduo em seu esforço por derrotar a mumificação. Pode fazer isso satisfazendo três conjuntos de exigências, cada uma delas um aspecto da concepção de liberdade profunda.

A primeira exigência é que a vida material – o mundo cotidiano do trabalho – deixe de ser reino de humilhação e opressão. Para esse fim, não podemos esperar (como Marx e Keynes e muitos outros queriam e predisseram) a superação da escassez, embora a realização de nossos objetivos dependa do avanço da ciência e do enriquecimento da sociedade, assim como das disposições institucionais para produção e permuta. Deve-se assegurar a todo indivíduo um mínimo universal de recursos e capacidades e oportunidades suportados por esses recursos, independentemente da posição que ele ocupa na sociedade. O trabalho assalariado economicamente dependente deve gradualmente deixar de ser a forma predominante de livre trabalho. Deve dar lugar gradualmente a variedades mais elevadas de livre trabalho: autoemprego e cooperação, seja separadamente ou combinadas. Nenhum ser humano tem de ser condenado a fazer o trabalho repetitivo que máquinas podem executar.

A segunda exigência é que o indivíduo receba da sociedade uma educação que o liberte da tirania de crenças e instituições atuais. Essa educação dá prioridade aos talentos que nos capacitam a decompor e reconstruir conhecimento. Ela usa a informação, profunda e seletivamente, como ferramenta para a aquisição de capacidades analíticas e sintéticas. Combina o objetivo do fortalecimento de nossa capacidade de pensar e agir no contexto atual com o esforço por ganhar distância desse contexto, para melhor encontrar inspiração em experiência alheia. Desse modo, ela busca uma dupla visão: discernimento com nossos próprios olhos e também com os olhos de uma forma de consciência removida da nossa no tempo ou no espaço. Transforma em vantagem o caráter contestável e condicional de todas as ideias, abordando todo tema a partir de pontos de vista contrastantes. Ela trabalha para a difusão de poderes proféticos na massa de homens e mulheres comuns.

Um terceiro eixo é a mudança tanto na qualidade como no conteúdo de nossas disposições institucionais, na direção sugerida pelas observações precedentes quanto a pôr a repetição em seu devido lugar. O lugar mais importante dessa mudança é a reorganização da política democrática: a criação de uma democracia de alta energia que desassocie a fragmentação do poder (o princípio liberal) da desaceleração da política (o princípio conservador); aumente o nível do envolvimento popular organizado na vida pública; supere rapidamente o impasse entre ramos ou poderes de governo; e favoreça a criação, em partes específicas de um país ou de uma sociedade, de contramodelos do futuro. As disposições institucionais da democracia usufruem de uma natural prioridade sobre outros exercícios de mudança institucional porque ajudam a estabelecer os termos pelos quais podemos mudar outras disposições.

O aquecimento de uma política democrática e a aceleração de seu ritmo ajudam a fazer com que a ordem social se conforme à nossa ideia de política democrática, como uma variedade de atividades coletivas nas quais as pessoas se dividem e se unem por questões de opinião bem como por interesse, por meio de inúmeros mecanismos de antagonismo e de união, em vez de ficarem à sombra de um arrogante esquema de divisão social e hierarquia. A sociedade deveria se tornar o que se supõe que seja uma política democrática. Para que essa mudança ocorra, no entanto, a política democrática teria de se tornar algo diferente do que é agora. Saberíamos que avançamos em direção a nosso objetivo quando as oportunidades na vida de indivíduos deixassem de ser moldadas pela outorga de vantagem educacional e econômica por intermédio da família; a organização institucional da sociedade se tornasse um tema central e persistente da política comum; e a inovação nas estruturas estabelecidas da sociedade e do pensamento ficasse menos dependente de crises do que continua sendo.

O princípio que informa essa direção de mudança em nossas instituições e práticas políticas também tem implicações para a organização da economia e da sociedade civil. Para a economia, isso significa que o mercado não deveria permanecer preso a uma única, exclusiva, versão legal e institucional de si mesmo. A alocação descentralizada de capital deveria ser disposta mediante regimes alternativos de propriedade privada e social, às quais se permitiu coexistirem dentro da mesma economia de mercado.

Para a sociedade civil, isso implica que nossas práticas e instituições deveriam habilitar a sociedade civil a se organizar fora do Estado, e gerar de dentro dela mesma experimentos que possam servir de ponto de partida para a reorganização de outros setores da vida social. O aparato da lei privada e pública tradicional demonstra ser inadequado para essa tarefa. Não é suficiente desenvolver um terceiro corpo de lei social, ou de lei pública não estatal. Precisamos dispor ao lado de uma lei feita pelo Estado, e imposta à sociedade, de outra lei, criada pela própria sociedade, de baixo para cima.

O mesmo ímpeto e concepção animam todas essas mudanças: na política, na economia e na sociedade civil. A tarefa é encurtar a distância entre nossas atividades comuns preservadoras de estrutura e nossas ações transformadoras de contexto. Dessa maneira, incrementamos nosso poder de nos envolver num mundo histórico particular sem nos rendermos a ele. Preservamos e desenvolvemos nossos poderes em meio a nosso envolvimento.

Uma sociedade e uma cultura que se movem nessa direção aumentam nossa capacidade de resistir à mumificação. Nos mantêm despertos, e nos lembram a todo momento o bem que tão prontamente esquecemos e abandonamos. No entanto, assim como a reconstrução da ordem social não é capaz de nos poupar de nosso martírio moral, também nosso avanço em direção a uma forma mais elevada de vida social não é capaz de nos eximir do imperativo da autotransformação. Chegamos, então, a um ponto central em nosso pensamento sobre mumificação: como deveríamos agir quando, como acontece usualmente, a cultura e a sociedade pouco fazem para nos resgatar de nossa queda antes de morrermos, ou conspiram ativamente para nos roubar a vida.

A maneira de não render a vida à múmia é viver a vida como uma busca. Uma busca de quê? De uma pessoa e de uma missão às quais possamos nos entregar de todo coração. A resistência à mumificação requer que percebamos a relação correta entre essas respostas e orientemos a condução de nossa existência de acordo com isso.

Pode parecer que tal ideal equivale a um luxo, reservado à pequena parte da humanidade que não está sujeita a privação material e opressão social. A centralidade dessa preocupação para todos os homens e mulheres tornar-se-á mais clara à medida que o reinado da escassez material se ameniza e os laços de subjugação se afrouxam. Além disso, mesmo sob coação, um ser humano em qualquer sociedade é mais do que parece ser. Seus estratagemas de resiliência e resistência, impulsionados pelo amor a nosso bem maior, predizem outro futuro. Parte de seu trabalho é transformar aquela orientação para o futuro em modo modificado de viver no presente.

Desenvolvo agora, em passos sucessivos, uma ideia de condução da vida que possa se inspirar no esforço de escapar da múmia. Começo contrastando essa ideia com as concepções morais que exerceram a maior influência na história espiritual do gênero humano. Descrevo depois as marcas de uma vida que afirme, em oposição à múmia, seu próprio bem e seu próprio poder. Finalmente, coloco três objeções.

Para orientar a vida na direção que aqui defendo, temos de querer subordinar, reinterpretar ou rejeitar ideias e atitudes que, em variadas proporções, dominaram nossas crenças quanto ao que fazer e como viver. Eis aqui uma enumeração oferecida em prol de clareza mediante contraste. Apresento os contrastes sem argumentar; o argumento é a totalidade deste livro.

Considere primeiro um par de atitudes morais pré-filosóficas cuja força e atração nunca se esgotam. São recorrentes em incontáveis variações, em todas as culturas e períodos, porque expressam resposta plausível (mesmo se equivocada) às atribulações da vida.

Fugitiva, atormentada e enigmática, nossa existência – escreveu Schopenhauer – nos coloca na posição de pessoas apanhadas num naufrágio por tempestade. Nós nos apegamos uns aos outros porque tudo que temos, afinal, a menos e até que recebamos a luz de um entendimento mais elevado (como aquele provido pela superação do mundo), é um ao outro. Quando tentamos ponderar sobre o chão sem fundo de nosso ser, quase nos perdemos em confusão. No entanto, voltamos de nosso delírio para a sanidade – pensamento de Hume – quando pomos de lado nossas especulações, nos envolvemos com sociedade e costumes e nos permitimos ser resgatados pela companhia de nossos camaradas. O apego e o envolvimento são o melhor que podemos esperar.

Deveríamos, de acordo com essa ideia, rejeitar toda prática ou ideal, como a luta contra a mumificação, que ameace a realização dessa esperança. Somente a solidariedade, organizada como cultura e sociedade, ou espontaneamente concedida entre indivíduos como uma graça, ameniza sofrimento.

A pergunta que essa atitude é incapaz de responder é em que base – em que forma de vida e de pensamento – devemos nos apegar uns aos outros. Algumas formas podem nos diminuir; outras, nos elevar. Algumas podem equivaler a lamentos; outras, a profecias. Uma premissa da religião do futuro, tornada explícita em seu movimento contra a mumificação, é que a organização de sociedade e de crença pode ou se contentar com menos ou possibilitar mais vida.

Outra atitude pré-filosófica enfatiza o mais simples dos ideais: evitar preocupações. A melhor maneira de evitar preocupações é ficar em casa. O lar é nossa circunstância limitada, da vida e do pensamento, em todas as suas formas. Sofreríamos muito menos, e imporíamos muito menos sofrimento aos outros – advertiu Voltaire –, se apenas parássemos de conceber vangloriosas aventuras. Essas aventuras são os grandes empreendimentos transformadores da política e do pensamento. São também o inquieto empenho do indivíduo por mais do que qualquer coisa que outros desejem, ou por algum bem ilusório concebido na imaginação. A recusa da mumificação, no entanto, começa da disposição por procurar problemas. A menos que procuremos problemas, não podemos entrar na possessão mais completa da vida.

A seguir, na lista das abordagens à existência que debilitam nossa decisão de resistir a sacrificar nossa vida à múmia, vêm as diferentes versões do altruísmo teórico que inspira grande parte da filosofia moral moderna, secularizando e trivializando o caminho para a salvação apontado pelos monoteísmos semíticos. Uma versão desse altruísmo teórico nos diz que busquemos a maior felicidade para o maior número de pessoas. Devemos fazer isso ou de acordo com julgamentos circunstanciais, não restringidos por regras estáveis, ou de acordo com regras que avaliamos e revisamos segundo critérios que levam em conta felicidade e bem-estar. Uma segunda versão nos instrui a agir de acordo com regras que temos motivo para tornar universais. A universalidade das regras nos faculta superar nossa parcialidade de opinião, contaminada por interesses e apetites, e tratar os outros, desinteressadamente, como fins em si mesmos. Uma terceira versão, que pouco difere da segunda, nos aconselha a adotar as regras e práticas com as quais teríamos razões para concordar numa circunstância não distorcida por ignorância, subjugação ou interesse próprio. Em tal circunstância, a magnanimidade pode ser purificada e orientada por uma deliberação racional.

Todas essas versões do altruísmo teórico tendem à mesma vacuidade: elas dão forma a um conteúdo que são impotentes para criar e que têm de importar de fora. Elas representam erroneamente o problema fundamental de nossa relação com os outros, que é o da necessidade de nos conectarmos e envolvermos sem a rendição e a submissão do eu, e não com a desordenada influência do interesse próprio. Elas compartilham com Pôncio Pilatos o desejo de ser irrepreensível: dizer como vamos pagar as contas, nos desincumbir de nossas obrigações e sair de mãos limpas. Equivalem a um resíduo atrofiado do cristianismo, não só sem a cruz, mas também sem a transformação. São inimigas do aprimoramento da vida, que é o animador objetivo da luta contra a múmia.

Um rival mais formidável das ideias subjacentes à resistência à mumificação, assim como das atitudes que essa resistência inspira e das quais se origina, são as orientações à existência que surgem da superação do mundo e da humanização do mundo. Não são meras especulações filosóficas, continuam a ser opções permanentes e perigosas no caminho espiritual do gênero humano. Comportam uma conexão mais estreita e mais interessante com a luta contra a mumificação do que as abstrações dos filósofos morais.

A abordagem à vida, neste livro chamada de superação do mundo, nos incita a nos desembaraçarmos das espirais da ilusão para melhor compartilharmos, na vida do ser, a subjacente, única realidade, e reconhecermos nossa afinidade com todas as partes do mundo manifesto. O ponto em que essa abordagem fica em superposição com a luta contra a mumificação é o valor que ela dá às virtudes da purificação: simplicidade, entusiasmo, atenção. Ela provê uma base metafísica para o requisito da *kenosis*: o esvaziamento pelo qual nos distanciamos do que é periférico para melhor captar o que é central. A aguda consciência de participação no ser oculto e unificado que isso requer oferece um bem no presente, não apenas uma promessa de um bem maior no futuro, mesmo que isso tenda a negar ou minimizar a realidade do tempo. A ação compassiva que isso demanda vai exigir de seus adeptos uma vontade de desafiar os impedimentos mundanos a nossa ascensão a esse nível mais elevado de existência. De todas essas maneiras, as disciplinas da superação do mundo convergem com a campanha contra a mumificação, como aqui defino e defendo.

No entanto, elas partem para essa campanha seguindo pelo menos dois caminhos cruciais para a condução da vida. Primeiro, divergem quanto ao valor que atribuem ao objetivo final da serenidade. Não há vida, ou aprimoramento da vida, sem turbulência. O motivo está nas implicações de alguns de nossos mais importantes atributos. Só podemos afirmar a vida nos lançando em determinados contextos sociais e conceituais. Porém, deixamos de viver, ou diminuímos a vida, se deixarmos de lutar contra os limites desses contextos.

Estamos condenados a ser tanto "de dentro" quanto "de fora" se quisermos afirmar o bem da existência. A experiência de engajamento obstinado numa tarefa, ou de amor sincero por outra pessoa que é igual a nós e que pode tanto rejeitar quanto aceitar nosso amor, pode fazer parecer que o tempo parou por um momento. O curso normal da existência, contudo, requer um acerto de contas com os limites da circunstância, implacavelmente imposto, mesmo aos mais privilegiados, pelo regime estabelecido de sociedade ou de pensamento. Somente ao lutarmos com esse confinamento, e ao fazermos isso sob a sombra da mortalidade, da falta de fundamentação e da insaciabilidade, estamos despertando para a vida.

O segundo ponto no qual as disciplinas da superação do mundo conflitam com as exigências da resistência à mumificação reside na atitude para com as realidades do tempo e da distinção, inclusive a distinção entre eus, no mundo real, histórico. Somos reféns de nossos empreendimentos e nossas conexões. Estes, por sua vez, são mantidos como reféns de eventos que estão além de nosso controle. O que mais pode importar para nós, inclusive o destino das pessoas que mais amamos e das tarefas que mais prezamos, pode estar além de nosso tempo de vida. A visão de felicidade sugerida pela superação do mundo ensina que essas ameaças são irreais porque tempo, distinção e individualidade independente são, eles mesmos, irreais, ou menos reais do que o ser oculto e unificado.

No entanto, para as crenças que a religião do futuro assume da luta com o mundo, as ameaças são todas muito reais, e é sua negação que representa uma ilusão hostil à existência. Nossa superação da alienação da vida no presente não pode ter essa ilusão como premissa. Ela tem de converter o ato de viver para o futuro, um futuro real, num mundo real de tempo e de distinção, num modo de vida no presente, como um agente sempre capaz de exceder, no pensamento e na experiência, as circunstâncias atuais de sua existência. Essas convicções não oferecem direção a nossa busca, mas tornam a busca possível e lhe emprestam sua importância vivificadora.

A humanização do mundo provê resposta de ordem diferente ao mal da mumificação. Faz isso com base em seus princípios e comprometimentos fundamentais: a criação de significado e de ordem num mundo, não fosse isso, sem significado, no qual a natureza é alheia a nossas preocupações humanas e a sociedade está sempre à beira de cair em anarquia, violência e opressão; a fundamentação da ordem social num conjunto de obrigações que temos uns com os outros em virtude dos papéis que ocupamos; a esperança de aprimoramento mediante uma dialética entre os papéis, as regras e os rituais da sociedade e o desenvolvimento cumulativo de nossa capacidade de imaginar a experiência e as aspirações de outras pessoas; e o abandono de esforços por revolucionar regimes sociais estabelecidos, em benefício da tentativa de purgá-los de suas crueldades. Seu ideal culminante, reservado àqueles que foram mais além no autoaprimoramento, é a identificação espontânea de nossos desejos e nossas obrigações. Então, toda heteronomia desaparece.

Há muita coisa nesse modo de pensar que está de acordo com os argumentos e as propostas deste livro: a ideia de que o problema central de nossa relação com os outros é a reconciliação de nossa necessidade de nos conectarmos com eles com o imperativo de escapar ao risco de subjugação e perda do eu com que toda conexão como essa nos ameaça; a crença de que estamos deixando de aprimorar a vida e de nos tornarmos livres à medida que deixamos de conseguir essa reconciliação; e a doutrina de que nosso avanço nessa direção depende da reforma de nossas disposições cooperativas, assim como do fortalecimento de nossa capacidade de imaginar a experiência de outras pessoas.

No entanto, existem pelo menos três pontos cruciais nos quais as ideias que justificam o esforço para se livrar da múmia conflitam com as que são centrais na humanização do mundo. O primeiro ponto é o imperativo de recusar-se a aceitar a ordem social estabelecida como o modelo no qual podemos esperar alcançar conexão sem subjugação. Nunca será suficiente amenizar as crueldades de regimes sociais herdados e estabelecidos mediante a observância de obrigações e reciprocidades baseadas em desempenho de papéis, ou mediante a ênfase no mérito e na capacidade. Será necessário reformatar seu conteúdo institucional. Não podemos respeitar indivíduos sem desrespeitar as estruturas da sociedade e da cultura.

O segundo ponto de conflito é a inadequação de qualquer papel, ou qualquer sistema de papéis, mesmo na mais livre e igualitária das sociedades. Nenhum papel é totalmente digno de qualquer ser humano. Daí se segue que o desempenho de qualquer papel por um indivíduo tem de ser ambivalente. Deveríamos desempenhá-lo e desafiá-lo ao mesmo tempo, convertendo-o numa finalidade para a qual não foi projetado.

O terceiro ponto de contradição é a ambivalência que sombreia nossas relações uns com os outros. O amor torna-se parte do ódio; o ódio, do amor. O esforço por corrigir essa ambivalência, por controlá-la sob fórmula de caráter, sociedade ou pensamento, é uma empresa que só pode adquirir um aspecto de serenidade e paz ao se suprimir o aprimoramento e a expressão da vida. A solução, se é que existe solução, é a elevação do eu, pelo efeito cumulativo das virtudes de conexão, de purificação e de divinização. Essa elevação tem de ocorrer tendo como pano de fundo as formas mais altas de cooperação, se possível, e sem o pano de fundo, se necessário.

O ideal de um virtuose em reciprocidade baseada em desempenho de papel, que adquire, por meio de autocultivo e autocontenção, uma benevolência inclusiva, confiante em sua própria nobreza e conciliado com a sociedade e consigo mesmo, contradiz a visão que inspira resistência à múmia, na esperança de morrer apenas uma vez.

Esses argumentos sobre a inadequação da superação do mundo e de sua humanização como base para nosso triunfo sobre a mumificação levam a uma visão positiva: visão das características de uma vida que é capaz de evitar a ameaça da mumificação. Uma vida caracterizada pelos objetivos invocados por esses argumentos terá certas marcas. Essas marcas estão conectadas tão intimamente que serão mais bem vistas como aspectos diferentes de um mesmo modo de vida. Qualquer uma delas tomada isoladamente induz a uma interpretação equivocada. Sua significância e seu alcance tornam-se claros à luz da relação uma com a outra. Atingi-las é um objetivo de nosso esforço e uma confirmação de nosso sucesso.

Elas não produzem um sistema de regras. Então, novamente, a codificação de nossas ideais morais em sistema de regras é empreendimento alheio a esse modo de pensar. Quando tais regras ou princípios não são vazios nem impotentes para nos dar orientação na condução da vida, têm muito conteúdo e constituem substitutos para as tarefas do eu e de transformação social que deveriam estar no centro de nossas preocupações.

Uma primeira marca desse modo de vida é que ele manifesta uma disposição para resistir ao enrijecimento do eu na forma de caráter. Essa disposição pode também ser descrita como o esforço para formar um caráter que permanece até o fim aberto às possibilidades da vida e às deixas da experiência. Que aspecto tem esse caráter, ou anticaráter? Ele exibe um modo de ser com as características de excesso, fecundidade e espontaneidade. Ele trabalha para dissolver o contraste entre caráter e vida, e para reinventar no homem ou mulher adultos os encantos e a intensidade da criança.

Para o caráter, o atributo do excesso implica disponibilidade às inspirações e possibilidades de experiência que estão fora do âmbito do conhecido. O adjacente possível tem de viver na mente como algo não menos real do que os exemplos e modelos providos pelo passado do eu. O funil do que é acessível no decurso da vida tem de se alargar em vez de se estreitar, apesar da aproximação da morte, como resultado, tal qual a criança que já foi, o homem adulto é transfixado, com alegria ou terror, pelo mundo a seu redor. Seu despertar do sono de uma vida diminuída, entregue à rotina e à repetição, é agora sustentado por sua percepção dos próximos e exequíveis passos. Ele está disponível e também atento, porque despertou mais completamente para a vida.

A espontaneidade no caráter significa que o domínio do passado sobre o presente no desenvolvimento do eu enfraquece. Agora, o que fizemos antes serve menos para predizer o que faremos em seguida. A dependência do caminho sempre existe; quando a diminuímos, no entanto, nos tornamos mais vivos. Não é que a existência se desfaça numa série de eus momentâneos, como propuseram algumas das concepções metafísicas associadas ao budismo. E sim que o fardo de uma continuidade baseada em fórmulas, inscrita no tropismo do caráter, na continuidade do eu, é aliviado.

Excesso e espontaneidade tornam possíveis renovadas surpresa e fecundidade, a perpétua criação do novo – acima de tudo, nova experiência, novas conexões, novos envolvimentos. A importância da criação do novo é demonstrar e desenvolver nosso poder de exceder todas as determinadas circunstâncias da sociedade, do pensamento e do caráter, e, com isso, tornarmo-nos mais reais.

Uma segunda marca desse modo de vida é a recusa a identificar o eu com um determinado papel, e, portanto, também a recusa a aceitar, sem resistência e ressalva, as regras e expectativas associadas ao papel. O que há por trás do sistema de regras é o casamento de regime social com visão cultural. O regime embute a cooperação na hierarquia. A visão traduz a ideia abstrata de sociedade numa série de modelos de associação humana: ideias prescritivas de como pessoas podem e deveriam lidar umas com as outras em diferentes domínios da vida social. Dentro de si, o papel social contém o regime e a visão. Aceitá-lo é aceitá-los também. Essa aceitação representa uma negação do fato mais importante quanto a nossa relação com essas estruturas de sociedade e cultura: o de que excedemos, em poder e alcance, essas nossas criações coletivas e que deixamos de ser completamente humanos e vivos se as tomarmos como referência absoluta para nosso empenho e nosso pensamento.

O que esse fato implica para nosso desempenho nos papéis convencionais que nos são disponíveis é que não podemos desconsiderar os padrões aos quais esses papéis são associados e as expectativas que eles suscitam como se não tivessem peso moral, nem tomar esses padrões e expectativas como definitivos em nossas obrigações uns com os outros e com nós mesmos. Não existe fórmula com a qual equilibrar essas considerações que competem entre si. Existe, no entanto, uma escala móvel. Quanto mais o regime social e cultural do qual emerge o sistema de papéis expressa os princípios da liberdade profunda e suporta as formas mais elevadas de cooperação, maior é a autoridade que temos motivo para conceder aos padrões e expectativas baseados nesses papéis.

Uma implicação da falsidade da heresia hegeliana – crença numa estrutura definitiva capaz de acomodar toda a experiência e atividade que temos motivo para valorizar – é que em nenhum ponto ao longo dessa escala móvel deveríamos nos submeter completamente ao roteiro que vem junto com o papel. Nenhuma ordem social e cultural merece crédito ilimitado. Nenhuma suprime a necessidade de visão profética – não só para as grandes visões de uns poucos indivíduos inspirados e excepcionais, mas também para as pequenas epifanias das quais qualquer vida humana razoavelmente afortunada está cheia. Seja grande ou pequena, uma visão requer uma atitude desafiadora, enquanto o sistema de papéis existe para a reprodução de um mundo social estabelecido.

Em maior ou menor medida, temos de rasgar o roteiro. Não podemos fazer isso sem desapontar outras pessoas, que se baseiam no roteiro. Com os papéis, e com as reivindicações que eles engendram, vão-se também lealdades. Ao desafiarmos papéis, estamos sinalizando nossa intenção de pôr sob estresse as lealdades às quais são associados. Fazemos isso até o limite da traição pessoal, que temos de arriscar cruzar quando partimos para um percurso desafiador e transformador.

Temos de desempenhar os papéis existentes enquanto os arregimentamos a serviço de fins os quais nunca foram projetados para suportar. Temos de manter uma distância interna deles, mesmo quando tentamos, de boa-fé, desempenhá-los. Temos de lutar para reinventar o papel para melhor encenar uma visão ou prefigurar outro futuro. Ao desempenhá-los e ao mesmo tempo resistir a eles, tornamo-nos maiores e mais vivos. No entanto, não podemos fazer isso sem causar problemas a outros e a nós mesmos.

Uma terceira marca de uma vida sob a luz de tais aspirações generaliza a importância de nossa relação bilateral com papéis sociais. Temos de ser tanto "de dentro" como "de fora" em relação aos regimes de sociedade e pensamento nos quais participamos. Ser "de dentro" é pensar e sentir como se a ordem da vida ou do pensamento em que nos envolvemos fosse parecida com uma linguagem natural adequada à expressão de todo pensamento digno de ser pensado. É agir como funcionários comprometidos com aquele mundo, tomando suas suposições sobre o que é valioso e o que é perigoso, assim como o que é real e possível, como se fossem a única base confiável para entendimento e julgamento. É acreditar que os únicos meios aceitáveis para revisar o mundo são os instrumentos práticos e conceituais que ele fornece. Basear-se em qualquer outra coisa, assim pareceria, seria autoritarismo ou arrogância metafísica, ou traição. Seria substituir por falsa ideia de razão uma expressão tangível de solidariedade: sua expressão em sociedades e culturas específicas e grupos de pessoas específicos.

Ser "de fora" é se esfolar sob a regra de uma ordenação de vida ou de pensamento e experimentar esse regime como sendo alienígena. Alienígena porque inadequado ao que mais se precisa fazer, executar, inventar, imaginar ou experimentar. É, portanto, cabível recusar conformidade, e agir ou para revisar ou para subverter essa ordem.

Tudo que foi dito antes sobre o imperativo da ambivalência em relação aos papéis se aplica de modo mais geral à instância de ser "de dentro" e à de ser "de fora". Ser "de dentro" é o caminho para o engajamento. Sem engajamento não somos livres. No entanto, tampouco seremos livres se renunciarmos a toda resistência ao contexto e nos conduzirmos como se ele definisse nossa humanidade e circunscrevesse nossos poderes.

Tornando-se mais humano ao se tornar mais divino

Nossos mais importantes interesses materiais, morais e espirituais estão envolvidos no trabalho de criar disposições que diminuam a distância entre nosso contexto comum ou as ações de preservação de estrutura e nossa estrutura extraordinária ou atividades de transformação de contexto. À medida que reduzimos essa distância, a mudança deixa de depender de crises. A oportunidade de mudar essa armação de disposições ou premissas em que agimos surge em meio a nossos assuntos cotidianos.

O movimento nessa direção não nos exime da vocação de ser tanto "de dentro" quanto "de fora". Ao contrário, esse ideal deixa sua marca nas disposições da sociedade e nas práticas da cultura. Como resultado, podemos persegui-lo sem nos arvorarmos em heróis, e o tempo todo.

Existem no mundo três grandes forças que favorecem a disseminação das atitudes que nos inculcam a necessidade de sermos tanto "de dentro" como "de fora". A primeira é a mensagem da divindade ou a grandeza do homem e da mulher comuns, transmitida pela orientação à existência que chamei de luta com o mundo. A segunda é a democracia, invocando fé no gênio construtivo de pessoas comuns, mesmo se ela começa a criar o equipamento institucional para a revisão em curso dos termos da vida social. A terceira é a reinvenção da nação, ou a divisão da humanidade em Estados separados, como espécies de especialização moral dentro da humanidade, por intermédio das quais desenvolvemos nossos poderes ao expandi-los em diferentes direções.

Uma premissa dessa visão distinta de nações e Estados do mundo é que nenhuma forma de vida, expressa em lei – a forma institucional da vida de um povo –, pode servir como o cenário definitivo de nossa humanidade. Uma implicação prática é que todos devem ter a liberdade de sair do país no qual aconteceu terem nascido e se juntar a outro, assim como ser voz de crítica e resistência se nele permanecerem.

Em virtude da influência dessas três forças, nossa consciência e nossa atividade como "de fora" perdem qualquer agudo contraste com nossa consciência e nossa atividade como "de dentro". Entretanto, num mundo no qual essas forças permanecem inibidas em sua obra transformadora, o "de dentro" permanece claramente distinto do "de fora", e ambos têm de viver dentro de cada um de nós. A pessoa que se torna tanto "de dentro" como "de fora" empresta significado profano à injunção bíblica de estar no mundo sem ser do mundo. Ela pode envolver-se entusiástica e obstinadamente em determinadas atividades que a absorvem a ponto de parecer que suspenderam a passagem do tempo: uma paixão, por exemplo, que ela transformou em ofício. No entanto, ela tem de jamais se permitir dedicar-se tão obstinada e entusiasticamente aos regimes de sociedade e de pensamento que encontra estabelecidos em sua circunstância. Em relação a esses regimes suas lealdades têm de permanecer conflituosas. Ela considera seus padrões de valor e realidade, compartilhados ou implícitos, como, no melhor dos casos, incompletos e questionáveis. Suas ações e associações prenunciam, dentro do atual contexto institucional e conceitual de sua atividade, não só uma ordem diferente como também um tipo diferente de ordem. Constituem profecia prática.

Em seu modo de ser tanto "de dentro" como "de fora", ela demonstra como o ato de viver para o futuro pode tornar-se modo de viver no presente, como um ser para o qual a circunstância nunca pode ter a palavra final. A vida torna-se então profética sem deixar de ser comum. É o tipo de profecia adequado à democracia.

A tensão entre ser "de dentro" e ser "de fora" ajuda a minar qualquer equilíbrio no eu que tem como requisito a contenção da supressão da vitalidade. Essa tensão trabalha para incrementar a vida, e dissolver a múmia.

Uma quarta marca numa vida vivida de modo que a morte aconteça apenas uma vez é o modo como essa vida aborda a relação entre os elementos formulares e não formulares em nossa atividade. O problema central reside na bilateralidade do que é formular: ao mesmo tempo amigável e não amigável para com a vida. As consequências dessa bilateralidade estão aparentes na relação entre os dois lados da mente: a máquina formular e a antimáquina não formular. No funcionamento da mente, como em todos os outros aspectos de nossa experiência, a repetição não precisa ser peso morto.

A imaginação funciona em duas etapas: ao se distanciar da experiência imediata (a percepção recaptada como imagem) e ao subordinar um estado de coisas a âmbito maior de variações transformadoras, o mais próximo possível de uma cunha aplicada na compreensão do que é real. Primeiramente, se não houvesse uma estrutura de recorrente percepção e raciocínio, não haveria lugar para a imaginação. Seria como a pomba mencionada na *Crítica da razão pura*. A pomba pensou que se não precisasse lutar contra a resistência do ar ela voaria ainda mais rápido.

A mesma dualidade reaparece no caráter do trabalho. O trabalho é a incorporação de nossa vida mental na produção e na cooperação. Ele, também, pode ser formular ou antiformular. Na medida em que é formular, agimos como se fôssemos máquinas. Pois uma máquina é nada mais do que a incorporação física de uma atividade formular. O que quer que tenhamos aprendido a repetir, podemos expressar numa fórmula. O que quer que possamos expressar em fórmula, podemos materializar em máquina. Inúmeros milhões de pessoas continuam condenados a fazer o trabalho que máquinas poderiam realizar. O mais importante uso de uma máquina, no entanto, é preservar nosso tempo para aquilo que ainda não aprendemos a como repetir.

A vida de virtudes apresenta uma dialética semelhante. As virtudes são predisposições habituais para fazer o bem. No entanto, mesmo se dirigidos aos fins certos se, as virtudes não forem mais do que hábitos, elas estariam sinalizando a rendição da experiência à rotina. Serviriam à mumificação em vez de agirem para dissolver a múmia. Na religião do futuro, chegamos a ver essas predisposições habituais como meios mediante os quais afirmamos, na vida cotidiana, a verdade de que há mais em nós do que há nas estruturas da sociedade e do pensamento que habitamos.

As virtudes de conexão assumem um significado preparatório e deixam de ser a peça central da vida moral. Ao nos destronarem de nosso autocentramento, estão nos preparando para uma vida de busca, na qual somos resgatados, e não condenados, por nossa dependência de outras pessoas. As virtudes da purificação nos levam às partes de nossa experiência que são menos suscetíveis a se tornarem formulares; ao nos desligarem do que é periférico, elas estão nos equipando para resistir ao contexto. As virtudes da divinização são hábitos contra hábitos e contra estruturas.

A religião do futuro

Essas últimas virtudes representam o problema mais difícil na visão que anima a campanha contra a mumificação: a relação de transcendência com solidariedade, de grandeza com amor. Temos de desafiar estruturas para respeitar pessoas e para nos tornarmos mais completamente os agentes transcendentes de estrutura que em nossa efetiva circunstância histórica só estamos sendo debilmente. Contudo, não se consegue nenhum desafio à estrutura sem ameaça à solidariedade (conquanto abafada nas formas mais elevadas de cooperação), nem a grandeza é substituta do amor.

Em todos esses domínios, a tarefa é mudar a natureza e o lugar da rotina e da repetição em nossa experiência. A rotina – expressa na parte da mente que ainda não se tornou imaginação, em máquinas que fazem por nós o que já aprendemos a como repetir e em virtudes que transformam empenhos e ideais em hábitos – vem servir a nossa ascensão a estados mais elevados de visão e de ser. Travar uma guerra contra a repetição, como deseja o romantismo, é rejeitar a vida, pois não existe vida sem repetição. Não obstante, abdicar da resistência à influência da repetição em nossa experiência é aceitar uma vida diminuída. A solução para essa contradição não é conceber outra teoria; é viver de modo diferente e organizar a sociedade e a cultura em termos diferentes.

Quanto mais distantes permanecermos do ideal social e cultural de estruturas que multiplicam ocasiões para sua revisão e permitem envolvimento sem rendição, maior será o peso que é colocado na ambição moral do indivíduo, que tem de prefigurar em seu próprio modo de vida aquilo que, até agora, a espécie ou a nação não conseguiu alcançar em sua história. O prêmio é a vida – mais vida, não só mais tarde, mas bem agora.

Uma quinta marca de uma existência humana que escapa da múmia é o fato de ela estar inclinada a conceber, e determinada a perseguir, grandes projetos – na verdade, o maior projeto no qual o indivíduo, considerando sua situação, seus dons e suas crenças, pode imaginar se envolver apaixonadamente. Esse projeto pode ser individual ou coletivo. Pode ser realizável em tempo biográfico ou somente em tempo histórico. Se for um empreendimento coletivo capaz de ser realizado apenas em tempo histórico, talvez o indivíduo desempenhe apenas uma pequena parte em sua progressão. Entretanto, essa parte tem de ser grande para ele: tem de lhe outorgar tarefa e esforço que o envolvam totalmente, e falar com uma autoridade que nenhum papel social preestabelecido pode ter.

A grandeza que aqui importa não é, portanto, medida na escala do poder e da influência. Se fosse, o sucesso na campanha contra a mumificação só seria concedido a uns poucos que, na verdade, não são menos suscetíveis à mumificação do que os muitos. Um objetivo relacionado com nossas mais íntimas e supremas preocupações – a posse da vida – permaneceria então dependente da sorte e do sucesso na distribuição de dotações naturais, bem como na alocação de um lugar social.

Um grande empreendimento, o maior ao qual uma pessoa é capaz de se dedicar, distingue-se pela medida impalpável de sua relação com o eu: ao abraçá-lo, o indivíduo finalmente para de agir como funcionário de uma sociedade, uma cultura ou uma era. Age como pessoa capaz de se ver como não contida por sua circunstância e que encontrou a luz e a paixão. Passa a viver, e a experimentar, a serviço dessa luz e dessa paixão, os traços reveladores de vida, do excesso, da fecundidade e da espontaneidade ou surpresa. A tarefa que essa pessoa abraçou não é vivificadora por ser grandiosa pelos parâmetros da vadia deusa Sucesso. E sim, é grandiosa por ser vivificadora.

Um empreendimento que é pequeno para os padrões do mundo e não oferece poder nem honra pode se parecer com a pirâmide de um metro de altura que Thomas Carlyle considerou tão patética. Para o agente, no entanto, ele não é patético se o liberta da escravidão da rotina alheia e lhe oferece as chaves para um estado de ser mais vibrante. É essa inversão que importa para evitar a múmia.

A instância mais clara de tal projeto surge, na experiência moderna, no contexto de uma visão de trabalho que é característica das mais livres e inovadoras sociedades dos últimos poucos séculos: a ideia da vocação transformadora. Segundo essa ideia, somos nós mesmos mais completamente quando buscamos mudar alguma parte do mundo. A transformação do mundo, sempre gradual e fragmentária, e sempre sujeita aos riscos de consequências involuntárias, pode ter êxito ou fracassar. Ao buscarmos mudar o mundo, mudamos a nós mesmos. A mudança mais importante é que quebramos o feitiço da existência rotinizada que nos foi determinada pela aliança entre acaso e sociedade. Vivemos como se o novo não só fosse factível, mas também como se estivesse em nosso poder realizá-lo.

As instituições e a cultura da liberdade profunda, projetadas para cumprir a promessa moral da democracia, criam as condições nas quais a vocação transformadora pode deixar de ser a prerrogativa de um pequeno bando de visionários e tornar-se em vez disso a possessão comum de homens e mulheres comuns. Na organização da produção, muitos objetivos contribuem para o mesmo fim: o esforço por desvincular o mercado econômico de qualquer versão única, dogmática de si mesmo, e permitir que diferentes regimes de propriedade e contrato coexistam na mesma ordem econômica; a progressiva substituição do trabalho assalariado pela combinação de autoemprego e cooperação como forma predominante de livre trabalho; o uso de máquinas para livrar as pessoas de terem de trabalhar como se fossem máquinas e o consequente redirecionamento do tempo de trabalho para atividades que ainda não aprendemos a repetir; e a reforma da ordem mundial de modo a não impor submissão a uma fórmula de coercitiva convergência institucional como a condição para acessar os bens públicos globais da segurança política e da abertura econômica. Na organização de uma política democrática, a criação de uma democracia de alta energia – tal que eleve a temperatura e acelere o ritmo da política, mesmo que facilite, em determinados lugares e setores, a criação de contramodelos do futuro nacional – adianta o mesmo propósito. Faz isso outorgando uma eficácia prática ao ideal democrático da escolha, à luz da experiência, dos termos da organização social, em vez de tê-los impostos pela influência de interesses poderosos ou pelo domínio dos mortos sobre os vivos.

Entender a vocação transformadora como o único caminho para os grandiosos empreendimentos que ajudam a nos trazer à vida é uma visão estreita e restritiva demais de nosso acesso a esse benefício. Um ofício desenvolvido

Tornando-se mais humano ao se tornar mais divino

e praticado sem pensar na transformação do mundo, mas também pouco se incomodando com a aprovação da sociedade, aproveitado como um mundo em si mesmo, com demandas quase ilimitadas e aparentemente desproporcionais a seu resultado tangível, pode produzir efeito semelhante na experiência do eu e em sua relação com o bem da vida. Pouco importa, nesse aspecto, se o domínio do ofício é físico ou conceitual. O que importa é sua intimidade relativa com o eu e sua relativa recalcitrância aos ditames da sociedade.

Pode-se objetar que uma insistência no cultivo dos maiores projetos aos quais podemos nos dedicar, como expressões de nossas mais apaixonadas preocupações e não como sujeição a um poder exterior a nós mesmos, é um objetivo que ninguém precisa defender. É o que o ser humano quer fazer naturalmente, dentro dos limites traçados por sua circunstância, seus dons e suas crenças. A verdade, no entanto, é que mesmo aqueles a quem a fortuna mais sorriu frequentemente escolhem, por temerem por si mesmos e por desrespeito pela vida, empreendimentos que são pequenos demais. Preferem brilhar e prosperar num mundo menor a lutar e arriscar fracassar num mundo maior. Desse modo, acomodam-se com uma versão menor do grande bem e seguem para suas mortes tendo negado a si mesmos uma oportunidade melhor de se tornarem mais divinos e mais humanos.

Uma sexta marca de uma vida agraciada com o poder de se livrar da múmia é que ela demonstra aceitação a uma incrementada vulnerabilidade, pela causa de morrer apenas uma vez. Surgem aqui duas questões. A primeira é a natureza dessa vulnerabilidade maior que precisamos aceitar (vulnerabilidade a quê?), assim como a base e a importância de sua relação com o objetivo de entrar de posse de uma vida mais plena. A segunda é a parte que é propriamente desempenhada pela vontade na campanha contra a mumificação e na aceitação de vulnerabilidade incrementada como condição para sua perseguição.

As duas grandes famílias de experiências que servem a esse propósito são a do amor e a do trabalho; especialmente amor entre iguais, livremente oferecido e livremente rejeitado, e o trabalho, avultando na consciência do eu por evocar sua capacidade para uma experiência mais intensa e por impulsionar uma pessoa a maior esforço e mais luta do que qualquer cálculo frio que alguma vantagem poderia justificar. Esses dois conjuntos de experiências nos sujeitam a desapontamento, derrota e escárnio. Não podemos nos entregar a elas sem ao menos suspendermos nossas defesas contra outras pessoas, apesar de nossa ambivalência em relação a elas. O custo de entrar nessas experiências é o de ter de tolerar maior vulnerabilidade a outras pessoas.

Esse preço fica evidente no amor: no amor entre pessoas que estão, no que concerne à experiência do amor, em plano de igualdade, não importa quão diferentes sejam suas visões do mundo. A imposição dessa tarifa representa sinal de superioridade desse amor para uma benevolência desinteressada, oferecida de uma distância e de uma altura que as mais influentes tradições do pensamento moral ao longo da história do mundo consideraram geralmente, e falsamente, como o padrão-ouro das relações humanas. De forma mais sutil, o preço é cobrado também em todas as experiências concernentes às formas mais elevadas de cooperação. As mais promissoras práticas de cooperação são as que nos requerem que trabalhemos juntos sem alocação rígida de papel ou responsabilidade, ou um forte contraste entre supervisão e implementação. Elas nos impõem uma maior vulnerabilidade porque exigem a mais alta confiança. O que se contrapõe a essa exposição é a garantia de direitos e dotações que não dependem de se ter qualquer determinado emprego.

No trabalho que mais importa para o indivíduo, se é que não para a sociedade, uma aumentada vulnerabilidade a outras pessoas não é menos indispensável. Um homem que se dedica a uma tarefa ambiciosa não está apenas brincando com a sorte. Ele aumentou o poder que outros têm sobre ele, embora o tenha feito, em aparente paradoxo, sob a injunção de uma afirmação de liberdade. Seu trabalho é seu eu exteriorizado; outros podem derrotá-lo ou destruí-lo.

Tal amor e tal trabalho fornecem antídotos à múmia. Requerem que baixemos nossa guarda. Um estado de maior vulnerabilidade desempenha papel ainda maior em nosso despertar para uma vida maior do que essa exigência possa sugerir. Para experimentar essa ascensão temos de estar preparados para ela: temos de, paciente e esperançosamente, nos fazer disponíveis para novos envolvimentos e novas conexões. Essa paciente e esperançosa disponibilidade cria ampla penumbra de acessíveis envolvimento e apego em torno de nossas experiências essenciais de trabalho e de amor. Assim como essas experiências essenciais, isso nos deixa abertos ao desapontamento. É, no entanto, indispensável porque nos habilita a mudar e a escapar do domínio do caráter sobre o eu.

Se o eu permanecer em sua cidadela, ansioso por controlar e defender acirradamente, ele decai nas fontes de vitalidade. Entretanto, deixar a cidadela aberta é cortejar o perigo: um perigo inseparável do aprimoramento da vida.

Aqui a força de vontade desempenha um papel. Não podemos simplesmente querer nossa autotransformação. Contudo, podemos, mediante atos volitivos, nos lançar em situações que nos neguem algumas de nossas proteções e nos tornem mais acessíveis ao testemunho da experiência e às vozes dos outros. Essas situações facilitam ao eu escapar da múmia. A tarefa da vontade na superação da mumificação é, portanto, poderosa conquanto tortuosa. Um homem brande um escudo para se defender do mundo e de seus camaradas. Ele pode achar assustadora demais a ideia de baixar o escudo. Talvez nunca conceba a possibilidade de se colocar em circunstâncias nas quais seu escudo lhe seja tomado.

A realização dessa tarefa suscita o mais delicado problema na psicologia moral de nossa resposta aos perigos da mumificação. Temos razão de temer esse eu protegido como antecipação do cadáver e de suspender nossas defesas para melhor aprimorar a vida. Temos, no entanto, de diminuir essas defesas gradativamente, para não ficarmos assoberbados por medo e desamparo e, por isso, recuarmos para o eu fortificado.

Mas se buscarmos relativos perigo e indefensabilidade por si mesmos, estaremos sucumbindo a um aventureirismo que, no fim, não poderá nos prover o escape que prometeu. O aventureiro começa a se perder num mundo excitante. Contudo, ele pode encontrar nesse mundo, a cada volta, seu não mudado eu. Apenas a associação dos atos de assumir esse risco e se empenhar pelas virtudes da divinização – abertura ao novo e abertura a outras pessoas – irá dotar esse movimento além do eu protegido do poder de aprimorar a vida.

A visão de como conduzir a vida esboçada nas páginas precedentes como cura para a mumificação pode suscitar três importantes objeções. Eu as abordo na aparente ordem de sua aparente força, mas na ordem inversa de sua importância real. As primeiras duas objeções resultam principalmente de interpretações equivocadas do argumento. A terceira, no entanto, leva a um problema real para o qual nunca pode haver solução completamente adequada.

A mais provável interpretação equivocada dessa visão é também aquela que tem menos justificativa. É a de que essa proposta padeça de romântica antipatia para com o papel da estrutura e da repetição na vida humana e nos convide a empreender perpétua busca que não tem objetivo nem fundamento a não ser o da busca em si mesma. A campanha contra a mumificação estaria então contaminada pelo que chamei anteriormente de heresia sartriana.

Na verdade, essa visão reconhece o caráter indispensável da interação entre rotina e inovação em todo departamento de nossa experiência. O objetivo não é fugir da repetição; fazer isso seria guerrear a vida. O objetivo é mudar tanto a natureza da repetição quanto sua relação com a inovação: fazer com que máquina que está lá dentro sirva ao espírito que está lá dentro.

Corretamente compreendida, a concepção moral está equidistante das heresias sartriana e hegeliana. Não é sua síntese; ela denuncia ambas. Busca criar cenário para a vida humana que seja menos hostil ao aprimoramento da vida e ao exercício de nossos poderes de transcendência do que o regime de sociedade e de pensamento que encontramos ao redor de nós.

Há mais uma causa para uma segunda interpretação equivocada. A campanha contra a mumificação tem um aspecto inequivocamente heroico. Ela não só promete um aprimoramento da vida no fim; também requer logo de saída um despertar de esperança e esforço. Clama pelo cultivo de grandes projetos: os maiores com os quais consigamos nos ver numa relação íntima.

Então, isso não expressa desdém por nossa existência normal e nossa humanidade comum? Afinal, fraqueza, insucesso, constrangimento, dependência e humilhação estão entre nossas mais disseminadas experiências. O lance contra a mumificação parece, então, ser uma exaltação ao poder e ao poderoso, sob o disfarce de uma exultação com a vida. Como na filosofia de Nietzsche, os poucos vão encontrar então, em sua distinção dos muitos, razões para acreditar que ganharam de fato as chaves para o aprimoramento da vida. Contudo, com essa presunção estão iludindo a si mesmos. Seu domínio sobre seus camaradas será fraqueza e não força, subordinando seu empoderamento à ansiosa busca por preeminência e representando erroneamente a relação da autoconstrução com a solidariedade.

A vida é nosso tesouro compartilhado. Somos todos mais do que aquilo que parecemos ser. O poder de extrapolar à circunstância, em pensamento, sentimento, ação e conexão é universal na humanidade; não está confinado a uma elite de visionários e buscadores de poder. Seu valor não pode ser medido pelos padrões de influência mundana, mas somente pela relação de cada homem consigo mesmo.

No entanto, a confusão de um empoderamento intangível e vital com os prêmios do mundo continua sendo perigo permanente na interpretação e decretação dessa ideia, ameaçando corrompê-la. As salvaguardas contra essa corrupção são tanto políticas quanto imaginosas: as instituições políticas e econômicas que nos envolvem – todos nós – na revisão do regime da sociedade; a disseminação de um modo de ensinar e aprender que dê acesso à experiência alheia e a ferramentas com as quais engajá-la; e a influência na cultura pública da democracia de uma ideia sobre em quem estamos reconhecendo a condição de um espírito situado e corporificado.

Uma terceira objeção à visão de como conduzir a vida, proposta sob a égide do esforço contra a mumificação, não é meramente uma compreensão equivocada. Ela apresenta uma importante dificuldade nessa abordagem à perseguição de nosso bem prioritário: a relação de grandeza com amor, de transcendência com conexão.

Os requisitos da luta contra mumificação e mutilação não definem ideal abrangente para a condução da vida. São incompletos em pelo menos um aspecto crucial: eles falam a nossa grandeza ou ao aumento de nosso compartilhamento de alguns dos atributos da divindade – fazem isso sem abordar nossas relações uns com os outros. A tarefa é encarar nossas relações com os outros de um modo que não comece e termine no altruísmo teórico dos filósofos morais e faça justiça às possibilidades e perigos da vida em sociedade. Quando começamos a realizar essa tarefa, vamos reconhecer que o ato de nos reconciliarmos com outros, por meio do amor, de uma comunidade baseada na diferença, e nas formas mais elevadas de cooperação, faz parte de nossa ascensão. Não obstante, uma intratável tensão ainda persiste entre o objetivo de grandeza e a meta da reconciliação.

Considere que as origens do problema estão nas condições que habilitam a autoafirmação, como representadas nas ortodoxias gêmeas sobre espírito e estrutura, assim como sobre o eu e os outros, que representam parte do duradouro legado da luta com o mundo.

Para se tornar um eu e entrar mais completamente de posse da vida, cada um de nós tem de encontrar um modo de vida no mundo que honre a verdade no que concerne a espírito e estrutura. Tem de se envolver em determinadas ordens sociais e conceituais e reconhecer como elas o moldam. No entanto, também tem de reconhecer que existe mais nele do que existe nelas: um excedente de experiência e poder que elas nunca poderão aceitar nem suprimir totalmente.

É, portanto, de nosso interesse mudar o caráter dessas estruturas e o de nossas relações com elas, de modo a que não nos deparemos com uma dura escolha entre desengajamento e rendição. Queremos regimes de vida e de pensamento tais que facilitem a própria correção à luz da experiência de que a diferença entre estar dentro e estar fora delas diminui, e que se estreita a distância entre as atividades que as têm como certas e as atividades que as revisam. Essa mudança é tanto avançado projeto coletivo no tempo histórico quanto empreendimento pessoal em tempo biográfico.

Como esforço coletivo, ele requer mudanças nas instituições e nas práticas da sociedade, como também nos métodos de cada setor do pensamento. Como empreendimento pessoal, exige um modo de vida: o modo de vida marcado pelas características exploradas nestas páginas. Quanto menos avançamos no projeto coletivo, maior o fardo que recai sobre o empreendimento pessoal.

Isso, no entanto, não é toda a história das condições para nosso movimento ascendente. É uma versão assimétrica dessa história na qual nossa dependência de outras pessoas e os laços de solidariedade e de ambivalência que nos ligam a elas só aparecem incidentalmente. Como demonstrou a crítica da visão moral na tradição da luta com o mundo, o problema do eu e os outros está no mesmo nível de importância e centralidade do problema de espírito e estrutura. Por meio de empreendimentos coletivos em tempo histórico e realizações pessoais em tempo biográfico, a adequação de nossa resposta a um ativa, em parte, a adequação de nossa resposta ao outro.

É aqui que o rompimento com o altruísmo teórico dos filósofos morais se torna decisivo, e é onde a afinidade da religião do futuro com as variantes sagrada e profana da luta com o mundo fica mais palpável. Para criar um eu o indivíduo tem que chegar a um acordo com outros. Em todo domínio da experiência, da prática para a paixão para o conhecimento, não existe autoconstrução sem conexão pessoal, mas tampouco conexão pessoal que não seja perturbada pelo sempre presente risco de dano à autoconstrução.

Esse dano assume duas formas principais. A primeira é nosso enredamento numa estrutura de poder e subjugação. A segunda é a conformidade do eu com as opiniões e desejos dos outros: o caráter derivativo do desejo e da opinião, que nos rouba de um eu no próprio processo de criar um eu mediante conexões pessoais. A pervasividade dessa mancha em nossas relações uns com os outros torna-se clara na ambivalência que acompanha, como sombra, a vida inteira do encontro pessoal.

Construir um eu, e ser mais livre e maior, é em parte diminuir o preço que temos de pagar pela conexão. Mais uma vez, temos de perseguir tanto o objetivo do projeto coletivo quanto o do esforço pessoal. Como projeto coletivo, toma a forma do desenvolvimento de instituições e práticas que favorecem a liberdade profunda e as formas mais elevadas de cooperação. Como esforço pessoal, requer que se persiga o amor, especialmente as formas mais elevadas de amor, o amor entre iguais, bem como o desenvolvimento de comunidades de diferença e a prática da bondade para com estranhos, no círculo exterior do amor. Tanto o círculo interior como o exterior dependem dos mesmos requisitos: o progresso de nossa capacidade de imaginar a experiência de outras pessoas e a aceitação de vulnerabilidade aumentada.

A relação entre esses dois conjuntos de autoconstrução é ao mesmo tempo íntima e conflituosa. Temos de atuar nessa relação se quisermos preservar e usar o legado da luta com o mundo a serviço da religião do futuro.

Em princípio, e durante o tempo biográfico assim como o tempo histórico, esses dois conjuntos de condições de autoafirmação suportam um ao outro. Ao nos fazermos maiores, ao mudarmos tanto a estrutura da sociedade quanto a do pensamento, e a natureza de nosso envolvimento nelas, nos tornamos, ainda mais, os indivíduos transcendentes ao contexto que, imperfeitamente, incompletamente e disfarçadamente, somos. Então somos capazes de reconhecer um ao outro mais completamente como os originais que ambos sabemos ser e desejamos nos tornar. Força – a força que vem com o exercício do poder de transcendência – pode nos tornar mais capazes de nos doar um ao outro em amor pessoal, em comunidades que não exigem mesmice como seu cimento, e em formas mais elevadas de cooperação, que dispensem rígida hierarquia e especialização na configuração de nossas atividades cooperativas.

Inversamente, cada uma dessas maneiras de atenuar o conflito entre nossa necessidade de nos conectarmos e nosso desejo de fugir dos perigos da conexão, enfraquecendo também os motivos para nossa ambivalência um em relação ao outro, pode ajudar a inspirar-nos a resistir ao contexto e nos equipar para mudá-lo. Nossas experiências podem servir tanto como epifanias quanto como profecias, pressagiando, no fluido meio do encontro pessoal, o ideal social que desejamos que seja expresso em nossas práticas e nossas instituições.

No curto prazo dos tempos biográfico e histórico, no entanto, o esforço para o domínio do contexto tem também a probabilidade de ser contraditório à tentativa de reconciliação. Cada passo em direção a uma maior dominação pode ser expresso como triunfo sobre uma humanidade menor. Cada momento de uma reconciliação mais plena pode ser vivido como refúgio da crueldade da sociedade e da cultura.

Tornando-se mais humano ao se tornar mais divino

Na história da alta cultura do Ocidente, esse embate foi por vezes descrito como conflito entre ideal pagão de grandeza e ideal cristão de amor. Um dos grandes méritos do movimento romântico, tanto em sua forma original quanto em sua posterior sequela popular, foi ter ajudado a desfazer esse conflito. Contudo, ele o fez de maneiras que eram limitadoras e baseando-se em crenças que estavam equivocadas. O herói ou a heroína do início do romantismo confrontando um martírio que incluía tipicamente a busca do ser amado, empreendida diante de obstáculos impostos pelo regime de sociedade estabelecido.

Como o romantismo foi desorientado em sua guerra contra a repetição e em seu desespero quanto a nosso poder de mudar a relação do espírito com a estrutura, ele não foi capaz de trabalhar para amenizar o embate entre grandeza e amor de maneira a fazer justiça a quem somos e a quem podemos nos tornar. Suas meias verdades corromperam sua visão e distorceram seu programa.

Quanto a isso, cabe à religião do futuro realizar o que o romantismo falhou em alcançar: ajudar a ensinar-nos a como podemos nos tornar maiores e mais gentis. Nesse empreendimento, ela tem uma formidável aliada: a democracia, entendida como conjunto de instituições e como sistema de crença. Pois a democracia, aliada à imaginação, pode ajudar a alcançar o que o cristianismo e o romantismo deixaram por fazer. Tanto como ordem institucional quanto como cultura pública, a democracia nos habilita a virar a mesa da estrutura, dar efeito prático à fé no gênio construtivo do homem e da mulher comuns e lançar as bases para formas mais elevadas de cooperação.

A resposta aos incidentes formadores de mutilação e mumificação discutidos anteriormente neste capítulo conta a história de nossa ascensão, mediante mudança no modo de conduzir a vida, principalmente da perspectiva de nossa grandeza e não do ponto de vista de nossa reconciliação. Mas tal como esses dois lados do ideal se combinam politicamente na concepção da liberdade profunda, assim têm de se combinar moralmente numa visão do modo de conduzir a vida. Na medida em que assim se combinarem,

A religião do futuro

tanto em política quanto em moral, seremos justificadamente encorajados. Reconheceremos a razoabilidade de nossa esperança de nos tornarmos mais humanos e divinos, de entrar mais completamente na posse da vida, e de sermos restaurados a nossos eus.

A RECOMPENSA

No fim, tudo que temos é a vida bem agora. As raízes do ser humano, de acordo com a religião do futuro, estão no futuro mais do que estão no passado. A profecia conta mais do que a memória, a esperança mais do que a experiência, a surpresa mais do que a repetição. O tempo importa mais do que a eternidade.

Vivemos para o futuro, à luz do futuro. No entanto, um paradoxo formador da religião do futuro é que viver para o futuro equivale a um modo de viver no presente como um ser que é mais, e que é capaz de ser mais, do que sua situação sustenta ou revela.

Dessa forma, ao orientarmos nossas vidas, somos recompensados. Nossa recompensa não nos resgata seja da mortalidade seja da falta de fundamentação. Não nos consola da morte. Falha até mesmo em nos preparar para a morte, como *Fédon* queria que a filosofia fizesse. Não é capaz de superar, ou diminuir, o insondável e onírico caráter de nossa existência.

Então, dentro desses limites, qual é nossa recompensa por reorientarmos a condução da vida na direção que descrevi, contra o pano de fundo de um esforço por assegurar na sociedade as condições para a liberdade profunda?

Nossa recompensa é sermos mais capazes de agir no mundo, obstinada e dedicadamente, sem nos rendermos ao mundo. O envolvimento é parte da liberdade: nós nos fazemos nós mesmos atuando em determinada ordem social e cultural. A resistência também faz parte da liberdade: formamos a nós mesmos resistindo a essa ordem. Na medida em que os requisitos do envolvimento e da resistência contradigam um ao outro, não somos livres. Na medida em que sejamos capazes de reconciliar esses requisitos, tornamo-nos mais livres e maiores. Obtemos melhor oportunidade de agir como os transcendentes de contexto originais, os que compartilham alguns dos atributos de divindade, que esse caminho na evolução de nossas crenças recomenda como nossa mais confiável rota para autorrevelação e autoconstrução.

Nossa recompensa é uma oportunidade melhor de nos conectarmos com outras pessoas. Nossa recompensa é reconhecer e aceitar os outros como os indivíduos moldados pelo contexto e transcendentes ao contexto que somos – os indivíduos transcendentes a classe, raça, gênero, papel que somos – sem perder o direito a nossa separação e ocultação. É também a ampliação do círculo invisível do amor que nos une a todos, mesmo quando não amamos além do horizonte fechado das pessoas que conhecemos.

Nossa recompensa é a vida, destinada à morte, mas levada a um nível mais alto de intensidade enquanto a vivemos. É a chance de morrer apenas uma vez. Possuir a vida agora mesmo, totalmente despertos, no momento, é o objetivo preponderante de nossa autotransformação, alcançada mediante destituição autoimposta do eu. Para isso, no entanto, precisamos rejeitar o ideal da serenidade mediante invulnerabilidade que moldou a filosofia moral dos antigos, a qual, por meio desse ideal, penetrou as crenças morais que prevaleceram em grande parte do mundo durante os últimos séculos. Temos de substituí-la por uma visão que aceite uma vulnerabilidade aumentada como a condição para um eu maior.

Nossa recompensa é o mundo manifesto e diverso, ao qual, como sociedade e cultura estabelecidas, não nos renderemos, mas o qual, como natureza e cosmos, possuiremos mais plenamente. Possuir o mundo mais plenamente significa aliviar o peso dos esquemas categóricos pelos quais nós o vemos e interpretamos. Significa afirmar nossos poderes de transcendência em nossa relação com nossos métodos e pressuposições, bem como com nossas instituições e práticas. Significa esperar que a humanidade tenha participação mais ampla na experiência do gênio, que é mais poder de visão do que aptidão de raciocínio.

Esses resultados serão ao mesmo tempo causa e consequência da intensificação da experiência, da concentração da vida, bem agora, que é a única resposta à mortalidade e à falta de fundamentação, e à qual, à luz da religião do futuro, temos o direito de ter esperança.

CONTRACORRENTES

A orientação moral e política pela qual argumentei tem quatro elementos. Vou apresentá-los agora em ordem diferente daquela em que apresentei anteriormente neste capítulo e nos precedentes.

O primeiro elemento é o confronto com as inevitáveis mágoas da condição humana. Nós as reconhecemos e enfrentamos com a finalidade de viver de verdade no momento. Dessa vez, a religião torna-se algo diferente do que tem sido comumente na história da humanidade: um esforço por nos consolar de nossa mortalidade e nossa falta de fundamentação, se é que não para minimizá-las, e uma tentativa de aquietar um desejo insaciável fixando-o num objeto – Deus, o ser, ou a sacrossanta experiência da personalidade –, representando o absoluto pelo qual o eu anseia.

Essa prestação de contas com a realidade de nossa situação é a vez do terror puro, na qual pomos de lado a religião como consolo para buscar a religião como resposta a uma existência informada por uma visão mais abrangente da realidade. O terror equivale a uma destituição, por si mesmo, do protegido e resignado eu. Chame essa parte da proposta de "a destituição".

Um segundo elemento nessa visão de uma religião do futuro é a reorientação do modo de conduzir a vida. Essa parte do argumento é o cerne da mensagem. Apresentada aqui em duas de suas formas possíveis: uma concepção das virtudes e uma resposta a certos incidentes formativos numa vida humana comum. Ambas as versões da mensagem são animadas pela mesma ideia da pessoa como sendo um espírito corporificado. Ambas permanecem fiéis à visão de espírito e estrutura e de eu e os outros pela qual argumentei: as ortodoxias suprimidas e truncadas que a religião do futuro herda das religiões de salvação assim como da democracia, do romantismo e de outros projetos seculares de libertação política e pessoal.

Essa visão é concepção moral, mas não teoria ética no sentido convencional de uma filosofia moral acadêmica. Desvia-se do caminho dessa filosofia tanto na forma quanto na substância. Seu objetivo não é estabelecer regras ou demonstrar como podemos nos eximir de nossas obrigações com os outros para melhor parecermos isentos de culpa ante o tribunal da consciência. Ela se recusa a tomar a domesticação de nosso egoísmo como preocupação que orienta seus passos, embora ela assuma lugar central na relação entre vitalidade e solidariedade. Sua atenção está focada primeiro e primordialmente no aprimoramento da vida, tanto assim que pode parecer não ser de todo uma visão moral. Não obstante, suas implicações para nossas crenças quanto a como viver logo se tornam aparentes. Chame essa parte da proposta de "a transformação do eu" ou simplesmente "a transformação".

Um terceiro elemento neste relato dos ensinamentos de uma futura revolução religiosa é sua proposta para a reforma da sociedade: uma direção, não um esquema pronto, descrito aqui no vocabulário do presente e concernente aos materiais e ideias institucionais que estão atualmente disponíveis ou acessíveis, por meio de discernível sucessão de passos, considerando o lugar no qual nos encontramos. Essa é a doutrina pela qual tenho argumentado, sob o nome de liberdade profunda. Em oposição às ideias políticas que mais recentemente orientaram a controvérsia ideológica por todo o mundo, mas semelhante àquelas que costumavam influenciar esse debate no século XIX, ela combina devoção ao empoderamento da pessoa comum – uma elevação da vida comum a um plano mais alto de intensidade, escopo e capacidade – com prontidão para reformatar as disposições institucionais da sociedade a serviço desse empoderamento.

Essa visão nega que a causa do pluralismo econômico, político e social esteja servida adequadamente pelas instituições que agora existem como expressões da economia de mercado, da democracia representativa e de uma sociedade civil independente. Ela propõe uma trajetória de mudança institucional projetada para dar suporte ao que descreve como as formas mais elevadas de cooperação. Mais do que qualquer modo específico de organização da sociedade, o que ela quer é estabelecer uma estrutura que redima sua inevitável parcialidade – sua inclinação para algumas formas de experiência em detrimento de outras – mediante sua fortalecida corrigibilidade. Ela não tenta descrever uma estrutura definitiva; propõe um movimento em direção a uma estrutura que organize sua revisão. Não solicita rendição como o preço pelo engajamento, nem faz de uma crise condição para mudança. Ela nos provê de secular aproximação ao ideal de estar no mundo sem ser do mundo.

A reformatação da sociedade vem a ser uma parte indispensável do programa da religião do futuro, porque a história importa. Seja qual possa ser nossa visão do caminho para nossa ascensão, ela tem de ser expressa nos termos de nossas relações uns com os outros, não só na maneira como optamos por lidar com outras pessoas em nosso pequeno círculo social, mas também no modo como a sociedade é organizada no grande numerário de suas instituições e práticas. Todas as nossas concepções de quem somos e no que podemos nos tornar permanecem presas a essas práticas e instituições. É somente mediante ambicioso e persistente esforço e sob a orientação de ideia que se oponha às imagens estabelecidas de associação humana que conseguimos compensar, na experiência pessoal, as limitações do regime social. É isso que cada um de nós tem de buscar fazer, de acordo com sua circunstância, considerando a discrepância entre a duração de nossas vidas e o tempo histórico no qual todo esforço por mudar a ordem social vai ter êxito ou fracassar. Chame essa terceira parte da proposta de "a reconstrução da sociedade" ou apenas "a reconstrução".

O quarto elemento nesse argumento sobre o conteúdo de uma futura revolução espiritual tem a ver com o que ela promete. Em muitos momentos dessa argumentação, descrevi essa promessa em palavras diferentes porém equivalentes: o aprimoramento da vida ou possuí-la de forma mais plena; viver para o futuro de um modo que supere nossa alienação do presente; ampliar nosso compartilhamento de alguns dos atributos que conferimos a Deus; decretar a verdade do espírito corporificado como transcendente aos contextos da vida e do pensamento que ele constrói e habita; e morrer apenas uma vez.

Na seção anterior deste capítulo ofereci uma visão resumida dessa promessa como expressa em quatro domínios da existência: nossa resposta às estruturas institucionais e conceituais que comumente temos como certas e garantidas; nossas tratativas uns com os outros; a relação de cada um de nós com a forma estabelecida de seu próprio eu – com seu caráter; e nossa maneira de ver o mundo a nossa volta e de responder às deixas da percepção e da experiência. Não foi mais do que um resumo; a visão dessa promessa percorre toda a argumentação deste livro. Chame essa quarta parte da proposta de "a recompensa".

Não existe combinação simples entre os quatro elementos da proposta: a destituição, a transformação, a reconstrução e a recompensa. Há desarmonias entre eles. Das desarmonias resultam risco e sofrimento. Essas desarmonias e seus consequentes riscos e sofrimentos têm a ver com a natureza de nossa existência. As falhas irreparáveis na condição humana são sua base definitiva. Deveríamos reconhecê-las pelo que são e recusarmos os passes de mágica que as minimizam. Ao fazermos isso, renovamos o casamento entre visão e realismo no qual qualquer religião do futuro tem de se alimentar.

As contradições – se assim podemos chamá-las – têm resíduo pragmático: elas asseguram que nosso futuro espiritual, como todos os outros aspectos de nossa experiência pessoal e coletiva, está em aberto. Ao nos negarem harmonia, também nos resgatam de um fechamento.

Primeiro, há um embate entre recompensa e destituição. O interminável confronto com a certeza da morte e com a verdade da falta de fundamentação, e a rejeição de qualquer história, sacra ou secular, que descarte seus terrores parecem lançar sombra sobre a recompensa.

E, realmente, fazem isso. O conflito está no mundo, não no argumento. A destituição é requisito tanto para a transformação quanto para a reconstrução. Juntas, elas formam o portal para a recompensa. A sombra e o portal são inseparáveis na configuração de nossa experiência.

Se, como resultado da destituição, da transformação ou da reconstrução, nós tivermos mais vida agora, podemos estar mais em risco de sermos tomados e paralisados pelo sentimento de vida do que de sermos, ou podermos ser, tomados pelo medo da morte e pela vertigem da falta de fundamentação.

Parece haver também conflito entre a recompensa, por um lado, e a transformação e a reconstrução, por outro. A transformação nos coloca em curso de interminável busca. A reconstrução busca instituições e práticas que nos levem na direção de tal procura e não, como instituições e práticas fizeram historicamente, que nos afastem dela.

Será, então, que estamos prestes a ser acorrentados, na maneira da qual os filósofos da superação do mundo queriam nos libertar, à roda do desejo, à esteira do anseio, da saciação, do tédio, da inquietude e de mais esforço, e, no âmbito da percepção do mundo manifesto, num balanço entre enxergar e um olhar arregalado?

Realmente, estamos. Ou então ficamos fora disso, na medida em que o aprimoramento de nossa experiência de vida, e de nossa consciência dos outros e do mundo, mude uma dialética inscrita em nossa constituição. Isso pode mudar essa dialética ao transformar a esteira numa ascensão no que concerne ao único bem que realmente temos, a vida vivida agora, conquanto vista à luz do futuro.

A VIDA EM SI MESMA

Vivemos numa era de desilusão. Podemos deixar de ficar desiludidos com a desilusão. Profetas políticos e religiosos surgirão assim mesmo. Eles assumirão aquilo que deixamos de realizar.

Sugeri aquilo que creio não ser uma doutrina, mas a direção da revolução da qual agora necessitamos. Eu a descrevi aqui principalmente do ponto de vista da religião, e só secundariamente da perspectiva da política, ou da política somente na medida em que ela faz parte da religião. No entanto, sei que essa distinção só faz sentido a partir de um ponto de vista que é estranho aos objetivos e aos métodos dessa insurreição.

As expressões que essa mudança pode tomar, em seu lado distintamente religioso, provavelmente só têm em comum com as formas de revolução religiosa do passado a combinação de ensinamento visionário com ação exemplar. Tudo o mais certamente será diferente, tão diferente que no início será irreconhecível como a revolução que realmente é.

* * *

Tornando-se mais humano ao se tornar mais divino

O simples, central ensinamento dos revolucionários será, contudo, um ensinamento que já podemos ouvir e a ele prestar atenção.

Logo vamos morrer, nos perder e ser esquecidos, embora achemos que não deveríamos. Morreremos sem ter compreendido o que este mundo indecifrável e nosso breve tempo nele significam.

Nossa religião deveria começar no reconhecimento desses fatos aterradores e não em sua negação, como a religião tem feito tradicionalmente. Deveria nos incitar a mudar a sociedade, a cultura e a nós mesmos de modo que nos tornemos – todos nós, não só uns felizes afortunados – maiores, assim como mais iguais, e que tomemos para nós um quinhão maior dos poderes que atribuímos a Deus. Portanto, deveria também nos deixar mais dispostos a estarmos desprotegidos em relação à grandeza e ao amor. Deveria nos convencer a trocar serenidade por busca.

Então, enquanto vivermos, teremos uma vida maior, e ficaremos mais afastados dos ídolos, porém mais próximos um do outro, e imortais, temporariamente.

UMA NOTA SOBRE AS TRÊS ORIENTAÇÕES E A IDEIA DA ERA AXIAL

Nas partes iniciais deste livro, explorei as três principais orientações espirituais exemplificadas pelas religiões do mundo. Fiz isso com o propósito de preparar o terreno para a defesa de um modo de pensar que fosse além daquilo que essas orientações têm em comum.

Minha argumentação pode ser lida como ensaio em filosofia da religião, exceto pelo fato de ser ela mesma religiosa, e não simplesmente investigação empreendida à segura distância de um pensamento especulativo não comprometido. Poderia ser considerado também um texto teológico, exceto por ser um tipo de antiteologia.

Não é de forma alguma um estudo comparativo e histórico de religião. Ele toma algumas das principais religiões do mundo como instâncias fundamentais de cada uma das três orientações espirituais que eu considero: o budismo primevo para a superação do mundo, o confucianismo inicial para a humanização do mundo e os monoteísmos semíticos, especialmente o cristianismo, para a luta com o mundo. Meu interesse nessa parte preliminar da argumentação não está, no entanto, no conteúdo doutrinário ou no desenvolvimento histórico dessas religiões. Está na arquitetura interna de cada uma dessas orientações espirituais: suas premissas, sua visão essencial e sua abordagem à existência. Cada uma delas, conquanto associada primariamente com certas tradições religiosas, permanece sendo opção espiritual para qualquer homem ou mulher, em qualquer lugar e qualquer tempo.

Não obstante, essas contrastantes orientações espirituais não são simplesmente teorias que vivem na mente de uns poucos pensadores. Elas têm sido incorporadas em comunidades de fé e em formas de vida. Têm mudado a experiência de vasto número de pessoas. Elas têm uma história.

Elas surgiram de uma série de inovações espirituais ou revoluções que ocorreram durante mais de mil anos, desde os começos do judaísmo profético, no século VIII a.C., até o surgimento do islamismo, no século VII a.D. Eles divergiam radicalmente um do outro. Contudo, compartilharam um importante terreno: as comunidades são ainda mais impressionantes à luz da profundidade da divergência. Tenho enfatizado esses elementos compartilhados por um motivo polêmico e programático, bem como por sua importância intrínseca. A direção pela qual argumentei rompe esse terreno comum de algumas maneiras enquanto se agarra a ele noutras.

Na apresentação dessas ideias, portanto, referi-me repetidamente a revoluções religiosas do passado, ou à viravolta para a transcendência que elas trouxeram, e as contrastei, em prática e em doutrina, com a revolução religiosa do futuro. Essas alegações e propostas vão evocar naturalmente, em quem tiver familiaridade com a literatura contemporânea sobre história da religião, a ideia da Era Axial.

O propósito desta nota é duplo. Primeiro, busco comparar e contrastar meu argumento sobre três principais orientações à existência com as ideias associadas ao conceito de Era Axial. Quanto a isso, meu objetivo é evitar compreensão errônea que resultaria se o tratamento que dou às três orientações fosse lido no contexto da noção de Era Axial. Segundo, esta nota usa o contraste com a tese da Era Axial para esboçar a relação de meu relato das três orientações com a história das ideias sobre as religiões do mundo. Ao abordar aqui esses dois objetivos, numa nota em separado em vez de no corpo principal do livro, evito interromper o fluxo de uma argumentação que deve ser considerada filosófica e teológica, e não histórica e comparativa.

Uma nota sobre as três orientações e a ideia da Era Axial

O emprego contemporâneo da ideia de Era Axial começa na obra de Karl Jaspers *Vom Ursprung und Ziel der Geschichte* [*Sobre as origens e o objetivo da história*, em tradução livre], publicada em 1949. Ele argumentava que determinado período histórico, que se estendeu de cerca 800 a.C. a 300 a.C., mas principalmente concentrado por volta de 500 a.C., viu o surgimento de uma visão de mundo que moldou desde então nossas ideias religiosas e filosóficas mais gerais. Essa ideia está em agudo contraste com formas anteriores de religião e de pensamento especulativo. Não era simplesmente uma viravolta para a transcendência – para um reino mais elevado da realidade, regulador de nosso pensamento e nossa conduta. Era também, e acima de tudo, afirmação do poder do pensamento para se ter um sentido da ordem estabelecida do mundo como um todo e fazer julgamento sobre ela. Para que o pensamento faça julgamento do mundo, ele tem primeiro, conforme os defensores da Era Axial, de avaliar as próprias premissas e os procedimentos: tem de tornar-se reflexivo.

O surgimento relativamente simultâneo dessas ideias na Europa, Índia e China ocorreu no cenário de acontecimentos sociais que levaram civilizações a um contato frequentemente violento umas com as outras. Esses acontecimentos também abriram espaço para autoridades intelectuais e espirituais que pudessem trazer à responsabilidade os portadores do poder temporal em nome de um padrão mais elevado.

Seguiu-se uma controvérsia entre quem acreditava e quem duvidava dessa concepção histórico-comparativa. Os céticos, frequentemente especialistas no estudo de uma determinada civilização, comumente discordaram da aplicação da tese da Era Axial numa ou noutra religião. No entanto, frequentemente fizeram isso a partir de uma posição de simpatia para com os objetivos maiores do discurso da Era Axial, que comento abaixo. Frequentemente compartilharam com os crentes atitudes e suposições que conflitam com a abordagem adotada neste livro para a divergência religiosa na história.*

---

* Uma crescente literatura desenvolveu-se nas décadas recentes, principalmente em alemão e em inglês, tendo a Era Axial como tema central. Há três marcos no

A religião do futuro

Explico agora como e por que o aspecto histórico-comparativo de meu argumento (e não é mais do que um aspecto) difere das suposições de muitos desses escritos. Minha visão é mais próxima em espírito à de Hegel (em seu *Lectures on the History of Religion*), à dos comparativistas dos séculos XVIII, XIX e XX, de Anquetil-Duperron a Georges Dumézil, e ao tratamento que Arnold Toynbee deu às religiões do mundo nas partes finais de *Um estudo da história*. Para que não houvesse equívoco, evitei nesta obra o uso dos termos Era Axial e descobertas da Era Axial.

O contraste entre minha visão e as premissas do discurso da Era Axial pode ser declarado em três níveis: (1) as motivações e intenções daquele discurso e do meu em suas respectivas abordagens da história da religião e da filosofia; (2) o conteúdo da transformação provocada pelas inovações espirituais abordadas nesses dois discursos distintos; (3) as alegações que esses relatos contrastantes fazem quanto aos contextos social e cultural que eram receptivos ou hostis às inovações que eles enfatizam.

1. *Motivações e intenções.* A apresentação feita por Jaspers da ideia da Era Axial foi explicitamente motivada por uma preocupação filosófica e política. Em *Sobre as origens e o objetivo da história*, assim como em grande parte de sua obra, Jaspers procurou separar, marcando a diferença entre, racionalismo e historicismo – ou, mais exatamente, encontrar um modo de lidar com a diversidade das tradições religiosas e filosóficas que resistiriam a cair num

---

desenvolvimento dessa literatura. O primeiro é a publicação de *Daedalus*, editado por Benjamin Schwartz, "Wisdom, Revelation and Doubt: Perspectives of the First Millenium, B.C. ["Sabedoria, revelação e dúvida: perspectivas do Primeiro Milênio a.C."], 1975. O segundo consiste em escritos de Shmuel N. Eisenstadt e seus associados, *The Origins and Diversity of Axial Age Civilization* [*As origens e diversidade das civilizações da Era Axial*], editado por Eisenstadt e publicado em 1986, e os volumes subsequentes publicados de 1987 a 1992 sob o título geral *Kulturen der Achsenzeit*. O terceiro é apresentado no volume editado por Robert Bellah e Hans Joas, *The Axial Agre and Its Consequences*, 2012.

Uma nota sobre as três orientações e a ideia da Era Axial

relativismo histórico. As alegações históricas, conquanto defendidas independentemente, eram secundárias para seu programa. Na literatura subsequente que se descolou da concepção de Jaspers, a situação foi revertida. Agora está na vanguarda certa família de ideias sobre a história de certas crenças e de sua relação com a história da sociedade. A intenção filosófica e política tornou-se grandemente implícita. De tempos em tempos, ela se apresenta explicitamente.

A chave para compreender a tese da transformação axial é a conexão que ela tentou estabelecer entre a viravolta para a transcendência, mais explicitamente afirmada no monoteísmo radical dos judeus, e o surgimento de pensamento especulativo e crítico. Atenas e Jerusalém estavam unidas nessa tese, como estavam em muitas das tentativas da *intelligentsia* europeia de inventar uma coerente e reconfortante genealogia para si mesmas.

O florescimento da filosofia desde os jônicos pré-socráticos até Platão e Aristóteles desempenhou um papel estelar na noção da Era Axial. A metafísica especulativa na Índia antiga poderia ser convencida a se juntar a esse desfile, e o budismo representou uma culminante expressão dessa conquista. Na China pré-imperial e no início da China imperial, o taoismo pode ser facilmente incluído na mesma causa, mas o confucianismo inicial foi presença incômoda devido a sua postura implacavelmente antimetafísica e até mesmo antiespeculativa. O cristianismo, assim como o islamismo, ficou longe, fora do escopo cronológico e analítico da categoria da Era Axial, porque surgiu mais tarde. Tudo que nessas religiões configuradoras do mundo era recalcitrante à suposta aliança entre razão reflexiva e visão religiosa pôde ser facilmente desconsiderado.

Havia dois elementos centrais na ideia da insurreição axial. O primeiro era o rompimento com o cosmoteísmo: a identificação do divino com o mundo. O segundo era o desenvolvimento do uso da razão humana para formar um relato geral do mundo e da sociedade e criticar regimes de pensamento e de sociedade estabelecidos em nome desse relato. A alegação central na ideia do período Axial era, e tem sido desde então, que existe afinidade entre essas duas partes da ideia.

A religião do futuro

O principal bem a ser defendido não era a visão disruptiva dos problemáticos fundadores das religiões do mundo. Era o legado do Iluminismo europeu, visto pelos olhos de seus atrasados e autonomeados defensores na sequência imediata das calamidades da história europeia do século XX, particularmente a alemã. Com base nisso, a filosofia estendeu sua mão à religião, mas somente às partes da religião que, plausivelmente, pudessem ser representadas como amigáveis aos partidários do Iluminismo. Não é de admirar que foi às supostas *intelligentsias* que surgiam da Era Axial, e não a isolados reivindicadores de divindade ou de inspiração divina, que foi dado o papel principal.

Essa mudança intelectual teve precedentes no período que antecedeu à Segunda Guerra Mundial. Por exemplo, o decisivo conceito nos ensaios de Max Weber sobre a sociologia histórico-comparativa da religião (publicada em 1921-1922) era a noção de uma afinidade entre o judaísmo profético e a gama de tendências ideológicas e institucionais que Weber apresentou sob o cabeçalho "racionalização". Uma conexão semelhante entre transcendência e razão foi estabelecida por Simmel em sua análise da ideia de transcendência e de seu significado na história (*Lebensanschauung*, 1918).

A mesma ênfase na conexão entre a viravolta para a transcendência na história da religião e o comprometimento com pensamento sistemático e crítico, exemplificados no trabalho de uma *intelligentsia* independente, marcou desde então os escritos sobre a ideia de Era Axial. Alguns de seus expoentes contemporâneos tiraram a conclusão natural, insistindo que o pensamento reflexivo, a agência individual e a consciência histórica, e não qualquer mudança no conteúdo de crenças religiosas, eram os atributos decisivos das inovações axiais.[*]

---

[*] Veja, por exemplo, Bjorn Wittrock, "The Axial Age in Global History: Cultural Crystallizations and Societal Transformations", em Robert N. Bellah e Hans Joas, eds., *The Axial Age and Its Consequences*, 2012. No mesmo volume, refletindo sobre as contribuições de seus colegas, Bellah conclui que a produção de teoria, tanto como visão utópica quanto como investigação sem interesses próprios, era a principal conquista do período axial. Para uma linha semelhante, veja Arnaldo

Uma nota sobre as três orientações e a ideia da Era Axial

Portanto, a tese da Era Axial foi inspirada em parte pelo desejo do autoproclamado partido do Iluminismo no mundo do Atlântico Norte, da Segunda Guerra Mundial até hoje, sempre pronto para ver em si mesmo os sitiados amigos da razão, e inventar uma genealogia para si. Uma importante característica desse empreendimento foi encontrar um *modus vivendi* com a religião – na medida em que religião possa ser entendida como, ou obrigada a permanecer, "dentro dos limites da razão pura" e se aliar ao humanismo secular e a pensadores críticos. É compreensível que alguém evoque a definição que Whitehead fez do unitariano como homem que acredita não existir mais do que um só Deus, e que suspeita que aos olhos dos proponentes da tese da Era Axial os heróis da história tenham sido sempre pessoas semelhantes a eles mesmos.

Como Jaspers, eu tenho objetivos filosóficos e práticos em minha discussão sobre as mais importantes orientações à existência. Esses objetivos diferem em espírito daqueles que motivaram a campanha pela ideia de Era Axial. Eu me recusei a ver a religião, no sentido inclusivo no qual a defini, como a nebulosa penumbra e aliada ocasional da filosofia. Uma parte vital das religiões do mundo é a contenda quanto à natureza, ou caráter inescrutável, da realidade derradeira como o cenário no qual definimos uma abordagem à vida e à sociedade. Temos de escolher sem jamais termos tido fundamentos para uma escolha. Em certo sentido, a tarefa da religião começa onde os instrumentos do partido do Iluminismo perdem sua eficácia. Pensar de outro modo é atribuir a crítica e a revisão da religião àqueles a quem Max Weber (escrevendo sobre si mesmo) descreveu como "religiosamente não musicais".

Quando Hegel fala da doutrina da Trindade como a dobradiça na qual a história faz um giro, ele tem em mente uma compreensão sectária de uma ideia que pode ser declarada muito mais amplamente. A dialética entre transcendência e imanência, expressa no mistério cristão da Trindade, representa um ponto de inflexão na experiência espiritual da humanidade. Essa dialética assumiu formas divergentes no budismo e no confucianismo.

Momigliano, "The Fault of the Greeks", *in Essays in Ancient and Modern Historiography*, 1947, p. 1-23.

A religião do futuro

No entanto, em toda parte, ela é marcada, em primeira instância, não pelo desenvolvimento de abstrações sistemáticas e discursivas (quase sempre rejeitadas pelos fundadores dessas religiões), mas por tentativa de chegar a uma aceitação de nossa condição de mortalidade, falta de fundamentação, insaciabilidade e suscetibilidade ao apequenamento.

Quando estudiosos de religião comparada no século XIX, como Victor von Strauss e Ernst von Lasaulx, seguindo a corrente de seus predecessores do século XVIII, ficaram maravilhados com os paralelos entre os ensinamentos de visionários religiosos em diferentes civilizações antigas (antes do surgimento da cultura acadêmica preocupada principalmente em demonstrar que tudo é diferente de tudo mais), eles expressaram a mesma crença numa importante e superposta série de mudanças em nossa compreensão de nós mesmos. Essa crença é o elemento legítimo na concepção da Era Axial. No entanto, o desenvolvimento desse entendimento requer substância e escopo, bem como espírito, que estão em contradição com aqueles que muito fizeram por dar forma à obra escrita sob a bandeira da Era Axial.

2. *A Era Axial e as três orientações: ênfase e conteúdo.* O conteúdo do terreno comum às três orientações exploradas anteriormente neste livro difere significativamente do conteúdo atribuído pelos proponentes da tese da Era Axial para as inovações que eles destacam.

Não existe, é claro, uma visão única da substância dessas invenções espirituais nos escritos sobre a Era Axial. Não obstante, com vários graus de ênfase, o foco em grande parte dessa literatura recai em quatro conjuntos de mudanças e nas relações entre eles. O primeiro tema é a viravolta para a transcendência: a distinção entre ordem de realidade terrena e extraterrena, um pensamento de distinção a ser radicalizado pelo monoteísmo intransigente dos antigos judeus e por alguns dos filosofares dos antigos gregos, indianos e chineses. O segundo tema é uma série de formas relacionadas de desincorporação: o indivíduo, das relações sociais que lhe são atribuíveis (por nascimento, e não por escolha); a sociedade, da natureza; a própria natureza, da ordem superior de realidade. O terceiro tema é o desenvolvimento de

Uma nota sobre as três orientações e a ideia da Era Axial

um complexo de formas de consciência focadas no poder do pensamento de avaliar e revisar os próprios procedimentos, no valor atribuído à atuação do indivíduo, e na convicção de que nossos empreendimentos mais importantes têm uma história, de sucesso ou fracasso, no tempo histórico. É uma imagem, *avant la lettre*, de modernidade pós-Iluminismo, buscando suas antigas raízes mesmo nas perturbadas regiões selvagens da consciência religiosa. O segundo tema representa, em sua construção, uma indispensável ponte entre o primeiro e o terceiro. O quarto tema explica as implicações políticas dos outros três: a dialética entre autoridade terrena e sacerdotal ou filosófica na competição por influir na direção a ser tomada pela sociedade.

A aplicação desse esquema de orientações que chamei de superação do mundo e humanização do mundo pode ser alcançada somente mediante poderosa extensão. As instâncias que se pretendem essenciais no esquema da Era Axial são a religião dos antigos judeus, purgada de suas partes de sacrifício cultual; as especulações filosóficas e científicas dos antigos gregos; e as tendências na antiga filosofia indiana e chinesa que ofereciam as mais plausíveis contrapartidas a esses apresentáveis antepassados do Iluminismo europeu. As variedades relativamente menos ofensivas à razão de cristianismo podiam então figurar entre os meritórios herdeiros da Era Axial.

Se essa abordagem fosse aceita como um guia para a compreensão e crítica da história do cristianismo, a teologia nominalista ou dualista dos séculos XIV e XV, com sua fatídica disjunção entre os reinos da graça e da natureza, equivaleria a uma consumação do entendimento cristão. Foi, na verdade, o início de algumas das tendências que culminaram no naturalismo secularizante do começo do período moderno na Europa.

A ideia de uma fundamentação comum das três orientações tem neste livro um foco diferente. O contraste com a concepção da Era Axial é complicado porque em meu relato os protagonistas e os períodos históricos também diferem daqueles que marcam a tese da Era Axial. A antiga filosofia grega aparece somente em sua contribuição para a superação do mundo (em Platão, nos estoicos e em Plotino). O confucianismo representa a instância mais importante da humanização do mundo, auxiliado no desempenho desse

A religião do futuro

papel por sua implacável metafísica antimetafísica, em contraste com muitas das outras escolas de filosofia especulativa que floresceram durante e após o período de Estados Combatentes na China protoimperial. Judaísmo, cristianismo e islamismo importam mais, como fontes da orientação que eu chamo de luta com o mundo, quando eram o que eram, e não batedores metafóricos ou alegóricos para os inimigos antigos ou modernos que são o obscurantismo e o despotismo.

O período histórico de mudanças relevantes, embora comece no mesmo tempo do surgimento dos profetas judeus, não tem um momento claro para seu fim, ou tem um fim que ocorre muito após o encerramento da Era Axial. Quando me refiro a revoluções religiosas do passado, tenho em mente as inovações espirituais geradas durante mais de mil anos, da formação do judaísmo profético até a atividade profética de Maomé. Os portões da profecia, no entanto, nunca foram fechados: a dinâmica da inovação continua até hoje em cada uma dessas orientações. A instância mais importante dessa inovação foi o desenvolvimento, nos últimos poucos séculos, dos projetos revolucionários, seculares de emancipação, tanto política como pessoal, na ampla tradição da luta com o mundo.

A figura de uma fundamentação comum às três orientações, formado contra o pano de fundo desses critérios de seleção, difere da sugerida pelos quatro temas que são centrais na argumentação sobre a Era Axial. A fundamentação compartilha com essa argumentação a ênfase na viravolta para a transcendência, ou para a dialética entre transcendência e imanência, e na radical novidade das formas de consciência que surgem com base nisso. O monoteísmo revolucionário do faraó Akenaton, por exemplo, não se qualifica porque foi afirmado no contexto de uma reafirmação da teologia de integração (*Ma'at*) do homem na ordem cósmica.* Por outro lado, muita religião fracassada, como o maniqueísmo, não só exemplificou a viravolta para a transcendência como a associou com todos os aspectos que caracterizam a agenda compartilhada dessas inovações espirituais.

---

* Veja Jan Assmann, *Ma'at: Gerechtigkeit und Unsterblichkeit im Alten Aegypten*, 1990.

Uma nota sobre as três orientações e a ideia da Era Axial

O patrimônio conjunto das três orientações está na combinação de uma dialética entre transcendência e imanência com a desvalorização de divisões dentro de uma sociedade – divisões que se tornaram extremas nos impérios agrário-burocráticos nos quais, com a exceção parcial do antigo judaísmo, essas invenções religiosas surgiram primeiro; com a rejeição da ética predominante de valor viril em favor de uma ética de empatia sacrificial; e, acima de tudo, com o esforço ou para negar os inerradicáveis defeitos na condição humana ou para prover moratória para seus sofrimentos. A substituição de uma ética (de um sentimento de camaradagem inclusivo) por outra (de imperiosa autoafirmação) representou a linha de frente avançada de uma mudança maior: a ascensão da vida humana a um plano mais elevado, nosso incrementado compartilhamento na vida de Deus ou na natureza daquilo que é mais real e sagrado. Essa participação só poderia ser alcançada por uma ruptura com o modo de vida e de organização da sociedade estabelecida. Foi, por exemplo, incompatível com a paralela ordenação de castas ou classes na sociedade, assim como de faculdades no eu ou na alma, que Dumézil descobriu estar disseminada entre os povos indo-europeus. Isso requeria uma profunda transformação na prática bem como na crença.

Na argumentação sobre as três orientações, contudo, as diferenças entre elas são ao menos tão importantes quanto sua fundamentação comum. Uma vez que minha discussão enfatiza mais distinções do que aspectos comuns entre as orientações e concede prioridade à lógica dessas opções espirituais, e não ao desenvolvimento histórico de qualquer de suas instâncias particulares, não deveria ofender o historiador de religião.

Os aspectos comuns ganham significância à luz das diferenças. Os exemplos históricos são secundários ao argumento filosófico e teológico, cujos objetivos são totalmente estranhos à campanha da Era Axial. Meu argumento quanto a essas revoluções religiosas do passado, sobre o que tinham em comum, assim como sobre as direções contrastantes que estabeleceram, é motivado, direta e transparentemente, por um único propósito: a defesa de outra direção para o futuro. Para tomar essa direção, temos de romper com a fundamentação comum, empreender uma revolução religiosa com novo conteúdo e numa nova forma. Nada poderia estar mais distante do que pretendiam os proponentes da tese da Era Axial.

3. *Os contextos e agentes históricos da revolução religiosa do passado.* A diferença em motivação e substância entre minha visão das revoluções religiosas do passado e a concepção da Era Axial manifesta-se também em suposições e alegações quanto a contextos e agentes históricos.

Dois aspectos dessa diferença bastam para sugerir o significado mais amplo do que primeiramente pode parecer não ser mais do que discórdia histórica, confundida por uma discrepância na gama de eventos que formam os temas dessas duas abordagens.

Uma proposição comum na escrita sobre a Era Axial é que as mudanças axiais ocorreram somente em circunstâncias de disrupção de uma ordem imperial ou antes de sua imposição, e regularmente eram encerradas com a consolidação do império. Jaspers enfatizou a importância desestabilizadora e globalizante das interações entre Estados sedentários e povos nômades na Eurásia, sugestão que contém mais compreensão do que a literatura que se lhe seguiu.* Eisenstadt e sua escola focaram-se, em vez disso, em pluralismo e conflito internos, destacando o modo como as ideias associadas com as revoluções axiais ajudaram a produzir competição entre fontes de autoridade seculares e sacras.

As religiões e filosofias que foram pioneiras na formulação de cada uma das três orientações abordadas nas partes iniciais deste livro começaram nos regimes imperiais da Eurásia. Elas surgiram, quase invariavelmente, na periferia, não no coração ou nos momentos de formação dos Estados agrário-burocráticos que, até recentemente, foram os maiores protagonistas na história mundial. Para elas, o império, embora possa ter sido o inimigo, foi sempre a condição de seu surgimento e sua difusão.

---

* Quanto ao significado dessas interações, veja meu livro *Plasticity into Power: Comparative-Historical Studies on the Institutional Conditions of Economic and Military Success*, 1987, p. 70-80, 110-112.

Uma nota sobre as três orientações e a ideia da Era Axial

Quanto a isso, as pressuposições históricas de meu relato estão mais próximas das ideias do anatematizado e incomparável historiador universal Arnold Toynbee sobre as "religiões mais cultas" e sua relação com "Estados universais" do que dos escritos fundacionais da tese da Era Axial. Na narrativa de Toynbee (*Um estudo da história*, v. 6, parte 2, 1954, e *An Historian's Approach to Religion*, 1979), um "proletariado interno", preso na armadilha das estruturas de um Estado universal e resistente a seus governantes autoidólatras, encontra inspiração numa mensagem de ascensão a uma vida mais próxima do divino. Ele olha para além das recorrentes perversões de "arcaísmo", "futurismo" e "desapego à transcendência". As nascentes Igrejas universais não são instrumento desses Estados, ou "crisálidas" de nova civilização. Esses Estados é que são, como Hegel já sugeriu, as prisões nas quais a humanidade alcançou entendimento espiritual mais profundo.

A questão concernente ao contexto anda junto com a tese quanto aos agentes. Os escritos sobre as inovações da Era Axial atribuem o papel principal a um agente coletivo: os criadores, compiladores e mestres de um cânone escritural que seguem de perto os calcanhares de heroicos inovadores intelectuais. Esse cânone registra e desenvolve as novas ideias. Também provê base sobre a qual reivindicar influência terrena e também espiritual.

A verdade, inconveniente para nossas preferências e preconcepções, é que, para a criação de uma religião o casamento de um ensinamento visionário com uma ação exemplar na vida de um único indivíduo sempre valeu tanto quanto incontáveis milhares de intelectuais. A humanidade sofredora ouviu a mensagem desses visionários, codificada e transmitida, e frequentemente exaurida de muito de sua vitalidade e significado, por homens que vivem enfurnados nos livros. Nenhum sacerdote ou escriba jamais fundou uma religião.

O propósito dominante das revoluções religiosas do passado não foi apresentar uma visão desinteressada do mundo. Foi resgatar o gênero humano de sua falta de imaginação e de amor.

ÍNDICE ONOMÁSTICO

Agostinho de Hipona 40, 324
Akenaton 518
Anaximandro 19, 23, 173, 322
Anselmo de Canterbury 267
Aquino, Tomás de 173, 293, 328, 330
Aristóteles 173, 174, 177, 464, 513
Assmann, Jan 518
Atanásio de Alexandria 328
Averróis 173, 176
Barth, Karl 324
Bellah, Robert 511, 514
Bentham, Jeremy 206
Bergson, Henri 44, 190, 265, 322
Blondel, Maurice 322
Buda 23, 59, 254, 284, 286
 ver também budismo
Calvino, John 67, 324
Carlyle, Thomas 489
Comte, Auguste 39, 40

Confúcio 24, 116, 130, 133, 141, 242, 254, 284, 290, 451
 ver também confucianismo
Demócrito 173
Descartes, René 177, 223
Dumézil, Georges 512, 519
Durkheim, Émile 134
Eisenstadt, Shmuel 520
Emerson, Ralph Waldo 36, 44, 329, 392
Feuerbach, Ludwig 266, 303, 329
Galileu Galilei 17, 19, 84, 167, 169, 182, 396
Girard, René 30
Goethe, Johann Wolfgang von 462
Harnack, Adolph von 175
Hegel, Georg Wilhelm Friedrich 194, 195, 256, 455, 457, 512, 515, 521
 ver também heresia hegeliana

Heidegger, Martin 225, 250, 258, 414, 415, 418, 436
Heráclito 173, 464
Hobbes, Thomas 336, 346
Hume, David 141, 395, 462, 475
Jaspers, Karl 511, 512, 513, 515, 520
Jesus Cristo 207, 221, 284, 302, 321, 324, 331
Joas, Hans 511, 514
Kant, Immanuel 68, 102, 178, 182, 183, 206, 293
Keynes, John Maynard 472
Kierkegaard, Søren 175, 322, 324, 467
Lasaulx, Ernst von 516
Lavoisier, Antoine 262
Lawrence, D. H. 209
Leibniz, Gottfried Wilhelm 79, 89, 217
Levinas, Emmanuel 322
Lutero, Martinho 67, 299, 314, 324
Madison, James 68, 383
Maimônides 173
Maomé 284, 518
Mao Tsé-tung 365
Maquiavel, Nicolau 336, 346
Marx, Karl 39, 40, 160, 200, 227, 364, 372, 472
  ver também marxismo
Máximo, o Confessor 329
Mill, John Stuart 200
Moisés 277
Momigliano, Arnaldo 514

Morris, William 365
Nāgārjuna 79
Napoleão 262, 458
Newton, Isaac 17, 19, 84, 89, 167, 169, 182, 396
Nicolau de Cusa 329
Nietzsche, Friedrich 44, 60, 164, 250, 495
Parmênides 79
Pascal, Blaise 13, 75, 175, 257, 258, 322, 414, 415, 416
Paulo, o apóstolo 264, 324, 332
Platão 79, 87, 98, 173, 174, 451, 513, 517
  ver também platonismo
Plotino 79, 87, 173, 206, 517
Pôncio Pilatos 477
Prometeu 44, 228
  ver também prometeanismo
Proudhon, Pierre-Joseph 365
Rahner, Karl 30, 330
Rousseau, Jean-Jacques 44, 206
Sartre, Jean-Paul 197
  ver também heresia sartriana
Savonarola, Girolamo 289
Schelling, Friedrich 265
Schlegel, Friedrich 420
Schleiermacher, Friedrich 68, 324
Schopenhauer, Arthur 10, 79, 80, 92, 202, 254, 255, 279, 286, 292, 446, 451, 461, 475
Schwartz, Benjamin 511

Shakespeare, William 163
Simmel, Georg 514
Smith, Adam 372
Spinoza, Baruch 79, 175, 189, 257, 265, 444, 451
Stalin, Joseph 365
Strauss, Victor von 516
Tillich, Paul 268
Tocqueville, Alexis de 269
Toynbee, Arnold 512, 521
Vico, Giambattista 179
Voltaire 476
Weber, Max 113, 328, 514, 515
Whitehead, Alfred North 190, 265, 515
Wittrock, Bjorn 514
Wordsworth, William 35

ÍNDICE REMISSIVO

A

abertura, virtude de divinização 440
agape 59
agrário-burocráticos, Estados 520
alienação da vida
    ameaças a 227
    falsas formas de 453
    possibilidade de 14
    prometeanismo e 227, 258
    recompensa por 500
    superação de defeitos
      na condição humana,
      reconhecimento de 258
    transformação política da
      sociedade e 336
    ver também envolvimento
alienação da vida, superação 229
alma, ordenação hierárquica
  da 57

altruísmo
    amor vs. 60, 204, 213, 402
    na relação entre o eu e os outros
      186, 202, 253, 448
    resistência à mumificação 476
altruísmo, princípio do 186
amor
    altruísmo vs. 60, 204,
      213, 402
    anseio e 205, 210, 214
    atributos que definem o 449
    cooperação vs. 371
    custo do 492
    distorção romântica do 207
    liberdade de desejo mediante 29
    papel de organização na
      experiência moral 211
    relação de grandeza com 431,
      495, 499
    requisitos para 431

resgatando a humanidade do 521
resistência à mumificação e 491
transcendência mediante 394
Analectos 59, 116, 133
antinomianismo 319, 320
apequenamento
    aceitação, consequências da 430
    antídotos para 38, 460
    como defeito, rejeição do 43, 260, 293, 321
    como sina, rejeição do 408
    disposições institucionais, superação de 341
    divinização, virtudes e 438
    empoderamento e 38
    enfrentando os fardos do 35
    fontes do 406
    humanização do mundo, abordagem da 142, 145
    liberdade profunda e 42
    respostas, falsas formas de 38
    superação do mundo, abordagem do 95
    superação, esperança de 48
    suscetibilidade a, reparo do 38, 246
    transformação política da sociedade para fugir ao 336
apostasia, direito de 348, 355
apostasia, princípio da 348, 428
apostólica, doutrina da sucessão 67

aristotelianos, averroístas 176
arte como substituto da religião 199, 232, 275, 286
aspiração, moralidade da 44
atenção plena 204, 205, 431, 444
    ver também envolvimento
atenção, virtude de purificação 436
autoafirmação 45, 59, 94, 104, 448, 496, 498, 519
autoajuda 24, 30, 86, 87, 116, 118, 291, 292, 293
autoconstrução 59, 100, 139, 180, 250, 303, 340, 429, 443, 495, 497, 498, 501
autofundamentação 20, 26, 46, 125, 177, 178, 179, 189, 212, 254
autopossessão, ideal da 59, 94, 101, 140, 144, 204, 337
autotransformação
    como visão para a condução da vida 401
    da subversão do eu para 407
    defeitos na condição humana e 408
    distinção entre descrição e prescrição 395
    envolvimento para 405
    na relação entre o eu e os outros 393
    obstáculos a 405
    orientação para o futuro para 405

Índice remissivo

premissas de 398
propósito de 391
refazendo sociedade e cultura
   mediante 405
virtude como 420
averroísmo 176
Axial Age and Its Consequences, The
   (Bellah e Joas, eds.) 514
"Axial Age in Global History, The"
   (Wittrock) 514
Axial, Era, tese da 516

B

banquete, O (Platão) 174
benevolência
   altruísta, ética da 80
   amor vs. 60, 492
   humanização do mundo,
      abordagem da 139
   na relação entre o eu e os outros
      203, 206
   superação do mundo 80
   superação do mundo,
      abordagem da 86, 93
benevolência altruísta/
   desinteressada 202, 203
budismo
   deidade pessoal no 64
   dialética da transcendência e
      imanência 515

exemplo de superação do
   mundo 53, 55, 63, 79, 232, 274,
   451, 509
negação da mortalidade 253
o divino no 265, 275, 294
o eu no 482
sucesso, características do
   276, 286
tese da transformação axial
   e 513
transcendência no 130, 242
universalismo ético 403
   ver também Buda

C

Cabala 287
caráter como destino 464
caráter desafiando caráter 420, 431
casamento 209
casa no meio do caminho entre
   crença e descrença 150
castas, sistema de 115, 123, 124, 211,
   379, 519
compaixão 23, 242, 429, 442
competição, base para; cooperativa
   167, 381
comprometimento sem
   fundamentação 439
comunidade de crença 61, 276, 285,
   288, 291, 295

529

condução da vida
    aprimoramento da vida e 433
condução da vida na religião do
  futuro
    aprimoramento da vida
      e 391
    a recompensa 500
    compartilhamento com o
      divino 392
    conceito 502
    na relação entre o eu e os
      outros 393
    restrições sociais 439
    ver também autotransformação
condução da vida, virtudes de
    de conexão 423, 443, 487
    de divinação 437
    de purificação 433
conexão, virtudes de 426
  ver também eu, o, relação com
    os outros
confucianismo
    altruísmo em 202, 206
    dialética transcendência-
      -imanência 242
    ética dos papéis 128
    exemplo de humanização do
      mundo 53, 55, 61, 64, 131
    falta de fundamentação,
      resposta a 242
    na relação entre o eu e os outros
      131

    o divino no 131, 232
    revolução, limitações para 240
    sucesso, características do 287
    universalismo ético 403
    ver também Confúcio
consciência
    atenção plena, aspecto da 444
    experiência no limite da 444
    individualidade e 11
    individualizada, o eu como 178
    marca de 11
    mente como 120
    morte da 11
    paradoxo da 120
    tempo e 192
conservadores, comprometimento
  com liberdade superficial 362, 367
consonância-dissonância, relação na
  música 469
convertidos/conversão, experiência
  237, 315
cooperação
    amor vs. 371
    base para 30
    formas mais cultas de 371, 449
    numa sociedade livre 341
    papéis e convenções da 113,
      120, 123
    redesenho institucional e 373
    transcendência mediante 394

Índice remissivo

cooperativo, regime
    imaginação da reconfiguração
        do 383
    inovação num 284, 371, 385
    liberdade profunda e 375
    novidade e seleção competitiva
        num 379
    sociedade de classe num 375, 385
corajosa virtude da conexão 430
corpo como cadáver, o 10
Corpus Christi, Sermão de
    (Aquino) 329
cosmoteísmo 52, 54, 55, 57, 68, 513
crença-descrença, a casa no meio do
    caminho 330
crise, mudança como dependente de
    105, 359, 387
crise sem crise 387
cristianismo
    elemento antinomiano 319
    altruísmo no 207
    Deus no 68
    dialética da transcedência
        e imanência 176
    exemplo de religião de
        salvação 67
    fossilização do 219
    mistérios da Trindade e da
        Encarnação 205
    orientação para o bem
        futuro 222

sucesso, características
    do 285
tese da Era Axial e 512
tradição mística no 80
universalismo ético 403
cristianismo como ponto de partida
    para revolução, obstáculos ao
    crença, família como razão
        para 315
    Deus, dependência de 324
    doutrina formulada na filosofia
        grega 152, 172, 318
    escândalos da razão 304
    exclusividade, reinvidicação
        da 327
    fé acima da razão 324
    graça acima de obra 329
    resumo 330
    salvação, terror da 325
    sociedade, compromissos feitos
        com a 318
Crítica da razão pura (Kant) 182
curso da vida, consequência da
    particularidade do 36
curso da vida, incidentes formativos
    no 420
    descentramento 450
    mumificação 463
    mutilação 463

D

daoismo 79
defeitos na condição humana
    aceitação, benefícios de 246
    autotransformação mediante enfrentamento 408
    conceito 500
    envolvimento como resposta a 453
    função de 46
    humanização do mundo, abordagem da 137
    luta com o mundo, abordagem da 213
    negação das, consequências 37
    reconhecimento de 247
    reconhecimento, para a religião do futuro 253
    religião e os 48
    resposta do prometeanismo a 43
    superação 108
democracia, crítica à religião numa 300
    ideal do gênio de pessoas comuns 260
    ver também sociedade livre
dependência do caminho, princípios da 392, 401, 422, 482
desejo
    ambivalência em relação ao 31
    caráter mimético do 30
    qualidade projetada do 31, 465
    vacuidade do 29
    ver também insaciabilidade do desejo
desespero, pecado do 113
Deus
    anseio insaciável por 210, 447
    corporizado 36, 163, 250
    escândalo da particularidade de 60, 305
    existência de 18
    humanidade, relação com 206
    incoerência/ininteligibilidade da ideia de 265, 305
    um amigo encarregado do universo 19
dialética de circunstância e transcendência 159
direita e esquerda, inadequada
    distinção entre elas 360
    redesenhadas 367
discernimento imaginativo, paradoxo do 226
divinização, virtudes de 437
dois regimes, doutrina de
    argumento de arbitrariedade a antinaturalismo contra 181, 193
    argumento de quase vacuidade e falso conteúdo contra 185
    ideia essencial 175
    onda cartesiana 177

onda historicista 178
onda kantiana 178, 188
onda nominalista 181, 184
projeto de ontologia clássico e 245
quatro ondas 176

E

educação
    empoderamento e 353
    habilitadora do futuro 357
    imaginação e 281
    mumificação, resistência à, mediante 472
    numa sociedade livre 339
    revisão, métodos de 248
educacional, inovação, falta de 260
empoderamento
    apequenamento e 38
    comprometimento do liberalismo com 354
    falsas formas de 38
    fantasia de 251, 463
    meios econômicos e educacionais para 352
    prometeanismo e 296
    reconstrução institucional e 337, 503
encarnação, teologia de 328
entusiasmo, virtude de purificação 434

envolvimento
    defeitos na condição humana reparados mediante 453
    evolução e 283
    luta com o mundo, orientação da 215
    mumificação, resistência a, por meio de 488
    mutilação, resgate da 459
    superação do mundo, abordagem da 100
    virtudes que suportam 434
    ver também alienação da vida, superação
envolvimento-transcendência, dialética de 213, 256, 348
equidade, virtude de conexão 429
escândalos da razão
    ininteligibilidade da ideia de Deus 265
    particularidade 264
    resposta aos 313
    supernaturalismo 263
espírito-estrutura, relacionamento 403, 499
espontaneidade 9, 13, 392, 421, 433, 446, 454, 464, 467, 481, 482, 489
esquerda e direita, distinção entre
    inadequada 360
    redesenhada 367
Essays in Ancient and Modern Historiography (Momigliano) 515

Estado, o 196, 248, 284, 285, 286, 291,
  337, 347, 362, 380, 382, 470
estoicos, estoicismo 58, 79, 203,
  233, 517
estrutura social
  alterabilidade, possibilidade
    de 37
  caráter parcial e defeituoso 334
  conteúdo político, forças
    trabalhando em direção a 335
  dias atuais, fracasso dos 219
  humanidade
    autofundamentada 25
  lei sacra na formatação
    da 194
  limites impostos pelo Estado
    a 335
  superação da insaciabilidade do
    desejo 33
estrutura social, revisão da
  a lei na 119
  empoderamento e 42
  autoconstrução 193
  humanização do mundo,
    abordagem da 111
  luta com o mundo, abordagem
    de 157
  mumificação, derrotando
    mediante a 463
  mutilação, resgate da 454
  relação entre o eu e os
    outros 202

revolução e 269
sem rendição 104
superação do mundo,
  abordagem da 97
estudo da história, Um (Toynbee)
  512, 521
eternidade, aspiração a 44, 393
ética de honra e de domínio 98
ética de solidariedade inclusiva e
  sentimento de camaradagem 403
ética de valor marcial 430
ética sacrificial 59
eu, o
  como consciência
    individualizada 178
  concepção teomórfica do 265
  definição do 11
  luta com o mundo, visão do 161
  ver também humanos comuns
eu, o, relação com os outros
  aceitação no, anseio por
    426, 447
  altruísmo no 186, 448
  ambivalência no 31, 104,
    448, 498
  amor, papel do 186, 214
  autoconstrução e 31, 497
  conceito de sociedade
    livre, implicações
    para 338
  conduta do, na religião
    do futuro 395

Índice remissivo

experiência de
  fronteira 444
experiência do divino
  no 394
humanização do mundo,
  abordagem da 120,
  131, 174
imaginação de
  alteridade no 61,
  91, 450
luta com o mundo,
  abordagem da 173, 245
na sociedade de hoje em
  dia 219
no cristianismo 206
padrão de benevolência
  no 203
recompensa do 500
virtudes de conexão
  423, 442
vulnerabilidade no 76
eudaimonismo 118, 437, 464
excesso 13, 392, 421, 433, 443, 446,
  454, 467, 481, 482, 489
existencialismo 468

F

falta de fundamentação
  amor imaginado como
    liberação da 210
  confrontando o terror da 409, 415
  definida 210
  desejo insaciável e 32
  doutrina dos dois regimes 188
  envolvimento e 454
  especulativa 14, 24
  existencial 14, 19
  experiência de raiz da 14
  filosofia como negação da 292
  mortalidade, relação com 26
  prometeanismo como remédio
    para 46
  reconhecimento 450
  redenção da, crença na 22
  respostas para, deficiências
    teóricas das 22
  satisfação do desejo como
    resposta à 29
  superação do mundo,
    abordagem da 95, 108
falta de fundamentação especulativa
  15, 16, 19, 23, 24, 26
falta de fundamentação existencial
  15, 16, 20, 23, 24, 26, 27
fé
  como aposta 75
  comprometimento sem
    conceito de fundamentação
    74, 239, 314, 438
  crença-descrença, a casa no
    meio do caminho 150, 299

escândalos da razão e a
   dificuldade da 263
  família e comunidade como
   base para 325
  psicologia e sociologia da 315
  razões para 325
  supernaturalismo e 263
fecundidade 35, 111, 312, 345, 370,
 379, 382, 392, 401
federalismo 350, 359, 382
fiel, requisitos para ser um 284
filosofia
  mutilação, resgate da 456
  religião e 77, 290
filosofia grega do ser 55, 152, 172, 517
filosofia moral 128, 144, 179, 293, 395,
 402, 420, 424, 426, 448, 476, 501, 502

G

graça e natureza, divergência 67
grandeza, pagã 404

H

heresia hegeliana 193, 194, 195, 319,
 349, 468, 483
 ver também Hegel, Georg Wilhelm
 Friedrich
heresia nestoriana 177

heresia sartriana 193, 197, 324, 420,
 467, 494
 ver também Sartre, Jean-Paul
hinayana, budismo 97, 271, 274
hinduísmo 98
histerese, princípio da 83
história, abertura da 158, 159, 161
Historian's Approach to Religion, An
 (Toynbee) 521
humanidade, romance da ascensão
 da 39, 41, 43, 47, 453
humanismo secular
 defeitos na condição humana
  e 254
 falta de fundamentação
  existencial e 24
 obstáculo do 151, 164
 religião do futuro e 238, 274,
  298, 302, 330
 ver também luta com o mundo
humanização do mundo
 altruísmo, ideal de 203
 cosmoteísmo, rejeição do 54
 dialética transcendência-
  -imanência 116, 130
 estrutura de reforma social 112,
  133
 ética de papéis 126
 falta de significado, abordagem
  da 111
 fiel, requisitos para ser um 62
 inovação na 518

Índice remissivo

metafísica antimetafísica 137
morte, negação da 451
niilismo, resposta ao 55
objetivo da 144
promessas da 62
psicologia moral, fracasso da 137
na relação entre o eu e os outros
   120, 131, 174
resistência à mumificação
   e 479
revolução, contatando objetivos
   comuns com 115, 141
serenidade e 204
visão metafísica 116
humanos comuns
   divindade de 36, 163, 328, 392
   empoderamento de 38, 251, 337,
     361, 503
   poderes proféticos
     reconhecidos em 283
   ver também eu, o

I

idolatria 195, 198, 207, 241, 266
Igreja, a 67, 222, 285, 286, 291, 309,
   311, 318, 319, 332
Igreja Reformada Luterana 175
igualdade de respeito e oportunidade
   340, 363, 368, 369, 370
igualdade-liberdade, relação 360
igualdade superficial 362, 363, 364,
   366, 367
Iluminismo, o 514, 515, 517
imaginação
   a mente como 132
   de alteridade 61, 114, 134, 450
   de alternativas institucionais
     200, 387
   do possível 160
   educação e 280, 398
   falta de, resgatando a
     humanidade de 521
   mutilação, resposta à 465
   poder da 132
   processo de distanciamento-
     -transformação 102, 486
   reformatação do regime
     cooperativo 384
imaginação romântica 197, 212
imanência, teologia da 33, 34
imortalidade, promessa de 13,
   293, 434
impermanência, tese da 19, 23, 24, 82
indígenas, nações da Amazônia
   brasileira 351
individualidade 11, 80, 88, 99, 204,
   411, 417, 446, 448
individualidade, ilusão de 80
indulgência, virtude de conexão 428
inovação
   crescimento econômico e 201
   educacional, falta de 260

institucional 357, 460
práticas cooperativas de 283, 373
repetição servindo à 471
revolução e 247
insaciabilidade do desejo
anseio pelo absoluto na 447
bases para/fontes da 28
confrontando o terror da 410
elementos de 446
envolvimento e 453
humanização do mundo, abordagem da 142
libertação da, possibilidade de 29, 446
mortalidade e 29, 451
para aceitação incondicional 411
profundeza do eu na 163
relação da falta de fundamentação com 32
remédio do prometeanismo para 46
superação do mundo, abordagem da 96, 108
superação, possibilidade de 32
ver também desejo
institucional, projeto
no desenvolvimento da produtividade 371
institucional, redesenho
apequenamento e 354, 461
cooperação e 373
liberdade profunda e 360
redistribuição compensatória na ausência de 361, 364
revolução e fracasso no 261
sociedade livre, implicações para 353
ver também estrutura social, revisão da
invulnerabilidade
busca por 228
promessa de 85
serenidade mediante 86, 93
islamismo
amor vs. altruísmo no 207
Deus no 68, 314
dialética transcendência-
-imanência 177
Era Axial, tese da e 513
exemplo de luta com o mundo 53, 216, 299
fossilização do 220
mensagem comprometida do 287
religião como conceito e termo, rejeição do 63
religião do futuro, papel na 299, 323
sucesso, características do 286
tradição mística no 80, 311
universalismo ético 403

veneração da lei 194, 287
ver também salvação, religiões de

J

jansenismo 75
jen no confucianismo 60
judaísmo
    amor vs. altruísmo no 207
    Deus no 68, 132, 311
    dialética transcendência-
     -imanência 176
    exemplo de luta com o mundo
     216, 299
    fossilização do 220
    mensagem comprometida
     do 287
    religião como conceito e termo,
     rejeição do 63
    religião do futuro, papel na 299,
     323
    tradição mística no 80, 287, 311
    universalismo ético 403
    veneração da lei 195, 271
    ver também salvação, religiões de

K

kenosis 433, 477

L

Lebensanschauung (Simmel) 514
legalismo 215, 235, 241, 252, 269, 271,
  272, 274, 283, 289
Lei, a
    privada e pública 127
    religião da 271, 287
    veneração da 194, 235, 287,
     319
lei sacra 194, 282
leis da natureza 18, 83, 154, 156, 183
    ver também natureza
liberalismo
    clássico 339
    convicções políticas e religiosas
     distintas 300
    dogma institucional 215
    do individualista religioso 273
    empoderamento do,
     comprometimento com 360
    fórmula institucional 360
    igualdade profunda,
     comprometimento com 364
    revolução religiosa, falha em
     incitar 260
liberdade-igualdade, relação
  entre 362
liberdade profunda
    apequenamento e 43
    características de um regime
     cooperativo para 375

consequências da 47
elementos de 47, 503
ideal da 47
igualdade de respeito e oportunidade 341, 360
ver também estrutura social, revisão da
liberdade, salvaguarda para 351
liberdade superficial 361, 362, 366, 367
luta com o mundo
    alienação e 221, 252
    cosmoteísmo, rejeição do 54
    crença-descrença, a casa no meio do caminho 149, 262
    crenças inspiradas pela 169
    defeitos na condição humana, abordagem dos 213
    doutrina de um só regime 171, 190
    envolvimento-transcendência, dialética 171
    espírito-estrutura, relacionamento 188, 193, 245
    relação entre o eu e os outros 173, 186, 202, 245
    fiel, requisitos para ser um 62
    forças e fraquezas 215, 236
    fundamento comum sagrado-profano 213, 244, 304
    ideia central 147
    ilusão no despertar da vontade 412
    influência revolucionária da 238, 342
    inovação na 518
    niilismo, resposta ao 54
    o eu como espírito corporificado 164, 245
    ortodoxia, implicações da 199
    projeto de ontologia clássico, efeito sobre 171, 190
    promessas da 62, 147, 220
    reconstrução radical da, resultado da 216, 220
    religião do futuro, relação única com 234, 299
    sem prometeanismo 249
    tema universal da 222
    transcendência-imanência, dialética 245
    universalismo ético substituído 403
    valores, inversão de 236
luta com o mundo, doutrina de dois regimes da
    argumento de arbitrariedade e antinaturalismo vs. 180, 192
    argumento de quase vacuidade e falso conteúdo vs. 185
    concepção histórica 179, 186
    ideia essencial 174
    movimento cartesiano 178

movimento nominalista na 177
projeto de ontologia clássico e
   174, 244
versão kantiana 189
luta com o mundo, visão metafísica da
   abertura da história 157, 236
   crenças incompatíveis com 216
   existência única do universo
      152, 245
   o comum na 245
   poderes transgressores da
      mente 245
   profundidade do eu 161, 236
   realidade inclusiva do tempo
      novo, possibilidade do 153,
      245

M

Ma'at (Assmann) 518
Madhyamaka, budismo 79
mahayana, budismo 98, 202, 242
maniqueísmo 518
marcial heroica, ética 59
marxismo 412, 413
   ver também Marx, Karl
mente, a
   como imaginação 133, 169, 339,
      385, 398
   ideias dominantes, limitações
      da 217

mente-corpo, distinção 178
mercado, economia de 37, 42, 129,
   165, 166, 196, 201, 248, 347, 354, 355,
   358, 362, 369, 374, 381, 386, 389, 419,
   459, 470, 473, 503
metafísica helenística da
   autoajuda 118
milagres 185, 193, 263, 331
mistérios da Trindade e da
   Encarnação 314
misticismo 80, 323
monismo 79, 225, 267, 323
monoteísmos semíticos
   comprometimento sem
      fundamentos 151
   Deus nos 21, 259
   elementos compartilhados 148
   promessas dos 21, 253
   teologia essencial 259
   veneração pela lei 272
   ver também salvação, religiões
      de
monoteísmos transcendentes 327
mormonismo 271
morrer apenas uma vez 37, 47, 421,
   465, 481, 491, 501, 504
morte
   como sacrifício, proposta da 11
   compensação pela 41
   consolação prometida 12
   redenção da 22

relação sem fundamentação
  com a 26
terribilidade da 10
morte, terror da
  a queda para 9
  confrontando a 12, 408
  e efeito na vida consciente 11, 257
  insaciabilidade do desejo e 29, 447
  métodos de supressão da 414
  reconhecimento 450
  superação do mundo, abordagem à 94, 108
mudança, crise como condição para 159, 359, 457
mudança da mudança 22, 84, 192
mumificação
  aspecto heroico da resistência à 494
  características de uma vida que evita a ameaça da 475
  hábitos fixos da mente e do comportamento na 463
  humanização do mundo, abordagem da, e 478
  repetição, papel da, e 463
  revisão da estrutura social ao derrotar a 466, 493
  superação do mundo, abordagem da e 477
  virtudes na resistência à 487

mundo
  compreensão do, possibilidade de 14
  concepção historicista 178, 187
  eu consciente, ilusão do 11
  falta de significado do 111, 125
música, relação consonância--dissonância na 469

N

natureza 15, 17, 18, 19, 23, 25, 48, 49, 83, 111, 119, 167, 177, 191, 192, 193, 235, 242
  ver também leis da natureza
Navya-Nyāya 173
neoconfucianismo 116, 118
neoplatonismo 329
newtoniano, paradigma 17, 167, 396
niilismo 55, 56, 85, 125, 255, 263, 277, 292, 409, 451, 453
nominalismo/teologia nominalista 67, 177, 517
novidade 191, 245, 440
  ver também novo, possibilidade do
novidade-repetição, dialética entre 212, 469
novo, possibilidade do 156, 190, 218, 237, 440
  ver também novidade

O

obrigação, moralidade da 44, 402
obsessão 28, 32, 410
onisciência, aspiração à 293, 393
ontologia clássica, projeto 322
opressão, influência revolucionária da 260
Origins and Diversity of Axial Age Civilizations, The (*Kulturen der Achsenzeit*) (Eisenstadt et al.) 512

P

paganismo 52, 258, 316, 352, 416, 436
paganismo tardio 224, 225, 226, 229
panenteísmo 190, 225, 265, 310, 314
panteísmo 190
panteísmo monístico 310
papéis sociais, mumificação ao abraçá-los 463
paradigma newtoniano 17, 167, 396
particularidade
    consequência do decorrer da vida 36
    escândalo da razão 264, 305, 307
    universalidade como perda de 455
pelagianismo 150
perfeccionismo 118, 144
perfeccionismo moral 44
platonismo 322
    ver também Platão
pluralidade, princípio da 355, 356, 357, 358, 359
pluralismo 196, 283, 284, 343, 358, 503, 520
pobreza
    experiência da 260
    influência revolucionária da 201, 340
política
    como religiosa 333
    como substituta da religião 77, 333
    mutilação, resgate da 456
    religião do futuro 333
    ver também sociedade livre
político, entusiasmo 435
posição social, ocupando ou abraçando uma 161, 455
preconceito, luta contra 72, 437
progressistas
    e a igualdade superficial 366
    motivos para abraçar a liberdade profunda 367
    motivos para rejeitar a igualdade profunda 366
projetos, concepção e perseguição de grandes 459
prometeanismo
    apequenamento e 39

defeitos na condição humana
e 43, 171
envolvimento sem 227
evitação/remédios contra 258, 413
luta com o mundo sem 250, 393
religião do futuro e 296
ver também Prometeu
protestante, cristianismo 64, 67
purificação, virtudes de 433, 434, 436, 437, 442, 477, 480, 487

Q

quase morte, experiências de 10

R

razão, desenvolvimento do
uso da 513
ver também escândalos da razão
reconciliação, requisitos para 129
relacionismo 79
religião
características definidoras 71, 274, 315
como conceito 63, 274
como termo, rejeição de 63, 65
contradições na história da 284
defeitos na condição humana, abordagem da 48, 71

filosofia e 77, 276, 290
função da 9, 27, 50
privação de 66, 283
substitutos para, limitação de 77
sucesso, fórmula de 274, 284
sucesso, preço do 286
religião da lei 271, 282, 288
religião do coração 271, 272, 273, 274
religião do futuro
ambivalência fuga-
-transformação 240
base de 244, 295
características 236, 328
como religião, a questão da 274
como revolução, determinante para 274
contracorrentes 502
elementos da proposta 505
falsos caminhos para 297
luta com o mundo, relação única com 234, 243, 299
promessas da 504
requisitos para 69, 301
resumo 506
substituição da 297
religiões mais cultas, aspectos comuns 149
sucesso, fórmula para 277, 284
repetição
mumificação na rendição a 463

natureza da, mudando a 467
oposição romântica a 209, 214, 468
rotina de, rompendo com 412, 420
transcendência e 420
repetição-novidade, dialética de 469
respeito e oportunidade, igualdade de 363, 368
respeito, virtude de conexão 426
ressentimento 60, 164, 393, 455
revelação, experiência da 91
revolução religiosa
    inovação e 269
    modelos para 276
    no presente, razões para 231
    romantismo e 260, 412
revolução religiosa do futuro, pontos de partida 260
    descrença nas narrativas de salvação 261
    humanização do mundo 115, 141
    redesenho institucional 261, 269
    superação do mundo 96, 103
    ver também cristianismo como ponto de partida para revolução, obstáculos ao
revolução religiosa do futuro, práticas
    ensinamento visionário com ação exemplar 279
    pessoal e política combinadas 281
    poder profético descentralizado 280
    religiões históricas vs. 289
revolução religiosa do passado
    diferenças 519
    elementos comuns na 518
    formulação da 519
    introdução 52
    programa e práticas, relação entre 278
    temas 516
    tese da Era Axial e 516
romance da ascensão da humanidade 39
romântica, imaginação 197, 212, 415, 422
romantismo
    amor, concepção de 207
    grandeza do comum e 499
    heresia do 197
    legalismo, alternativa ao 241
    repetição, oposição ao 208
    revolução e 260, 324, 412
    vida, concepção de 250

S

"Sabedoria, Revelação e Dúvida" (Daedalus, Schwartz, ed.) 512
sacrificial, ética 59

salvação 21, 93, 97, 101, 108, 114, 116,
  143, 148, 150, 159, 164, 170, 173, 174,
  185, 188, 207, 222, 235, 236, 237, 242,
  244, 247, 249, 250, 252, 256, 271, 308,
  314, 315, 316, 319, 323, 324, 328, 406,
  421, 435, 446
salvação, religiões de
  crença-descrença, casa no meio
    do caminho entre 261
  defeitos na condição humana,
    abordagem dos 412
  elementos compartilhados 148
  formas fossilizadas de 220
  influência revolucionária
    das 269
  o divino transcendente nas 447
  promessas das 12, 254
  redenção/salvação, narrativa
    de 308
  reforma, possibilidade de 269
  teologia essencial 259
  transcendência-imanência,
    dialética 242
  veneração da lei 195
secularização, significado de 68
ser e a mente universais 88
serenidade 49, 86, 88, 93, 101, 103,
  140, 204, 206, 416, 478, 480, 501,
  507
Ser e tempo (Heidegger) 225
significado, falta de, no mundo
  abordagem da humanização do
    mundo à 112, 118, 125
simpatia, fundamento da 461
simplicidade, virtude de
  purificação 434
sociais-democratas 144, 216, 354
socialismo 104, 148, 235, 250, 260,
  288, 363
socialismo de Estado 215, 365
sociedade de classes
  ética das classes governante e
    combatentes 58
  justificativa para 364
  liberdade profunda,
    consequências para a 368
  livre sociedade, implicações
    para 340
  mumificação e 466
  regimes cooperativos e 375
  rompendo o isolamento
    da 201
  segmentação hierárquica 57,
    122
sociedade livre
  conceito de uma 336
  cooperação mais elevada,
    princípio da 341
  liberdade profunda, princípio
    da 360
  pluralidade, princípio da 354
  princípio da apostasia 356

Índice remissivo

princípios que informam a organização da 344
ver também estrutura social, revisão da
sonambulismo, quebrando o feitiço do 418
sonâmbulo, vida de
ver também sonambulismo, quebrando o feitiço do
suficiência, pragmatismo da 33, 352
sufismo 287
superação do mundo
    ciência moderna, afinidade com 84
    cosmoteísmo, rejeição do 54
    defeitos na condição humana, abordagem aos 253, 451
    divino transcendente em 115, 447
    envolvimento, fracasso no 99
    fiel, requisitos para o 62
    forças que inspiram o esforço da 90
    ideal do altruísmo 203
    individualidade, ilusão da 461
    inovação em 518
    matemática na expressão de doutrina 89
    mente/ser universal, afirmação de 79, 101
    niilismo, resposta ao 55, 85
    promessas da 63, 85, 102
    resistência à mumificação e 477
    revolução, constatando objetivos comuns com 96, 103
    serenidade e benevolência 86, 93, 204
    tempo, ilusão do 80, 102
    vida consciente, relação com 90
    virtudes de purificação 477
    vontade, negação da 86
supernaturalismo 185, 193, 305, 307
supernaturalismo, escândalo da razão do 263
surpresa, capacidade para 392, 464

T

taoismo 513
tempo
    como fundamental x emergente 168
    consciência e 191
    ilusão do 23, 79
    mudando as característica do 44, 46, 454
    realidade inclusiva do 154, 173, 191, 217, 237, 322
tolerância 272, 283, 284
trabalho
    cooperação como uma divisão de 115

　　　　produtividade mediante projeto
　　　　　institucional 371
　　　　ver também trabalho assalariado
　　　　　dando lugar a livre trabalho
trabalho assalariado dando lugar a
　livre trabalho
　　　　processos de 248
　　　　regime cooperativo, influência
　　　　　sobre 388
　　　　respeito e oportunidade,
　　　　　igualdade de 340
　　　　sociedade de classes e 122
　　　　transformação mediante
　　　　　trabalho como vocação 455
　　　　ver também trabalho
transcendência
　　　　aceitação dos outros e 421
　　　　escapando do fardo da 224
　　　　repetição e rotina a serviço
　　　　　da 420
　　　　sobre contexto 420
transcendência-circunstância,
　dialética 433
transcendência-envolvimento,
　dialética 428
transcendência-imanência, dialética
　　　　as três orientações e 519
　　　　autoexclusão de 272
　　　　budismo 515
　　　　confucianismo 242, 515
　　　　fontes de luta com o
　　　　　mundo 246

　　　　humanização do mundo 116,
　　　　　129
　　　　na política de religião 335
　　　　revolução e 54
　　　　salvação e 256
　　　　salvação, religiões de 177, 240
transcendência, religiões de 52, 68,
　95, 124, 240, 242, 288, 298, 403
transcendentes, monoteísmos 327
Trindade, doutrina da 515

U

um só regime, doutrina de 175, 189,
　190, 192
unidade da humanidade 99
universalidade, restrição da 185
universalismo ético 186, 403,
　424, 432
universo, o
　　　　existência única do 154
　　　　história do, explicando a 168
　　　　um amigo encarregado do 19

V

vacuidade, conceito de (*śūnyatā*) 79
vaisesica, escola de pensamento 173
vedas 23, 55, 80, 130, 254, 451
vício 28, 32, 101, 410, 447

virtude, as
    de conexão 423
    de divinização 437
    de purificação 442
virtude como autotransformação 406
virtude, ética da 420
virtudes teológicas, doutrina das 423
vitalidade 57, 101, 103, 147, 157, 164, 227, 229, 340, 392, 421, 433, 486, 493, 503, 521
Vom Ursprung und Ziel der Geschichte (Jaspers) 511
vulnerabilidade 60, 206, 228, 325, 424, 429, 431, 438, 440, 449, 491, 492, 498, 501

Em www.leyabrasil.com.br você tem acesso a novidades e conteúdo exclusivo. Visite o site e faça seu cadastro!

A LeYa Brasil também está presente em:

facebook.com/leyabrasil

@leyabrasil

instagram.com/editoraleyabrasil

LeYa Brasil

Este livro foi composto nas fontes ABC Arizona Sans e Lyon Text, corpo 10pt, para a Editora LeYa Brasil.